大数据及人工智能产教融合系列丛书

工业大数据分析实践

田春华　李闯　刘家扬　崔鹏飞　杨锐　周杰　著

电子工业出版社
Publishing House of Electronics Industry
北京·BEIJING

内 容 简 介

本书以工业大数据的特点和需求为牵引,阐述了工业大数据分析的工程方法论,针对设备故障诊断与健康管理(Prognostics & Health Management,PHM)、生产质量分析(Product Quality Management,PQM)、生产效率优化(Production Efficiency Management,PEM)等提出了具体的分析课题定义方法,给出了典型分析场景和算法框架,并系统总结了工业大数据领域的常用分析算法(特别是时序挖掘算法),最后以6个实际案例从不同方面诠释了工业大数据分析项目的复杂性和多样性,包括纯数据驱动、专家知识驱动、机器学习与机理模型结合等类型的分析课题,以期形成工业大数据分析的工程化方法体系。

本书适合工业行业中从事数据分析、数字化转型、数据平台规划的专业人员阅读,也可为其他从事行业数据分析的专业人员及高等院校数据挖掘的研究人员提供参考。

未经许可,不得以任何方式复制或抄袭本书之部分或全部内容。
版权所有,侵权必究。

图书在版编目(CIP)数据

工业大数据分析实践/田春华等著. —北京:电子工业出版社,2021.2
(大数据及人工智能产教融合系列丛书)
ISBN 978-7-121-40311-8

Ⅰ.①工… Ⅱ.①田… Ⅲ.①制造工业—数据管理—研究 Ⅳ.①F407.4

中国版本图书馆 CIP 数据核字(2020)第 266015 号

责任编辑:李　冰
文字编辑:冯　琦
印　　刷:河北虎彩印刷有限公司
装　　订:河北虎彩印刷有限公司
出版发行:电子工业出版社
　　　　　北京市海淀区万寿路 173 信箱　邮编:100036
开　　本:787×1 092　1/16　印张:21.5　字数:482 千字
版　　次:2021 年 2 月第 1 版
印　　次:2025 年 5 月第 9 次印刷
定　　价:100.00 元

凡所购买电子工业出版社图书有缺损问题,请向购买书店调换。若书店售缺,请与本社发行部联系,联系及邮购电话:(010)88254888,88258888。
质量投诉请发邮件至 zlts@phei.com.cn,盗版侵权举报请发邮件至 dbqq@phei.com.cn。
本书咨询联系方式:libing@phei.com.cn。

编 委 会

(按姓氏音序排列)

总顾问

郭华东　中国科学院院士
谭建荣　中国工程院院士

编委会主任

韩亦舜

编委会副主任

孙　雪　徐　亭　赵　强

编委会成员

薄智泉　卜　辉　陈晶磊　陈　军　陈新刚　杜晓梦
高文宇　郭　炜　黄代恒　黄枝铜　李春光　李雨航
刘川意　刘　猛　单　单　盛国军　田春华　王薇薇
文　杰　吴垌沅　吴　建　杨　扬　曾　光　张鸿翔
张文升　张粤磊　周明星

丛书推荐序一

数字经济的思维观与人才观

大数据的出现,给我们带来了巨大的想象空间:对科学研究来说,大数据已成为继实验、理论和计算模式之后的数据密集型科学范式的典型代表,带来了科研方法论的变革,正在成为科学发现的新引擎;对产业来说,在当今互联网、云计算、人工智能、大数据、区块链这些蓬勃发展的科技中,主角是数据,数据作为新的生产资料,正在驱动整个产业进行数字化转型。正因如此,大数据已成为知识经济时代的战略高地,数据主权已经成了继边防、海防、空防之后,另一个大国博弈的空间。

实现这些想象,需要构建众多大数据领域的基础设施,小到科学大数据方面的国家重大基础设施,大到跨越国界的"数字丝路""数字地球"。今天,我们看到大数据基础设施研究中心已经把人才纳入基础设施的范围,组织编写了这套丛书,这个视角是有意义的。新兴的产业需要相应的人才培养体系与之相配合,人才培养体系的建立往往存在滞后性。因此,尽可能缩窄产业人才需求和培养过程间的"缓冲带",将教育链、人才链、产业链、创新链衔接好,就是"产教融合"理念提出的出发点和落脚点。可以说,大数据基础设施研究中心为我国大数据、人工智能事业发展模式的实践迈出了较为坚实的一步,这个模式意味着数字经济宏观的可行路径。

作为我国大数据及人工智能方面的产教融合丛书,其以数据为基础,内容涵盖了数据认知与思维、数据行业应用、数据技术生态等各个层面及其细分方向,是数十个代表了行业前沿和实践的产业团队的知识沉淀。特别是在遴选作者时,这套丛书编委会注重选择兼具产业界和学术界背景的行业专家,以便让丛书成为中国大数据知识的一次汇总,这对于中国数据思维的传播、数据人才的培养来说,是一个全新的范本。

我也期待未来有更多产业界的专家及团队加入本套丛书写作体系中,并和这套丛书共同更新迭代,共同传播数据思维与知识,夯实我国的数据人才基础设施。

郭华东
中国科学院院士

丛书推荐序二

产教融合打造创新人才培养的新模式

数字技术、数字产品和数字经济，是信息时代发展的前沿领域，不断迭代着数字时代的定义。数据是核心战略性资源，自然科学、工程技术和社科人文拥抱数据的力度，对于学科新的发展具有重要意义。同时，数字经济是数据的经济，既是各项高新技术发展的动力，又为传统产业转型提供了新的数据生产要素与数据生产力。

这套丛书从产教融合的角度出发，在整体架构上，涵盖了数据思维方式拓展、大数据技术认知、大数据技术高级应用、数据化应用场景、大数据行业应用、数据运维、数据创新体系七个方面，编写宗旨是搭建大数据的知识体系，传授大数据的专业技能，描述产业和教育相互促进过程中所面临的问题，并在一定程度上提供相应阶段的解决方案。丛书的内容规划、技术选型和教培转化由新型科研机构——大数据基础设施研究中心牵头，而场景设计、案例提供和生产实践由一线企业专家与团队贡献，两者紧密合作，提供了一个可借鉴的尝试。

大数据领域人才培养的一个重要方面，就是以产业实践为导向，以传播和教育为出口，最终服务于大数据产业与数字经济，为未来的行业人才树立技术观、行业观、产业观，进而助力产业发展。

这套丛书适用于大数据技能型人才的培养，适合作为高校、职业学校、社会培训机构进行大数据教学和研究的教材或参考书，对于从事大数据管理和应用的人员、企业信息化技术人员也有重要的参考价值。让我们一起努力，共同推进大数据技术的教学、普及和应用！

谭建荣
中国工程院院士
浙江大学教授

前　言

在过去的五年中，笔者有幸深入制造业数字化转型一线，在与工业龙头企业深入交流和合作的过程中，目睹了国内产业数据基础的快速发展，也看到了数字化、数据经营等理念深入人心的过程。回想早年，为了验证数据分析技术，只能跨越地域、克服语言和文化的差异，到境外实施项目，不禁感慨万千。在过去的二十年中，数据平台技术和数据分析算法蓬勃发展。在数据平台技术方面，数据量的爆发式增长和分布化、数据负荷特征变化（从以交易型为主变为以事件型为主）、基础计算资源（CPU、GPU、存储、网络等）成本的变化，触发了数据平台架构的变化（大规模、分布式）；在数据分析算法方面，经典的统计学习算法继续发展，分布式架构的学习算法和以梯度计算为核心的深度学习也取得了长足的进步。另外，数据平台技术和数据分析算法不断融合，涌现了不少针对统计学习算法进行优化的系统架构，统计学习算法也逐渐应用于架构参数设计、性能分析与调优、平台运维效率提高等方面。

基于数据思维和业务创新，大数据在互联网、电商等领域取得了丰硕的成果。在工业领域，大数据也被寄予厚望。工业领域的大数据主要是在线监测数据和周期性检测数据，因此，数据在传输和存储过程中会呈现明显的时序特征，数据分析需要进行多维度的数据拉通和整合，也就是常说的"工业数据竖着进来、横着出去"。工业系统往往是经过精心设计的、能够长期稳定运行的系统，这意味着工业大数据分析中的样本不均衡问题更加严重。在工业领域，先验知识不再局限于概率关系（联合、条件概率），还有大量体系化的因果关系（设计原因、运行机制、运营逻辑等）和很多半结构化的经验知识（以行业专家为载体）。这些特点决定了工业领域的数据平台技术和数据分析算法与商务领域的不同。

无论是在商务领域还是在工业领域，数据都是对自然现象和社会现象的不完备刻画，这从根本上决定了其适用范围，也推动了人们通过丰富数据的采集来源等方式不断拓宽其适用边界。如果脱离了场景上下文，数据分析的结果就会脱离实际。在很多时候，数据分析问题的识别和定义过程比求解过程更重要，需要从微观、中观、宏观等多个层面审视数据分析问题，在业务和决策流程中对其进行观察。在多年的数据分析实践中，笔者一直在思考一个问题：在数据分析领域，是否存在一些系统化方法，可以用来指导数据分析工作及提高数据分析工作的效率和质量。

本书的书名为《工业大数据分析实践》，但是在表达方式上，笔者更喜欢用"数据分析"，而不是"大数据分析"。因为与无穷的认知好奇心相比，数据从来没有"大"过。即使进行数据分析的数据量很大，数据分析的本质仍然是寻找繁杂现象背后的不变量（小数据）。但考虑到业界约定俗成的说法，本书没有刻意回避"大数据"的提法。

本书对工业大数据分析领域的设备故障诊断与健康管理（Prognostics & Health Management，PHM）、生产质量分析（Product Quality Management，PQM）、生产效率优化（Production Efficiency Management，PEM）等典型课题的识别、定义、执行和应用方法进行了探索和总结，将数据分析技术放在业务经营和物理机制的上下文中，明确其适用范畴，以提高数据分析的可执行性、可度量性和可消费性。

本书的目的是为工业数据分析师提供一些参考。全书共 10 章，第 1 章和第 2 章简要概括了工业大数据的背景、特点及工业大数据分析的范畴与关键技术；第 3~7 章从方法论的角度探讨了工业大数据分析的实践方式，包括其在 PHM、PQM、PEM、生产安全、研发数据、营销优化等领域的规划方法和典型分析课题；第 8 章总结了常用的工业大数据分析算法，特别是针对时序模式的分析算法；第 9 章简单论述了工业大数据的数据接入、数据管理等平台技术；第 10 章的 6 个实际案例从不同方面体现了工业大数据分析项目的复杂性和多样性，包括数据驱动、专家知识驱动、机器学习与专家知识驱动结合等类型的课题。

本书的 8.1 节（统计分析算法）、8.2 节（机器学习算法）、8.4 节（工业知识图谱）、8.5.1 节（系统辨识算法）、8.5.2 节（运筹优化算法）和 10.6 节（轨道车辆悬挂系统故障诊断）由李闯编写；第 9 章（工业大数据平台技术）由杨锐编写；10.1 节（风电大数据分析）由周杰编写；7.1 节（生产安全分析）和 10.3 节（气化炉参数优化）由崔鹏飞编写，其余章节均由田春华编写，刘家扬和田春华负责全书的统稿与修订。另外，4.4.3 节在传感器一致性检验方面借鉴了翟栋的成果，在此表示感谢。

本书的编写过程也是笔者在实用性和普适性之间不断拉锯的过程，在这个曲折的过程中，笔者不断地进行自我否定与再思考，甚至一度想放弃。本书权当是对工业大数据实践的初步探讨，用来抛砖引玉。直至今日，笔者仍担心编写过程过于仓促，很多算法内容没来得及详细展开，再加上笔者才疏学浅，不少认知还停留于浅层，有些说法和表达尚欠推敲，书中难免有疏漏、错误之处，还望广大读者不吝赐教，日后有机会再进行更正。

田春华
2021 年 2 月于北京

目　录

第1章　工业大数据概论············001

1.1　工业大数据产生的背景············001
1.1.1　工业的数字化转型之路············001
1.1.2　支撑技术的演化············002
1.1.3　对工业大数据的期望············003
1.1.4　各国的战略············003

1.2　工业大数据的典型应用场景············004
1.2.1　业务领域视角············004
1.2.2　应用系统视角············005

1.3　工业大数据的特点与关键技术············006
1.3.1　特点············006
1.3.2　关键技术············008

1.4　本章小结············012

参考文献············014

第2章　工业大数据分析概论············016

2.1　工业大数据分析的特点与挑战············016
2.1.1　数据视角············016
2.1.2　应用视角············017

2.2　工业大数据分析的范畴············018
2.2.1　典型分析主题············018
2.2.2　分析模型的形态与融合方式············021
2.2.3　分析模型的应用模式············023

2.3　工业大数据分析的关键技术············024
2.3.1　模型和算法············024
2.3.2　分析项目管理方法与工程化············025
2.3.3　数据分析软件与平台············025

2.4　本章小结············025

参考文献 026

第3章 工业大数据分析的工程方法 027

3.1 CRISP-DM 方法论 027
- 3.1.1 CRISP-DM 方法论简介 027
- 3.1.2 分析问题的实际执行路径 028

3.2 数据驱动的机器学习工程方法 030
- 3.2.1 分析问题识别与定义 031
- 3.2.2 业务理解 034
- 3.2.3 数据理解 041
- 3.2.4 数据准备 042
- 3.2.5 模型建立 042
- 3.2.6 模型评价 043
- 3.2.7 模型部署 044

3.3 专家规则开发的工程方法 044
- 3.3.1 业务规则的技术和方法 045
- 3.3.2 工业专家规则的特点 047
- 3.3.3 专家规则开发的 AI-FIT-PM 方法论 049
- 3.3.4 专家规则模型对软件平台的需求 054

3.4 本章小结 055
参考文献 056

第4章 设备故障诊断与健康管理（PHM） 058

4.1 工业设备管理的现状与需求 058
- 4.1.1 工业设备分类 059
- 4.1.2 运维管理 060
- 4.1.3 状态监测与故障诊断 062
- 4.1.4 相关标准 064

4.2 PHM 的分析范畴与特点 066
- 4.2.1 术语约定与名词辨析 066
- 4.2.2 PHM 的内容 067
- 4.2.3 PHM 的应用模式 069

4.3 PHM 分析问题定义：CRAB 四步法 070
- 4.3.1 业务上下文理解 070
- 4.3.2 资源能力分析 072
- 4.3.3 业务模式与技术方案分析 075
- 4.3.4 执行路线 075

4.4 PHM 分析主题 ... 077
4.4.1 技术挑战 ... 077
4.4.2 技术路线 ... 078
4.4.3 传感器数据处理 ... 080
4.4.4 状态监测 ... 088
4.4.5 健康管理 ... 091
4.4.6 故障诊断 ... 091
4.4.7 故障预测 ... 092
4.4.8 运维优化 ... 097
4.4.9 专家规则引擎 ... 099
4.5 PHM 的数据模型与应用架构 ... 113
4.5.1 PHM 的数据模型 ... 113
4.5.2 PHM 的应用架构 ... 118
4.6 本章小结 ... 124
参考文献 ... 124

第 5 章 生产质量分析（PQM） ... 126
5.1 PQM 的分析范畴与特点 ... 126
5.1.1 PQM 的特点 ... 126
5.1.2 PQM 分析场景 ... 128
5.1.3 PQM 的 5 个层面 ... 130
5.1.4 PQM 的应用 ... 131
5.2 PQM 分析问题定义：CAPE 方法 ... 132
5.2.1 业务上下文理解 ... 132
5.2.2 数据资产评估 ... 136
5.2.3 设计与计划 ... 138
5.2.4 部署与评估 ... 140
5.3 PQM 分析主题 ... 140
5.3.1 基础分析 ... 141
5.3.2 质量时空模式分析 ... 145
5.3.3 质量异常预警 ... 147
5.3.4 控制参数优化 ... 148
5.3.5 质量根因分析 ... 151
5.4 PQM 的数据模型与应用架构 ... 152
5.4.1 PQM 的数据模型 ... 152
5.4.2 PQM 的应用架构 ... 156

5.5 本章小结 157
参考文献 159

第 6 章 生产效率优化（PEM） 160

6.1 PEM 的分析范畴与特点 160
    6.1.1 PEM 的内容 160
    6.1.2 PEM 的常见误区 161
6.2 PEM 分析问题定义：SOFT 方法 163
    6.2.1 PEM 的要素 163
    6.2.2 PEM 分析问题定义的 SOFT 方法 165
    6.2.3 PEM 分析问题探索 168
6.3 PEM 分析主题 168
    6.3.1 能力规划 168
    6.3.2 生产计划与排程 169
    6.3.3 动态调整 171
    6.3.4 物耗能耗优化 171
6.4 本章小结 173
参考文献 173

第 7 章 其他分析主题 175

7.1 生产安全分析 175
    7.1.1 微观管理 175
    7.1.2 宏观管理 178
7.2 营销优化分析 179
7.3 研发数据分析 180
7.4 本章小结 184
参考文献 185

第 8 章 工业大数据分析算法 186

8.1 统计分析算法 186
    8.1.1 描述性统计 186
    8.1.2 推断统计 187
8.2 机器学习算法 192
    8.2.1 回归 192
    8.2.2 分类 195
    8.2.3 聚类 196
    8.2.4 降维 197

- 8.2.5 关联规则 198
- 8.2.6 近期发展 198
- 8.2.7 模型评价 203
- 8.2.8 不同算法的要求 207
- 8.3 时序数据挖掘算法 208
  - 8.3.1 时序分割 209
  - 8.3.2 时序分解 212
  - 8.3.3 时序再表征 217
  - 8.3.4 序列模式 219
  - 8.3.5 异常检测 223
  - 8.3.6 时序聚类 223
  - 8.3.7 时序分类 225
  - 8.3.8 时序预测 226
  - 8.3.9 可视化 227
  - 8.3.10 工具与应用 228
- 8.4 工业知识图谱 230
  - 8.4.1 知识图谱的构建过程与应用技术 231
  - 8.4.2 知识图谱实践建议 232
- 8.5 其他算法 234
  - 8.5.1 系统辨识算法 234
  - 8.5.2 运筹优化算法 235
  - 8.5.3 规则推理算法 237
  - 8.5.4 基于遗传算法的特征提取算法 238
- 8.6 本章小结 240
- 参考文献 240

第9章 工业大数据平台技术 242

- 9.1 工业大数据对平台的需求 242
  - 9.1.1 数据负载特性 243
  - 9.1.2 数据分析的特点 244
  - 9.1.3 数据应用的需求 246
- 9.2 工业大数据平台架构 247
  - 9.2.1 功能架构 247
  - 9.2.2 关键技术 248
- 9.3 数据接入 250
  - 9.3.1 时序数据接入 250

  9.3.2 非结构化数据接入 ············ 251
  9.3.3 时序数据消息队列 ············ 251
  9.3.4 数据 ETL 服务 ············ 252
 9.4 数据管理 ············ 252
  9.4.1 数据治理管理 ············ 252
  9.4.2 时序数据库（TSDB） ············ 253
  9.4.3 时序数据仓库（TSDW） ············ 253
  9.4.4 对象数据存储服务（OBJ） ············ 255
  9.4.5 数据查询服务 ············ 256
 9.5 数据分析 ············ 256
  9.5.1 应用方式 ············ 259
  9.5.2 关键技术：分组识别和匹配技术 ············ 259
  9.5.3 关键技术：非侵入式封装技术 ············ 261
 9.6 本章小结 ············ 262
 参考文献 ············ 265

第 10 章 工业大数据分析案例 ············ 266

 10.1 风电大数据分析 ············ 266
  10.1.1 概述 ············ 266
  10.1.2 实例一：运行边界探索用于设计优化 ············ 270
  10.1.3 实例二：机器学习用于运维优化 ············ 272
  10.1.4 实例三：风电机理与机器学习的深度融合 ············ 280
  10.1.5 小结 ············ 283
 10.2 透平设备智能运维 ············ 284
  10.2.1 业务问题 ············ 284
  10.2.2 故障预警知识库 ············ 286
  10.2.3 小结 ············ 288
 10.3 气化炉参数优化 ············ 289
  10.3.1 业务问题 ············ 289
  10.3.2 气化装置建模面临的技术挑战 ············ 290
  10.3.3 基于多模态学习的气化炉操作参数优化技术 ············ 292
  10.3.4 小结 ············ 299
 10.4 磨煤机堵磨预警 ············ 300
  10.4.1 业务问题 ············ 301
  10.4.2 磨煤机的动力学模型 ············ 302
  10.4.3 小结 ············ 310

10.5	冲压排产优化	310
	10.5.1 业务问题	310
	10.5.2 冲压排产计划	311
	10.5.3 小结	314
10.6	轨道车辆悬挂系统故障诊断	315
	10.6.1 业务问题	315
	10.6.2 问题描述	316
	10.6.3 技术挑战	317
	10.6.4 算法实现	319
	10.6.5 小结	322
10.7	本章小结	323
参考文献		324

第 1 章 工业大数据概论

"Big Data is not about the data." ——Gary King

工业是国民经济的核心要素，深受各国的重视。随着物联网、大数据、人工智能、5G 等技术的发展，各国都加快了工业数字化转型的步伐。工业大数据作为制造业数字化转型与智能化升级的关键技术，受到了学界和产业界的普遍关注。对于一个新兴技术来说，人们往往会高估其短期价值、低估其长远影响。只有将工业大数据放在工业场景中，才能不偏不倚，充分释放其应有价值。

工业领域门类众多，产品形态和生产工艺之间的差异很大，行业生态和企业规模之间也存在差异，各企业面临的具体问题不尽相同。但从宏观来看，提质、增效、降本、安全等是工业企业永恒的主题。这些主题与工业领域中不同行业的特征结合，形成了若干工业大数据的典型应用场景。

1.1 工业大数据产生的背景

1.1.1 工业的数字化转型之路

工业企业的数字化转型体现在业务模式、管理模式、生产模式、设备运行模式等层面。随着市场的变化和生产要素的发展（如存量市场放缓、开放式竞争、市场动态加剧等），出现了很多业务模式创新需求，如服务型制造、产能金融化、协同研发等。需要一个全局的数据平台来支撑灵活快速的业务创新和生产组织形态的改变。在管理模式上，也有预测性维修、控制参数优化、生产计划优化等以决策为中心的需求，需要设备全生命周期档案、以物料为中心的生产档案等全息大数据模型，这些模型能够真实、全面地刻画物理世界，从而支撑我们从繁杂的动态数据中挖掘不变的规律。在无人或少人值守等场景下，需要实现人工经验和决策过程的全面自动化，从而实现知识和经验的传承、决策逻辑的流动，而不只是数据的流动。在生产模式方面，随着产品定制化程度提高（如根据不同环境进行风力发电机组的定制化设计与制造等）、产品生命周期缩短、专业分工细化、劳动力结构迁移等外部趋势的发展，协调设计、混线生产、少人值守、智能优化等新模式也需要数据支撑。在设备的智能升级过程中（如表面质量的智能检测、自适应控制、自学习在线矫正等），希望设备的检测、控制和运行能够根据环境和实际情况自学习、自诊断、自调整。

工业企业数字化转型的技术手段主要有自动化、信息化和智能化。作为工业生产效率的重要技术保障手段，自动化实现了以生产工艺为中心的物料和生产指令的整理；作为提高管理效率的重要技术手段，信息化实现了以业务流程为中心的数据整合和管理决策的协同。以计算机集成制造等理念为代表的自动化和信息化的融合，实现了部分生产与经营的整合。这些数字化转型通常集中在执行层，通过数据的自动收集和决策信息的及时流转支撑经营过程的透明化，关键决策通常全部由人工完成。智能化则尝试构建决策所需的完整信息（如物理动态过程、全生命周期档案等），通过分析和挖掘数据，实现大范围决策过程的优化。因此，很多文献中都提到了从"信息化"到"智能化"的升级的本质是数据的深度利用。

1.1.2 支撑技术的演化

随着传感器和物联网技术的发展，对物理过程的感知变得更加实时和密集，系统可以得到实时反馈。将这些数据有效应用到实际控制过程中，从而进一步提高设计水平、控制水平、系统可靠性和运行效率，是近期物理信息系统（Cyber-Physical System，CPS）、数字孪生（Digital Twin）等提法的基本出发点。基于这些海量数据的数据分析是工业企业数字化转型的关键技术。

MES（Manufacturing Execution System）、ERP（Enterprise Resource Planning）、SCM（Supply Chain Management）等信息系统在企业中的深度应用以流程为中心，解决了信息及时流转和有序管理等问题，但业务决策和创新层面缺乏全局信息，需要依赖领域专家经验。这种全局信息体现为以物理实体为中心的全生命周期模型和全要素信息模型。大数据技术可以在一定程度上将局部化的信息有机组织起来，数据分析技术可以从组织好的数据中挖掘有用信息。

一些关键应用领域在技术上不断深化，实现了跨领域的融合。在制造环节，以 CAE（Computer Aided Engineering）、MBE（Model Based Engineering）[4]等技术为支撑的"数字化工厂"倡导实现设计数字化、管理数字化、生产过程数字化、产品数字化和制造装备数字化。以设备全生命周期的相关数据为基础，对整个生产过程进行仿真、优化和重组，实现了工厂中重要过程和资源的整体规划、评估和持续改善。在规划中，生产中的所有元素通过计算机辅助方法建模。这种方式使产品的物理制造过程达到所有质量、时间和成本目标。在设备运行和运维环节，以 DCS（Distributed Control System）、SCADA（Supervisory Control and Data Acquisition）为核心的运行监控系统实现了整体系统环节过程参数的监控与采集，TSI（Turbine Supervisory Instruments）、TDM（Turbine Diagnosis Management）[5]等系统实现了关键设备状态监控与诊断，为"设备数字化与智能化"奠定了技术基础。这些技术的发展，为工业大数据在更大时空范围上的应用提供了契机。

1.1.3　对工业大数据的期望

工业大数据是数字化转型的重要支撑技术之一，工业企业对其寄予厚望，可以简要归纳为 4A。

全维信息服务（Available）：通过大数据平台将物理机理、业务逻辑、人文规则等要素有机组合，支撑以决策为中心的业务应用。

经济可用（Affordable）：通过云服务模式降低对 IT 专业人员的依赖，并通过对物理对象的刻画释放行业专家的能量，降低数据再利用的成本。

大规模的知识沉淀（Assetization）：将隐性的知识显性化、将模糊的理解明确化、将静止的逻辑生命化（自演化），实现知识的自动化、模型的自演化，降低知识的使用门槛，并不断对其进行丰富和拓展。

大规模应用（Applicable）：在包括传感、传输链路、存储、利用等环节的整个数据技术路线中，传输链路是限制大数据的因素之一。通过将特征提取和模型计算等工作推送到端来降低日常数据负荷，是一种常用的技术方式。

1.1.4　各国的战略

美国的《2014 年全球大数据白皮书》和《美国先进制造领导战略》强调了美国企业在大数据科技发展方面的关键驱动因素：分析运营和交易数据的能力；洞察用户的线上消费行为，以向市场提供新的定制化产品；对组织中的机器和设备进行更加深入的感知等。德国于 2015 年 4 月提出"工业 4.0"战略，重点强调了信息互联网技术与工业制造技术的融合，作为其中的关键技术，工业大数据分析将得到大范围应用。法国于 2015 年推出了"新工业法国"战略，在其公布的未来工业计划中指出，实现互联互通、竞争力强的法国工业是其主要目标，并将通过数字化技术帮助企业转变经营模式、组织模式、研发模式和商业模式，使工业工具更加现代化。作为中国工业互联网的核心技术及两化融合的基础技术,工业大数据备受关注。近年来,中国出台了"大数据""两化融合""互联网与制造业融合"等一系列综合性指示与政策,对工业大数据的发展提出了明确要求,对工业大数据的发展、产业应用及标准化进程提供了全面指导。

1.2 工业大数据的典型应用场景

1.2.1 业务领域视角

对于未来制造的发展模式,业界有很多好的提法,包括精益(Lean)制造、柔性(Flexible)制造、绿色(Sustainable)制造、云(Cloud)制造、敏捷(Agile)制造、自组织(Holonic)制造、数字(Digital)制造、智能(Intelligent)制造、智慧(Smart)制造等,以应对不同需求(如成本和竞争压力、创新速度、个性化需求、可持续性发展等)。工业大数据是支撑制造模式转型的重要使能技术。

在工业数据的应用模方面,业界从不同角度提出了很多类似的想法。德国"工业 4.0"强调通过横向全供应链集成、纵向全自动化集成(智能工厂)和设计工程全数字化集成 3 条技术路线,构建基于物理信息系统(CPS)的全新生产环境,实现以数字制造为核心的第四次工业革命[2]。美国 NIST 从产品生命周期(设计、工艺规划、生产工程、制造、使用和服务、废弃和回收 6 个阶段)、生产系统(设计、修建、调试、运营和维护、退役和回收 5 个方面)和商务(采购、制造、交付、售后等供应链活动)3 个制造生命周期维度构建智慧制造(Smart Manufacturing System)[6]。学术界也提出过类似的想法。Porter James 与 Heppe Imann 探讨了互联的产品:结合大数据分析,打造服务型制造模式,柔化制造业和服务业的固有边界[7]。中国电子技术标准化研究院的《工业大数据白皮书(2019 版)》将工业大数据的典型应用场景概括为智能化设计、智能化生产、网络化协同制造、智能化服务和个性化定制[8]。日本 RIETI 研究中心和 PwC 也从业务部门和业务模式的角度提出了类型框架。

综上所述,结合实践经验,我们总结了工业大数据在 7 大业务领域的应用场景,如图 1-1 所示。

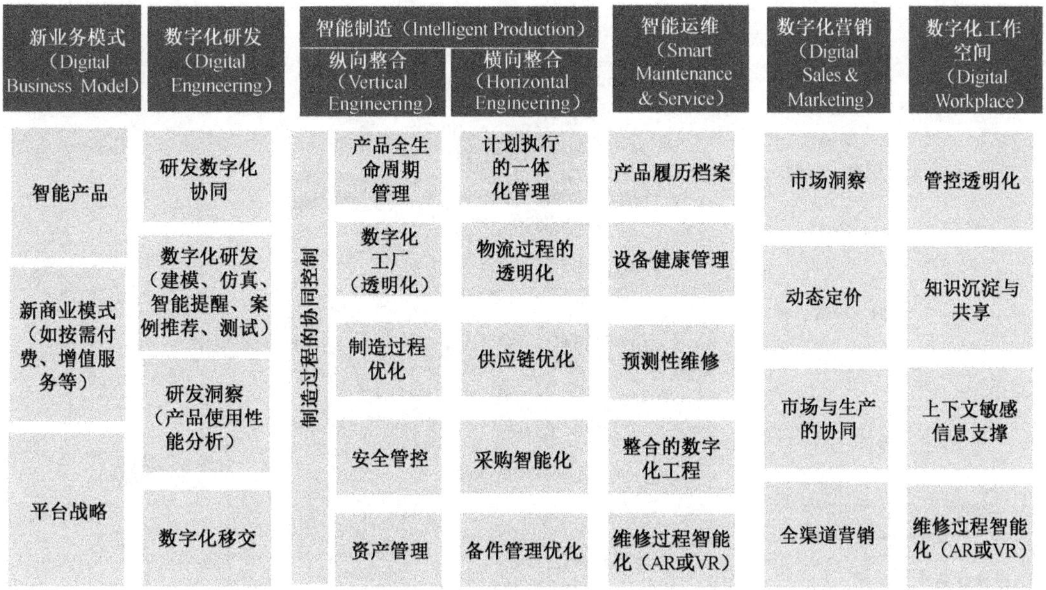

图 1-1 工业大数据在 7 大业务领域的应用场景

1.2.2 应用系统视角

不同行业的两化基础不同，同一行业不同企业的发展阶段也不尽相同。为便于讨论，这里介绍 ISA-95 企业信息架构参考模型[9]，如图 1-2 所示。ISA-95 企业信息架构参考模型将制造业信息系统划分为物理过程层（Level 0）、传感层（Level 1）、监控层（Level 2，如 DCS、SCADA 等）、生产管理层（Level 3，如 MES 等）、经营管理层（Level 4，如 ERP、SCM 等）。Level 0 定义了实际物理过程，通常以微秒或毫秒为单位。Level 1 涉及物理过程的传递和操作，通常以秒为单位。Level 2 涉及物理过程的监测和控制，通常以小时、分钟、秒为单位。Level 3 定义了生产预期成品的工作流，包括维修和协调进程的活动，通常以天、班次、小时、分钟、秒为单位。Level 4 涉及业务计划和与经营结果相关的管理、决策流程，通常以周、项目等为单位。

工业大数据在既有基础上，从更全要素、更大范围、更细时空颗粒度、更广业务环节上，实现了贯穿多个 Level 的新型应用。但从实现的功能来看，工业大数据应用大多落在 Level 4；在设备运维中也有不少 Level 2 的应用（如故障预警等）；在两化基础差的行业中，也有一些大数据应用实现了 Level 3 的功能。

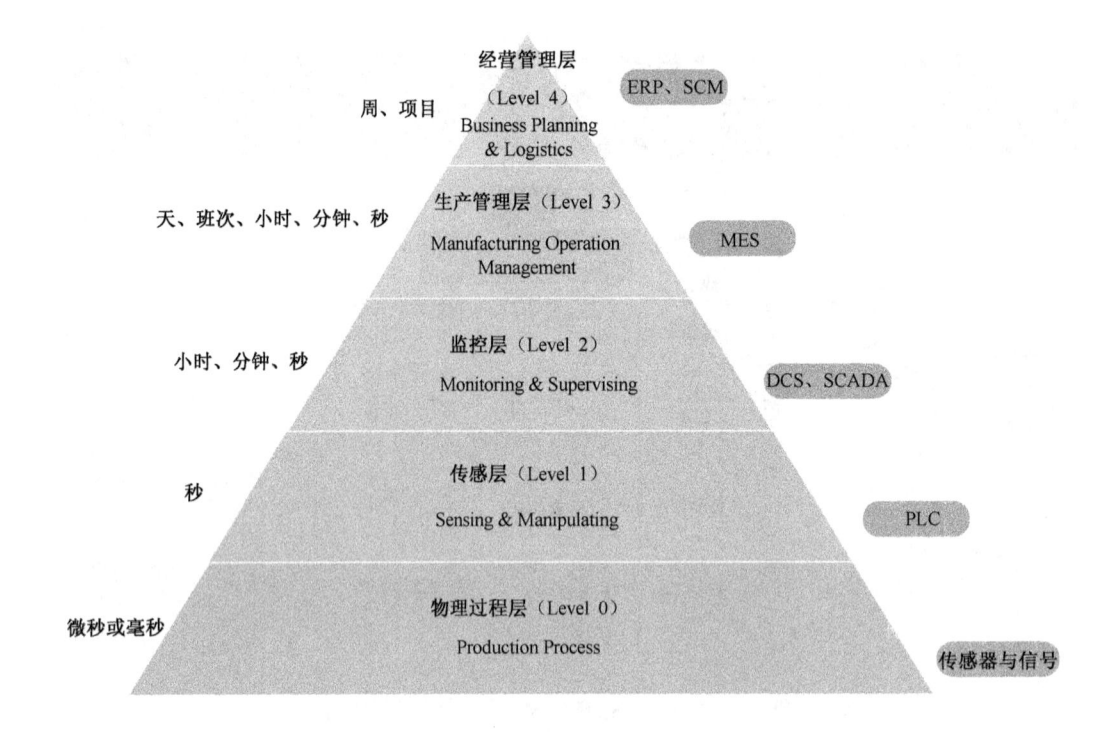

图 1-2　ISA-95 企业信息架构参考模型

1.3　工业大数据的特点与关键技术

1.3.1　特点

文献[6-8]和文献[10-13]对工业大数据的特点进行了详细的分析。这里简要总结为 4 点。

1. 工业大数据具有多样、多模态、高通量和强关联等特性

根据数据来源，可以将工业大数据分为 3 类[14]：第 1 类是与企业运营管理相关的业务数据，这类数据来自企业信息化范畴；第 2 类是设计与制造过程数据，主要指在工业生产过程中产生的装备、物料及产品加工的工况状态参数、环境参数等数据；第 3 类是企业外部数据，包括产品售出后的使用情况、运营情况等数据，还包括大量用户数据、供应商数据、互联网数据等。工业大数据的这些特性对多源异构数据存储技术提出了很高的要求，不仅需要高效的数据存储优化，还需要通过元数据、索引、查询推理等进行高效且便捷的数据读取，实现多源异构数据的一体化管理。

2. 工业数据资源并不丰富

在宏观层面，工业领域的数据类型和数据量非常丰富。但对于微观的大数据应用和分析来说，有价值的数据往往十分稀缺。

(1) 数据样本通常严重有偏（Biased）：多数工业系统被设计为具有高可靠性且严格受控的系统，绝大多数时间都在稳定运行，异常工况相对稀缺（对于数据分析来说具有"高价值"），有标记的异常样本更是难得。还有一些工业场景要求捕获故障或异常瞬间的高频细微状况，才能还原和分析故障发生原因，这对数据监控和后台数据存储提出了很高的要求。

(2) 维度不完整和序列间断（Censored）：全维数据集的有效关联往往很难实现，在时间或空间序列上也常常存在数据缺失，导致当前获取的数据不能完整勾画真实的物理过程。因此，需要谨慎考量 CPS 的应用范围。另外，上述问题也导致"数到用时方恨少"。工业互联网产业联盟和中国信息通信研究院的《2018 工业企业数据资产管理现状调查报告》显示，我国工业企业的数据资产存量普遍不大，66%的企业的数据存量都在 20TB 以下，还不到一个省级电信运营商日增数据量的 1/10。针对这种情况，工业大数据应该进行"量体裁衣"式建设，而不是被动响应。要从业务的角度挖掘需求，从技术的角度思考如何获取更多数据资源（如新传感技术、软测量、内部信息整合、数据联盟等），从数据的角度思考如何利用新模式或新技术提高业务能力。

3. 工业数据有丰富的上下文信息（Context）

工业是一个强机理、高知识密度的技术领域，很多监测数据仅是精心设计下系统运行的部分表征。工业领域通常有机理模型和专家经验的深厚积累，可以为数据分析提供极具参考价值的特征量（如齿轮箱振动的倒谱等）和参数搜索空间。工业大数据分析通常会隐性或显性地利用大量行业知识（包括而不限于问题定义、数据筛选、特征加工、模型调优等环节），将统计学习（或机器学习）算法与机理模型算法融合，以创造更高的价值。

4. 工业大数据的人才体系是二分的

工业大数据的价值变现通常需要将统计学习模型和机理模型融合，而这两个模型属于不同技术门类，且工业企业通常以工程技术人员为主，这种技能的割裂严重制约了工业大数据生态的发展。

除以上共性挑战之外，单个制造业企业在推进工业大数据的发展时，还会面临管理模式转变、人才短缺、短期成效与长效机制矛盾等方面的挑战，这就需要在大数据规划与实施过程中有一个系统而有效的方法论来进行指导。

1.3.2 关键技术

1. 工业大数据平台

为有效支撑海量多源异构工业数据的存储与查询，有机融入现有知识、经验与分析资产，并消除技能割裂对工业大数据应用和发展的制约，需要构建一套能够支撑工业大数据分析的工业大数据平台及技术，工业大数据平台架构如图 1-3 所示。

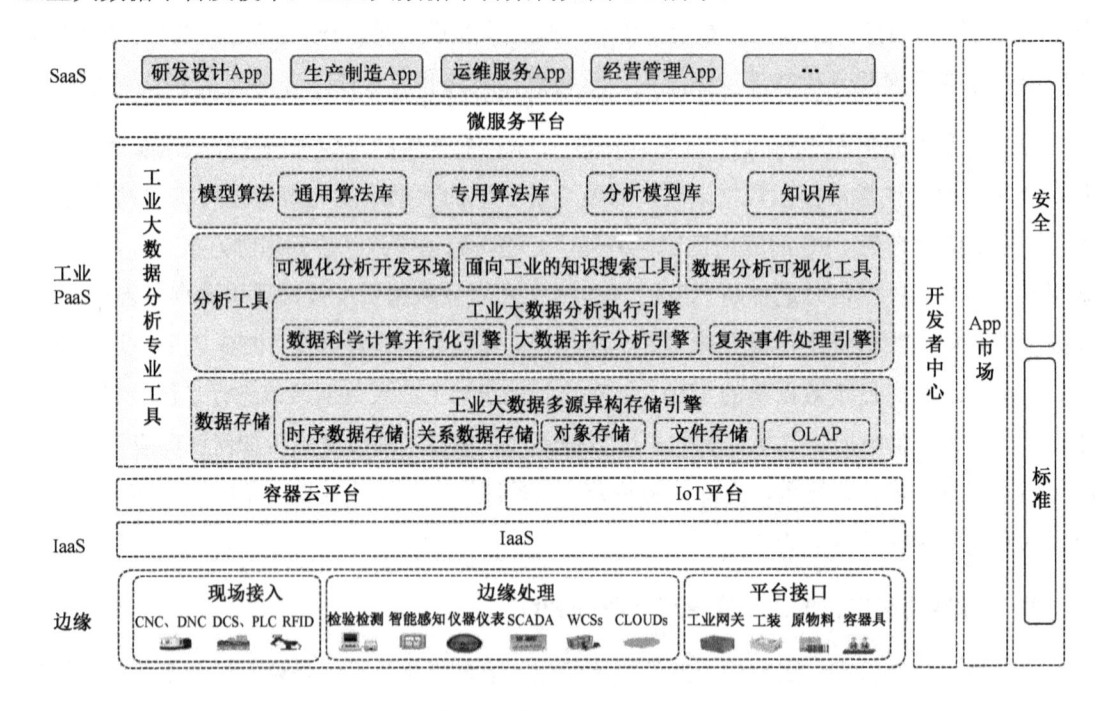

图 1-3 工业大数据平台架构

1）多源异构数据存储与查询

通过面向工业数据存储优化的工业大数据湖技术，实现多源异构数据的一体化、低成本、分布式存储；通过面向工业大数据分析负载优化的存储读写技术，实现分析工具对数据的高效存取；通过一体化元数据技术，实现对数据的工业语义化组织与高效检索。面向分析优化的工业大数据存储架构如图 1-4 所示。其支持时序数据存储、关系数据存储、对象数据存储。

工业大数据的强机理与强关联性决定了只有建立业务上下文模型，才能有效进行后续的分析与应用，如设备全生命周期档案（设备智能运维场景）、物料流转与工艺状态档案（质量分析场景）、需求动力学关系图（需求预测场景）等。除了多源异构数据存储引擎的基础能力，还需要提供行业数据建模及数据查询。例如，设备全生命周期档案记录了设备不同维度的信息，包括设备基本信息、设备结构（Bill of Material，BOM）、维修履历、故障记录、异常预警记录、工况等。

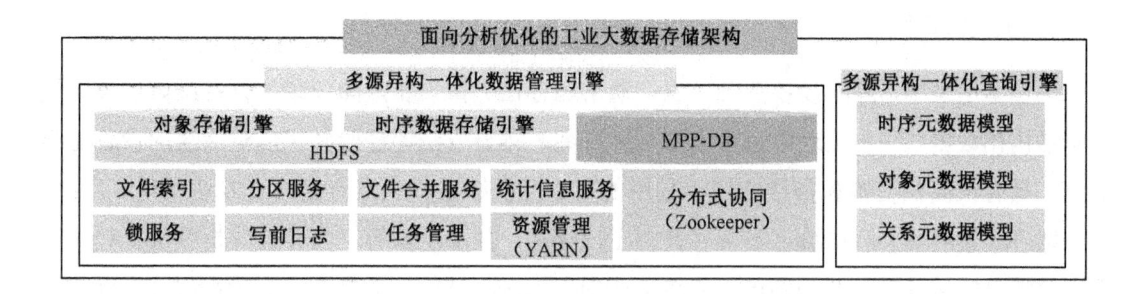

图 1-4 面向分析优化的工业大数据存储架构

在构建行业数据模型时，不仅要注意多个数据源在数据结构（Data Schema）层面的关联，还要注意在业务语义层面的处理，包括编码间的映射关系（如设备编码规则改变前后的对应问题等）、同义词（如风速在不同时期数据标准中的字段名可能不同等）、字段名相同但业务语义不同（以油气生产中的"产量"为例，井下产量、井口产量、集输产量等不同口径的"产量"，由于测量方式、测量环境、测量标准的不同而存在很大差异）等问题。大数据平台在提供行业数据建模工具时一定要注意业务语义层面的需求。

以行业数据模型为基础，大数据平台提供基于图搜索技术的语义查询模型，以友好的方式支撑设备的管理和分析，以风机为例，如图 1-5 所示。叶片断裂后，整机制造商的运维主管想要查看并确认是否为叶片批次问题（即与当前风机使用同一批叶片的风机的近期机舱加速度是否正常）。在基于图搜索技术的语义查询模型的支持下，应用开发者无须编写复杂的表间关联语句，大大减少了应用开发的工作量。

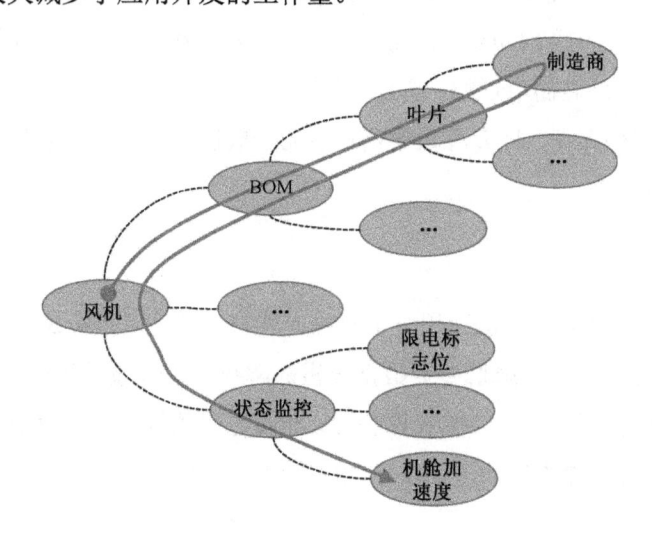

图 1-5 基于图搜索技术的语义查询模型（以风机为例）

2）工业知识图谱

在设备运维中，除了设备基础数据，通常还存在大量设备故障记录、设备维修过程记录等非结构化数据。这些记录中包含大量故障征兆、排查方法等经验知识，对后续的设备运维来说，具有很高的借鉴和指导价值。通用的文本分析缺乏行业专有名词（专业术语、厂商、产品型号、量纲等）和语境上下文（典型工况描述、故障现象等），导致分析效果欠佳。需要构建特定领域的工业知识图谱，并将工业知识图谱与结构化数据图语义模型融合，以使查询更灵活。

3）工业大数据分析模型的低代码开发与非侵入式并行

通过丰富的分析算法库和可视化分析建模环境，可以实现低代码开发，能够大大降低工业大数据分析的技术门槛。基于非侵入式并行技术，大量的现有分析模型资产可以通过低代码方式迁移到大数据环境中，使开发效率提高数百倍。执行引擎采用MapReduce、Spark、Flink等主流并行计算框架、分组识别和匹配技术、非侵入式封装技术等，能够高效处理海量数据，实现敏捷的工业大数据分析。

大数据平台也需要支持已有分析模型的快速成熟。很多工业企业积累了不少单机分析模型（如 Matlab、Python、R 等），但缺乏在大数据集上的验证工作。经典的大数据并行化分析系统要求重新编写分析程序，但其算法库（如 MLlib、Mahout 等）对工业分析方法（如信号处理、系统辨识等）的支持有限。在很多工业分析场景中，并行化数据通常按照有明确业务语义的字段进行分组（如风功率曲线计算按照风机、月份进行并行化等）。因此，工业大数据平台应该支持非侵入式 Matlab、Python、R 并行化，用户只需指定可并行化分组的数据字段，并对单机分析程序做简单适配，就可以直接在大数据平台上实现分析模型全量并行化，通过大数据的迭代去伪存真，探究海量数据背后的一般性规律，实现企业已有分析资产和实践经验的快速变现。

2. 工业大数据分析

（1）工业分析算法库：丰富的通用分析算法库能够支持更多"公民数据分析师"参与统计分析建模。专业算法库可以降低专业数据分析师解决工程领域数据分析问题的技术门槛。在专业算法上，应该特别注重时序模式算法（针对传感器数据）、工业知识图谱算法（针对日志等文本数据）及针对特定领域的算法，如旋转设备的振动分析算法、压力容器的缺陷识别算法等。

（2）机理模型、经验模型、统计学习模型的融合[4]：在不同场景中，机理模型描述物理过程的精度不同，分析模型的可靠性也不同，将分析模型与机理模型融合能够构建出可解释性更强且精度和可靠性更高的模型。

（3）工业大数据分析方法：指导工业大数据分析问题的识别、落地与执行。

3. 工业大数据治理与管控

工业大数据"用"数据，更要"养"数据。数据质量是数据价值的生命线，数据治理则是已被金融、电信、互联网等行业实践证明的主要的数据质量保障手段。调查显示，我国工业领域只有不到 1/3 的企业开展了数据治理，51% 的企业仍在使用文档或更原始的方式管理数据。工业企业应该把数据治理放在与大数据平台建设同等重要的位置。国际数据管理协会（DAMA）提出了一系列数据质量度量标准和数据治理方法[15]。

工业大数据蕴含工业生产的详细情况及运行规律，承载了市场、用户、供应链等重要信息，是工业企业的核心机密，也是工业互联网的核心要素。因此，需要在数据存储层和运行分析工具时建立统一的安全管理机制，实现对数据的细粒度和全生命周期安全管控；模型资产等知识产权的保护应通过文件级别的高级加密标准进行加密。需要在数据安全、模型安全和系统安全等方面统一考虑系统安全架构，如图 1-6 所示。数据安全是关键，模型安全是必需品，系统安全是根本，最终的实现需要从技术和管理两个方面进行保障。

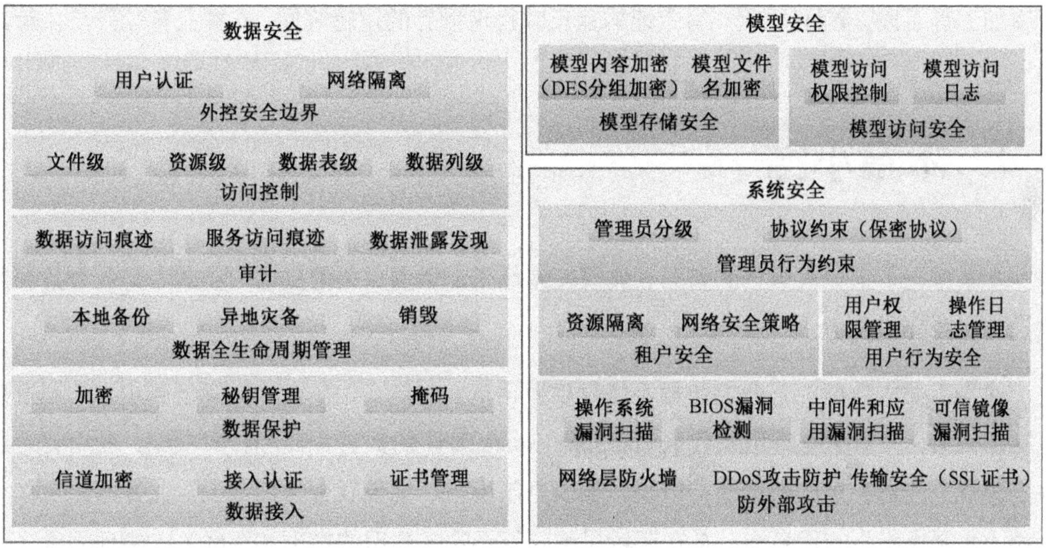

图 1-6 系统安全架构

4. 工业大数据规划与实施

大数据规划宜采用"业务导向+技术驱动+数据支撑"的方式，客观评估技术可行性，考虑全生命周期和后续迭代，统筹规划建设，具体步骤可参考工业大数据的 STEP-DO 方法，如图 1-7 所示。

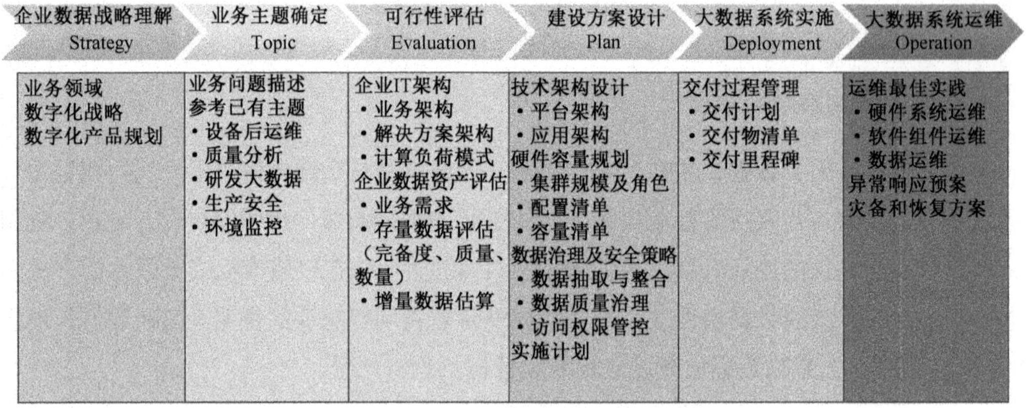

企业数据战略理解 Strategy	业务主题确定 Topic	可行性评估 Evaluation	建设方案设计 Plan	大数据系统实施 Deployment	大数据系统运维 Operation
业务领域 数字化战略 数字化产品规划	业务问题描述 参考已有主题 • 设备后运维 • 质量分析 • 研发大数据 • 生产安全 • 环境监控	企业IT架构 • 业务架构 • 解决方案架构 • 计算负荷模式 企业数据资产评估 • 业务需求 • 存量数据评估 （完备度、质量、数量） • 增量数据估算	技术架构设计 • 平台架构 • 应用架构 硬件容量规划 • 集群规模及角色 • 配置清单 • 容量清单 数据治理及安全策略 • 数据抽取与整合 • 数据质量治理 • 访问权限管控 实施计划	交付过程管理 • 交付计划 • 交付物清单 • 交付里程碑	运维最佳实践 • 硬件系统运维 • 软件组件运维 • 数据运维 异常响应预案 灾备和恢复方案

图 1-7 工业大数据的 STEP-DO 方法

工业大数据是推进工业数字化转型的重要技术手段，需要实现"业务、技术、数据"的融合。这就要求从业务的角度审视当前改进方向；从 IT（Information Technology）、OT（Operational Technology）、DT（Data Technology）等角度思考新的运作模式、新的数据平台的应用和分析需求，客观评价技术可行性；从数据的角度审视如何通过信息的融合、流动、深度加工等手段，全面、及时、有效地构建反映物理世界的逻辑视图，支撑业务运作与决策。

1.4　本章小结

本章讨论了工业大数据的背景、典型应用场景、特点、关键技术，尝试为工业大数据的建设与实践提供参考。

何为工业大数据？工业大数据不能仅以数据量大来定义，在很多实际场景中，数据量并没有那么大。大数据有时用来代表 Hadoop、Spark 等新的数据存储和计算框架，利用普通服务器集群来应对特定的数据负荷特征（如少更新操作、批量联合访问等）。大数据也常作为一种"数据思维"的代名词，是在逻辑思维（基于若干公理的推理和演绎）、实证思维（基于观察和控制实验的归纳）、构造思维（基于算法过程的构造与模拟）等经典思维基础上的新思维，鼓励大家使用在样本统计中得到的关联关系进行不确定性推理，不要拘泥于因果关系。"数据思维"与实证思维不是完全对立的，很多物理定律（如牛顿力学第二定律等）都通过对小样本的观察和总结得到，并经过思辨、抽象和逻辑推理，形成了若干自洽的理论体系。

随着数据采集能力和计算能力的提高，数据技术在企业经营、生产业务发展和转型中发挥的作用越来越重要。作为数据价值变现的核心技术之一，大数据分析的作用和意义得到了充分而广泛的认可。但很多简洁或不加前提的宣传也带来了一些对大数据分析的误解，如表 1-1 所示。

表1-1 对大数据分析的误解

误解	相对客观的认识
大数据分析是在全样本上进行分析	大数据不等于全数据，全样本是一个相对概念。对于物理世界来说，测量永远针对"部分"样本。全样本只在逻辑世界中存在（如纯数学、逻辑等）
大数据分析不需要关心数据的业务意义	数据的生成机制仍然很重要（如社交媒体数据反映哪个年龄段用户的观点等）
数据质量不重要	Garbage in, Garbage out. 很多数据质量问题的本质是业务问题或测量设备问题
数据量大比维度大更重要	对于很多分析应用来说（如用户画像等），维度组合比单维度数据量更有意义
大数据分析秒杀传统小数据分析手段	很多高业务价值数据（如设计图纸、销售订单、档案等）是小数据，大数据的价值密度低；大数据分析的最终目标也是生成有价值的小数据。需要解决大数据与小数据对接等技术问题
深度学习和人工智能（认知计算）可以自动解决问题	世上没有万能药。任何技术都有一定的适用范围

大数据在商业领域已经有了很多很好的应用。工业是一个重设计和机理的领域，大家对于大数据该如何应用大概还有不少疑问。这里列举了一些常见的大数据应用相关问题，如表1-2所示，后面将对这些问题进行详细讨论。

表1-2 大数据应用相关问题

问题	浅析
需要多少数据才能进行大数据分析？	数据的客观需求量：数据与问题的匹配（如度量指标、关键因素完备性、数据质量、正或负样本平衡性、先验知识等） 业务人员要对数据基础有理性的认识：数据量大不等于信息量大 数据分析师要认真求实：认识到数据的获取是有成本的，不要一味要求数据量
大数据分析如何推进？	规划：业务价值驱动+数据基础支撑 执行：业务专家与数据分析师的协同
大数据分析不需要业务知识和领域知识？	工业大数据更需要领域知识： • 数据从哪儿来？如何采集？是否可信 • 利用领域知识缩小求解空间，降低对数据量的要求 • 领域经验指导特征提取，能够提高算法的求解效率、增强模型的可解释性 • 客观评估模型的适用范围
什么样的模型是好模型？	可被业务用户消费 极简原则：在保证性能满足要求的前提下，算法越简单越好 可控性：明确给出模型的不适用情形

续表

问题	浅析
为什么很多"开箱即用"算法没有宣传得那么好用	在分析实践中的重要度排序：定义一个好问题>完备可靠的数据>好的特征量>合适的算法 任何算法都有一定的适用前提（了解模型的不适用情形比笼统地提高模型性能指标更重要），需要进行严格的测试和验证
工业大数据分析需要什么样的大数据平台	开发阶段：①提供全维数据关联查询（时序数据、业务数据、非结构化数据等）；②支持分析模型的快速迭代（支持 R、Python、Matlab 等工业常用分析工具，支持已有单机分析程序的重用） 部署阶段：业务闭环，对分析模型进行全生命周期管理

参 考 文 献

[1] 朱铎先, 赵敏. 机·智：从数字化车间走向智能制造[M]. 北京：机械工业出版社, 2018.

[2] 西门子工业软件公司, 西门子中央研究院. 工业 4.0 实战：装备制造业数字化之道[M]. 北京：机械工业出版社, 2015.

[3] 李杰. 从大数据到智能制造[M]. 上海：上海交通大学出版社, 2016.

[4] 王长隆. 从工业 4.0 看模型化技术的重要性[J]. 仪器仪表用户. 2016, 23(12):5-9.

[5] 张学延, 张卫军, 何国安. 火电厂旋转机械振动诊断及治理技术[M]. 北京：中国电力出版社, 2019.

[6] Yan Lu, KC Morris, Simon Frechette. Current Standards Landscape for Smart Manufacturing Systems[R/OL]. (2016-02-23)[2019-12-24]. https://www.nist.gov/publications/current-standards-landscape-smart-manufacturing-systems.

[7] Michael E. Porter, James E. Heppelmann. How Smart, Connected Products are Transforming Competition[J]. Harvard Business Review, 2014(11).

[8] 中国电子技术标准化研究院. 工业大数据白皮书(2019 版)[R]. 北京：中国电子技术标准化研究院, 2019.

[9] ISA. Enterprise-Control System Integration, Part 1: Models and Terminology: ANSI/ISA-95.00.01-2000[S]. North Carolina:ISA, 2000.

[10] Willy C. Shih. Helmuth Ludwig. The Biggest Challenges of Data-Driven Manufacturing[J]. Harvard Business Review, 2016(5).

[11] Alp Ustundag, Emre Cevikcan. Industry 4.0: Managing the Digital Transformation[M]. Berlin: Springer, 2018.

[12] 工业互联网产业联盟. 工业互联网平台白皮书[R]. 北京：工业互联网产业联盟, 2019.

[13] 工业互联网产业联盟. 工业大数据分析指南[M]. 北京：电子工业出版社, 2019.

[14] 工业互联网产业联盟工业大数据特设组. 工业大数据技术与应用实践（2017）[M]. 北京：电子工业出版社, 2017.

[15] DAMA International. DAMA 数据管理知识体系指南[M]. 马欢, 刘晨, 译. 北京：清华大学出版社, 2012.

第 2 章 工业大数据分析概论

"大数据本身没有价值,只有回归业务和生产活动,才能产生价值。"

本章从行业需求的角度,简要总结工业大数据分析的应用场景和关键技术,归纳工业大数据分析的数据和应用场景特点,给出工业大数据分析的典型场景。在工业领域,先验知识不再局限于概率关系(联合、条件概率),还存在大量体系化的因果关系和很多非系统化的经验知识。数据是对自然或社会现象的一种不完备刻画,这从根本上决定了其适用范围。如果脱离了场景上下文,数据分析的结果就会脱离实际。有时数据分析问题的识别和定义比求解更重要。

2.1 工业大数据分析的特点与挑战

从宏观层面来看,工业大数据和商业大数据的分析方法论没有本质区别,仅在分析对象、数据特点、现有基础、应用期望等方面存在较大差异。一些简洁的大数据思维(如从样本到全量思维、从精确到模糊思维、从因果到关联思维等)无意中脱离了上下文和应用场景的限制,很容易误导工业大数据分析实践。

2.1.1 数据视角

从数据的角度来看,工业大数据分析具有不完备、不完美、不均衡、结构性强等特点,如表 2-1 所示。

表 2-1 工业大数据分析的特点

特点	描述
不完备	要素维度：输入数据只是物理世界的一个缩影，严格来说，工业问题的上下文维度可以无限大；很多外部要素、操作事件或干预动作没有完整记录 时间维度：数据通常存在缺失，缺乏严格意义上的全生命周期数据；时序上常常存在间断，分析时需要谨慎处理 取值空间覆盖度：工业系统大部分时间都运行在特定的设计范围内，难以覆盖全部情形；变量间常常存在多重共线性，实际自由度远远低于变量数
不完美	测量不完美：在工业系统中，很多数据采集依赖传感器技术，存在机理性或安装性偏差、误差甚至错误 过程记录不完整：不少异常事件没有标记或记录
不均衡	样本严重不均衡，正样本很少（特别是重大故障）
结构性强	变量间的机理关联：源于物理过程的动力学、设计的控制规律、运行的监管机制等 时空结构：相邻时间、空间的强相关，以及不同尺度（时空颗粒度）上行为的差异性

工业大数据分析的特点决定我们要相信数据，但不能迷信数据。与运作性应用（Operational Application）和数据平台相比，在数据分析及其应用中遇到数据质量问题的可能性更高。原因在于：①数据分析通常需要将多个数据集关联，在单独看每个数据集时，数据质量问题可能不明显，但多个数据集关联后，数据质量问题通常会很明显；②通常需要从业务角度理解和分析数据，可以将业务语义层面的数据异常纳入数据质量问题。

2.1.2 应用视角

从应用对象、应用要求的角度来看，工业大数据和商业大数据的区别如表 2-2 所示。

表 2-2 工业大数据和商业大数据的区别

	工业大数据	商业大数据
研究对象	以物理实体和环境为中心（Cyber-Physics-People）	以互联网支撑的交互为中心（Cyber-Cyber-People）
现有基础	中观和微观机理模型与定量领域知识，在当前基础上前进"半"步都很困难	宏观理念与定性认识，存在较大的提升空间
新驱动力	新的感知技术 产品的服务化转型	新的交互渠道（如社交媒体等）
对分析的期望	因果关系才有用 模型的高可靠性（很难接受概率性预测）	相关关系非常有帮助 大数原则

在非严格意义上，工业系统和商业系统都是"人造"系统。工业设备由人根据自然规律设计和制造出来，并按照一定的工程和管理方法运行。商业系统的交易规则、运行规范也是人设计出来的，并且很多都以计算机的形式逻辑为系统支撑（如电信、金融、电商等）。但

两者在研究对象、现有基础和应用需求等细节层次上存在显著差异。工业系统背后的自然规律是隐性的"强"约束，而商业系统背后更多的是显性的"规则"。工业系统可以由很多"中观"机理模型刻画，而商业系统对人的行为仅有一些"宏观"层面的认识，且商业系统中的分析建模通常也不需要到"中观"（例如，对于推荐引擎来说，只要人群颗粒度在统计意义上有效即可）。

对数据分析与挖掘的期望是在既有认知基础上更近一步。工业系统和商业系统现有基础的不同导致两者在分析方法和技术上存在一定差异。工业系统通常存在很多机理模型，但在实际运行中还存在很多待解决的问题。第一，机理模型常常有很多未建模因素。机理模型通常基于一定前提或假设下的物理规律，抓住了物理过程的"基本面"，为设计提供了重要指导，但在日常运行中还是需要考虑这些未建模因素的影响；第二，机理模型中的不少参数很难被精准测定，有些输入（或干扰）很难测量（或测量成本太高），这就需要在运行过程中进行定期干预；第三，有些过于"微观"的机理模型（如电化学腐蚀过程等）在实操中很难定量。因此，一个实际的工业系统需要多个机理模型同时刻画，这也导致有时模型的复杂性（推演复杂性或计算复杂性）会阻碍实操指导。利用数据分析手段，基于历史趋势或短时观测，通过"拟合"或"插值"方式"推测"系统的行为反而更加简单、有效。但工业大数据分析要建立在工业系统运行机理基本面的基础上，否则很容易陷入局部空间过拟合的局面。

2.2 工业大数据分析的范畴

2.2.1 典型分析主题

基于对业界的粗浅理解和一些实践，我们将工业大数据分析的典型场景归纳为 3 类，如表 2-3 所示。①智能装备，通过对装备的互联和分析，提高后服务质量，指导研发创新，支撑定向营销等；②智慧工厂，打通不同生产单元与业务环节，结合不同时空颗粒度，从效率、质量和安全的角度，保证制造过程可视、可溯、可决；③产业互联，通过数据的融合与深度分析，提高协作效率，支撑新的商业模式。

表 2-3 工业大数据分析的典型场景

业务领域		大数据应用
智能装备	设备故障诊断与健康管理 （Prognostics & Health Management，PHM）	• 剩余寿命 • 健康管理 • 失效预警 • 故障检测 • 异常预警 • 故障诊断 • 运维优化
	装备效能优化 （Asset Performance Management，APM）	• 工况聚类 • 性能评估 • 控制优化
	产品运作闭环	• 使用行为分析 • 研发创新 • 定向营销
智慧工厂	生产效率优化 （Production Efficiency Management，PEM）	• 需求预测 • 调度优化 • 节能降耗
	生产质量分析 （Product Quality Management，PQM）	• 质量根因分析 • 质量检测 • 控制参数优化 • 操作优化 • 智能排查
	生产安全	• 微观生产安全分析与管理 • 宏观安全态势分析
产业互联	协作效率	• 市场价格预测 • 供需调度优化 • 协同设计

不同行业的侧重点不同，工业大数据的 3 大典型分析领域如图 2-1 所示，高端装备制造业大多强调"服务型制造""智能装备""智能诊断"；化工行业则强调"安稳长满优"和生产安全；电子制造行业以生产质量分析（PQM）为核心；能源行业注重资产的完整和性能管理。根据工业领域特色，本节重点对 PHM、PQM、PEM 进行探讨，其他分析类型将在第 7 章中进行讨论。

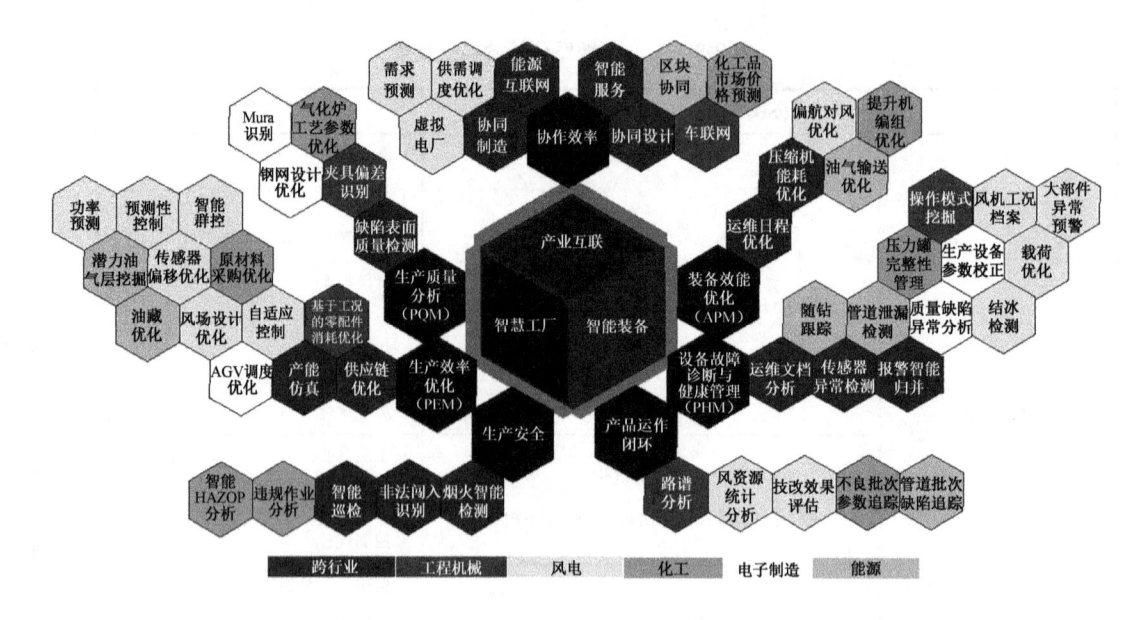

图 2-1 工业大数据的 3 大典型分析领域

工业大数据分析问题示例如表 2-4 所示。

表 2-4 工业大数据分析问题示例

类型	详细分类	分析问题示例
工业设备	往复式设备	往复式压缩机阀片断裂预警、缸体振动、十字头冲击、活塞杆、曲轴箱异常预警
	旋转设备	机泵抽空、气蚀、轴承缺陷、底座松动、叶片脱落、主轴轴瓦烧瓦预警；电机断条、偏心、堵转、过载预警；齿轮箱缺齿、轴承缺陷、不平衡、不对中预警；汽轮机水击带液、主轴热弯曲、动静碰磨、油膜涡动预警；风电机组叶片失效分析、变桨回路健康评估；故障诊断知识库
	管道压力容器	输差分析、管道泄漏检测、管道输送系统的节能降耗、环焊缝辅助评片、管道多轮内检测的对比分析、管道焊缝缺陷 X-Ray 片识别
	工程机械	运行轨迹分析、故障时空规律挖掘、运行工况切片分析
	传感器	转炉终点温度预报、气化炉温度软测量、钢铁精炼过程温降预测、连铸过程温降预测
生产过程	需求、产量预测	电力负荷预测、备件需求预测、发电功率预测、宏观经济分析（地区 GDP 预测）、农业机械的销售预测、脱硫净烟气二氧化硫浓度预测、天然气需求预测
	生产调度优化	电梯保养排班优化、管道输送优化、供应计划优化、备件库存优化、生产调度与排程优化
	过程控制	发电设备自适应控制、高炉冶炼过程控制优化、压缩机能耗分析与控制优化
	生产经营分析	发电量及损失电量评估、发电性能评估、设备利用率分析、区域多种能源（风能、光能、水能、火能）限电比例分析
生产质量	异常检测	DCS 指标异常检测、抽油机示功图分析、显示屏生产阵列段自动光学缺陷检测、钻井卡钻事故预警、偏航对风偏差检测

续表

类型	详细分类	分析问题示例
生产质量	控制参数优化	轧钢断面尺寸优化、高炉—烧结智能配料优化、SMT 生产线钢网设计参数优化、气化炉操作参数优化、发酵过程控制曲线优化、汽车焊装过程台车偏差校正
	质量管理	统计过程控制，Cp（Capacity of process）、Cpk（Complex process capacity index）、Pp（Performance of process）、Ppk（Process performance index）统计
生产安全	目标检测	人脸识别、安全帽识别、烟火识别、车辆识别
	目标跟踪	目标检测后的跟踪与定位
	动作识别	摔倒识别、攀爬识别

2.2.2 分析模型的形态与融合方式

刻画物理世界的 3 大模型如图 2-2 所示。分析模型属于唯象模型[1]，在工业应用中，需要认知模型的指导，并与经验模型融合。

在行业应用中，采用的模型大多是形式化或部分形式化模型，这些模型的特点和适用场景如表 2-5 所示。

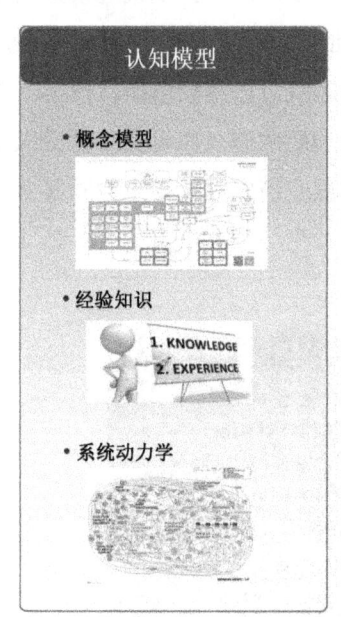

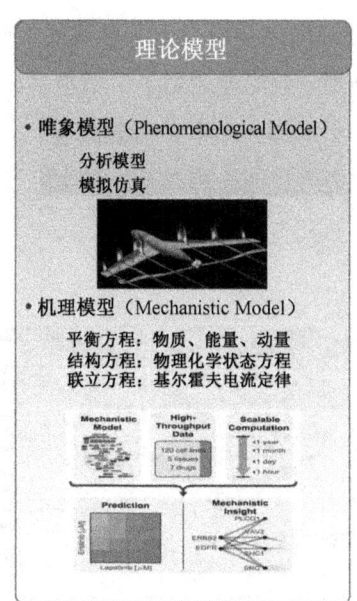

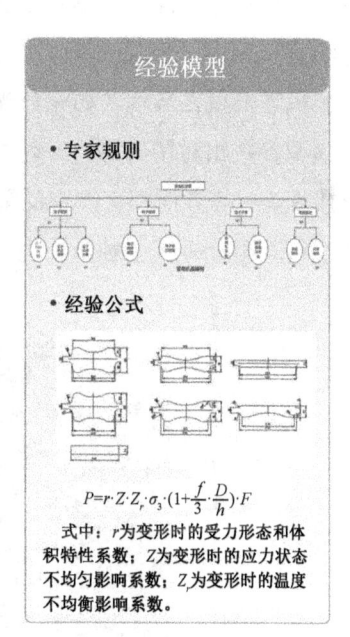

图 2-2 刻画物理世界的 3 大模型

表 2-5 模型的特点和适用场景

	特点	适用场景
机理模型	推演能力强，通常基于大量的简化或强假设	理论基础和实验条件较好
统计学习模型	群体的统计规律，具有一定的不确定性，存在一定的适用范围	统计大量类似场景，概念逻辑清晰，但缺乏具象的关系
专家规则	属于大量案例的归纳，可解释性强，规则模糊且不完备	逻辑简单明了，计算复杂
案例库、文档库	属于个例，具体且形象	数据不完备（需要现场测量、观察），研判过程的交互性强、价值高、频度低，十分复杂

很多工业分析场景往往需要多领域机理模型的融合，文献[2]提供了开放、面向对象的以方程为基础的跨领域建模，包括机械、电气、液压、热力、生物、控制及面向过程的子系统模型，被很多商业和开源设计仿真软件采纳，加快了复杂工业过程的机理建模速度。

在不同场景下，机理模型对物理过程的描述精度不同[3]，因此对其他模型（包括分析模型）的需求也不同。在不同工业场景下数据与模型的特性如图 2-3 所示。微观机理模型通常无法直接应用于中观决策，如腐蚀电化学模型无法直接用于地下管道的季度预防性维修等。很多机理模型在环境（如充分光滑、没有阻力等）、模型（如系统可以用集总参数模型刻画且模型参数相对精确等）、动力学形态（如不存在湍流等）、初始状态（如可测且测量成本可接受等）等方面都有一定的前提假设或合理简化，在实际过程中需要用数据来检验其合理性或将其与分析模型融合，进一步提高模型的适用性。

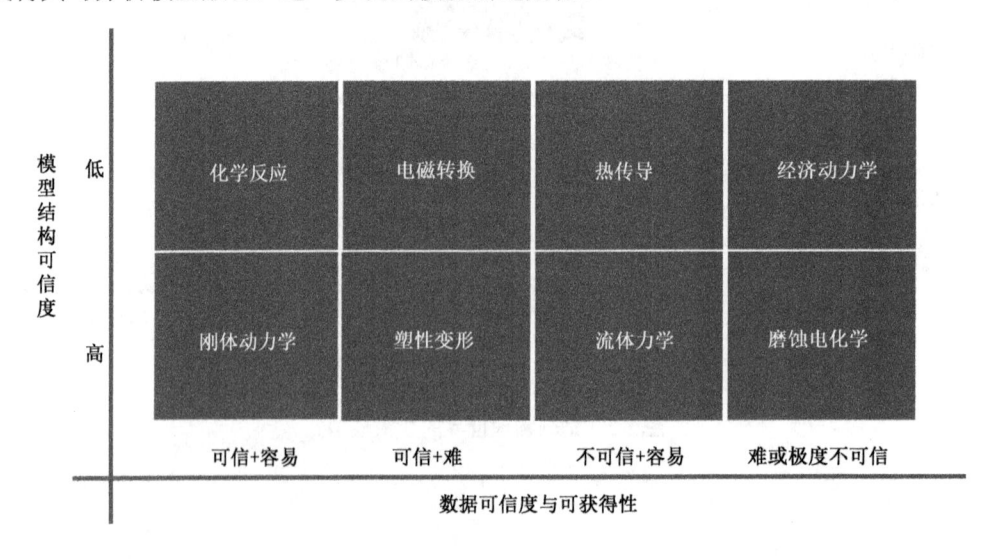

模型结构可信度				
低	化学反应	电磁转换	热传导	经济动力学
高	刚体动力学	塑性变形	流体力学	磨蚀电化学
	可信+容易	可信+难	不可信+容易	难或极度不可信
	数据可信度与可获得性			

图 2-3 在不同工业场景下数据与模型的特性

分析模型与机理模型融合的 4 种范式如图 2-4 所示。

（1）分析模型对机理模型进行校正，提供参数的点估计或分布估计，如 Kalman 滤波。

（2）分析模型对机理模型做 Post-processing。例如，利用统计方法对 WRF 等天气预报模型的结果进行修正或利用统计方法综合多个机理模型，以提高预测的稳定性。

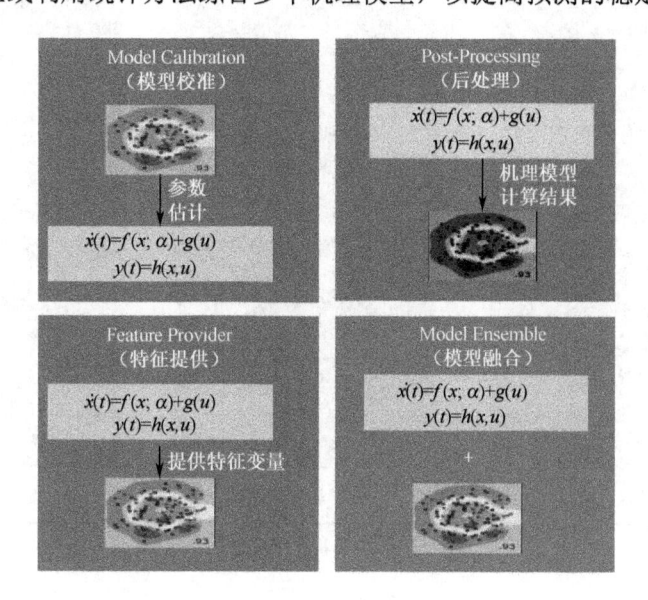

图 2-4　分析模型与机理模型融合的 4 种范式

（3）将机理模型的部分结果作为分析模型的特征。例如，在风机结冰预测中，计算风机的理论功率、理论转速等，并将其作为统计分析模型的重要特征。

（4）分析模型与机理模型融合。例如，在空气质量预测中，WRF、CMAQ 等机理模型能够及时捕获空气质量的全局动态演化过程，统计学习模型可以对空气质量的局部稳态周期模式进行较高精度的刻画。Model Ensemble 能够有效融合两种模型的优势。

2.2.3　分析模型的应用模式

一般来说，大数据模型的作用与机理复杂度密切相关。本节从产品相似度和机理复杂度两个维度出发，将分析算法应用总结为 6 个范式，如图 2-5 所示。

（1）可以根据产品相似度将工业产品分为大量相似产品（如风力发电机组等）和少量定制化产品（如大型水力发电机组等）。对于大量相似产品，在进行大数据分析时可以充分利用产品间的交叉信息；对于少量定制化产品，应深度挖掘其在时间维度的信息。

（2）可以根据产品机理复杂度将工业产品分为无机理产品（如电子消费品等，该类产品通常不需要深入元器件内部进行分析)、简单机理产品(如风力发电机)、复杂机理产品(如鼓风机、化工厂)。当工业大数据分析应用于复杂机理产品时,应更加注重机理模型与专家经验的融合。

图 2-5 分析算法应用的 6 个范式

2.3 工业大数据分析的关键技术

2.3.1 模型和算法

工业大数据分析中常用的算法有以下 5 类。

(1)通用的统计与机器学习算法:通过丰富的通用分析算法库,支持更多"公民数据分析师"参与统计分析建模。

(2)针对特定数据类型的机器学习算法:针对传感器数据的时序分析算法、针对日志等文本数据的工业知识图谱算法。

(3)针对特定领域的算法:设备故障诊断算法(包括旋转设备、往复式设备、静设备、电气设备等)、压力容器的缺陷识别算法等。将经验模型、机理模型与统计学习模型融合,以支持严重不均衡数据样本的建模。

(4)运筹优化算法:在底层机制清晰的前提下,优化系统的整体性能。

(5)专家规则:提供常用的时序模式算子,提高专家知识形式化效率。

2.3.2 分析项目管理方法与工程化

经典的 CRISP-DM(Cross-Industry Standard Process for Data Mining)方法论对明确的数据分析问题的实施流程进行了规范。但是,在实际项目中,很多时候数据分析问题的需求并不明确,需要用方法论来支撑分析问题的识别与选择。另外,还需要考虑如何融合分析模型与当前业务流程,形成业务闭环。

在工业大数据分析中,通常需要融入大量专家经验和业务规则。专家规则的抽取和专家经验的沉淀与复用都需要业务规则建模方法论的指导。

2.3.3 数据分析软件与平台

工业大数据分析平台提供面向分析优化的数据存储组件、可视化分析建模组件、分析模型执行引擎组件、分析算法库与知识库组件、数据可视化组件、分析模型服务化组件、安全组件、工业互联网平台集成接口等一系列工业大数据分析专业工具产业化和推广所需的技术组件。

平台应该支持敏捷的迭代开发过程,包括本地分析程序(Python、R、Matlab等)的低代码重用与并行化。受时效性和数据传输带宽的限制,很多训练好的模型需要运行在端侧,因此,平台应该支持模型的发布与部署。

2.4 本章小结

工业大数据是推进工业数字化转型的重点,工业大数据分析是价值落地的主要技术手段。本章从数据和应用的角度,讨论了工业大数据分析的特点与挑战,并将分析场景归纳为 PHM、PEM、PQM 等典型分析主题,给出了数据分析的关键技术。

任何一项科学技术都有其适用范围,下面从 3A(Applicability, Availability, Actionability)的角度简要总结大数据分析的适用场景和不适用场景,如图 2-6 所示。

	大数据分析的不适用场景	大数据分析的适用场景
问题适用 （Applicability）	• 机理模型非常清晰且可操作性强 • 关键要素（矛盾）没有反映在数据中 • "零容忍"场景（如爆炸等高危场景） • "无重复"问题（如工艺完全改变等） • 问题过于复杂	• 定量化：问题+要素清晰，但大量要素之间的关系不清晰（很有可能是非线性的） • 精化经验：有经验但不够准确 • "大计算量"或"高通量"问题（但逻辑清晰）
数据基础 （Availability）	• 没有数据或关键要素无法打通 • 关键数据不可信或从来不变 • 数据收集的"有偏性"会误导分析	• 数据质量在线检查或校正 • 数据全维度整合可以带来高价值信息
落地变现 （Actionability）	• 缺乏可操作性手段，无法形成业务闭环 • 低频应用（如一年用一次等） • 业务价值低	• 高频应用 • 容易形成业务闭环，保持数据与模型的"活性" • 应用团队的技能配合

图 2-6　大数据分析的适用场景和不适用场景

参 考 文 献

[1] R. 伊泽曼, M. 明奇霍夫. 动态系统辨识：导论与应用[M]. 杨帆, 译. 北京：机械工业出版社, 2016.

[2] Emerson White Paper. Understanding and Applying Simulation Fidelity to the Digital Twin[R/OL]. (2018-07-01)[2019-12-24]. https://www.emerson.com/documents/automation/understanding-applying-simulation-fidelity-to-digital-twin-en-5079366.pdf.

[3] Peter A. Fritzson. Principles of Object Oriented Modeling and Simulation with Modelica 3.3: A Cyber-Physical Approach (2nd edit)[M]. New Jersey: John Wiley & Sons Inc, 2015.

第 3 章 工业大数据分析的工程方法

"大数据分析需要工程方法吗？CRISP-DM 等方法论有什么缺失吗？"

在工业大数据分析实践中，如何用工程方法推进工业大数据分析项目？本章从经典的 CRISP-DM 方法论开始，讨论工业大数据分析的工程方法在实践中的缺点，特别是分析问题识别与定义，以及各阶段在工业场景中的细化，还提出了基于 CRISP-DM 方法论的工业大数据分析方法。本章基于 CRISP-DM 方法论讨论了专家规则开发的工程方法。后面章节将基于本章的工程方法并结合 PHM、PQM、PEM 等典型分析主题进行详细讨论。

3.1 CRISP-DM 方法论

3.1.1 CRISP-DM 方法论简介

CRISP-DM 是一种得到广泛应用的数据挖掘方法论（其他方法论请参考文献[1]），由 SPSS、Teradata 等公司于 1999 年发布第一版。该方法将大数据分析分为业务理解、数据理解、数据准备、模型建立、模型评价、模型部署 6 个阶段，如图 3-1 所示[2]。与一般的 IT 项目不同，分析项目的不同阶段之间存在很强的迭代关系。

业务理解：这一初始阶段从业务角度理解项目的目标和要求，并将理解转化为数据挖掘问题的定义和初步执行计划。

数据理解：始于原始数据的收集，熟悉数据并标明数据质量问题，对数据进行初步探索和理解，提取有趣的数据子集以形成对隐藏信息的假设。

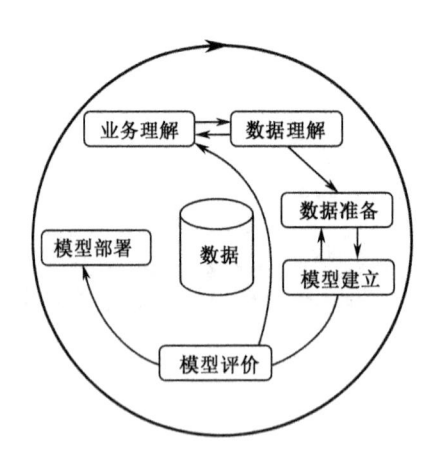

图 3-1　CRISP-DM 方法论

数据准备：包括从原始数据集到最终数据集的所有活动。数据准备任务可能迭代多次，而且不存在一成不变的顺序。这些任务包括数据的整合、选择、清洗、特征加工。

模型建立：主要包括分析算法选择、超参数调优和模型融合。在该阶段，通常会发现新的数据质量问题，因此，常常需要返回数据准备阶段。

模型评价：在进入该阶段时，已经建立了一个或多个相对可靠的模型。在模型发布前，需要更彻底地评估模型和检查建模步骤，以确保其达到了业务目标和落地应用条件。该阶段的关键目的是检查是否忽略了一些重要的业务场景。应该在该阶段确定数据挖掘模型是否可用。

模型部署：模型的建立并不是项目的结尾，通常需要以业务应用的形式发布和部署模型。即使建模只是为了增加对数据的了解，所获得的洞察通常也需要以一种用户能够理解的方式呈现出来。

如果大数据分析仅停留在上述 6 个阶段，则看起来与"炒菜"没有太大区别。先了解餐饮需求，再看有什么菜，然后做摘菜、洗菜、切菜、初级加工等前期准备工作，接着进入烹饪环节，适当品尝或观察色泽后装盘上桌。令人欣慰的是，CRISP-DM 方法论对每个阶段的执行内容都进行了细化，使其成为指导性方法论，如图 3-2 所示。即使如此，对于特定领域的大数据分析项目来说，我们也需要在 CRISP-DM 方法论的基础上，加入领域特征、细化活动内容、实例化交付物、明确重点，使其成为在特定领域内具有可操作性的方法论。

3.1.2　分析问题的实际执行路径

在大数据分析问题中，不同项目的需求明确度差异很大。分析问题的实际执行路径如图 3-3 所示。

业务理解	数据理解	数据准备	模型建立	模型评价	模型部署
确定业务目标 • 背景 • 业务目标 • 成功准则 评估形势 • 资源投入 • 需求、假设和约束 • 风险和应急对策 • 术语 • 成本和收益 确定数据挖掘目标 • 数据挖掘目标 • 成功准则 制订项目计划 • 项目计划 • 工具和技术的初步评估	收集原始数据 • 数据收集报告 描述数据 • 数据描述报告 探索数据 • 数据探索报告 检验数据质量 • 数据质量报告	选择数据 • 数据保留或删除的理由 清洗数据 • 数据清洗报告 生成数据 • 特征加工 • 生成记录 融合数据 • 数据融合 数据格式统一 • 数据格式变换 数据集 • 数据集描述	选择模型 • 建模技术 • 建模假设 检验设计 • 模型检验设计 建立模型 • 初始参数设定 • 模型描述 评估模型 • 评估 • 调整模型参数	评价结果 • 用商业成功准则评价数据挖掘结果 • 模型确认 回顾挖掘过程 • 过程总结 确定下一步工作内容 • 下一步行动清单	计划发布 • 发布计划 计划监测和维护 • 监测和维护措施 生成最终报告 • 最终报告 • 最终演示 回顾项目 • 经验总结

图 3-2 CRISP-DM 方法论每个阶段的执行内容

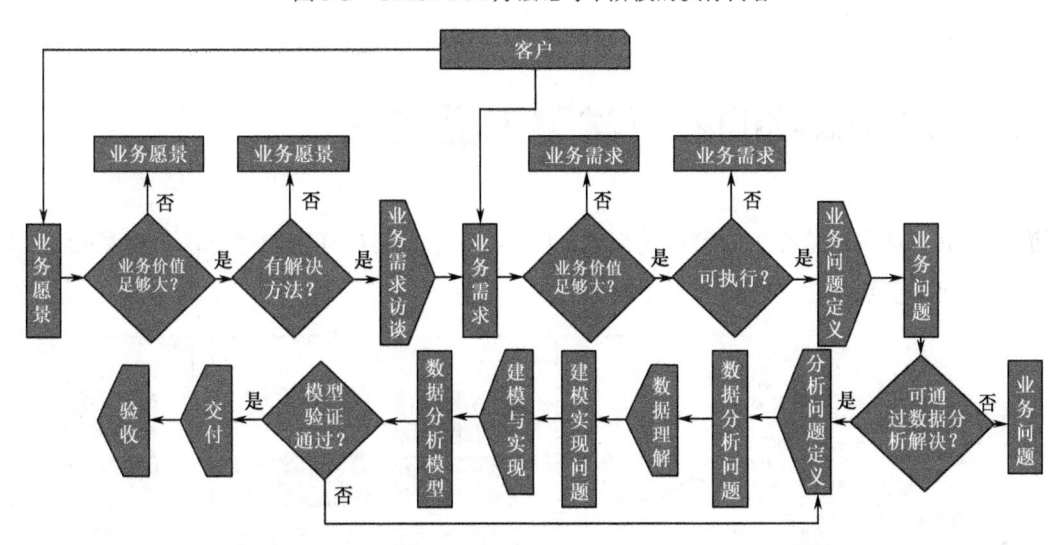

图 3-3 分析问题的实际执行路径

分析问题成熟度的差异和数据分析师经验知识体系的差异使得不同项目在 CRISP-DM 方法论的"业务理解"环节中差异很大,在执行中具体体现为 3 类典型场景。

(1)业务规划类:只有大概业务愿景或目标,如用大数据提高产品质量、用大数据构建精加工工业互联网(向第三方开放自己的精加工能力)等。此时需要业务分析师与客户一起从业务角度分解业务愿景,并将其总结为若干数据分析问题。

(2)业务问题理解类:有明确业务需求(如备件需求预测等)。需要将组织结构、业务流程、典型业务场景（如促销、囤货、地区公司合并等）等业务上下文信息进行细化并对其进行理解。

（3）数据分析问题定义类：有些问题不涉及业务上下文，如监控图像识别等。此时，将业务期望（如检出率、误报率、处理速度等要求）确认清楚即可。

"业务理解"和"数据准备"阶段往往会占用 75%以上的时间。很多分析问题的定义需要在迭代中不断理清；数据结构层面的数据预处理（包括数据类型及值域检查、数据集的合并等）通常比较简单，但业务语义层面的数据质量问题只能在数据探索和建模过程中不断发现。

在经典 CRISP-DM 方法论中，假设分析问题是给定的，"业务理解"阶段对该问题的业务背景和含义进行理解。但很多大数据分析项目并不是这样，它们需要分析人员根据业务需求不断对业务进行细化和定义，这在工业大数据分析中更为普遍。工业大数据分析常常出现知识严重二分的情形。数据分析师对工业过程缺乏深入了解，而业界人员对数据分析的了解相对缺乏，需要将两者有效结合，以定义一个有价值且可落地的数据分析问题。

3.2 数据驱动的机器学习工程方法

GRISP-DM 方法论在工业领域的细化如图 3-4 所示。在 CRISP-DM 方法论的基础上，加入"分析问题识别与定义"这一步骤。

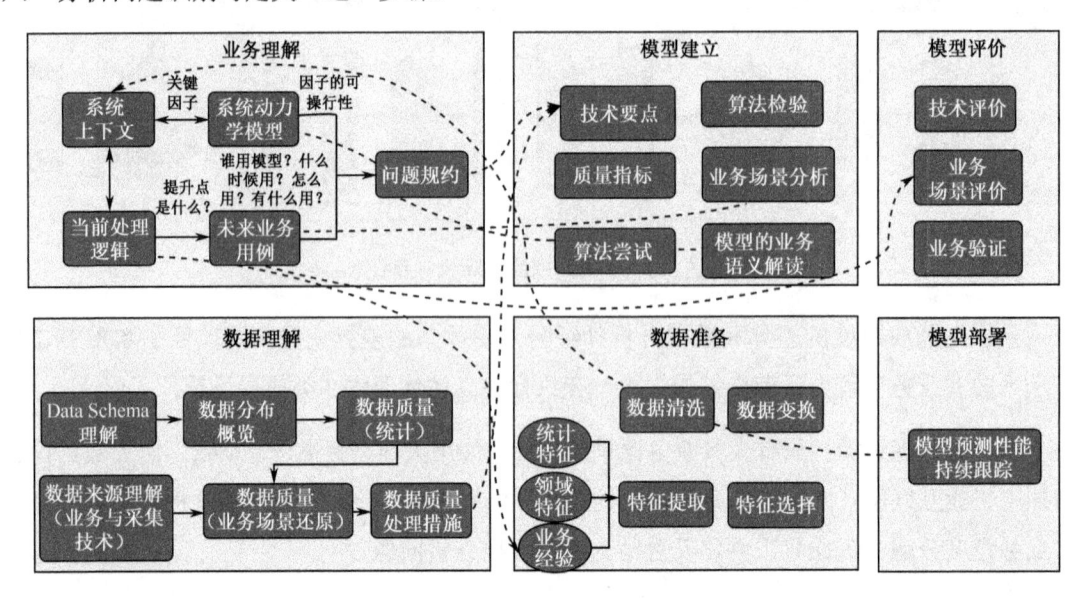

图 3-4 CRISP-DM 方法论在工业领域的细化

3.2.1 分析问题识别与定义

在传统商业数据分析中,假设分析课题是事先给定的,作为业务理解阶段的前置输入,分析课题通常由业务分析师(Business Analyst)或业务部门定义并提供给数据分析师(Data Analyst)。但在工业实践中,通常很难实现这样清晰的分工。

分析课题识别与定义首先要对行业和企业的基本面有全面把握(即上下文理解);其次,充分利用行业参考模型(如质量管理中的 PDCA、6-sigma 等方法论框架[2-4])、管理工具(如 Value Chain Analysis 等[5-6])、分析方法(如 5W2H、MECE 原则等[7]),将业务需求转化为数据分析问题;最后,形成一个相对清晰的数据分析问题定义。

1. 上下文理解(Context Understanding)

工业系统涉及物理域(Physical,物理世界的运行规律)、业务域(Business,业务经营与管理)和数字域(Cyber,信息领域的刻画)。因此,工业大数据分析的上下文理解也要从这 3 个维度入手,将每个维度细化,并形成工业大数据分析的上下文理解框架,如表 3-1 所示。在数字域,可以分为概念、数据、执行 3 个层面,概念层面进行定性但全面的了解,数据层面从定量化的角度描述要素,执行层面回到物理世界,从落地的角度进行理解。对于一个具体问题来说,只有从不同颗粒度(至少从当前颗粒度、高颗粒度、低颗粒度)进行具象分析,才能在问题筛选与定义时做到收放自如。

表 3-1 工业大数据分析的上下文理解框架

		物理域(Physical)			业务域(Business)		
		本体	环境	管控	经营模式	运作流程	组织体系
数字域(Cyber)	概念	系统原理 工艺设计原理 测量或度量方式	环境要素 外部干扰 异常事件	管控目标 自控逻辑 操控逻辑	业务环境 业务规范 业务模式	业务目标 运作体系 决策逻辑	角色、职责、技能 工作环境 信息获取方式
	数据	测量量、检测量、状态量 动力学方程	环境刻画 传播路径 动力学方程	目标指示量 控制量 动力学方程	业务规范 运营体系 业务指标	业务指标 决策信息 影响关系	组织结构 组织绩效 信息通道
	执行	系统物理结构 测量仪器及点位	环境监测 事件记录	控制系统 管控操作	价值链 供应链	业务流程 决策规则与经验	协同方式 信息流程

2. 需求转化漏斗(Requirement Translation)

在上下文理解的基础上,通过对比当前状况(As-is)与期望状态(To-be),基于业务理解、行业参考模型(如质量管理中的 PDCA、6-sigma 等方法论框架)、管理工具(如 Value Chain Analysis 等)、分析方法(如 5W2H、MECE 原则等),形成实现跨越差距的若干可行方案。需求转化的考量因素如表 3-2 所示。

表 3-2 需求转化的考量因素

	业务需求 （Business）	技术问题 （Technology）	数据分析问题 （Data Analytics）
可描述（Describable）	业务需求描述 业务场景（正常场景和例外情形）	解决方案描述 系统用例	分析问题 分析场景
可度量（Measurable）	业务指标 系统动力学原理	业务模型 业务规则	因子模型 系统动力学模型
可落地（Feasible）	业务流程 组织架构	数据整合架构 系统整合架构	数据模型 系统上下文

在分析问题选择方面，结合上面的 Measurable、Feasible 分析，采用"业务导向+数据驱动"的方式，得到需求转化流程如图 3-5 所示。从关键业务目标出发，按照 SMART(Specific、Measurable、Attainable、Relevant、Time-bound) 原则，分解并关联到具体业务领域（研发、建设、运行、运维、安全环保、销售、采购等），从重要度和紧迫度的角度，对可能的分析问题进行评估。结合初步因子分解，评估每个问题所需数据的完备性。综合业务价值和数据完备性，对多个问题进行优先度排序。

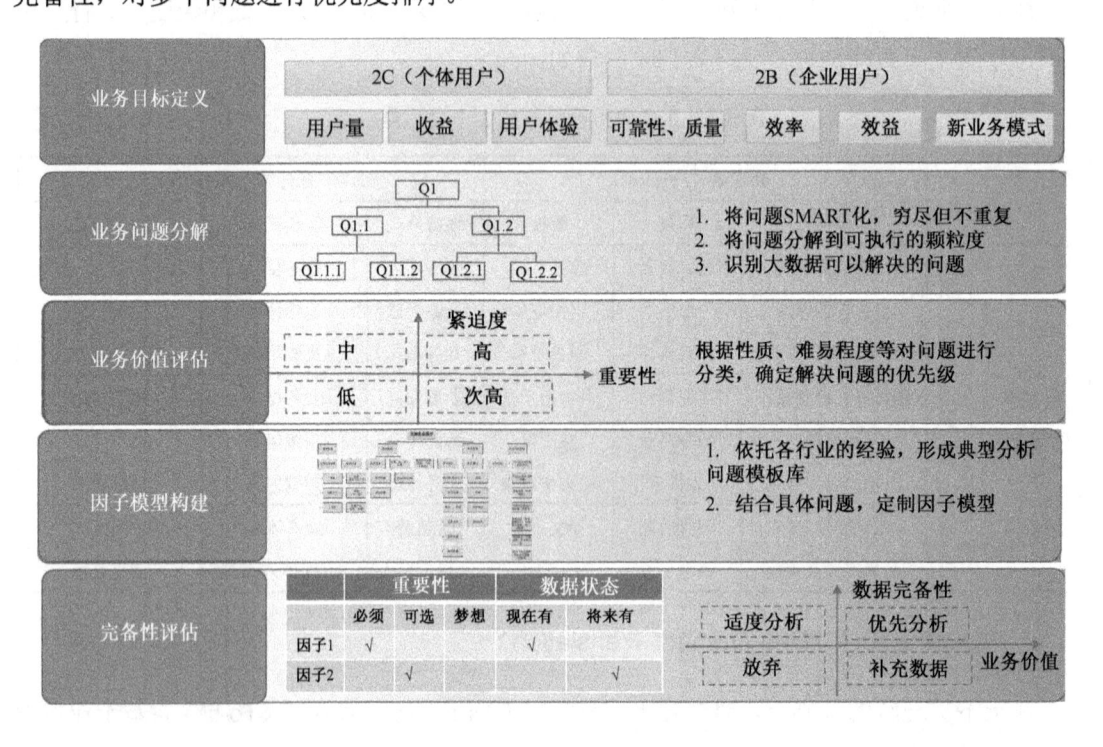

图 3-5 需求转化流程

3. 分析问题定义（Problem Formulation）

分析问题定义主要包括以下方面。

（1）问题的业务类型：用1个短语（最多1句话）说明问题的业务类型。

（2）问题的技术类型及技术要求：用1个短语（最多1句话）说明问题的技术类型及技术要求，如表3-3所示。

表3-3　分析课题定义：问题的技术类型及技术要求

技术类型	技术要求	示例
BI类	业务目的 服务对象 部门范围	历史工况分析
What-If分析类	有哪些What 有哪些If	商业选点的对比分析
规则形式化或 自动化类	有哪些规则 规则如何细化 实时处理的性能指标	变桨模式异常检测
根因分析类	目标量类别 范围 精度要求	制程参数异常分析
预测类	业务颗粒度（如风场或风机） 时间提前量（如提前1天或提前30分钟） 精度要求	短期风功率预测（Day-Ahead Forecasting）
运筹优化类	优化目标 约束条件 时效性要求	运维调度优化

（3）业务场景包括正常场景和例外情形，业务场景示例如表3-4所示。

总结实际生产或应用过程中可能遇到的业务场景，这样分析问题及其结论才有实用性。

表3-4　业务场景示例

场景类别	示例
经营类	代理商囤货 地区公司合并 宏观市场变化
生产类	定期检修 设备突发故障
设备类	设备典型工况，如风机解缆、管道清空等
监测、检测类	正常监测、异常处理
通用技术类	使用环境：阴雨天、地下阀室

（4）当前分析问题的范围：覆盖哪些产品、地区和业务场景。

（5）数据列表：可以提供的数据类型、关键字段、数据颗粒度、时效性，以及可以提供的数据范围（如时间、空间等）。

3.2.2 业务理解

在 CRISP-DM 方法论中，这一阶段从业务的角度理解项目的目标和需求，并将其转化为可解的数据分析问题，可采用业务流程建模、决策建模等方法分解业务目标、分析业务用例、找寻关键因素、确定分析问题的范围。

可以采用以下 3 种模型提高沟通协调效率。

1. 系统上下文模型（System Context Model）

在关键要素分析方面，工业大数据分析的上下文模型很重要，包括生产、运作、环境、时空等多方面的上下文。只有基于上下文模型，数字空间才可能部分反映物理空间。

（1）在设备后运维中，BOM（Bill of Material）是一个了解上下文的好起点。例如，在风电装备制造业，需要了解风机的工作机理、风电场的业务运作机制、设备的关键动作状态（如偏航对风、解缆、降功率运行、保养、故障停机等）。只有基于这些信息，才可能形成数字世界对物理世界的相对完整的刻画，如图 3-6 所示。

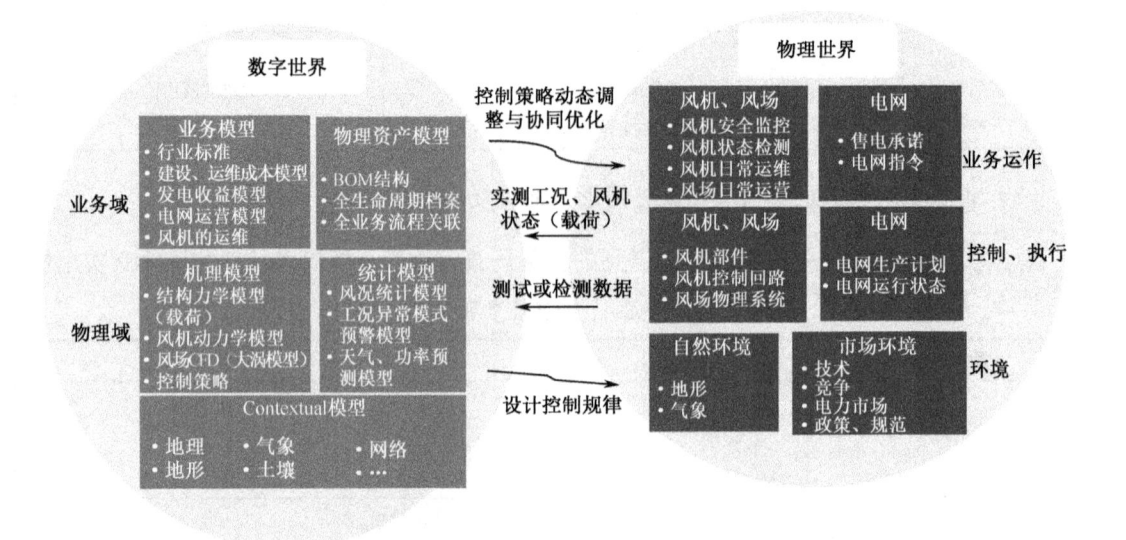

图 3-6 数字世界对物理世界的相对完整的刻画

（2）在离散制造环节，可以以制造或装配工艺设计、生产管理（组织、计划、执行）、质量管理、关键设备管理（生产设备、检测设备）为主线进行了解。

（3）在流程中，PFD（Process Flow Diagram）、P&ID（Pipe & Instrument Diagram）这两类图很重要，可以帮助我们了解相关化学和物理过程，以及前后工艺环节之间的影响（如后续环节的反应速度会通过管道压力影响前置环节的反应条件等）。

系统上下文模型的主要内容如表3-5所示。

表3-5 系统上下文模型的主要内容

类型	内容	备注
经营类	组织架构 业务流程 环境因素（市场、用户、执行异常） 业务指标（销售、效率、成本）	要关注异常或波动的影响因素：可能是宏观市场变化、产品变化、组织变革、市场营销 要关注俗世的"私心杂念"：部门间的目标冲突
生产类	组织架构 工艺流程 典型工况（包括异常事件） 生产指标	离散制造业：制造流程 流程行业：PFD、P&ID
设备类	设备制造商 设备BOM或主要部件图 工作原理 关键业务流程（如运维、监控等） 设备关键动作状态（如偏航对风、解缆、降功率运行、保养、故障停机等）和控制策略 设备的关键采集量	陌生或复杂装备需要设备说明书
监测、检测类	测点位置或P&ID图 测量时空颗粒度（频度、密度、分辨率） 测量方法（精度、适用条件、局限性、干扰因素） 监测和检测成本（包括传感器寿命）	传感器数据不一定都可信，数据质量的探查和对数据的理解非常重要 监测和检测都是有成本的，应从业务的角度理解很多指标没有被测量的原因，避免"异想天开"地要求数据完备
通用技术类	用户及其技能背景 应用的业务、物理上下文 影响因素（如手写随意性、光照不均匀等）	了解具体应用上下文，包括物理环境（如昏暗嘈杂的车间等）、业务环境（如投标之前的繁忙场景等）、使用者的技能等

模型的表现形式多样，生物发酵罐控制流程图如图3-7所示，直观的表示更易于沟通。①对于微观的物理、化学、生物过程来说，动力学方程或因果关系模型可以更好地刻画主要因素及其关系。图3-7中包括输入量（可控量、外生变量）、状态量（可测、不可测）和目标量；②对于复杂装备，可以描述其组成关系、工作原理，以及各测点间的空间关系；③对

于宏观的经营过程或生产、经济问题，描述背后的商业规则（如供需平衡、采购量折扣等）、基本规律（如季节模式、气温对燃气需求的影响等）和行业常识。天然气用量的驱动因素模型如图3-8所示。

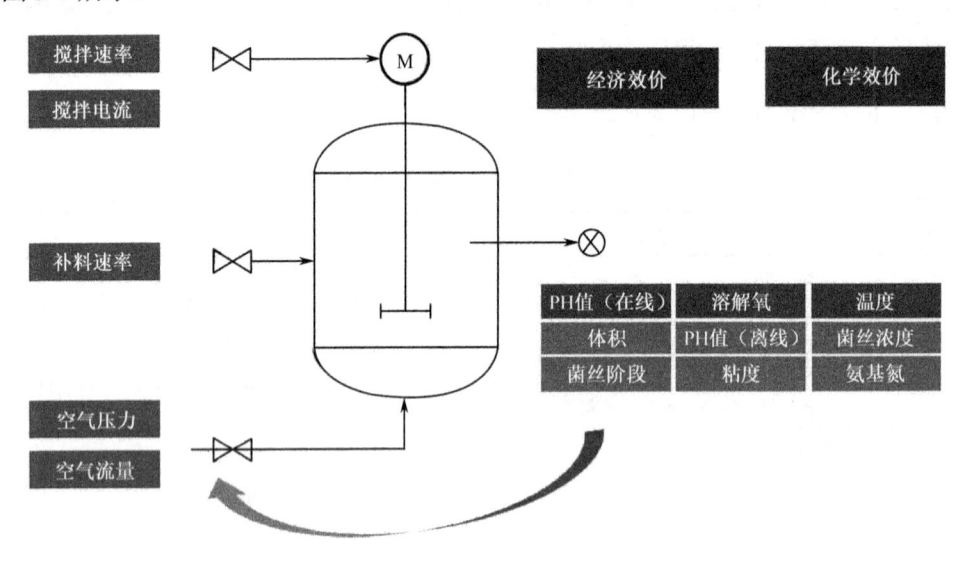

图3-7　生物发酵罐控制流程图

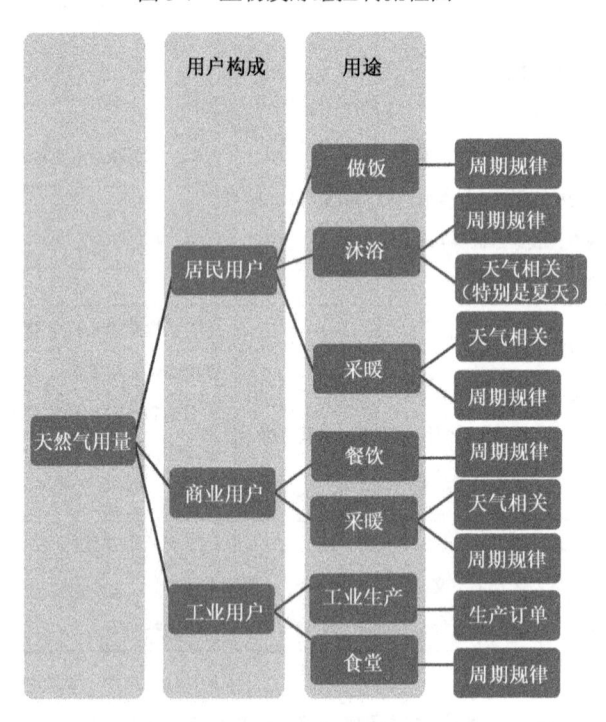

图3-8　天然气用量的驱动因素模型

2. 系统动力学模型（System Dynamics）

系统动力学模型从概念层面刻画不同因素间的影响关系，把一个复杂问题"分解"为若干简单明确的问题。一个简单的判断原则是,如果不能将一个数据分析问题分解为 10 个因素之内的若干小问题,则意味着分析还不够深入。

对于一个"在技术上可行"的数据分析问题来说,在问题定义阶段一定可以归纳出如下 3 种前提中的一种。

(1)假设(Hypothesis):基于机理或先验知识,猜测存在某种关系或规律,需要用数据证实或证伪。例如,在居民燃气负荷预测中,假设居民用气的主要构成是做饭、沐浴等日常生活需求,那么居民用气应该存在明显的时(周期性、季节性)空(不同地区、不同小区类型)规律,也会受天气等外部因素的影响。因此,数据分析的重点在于验证这些假设可以在多大精度上预测用量。

(2)不变量(Invariant):问题中的不变因素或规律是什么。例如,在图像识别中,期望的性质有位移、旋转、尺度、形变不变性等,CNN 中的层次卷积、激活函数、池化等处理手段恰好迎合了这些性质。

(3)动力学模型:对于物理、化学等微观过程,需要描述各量间的影响和转化关系(不一定用方程式)。例如,对于 OLED 功耗分析,可以采用类似 FTA(Fault Tree Analysis)的方式逐层分解功耗的影响因素(如膜厚、材料等)。

在现实中,并非所有因素都可观或可控。从可观、可控两个维度刻画关键因素,得到因素分类如表 3-6 所示。

表 3-6 因素分类

可控	可观
控制量	不可观测量
外生变量(有影响,但无法直接控制)	离线检测量
状态量(中间状态或结果量)	在线检测量

基于因素分类,形成分析问题的因子动力学关系图,系统动力学模型示例(区熔炉)如图 3-9 所示。对于外生变量(特别是不可观测量)来说,虽然我们无法直接对其进行优化,但其提醒了我们分析模型的适用前提。

也可以采用更简洁的表达方式,系统动力学模型示例(生物发酵罐)如图 3-10 所示。

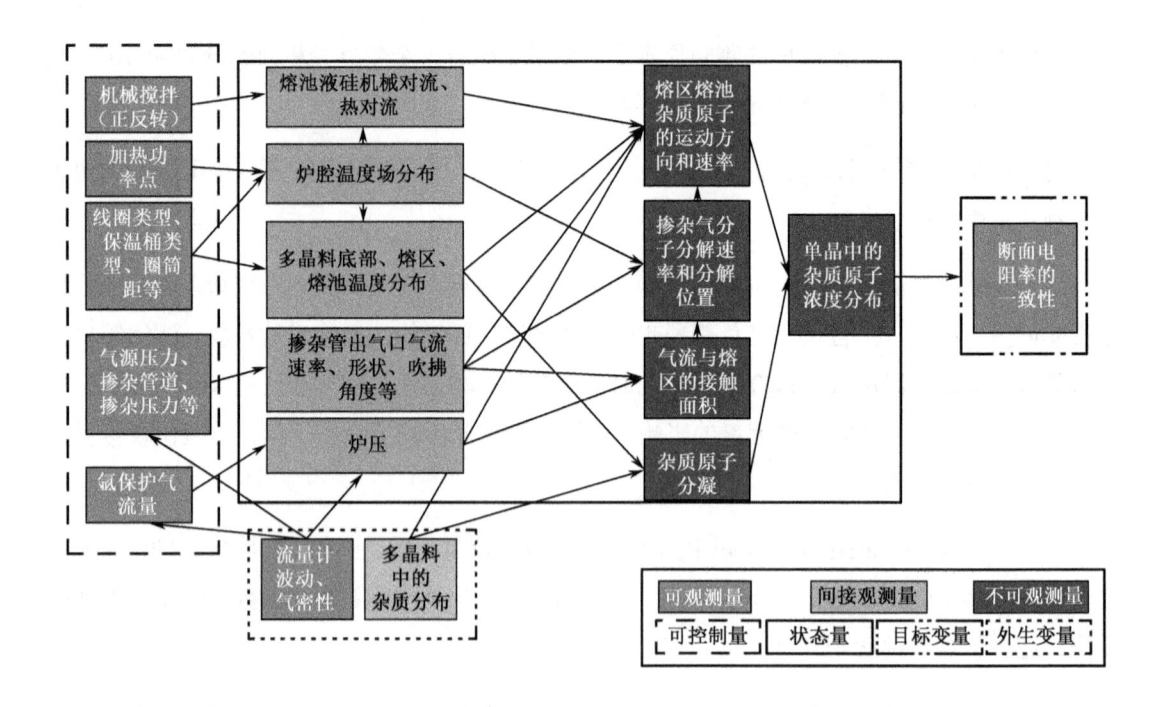

图 3-9 系统动力学模型示例（区熔炉）

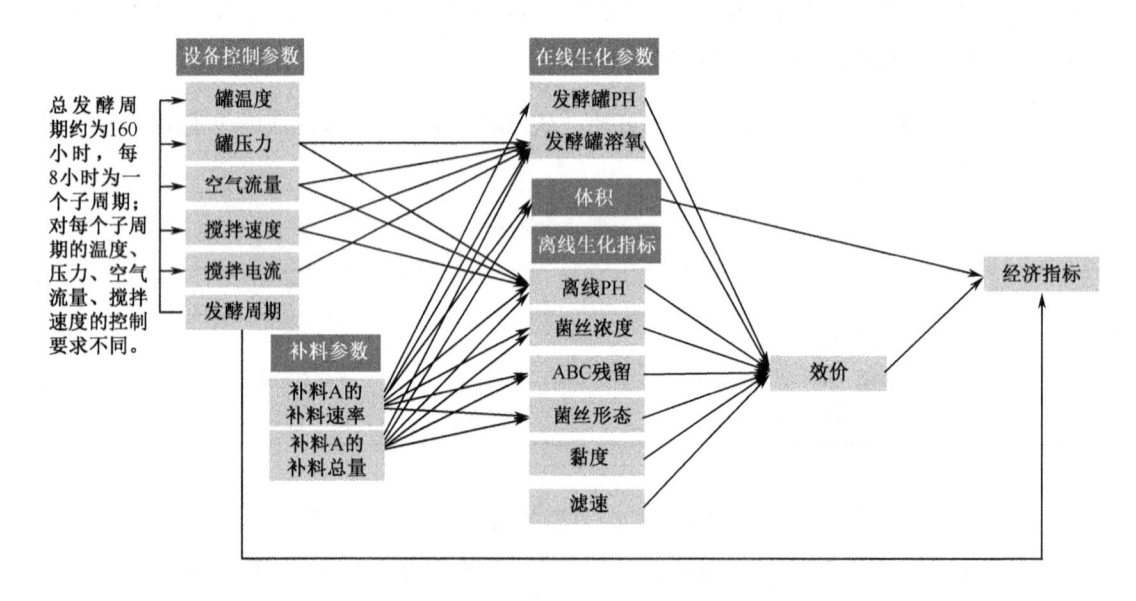

图 3-10 系统动力学模型示例（生物发酵罐）

3. 业务用例（Use Case）

工业分析问题定义的一个重要内容是回答谁来用、什么时候用、如何用等问题，业务用例是这方面的一个比较好的工具。在刻画业务用户、业务流程的基础上，分析业务对模型的核心需求，从而确定分析模型的度量指标。例如，在抽油机故障检测中，判断机器状态是否正常，若异常则给出故障类型。业务需求是降低一线监测人员的工作量，而不是实现简单的决策支持。对于这种场景，精度达到99%的分析模型也没有多大用处，如果无法指明哪1%是错误的，则需要进行全时的人工审查。还不如一个可以完全准确地排除30%的样本，其余的70%进行人工判断。也可以仅提供包含初判结果的模型，这样至少能够节省30%的工作量。这就是数据分析中常谈到的误报、漏报问题，与经典的N分类问题（N种状态类型，包括正常状态和N-1类故障状态）之间存在一点微妙的区别，现场运作允许分析模型输出N+1类状态（第N+1类是不确定状态），将前N类判别成N+1类的惩罚很小（可以进行人工处理），但前N类的误判是不允许的（模型给出的结果必须是正确的）。

另外，业务用例的分解也可以帮助大家理性地思考业务问题，避免人为"创造"技术挑战，业务用例的分解示例如图3-11所示。很多原来看起来属于"故障预测"的业务需求，也许用"故障在线检测"就可以满足，但两者在技术难度上的差别可能很大。例如，风力发电机的结冰预测需要微尺度的天气预报，还需要叶片表面光洁度等信息（否则解释不了平原风场的3台相邻类似风机只有1台结冰而另外2台没有结冰的现象），这样的分析问题堪称世界难题。但风场运维需要在风机严重结冰前采取适当措施，避免在高载荷下的运行对风机造成损害。及时对结冰进行检测和报警也可以满足业务需求。另外，即使能够精准预测结冰事件，在现实中也只有等到中度结冰后才会采取行动。因此，从实操性的角度来看，结冰预测没有太大价值。

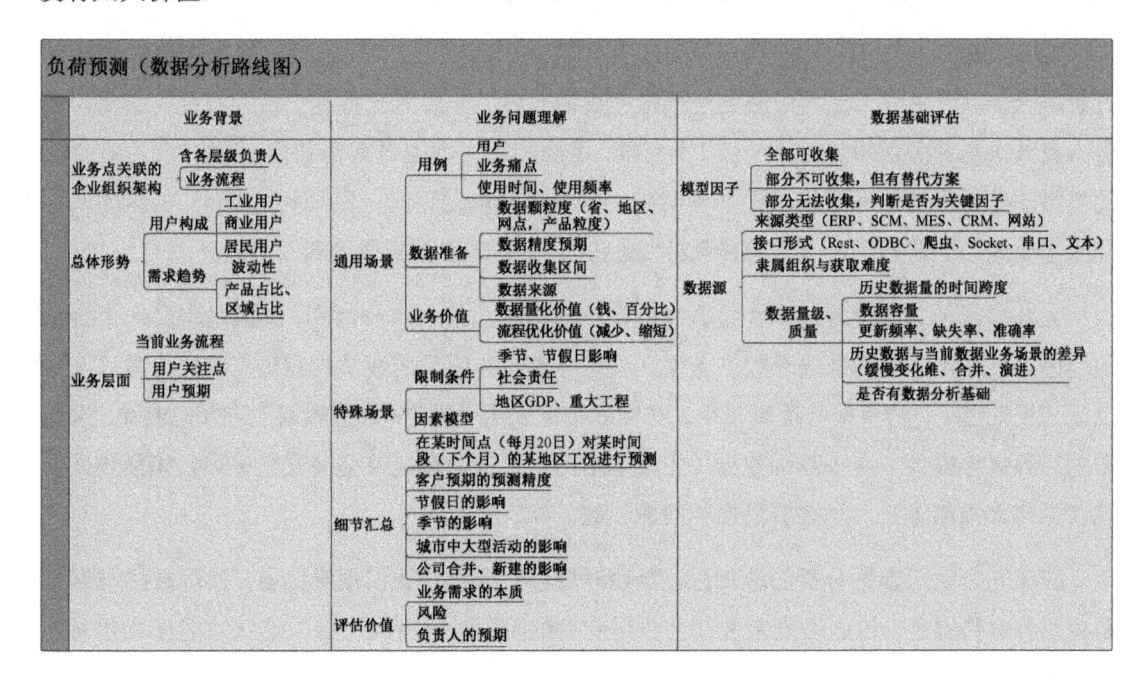

图3-11 业务用例的分解示例

4. 分析问题的规约

大数据分析和应用是实现大数据价值的主要技术手段。根据技术手段，可以将大数据分析问题归为 4 类，如表 3-7 所示，不同问题的应用前提和需要解决的挑战不同。

表 3-7 数据分析问题

类别	典型场景	主要技术关注点
描述统计类（BI 类）	目的：基于大数据形成相对可靠的业务认识，应用场景如下 • 基础数据的统计：风机经历 EOG 风的次数、工程机械工作强度画像 • 假设检验：风机结冰是否由温差变化引起 • 根因分析：异常与哪些参数密切相关	分析的开发、迭代速度 • 如何充分利用已有的 Python、R、Matlab 等分析程序 • 大数据平台多维数据访问的便捷性
专家知识自动化类	目标：业务人员有相对完备的业务逻辑描述，需要将其形式化、自动化 主要应用场景：异常类型研判、报警的综合研判（消除虚假报警）	专家逻辑无歧义，保证完备性和逻辑（特别是复杂逻辑）精化 专家逻辑验证的迭代速度
数据挖掘类	目标：从历史数据中挖掘潜在规律和模式，指导运行 主要应用场景：故障预警、销售预测	模型的外推能力
运筹优化类	目标：刻画不同决策量间的驱动关系和边界约束，给出"全局"最优解 主要应用场景：生产排程优化	所需数据的准确性和实时性 智能约束松弛机制

统计类和专家知识自动化类问题对工业大数据平台提出了许多要求，包括多类型数据的有机融合、以设备或工艺为中心的全维数据查询引擎、非侵入式数据分析并行化引擎等。业务人员给出的业务逻辑通常不一致、不精准，需要利用大数据将其精细化。例如，"存在 2Hz 的主振动分量"的业务逻辑已经非常明确，但在进行自动化时，要细化"2Hz"的区间范围和"主分量"的研判阈值（占总能量的 15% 以上还是比第 2 高分量高 5 倍？）。

大数据情形下的运筹优化和经典调度在技术挑战上没有本质区别，关键是定义一个合适的范围。有许多业务因素缺乏数据支撑，还有许多业务逻辑用数学规划语言描述太复杂（可以用规则描述）、约束松弛逻辑复杂，在实际中常采用"规则+数据规划"的方式求解。大数据为运筹优化提供了更多基础数据（如成本结构、天气信息、道路交通流量等）和预测性信息（如需求预测等），与数据挖掘类问题一致。

应该充分认识数据分析的迭代性。早期对场景、因素的认识很难完备，实际数据与假设是否相符有待验证。这些不确定性都会传递到后续阶段，只有经过多次迭代才能形成相对完备的理解。

3.2.3 数据理解

数据理解的目标是确认当前数据是否足以支撑数据分析，主要任务包括数据质量审查、数据分布探索等，目的是形成对数据的初步洞察和直觉判断。下面对工业大数据分析中的 4 个特别之处进行讨论。

1. 数据源的物理化：以认真负责的态度审视数据质量

在工业领域，一种常见的数据类型是传感器监测或检测数据，除了数据质量，还要考虑传感器的可靠性和安装方式，分析传感器的评价重复性和再现性（Gauge Repeatability and Reproducibility，GR&R）。在风电领域，测风仪测的风速值是尾流风速，不是轮毂风速。另外，测风仪的安装位置本身也可能存在偏差，甚至出现结冰。在化工领域，气体产量不仅要关注其流量（体积），还要关注对应的气压和温度，否则可能被"虚假表征"误导。在工程机械车联网分析中，施工动态性（如传统油位传感器数据噪声太大等）、施工环境（如数据在传输过程中丢失等）、人为破坏、部件更换、传感器及解析程序的升级换代等多种外部因素的共同作用造成数据质量审查非常复杂，有些存量数据的质量问题甚至无法解释（例如，月开工时长超过 744 小时）。但这些艰苦且基础的数据理解工作必不可少，否则很难保证数据分析结果的可信度。

在实践中，可以采用经典的统计方法发现数值异常，并不断深入理解哪些"异常"是系统的动力学特性（如炉温是一个大惯性、高时滞过程等）、哪些是控制逻辑行为（如磨煤机出口温度的闭环控制等）、哪些是测量系统问题、哪些是外部干扰等。只有把数据吃透，才能为后面的算法模型奠定良好的基础。

2. 数据序列的业务化：通过数据还原典型过程，发现隐性质量问题

具有挑战性的是，很多数据质量问题不能用常规手段发现，有的甚至连业务人员也意识不到。在实践中，可以利用数据还原典型过程，寻找数据中的"异常"场景，完善对业务上下文的理解。例如，气化炉炉内温度软测量的一个前提假设是 CH_4 的浓度相对稳定且与炉内温度密切相关。但在实际数据探索中发现其中一台气化炉并不满足这样的假设，数据表明，CH_4 的浓度逐年上升（直到大修），基于工艺猜想这种情况是由炉子内壁不断扩大造成的，过去谁也没有意识到这样的现象。

运营和运作数据也有类似问题。例如，备件销量大不一定反映真实的市场需求，可能是代理商囤货（冲业绩）。只有把影响数据质量的主要因素考虑全面，才可能做出有意义的分析。

3. 数据量的困境："大数据"量下的"小数据"信息

对于工业分析问题来说,即使只做简单的独立性分析,由于相关因子通常有成百上千个,若严格按照全组合进行覆盖,数据需求量将远远超过现实中可以采集的数据量。假设有 20 个变量,每个变量有 4 个取值,全组合意味着需要 4^{20} 条数据(约 1000 亿条),即使采集频率达到 1000Hz,也需要近 35 年的数据。另外,工业过程通常是一个运行在精心设计规律下的稳态过程(实际生产中并没有遍历整个参数空间),这意味着大数据中隐含的信息量其实"很少"。因此,如果不融入领域认识去消减因子数量,通常无法提供"足够"的历史数据以覆盖所有组合情形。

4. 数据的成本意识:数据分析师不要太任性

虽然希望所有的重要因子数据都能被全量采集,但现实中的数据采集是有成本的,且受制于当前的技术水平(如气化炉炉内温度是很重要的状态量,但目前的热电偶等传感器由于技术限制还无法保证长期可靠的工作)和安全、环境考虑(如长输油气管道的压力传感器只能在阀室或场站部署等)。另外,在设备故障预警或检测分析中,故障案例非常稀缺,历史运维数据通常不完整。这些问题为大数据分析带来了很大挑战,但应该认识到这就是现实(也许永远都不完美),数据分析工作就是在现实的数据条件下进行的(根据数据基础修改分析问题的提法、通过其他信息补偿关键因子的缺失或限定分析模型的适用范围等),不能任性地一味要求数据。

3.2.4 数据准备

本阶段的目标是加工建模分析所需的数据,包括数据清洗、数据变换、特征提取、特征选择等。在实际分析项目中,特征加工会占整个项目时间的 40%~60%。

针对一些特定领域的问题,特征提取应充分利用已有专业知识(不要浪费时间用数据分析手段挖掘该领域早已熟知的规律)。以 2009 年国际 PHM Data Challenge 的"齿轮箱故障模式研判"题目为例,专业组冠军利用了旋转设备的典型故障模式进行特征加工,再利用数据挖掘算法进行分析,取得了很好的结果[8]。近年来,深度学习的发展使我们可以在一些特定类型的问题上减少分析人员的特征提取工作量,但对关键特征量的理解在工业分析中仍必不可少。

3.2.5 模型建立

机器学习(或统计学习、数据挖掘)分析理论趋于成熟,有明确的指导原则和丰富的算法工具。因此，在实际分析项目中，建模需要的时间反而不多，这里不再赘述。为了保证模型的可消费性（Consumability），下面介绍3点"形而上"的原则。

结果要有"新意"：避免挖掘常识，应该将常识作为前处理或特征量融入数据分析模型。

模型应遵循"极简"原则：用最简单的算法解决问题，不要为了提高微不足道的性能指标而使用看起来"高大上"的复杂模型。要抓住问题的主要矛盾，包括删失值（Censored Data）问题、样本不均衡、模型的鲁棒性（应对个别极端异常数据）、过拟合（样本量相对模型参数空间不足）、模型的自适应性和提前性（如针对宏观市场的变化，要求提前预估或事后及时适应跟踪等）、模型追求的指标（如回归问题追求的是平均精度还是最差底线，以及分类问题对漏报、误报的权衡等）、模型的可解释性（根因分析，识别哪些因素在什么情形下对工艺改进来说实操性更强）。

模型的可控性和可解释性：任何模型都是在一定前提假设下对物理世界的简化，在建模时不仅要关心平均性能，还要关心"Worst-Case（最坏情形）"，最好能够清晰给出模型的不适用场景和对应的处理措施，并解释清楚模型性能增强的原因。

如前所述，数据分析是一个迭代过程。很多模型的性能瓶颈并非来自算法本身，而是来自业务定义、数据理解和数据准备。例如，没有考虑到一些很少发生但很重要的业务或生产场景，一些重要因素没有包含在当前数据集中，没有意识到一些严重的数据质量问题等。由于工业大数据分析技能二分化，数据分析人员无法独立穷尽对业务的描述和对数据集范围之外的情形的列举，而业务专家也不可能思虑万全。例如，在一个与国际客户合作实施的地下管道失效风险评估项目中，通过业务专家访谈和领域调研拿到了相对完备的数据集。第一期模型的总体性能还不错，但发现模型在几个区域的表现并不好。当把这些区域以GIS的形式可视化到业务专家面前时，他们很快意识到一个重要因子的缺失（这些区域属于围海造田区，围海造田区的不均匀沉降比其他区域严重得多，但当前数据集没有体现这一现象），这些信息是一个非本地人士或非专业人士几乎不可能想象到的。因此，在建模过程中，不能泛泛而谈模型的性能或数据质量，应该采用"Worst-Case"驱动的方式与业务专家交流，告诉业务专家在什么情形下分析模型工作不好（给出具体例子），触发业务专家的思考，借助业务专家的外脑发现问题的根本原因，找出解决办法。

3.2.6 模型评价

模型建立阶段已经从数据和技术的角度对分析模型进行了充分的检验，模型评价阶段从业务的角度审视模型的业务可用性（Actionable），特别要定义模型的不适用场景，并了解模型与业务流程的融合方式（Consumable）。企业生产与管理是以工艺流程或业务流程为驱动的活动，经典信息化大多根据流程进行数据采集、整合和流转，以提高业务效率，数据驱动的大数据方法尝试从数据产生、消费过程和多维度关联的新视角审视其业务价值。但如果数据分析结果不能落实到企业流程中（现有的或新创建的），分析模型就会游离在企业现有运作系统之外，很难实现价值落地。

如果采用已有的成熟模型，则本阶段尤为重要。任何模型都有一定的适用前提，有些在对外宣传时会被主动忽略，有些在模型开发时没有被意识到。因此，需要对模型是否适用于当前场景进行严谨的测试和验证。

3.2.7 模型部署

部署模型的目的是保证模型的结果可以被业务持久、自动地消费，除了大数据平台的计算性能，还应该分析模型的全生命周期管理，因为在工业应用中，材料、工艺、装备、传感技术不断更新。应该尽可能地对部署的模型进行密切的性能监控，通过闭环反馈进行模型成熟度评估和状态管理（试用、正式应用、需更新、退役等），保证生产的可持续性和可靠性。

3.3 专家规则开发的工程方法

在工业日常运作中存在大量经验知识，在这些知识中，只有少部分以经验公式、操作规程等方式沉淀下来，大部分仍然隐性地存在相关人员的头脑中，以传统的师徒传授方式传承，传承的不确定性和效率都有较大的提升空间。除了数据驱动的机器学习工程方法，还有专家规则开发的工程方法，这种工程方法将隐性研判逻辑显性化、形式化、定量化，形成切实可行的经验模型，加快知识的传播与传递，整体拉平大家的认识水平（并让知识变得可积累、易传承）。将烦琐、频发但明确的逻辑自动化，能够将部分业务人员从低价值劳动中解放出来。

经验知识有 3 种常见的表达形式：①专家规则，通过访谈等活动以规则研判的形式刻画专家经验；②经验公式，如轧制过程的古布金宽展公式、油层破裂压力经验公式等；③案例库，将过去发生的事件及其过程上下文保存下来，通过文本挖掘等手段，实现类似案例的灵活检索。经验公式在检验和应用中与机器学习类似，这里不重点讨论。在第 4 章中结合故障诊断讨论案例库。本节集中讨论住专家规则。

提到专家规则，大家自然会想到业务规则管理系统（Business Rule Management System，BRMS）和复杂事件处理引擎（Complex Event Processing，CEP）。BRMS 在产品报价、工单

审核、合规性检查等方面有广泛应用，能够将业务逻辑从应用逻辑中剥离，提高应用对业务变化的响应速度。CEP 在流数据处理中有广泛应用，典型特点是条件语句有时间窗。下面讨论一种专家规则的表达方式：规则分类，指出工业场景中经验模式多为事件规则，并讨论专家规则的开发流程。

3.3.1　业务规则的技术和方法

1. 规则分类

Boyer 和 Mili[9]从业务语义的角度，对业务规则进行了分类，业务规则的元模型（Meta Model）如图 3-12 所示。OMG（Object Management Group）在 SBVR（Semantics of Business Vocabulary and Business Rules）和 BMM（Business Motivation Model）标准[10]中，对业务策略（Business Policy）和业务规则（Business Rule）的概念做了辨析，它们都属于业务指令（Business Directive），但业务规则是可被执行的形式化业务指令，业务策略是语言描述的指导原则，通常为非结构化文档资料，不能直接执行。

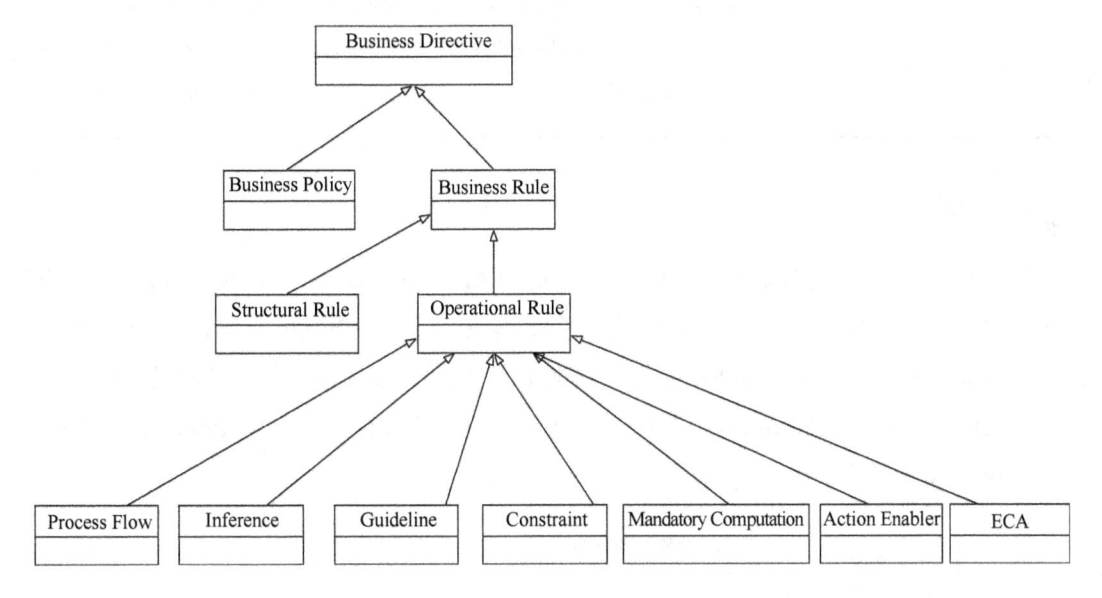

图 3-12　业务规则的元模型

业务规则包括结构性规则（Structural Rule）和操作性规则（Operational Rule）。结构性规则描述不同业务短语及其组成关系，通常用来定义业务对象（Business Object）。操作性规则分为 7 类（参考了文献[11]中的分类），如表 3-8 所示。

表 3-8 操作性规则分类

维度	类型	描述	示例
信息约束	Mandatory Constraint（强制性约束）	没有任何其他前提的逻辑表达式（TRUE 或 FALSE）	一个客户一次最多新开 10 个订单
	Guideline（指导性约束）	一个完整的表达式，对不满足的情况发出提示	一个客户最好不要一次开 10 个以上订单
是否生成新信息	Inference（推理）	规则通常由既有信息生成新信息，可以将结果作为其他规则的条件的一部分	如果客户没有待结的发票，那么客户处于优先状态；如果客户处于优先状态，那么客户订单可享 8 折优惠
	Computation（计算）	没有前提的计算过程	订单总额是各订单金额之和加税率
触发的对象	Action Enabler（动作使能）	如果满足条件，则触发相应动作	如果订单信息正确，则将"订单提交"按钮变成"可用"状态
	Process Flow（流程触发）	根据条件确定触发流程	如果订单中含有危化品，则走安全审核流程
时间窗	ECA（Event Condition Action）（事件型）	如果在一定时间窗内发生某事件，则触发指定动作	如果在 15 分钟内取消订单超过 30 次，则将该事件送到 IT 信息安全部审阅

2. 业务规则开发方法论

存在很多类似的业务规则开发方法论。ABRD（Agile Business Rule Development）方法论[9]将业务规则开发分为发现（Discovery）、分析（Analysis）、设计（Design）、审批（Authoring）、验证（Validation）、部署（Deployment）6 个阶段，如图 3-13 所示。Ross[12]将其划分为范围定义（Scoping）、发现（Discovery）、分析（Analysis）、设计（Design）、实施（Implementation）、测试（Test）6 个阶段。

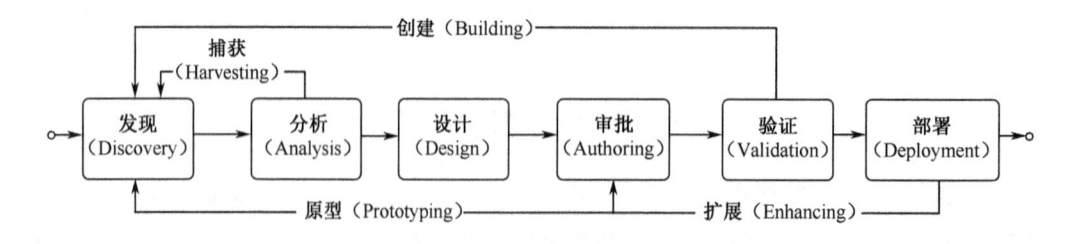

图 3-13 ABRD 方法论

这些阶段划分与一般的 IT 应用开发类似，不同的是每个阶段的工作内容、方法和评价原则。例如，在分析（Analysis）阶段，Halle[11]给出了规则质量的 10 个度量指标，包括根据单条规则是否契合（Relevant and justified）、原子性（Atomic）、声明式（Declarative，相对于 Imperative）、完整（Complete）、可靠（Reliable）、可信（Authentic）而提出的 7 条度量指标，以及规则集（Rule Set）的 Completeness（完备性）、Uniqueness、Nonredundancy、Minimality（唯一性、非冗余、极简）、Consistency（一致性）3 条准则。在设计阶段，Halle[11] 提出了业务规则的 STEP（Separating, Tracing, Externalizing, Positioning）目标原则，即将规则从应用系统剥离（Separating）以便重用，规则可跟踪（Tracing）能够更好地评估其影响，将规则显式化（Externalizing）能够使更多人了解并审视其影响，将规则管理系统化（Positioning）可以更敏捷地响应业务需求。

上述步骤实现了经验知识从业务理念到自然语言，再到形式规则语言，最终到规则引擎语言的逐渐清晰的过程，这与业务规则识别方法论的目标和思路基本一致，区别在建模对象和业务逻辑方面。

3.3.2 工业专家规则的特点

工业专家规则与业务规则在目标和动机、规则来源、规则表达、对 IT 技术的期望方面有很大区别。工业专家规则与业务规则的应用场景区别如表 3-9 所示。

表 3-9 工业专家规则与业务规则的应用场景区别

	业务规则	工业专家规则
目标和动机	提高业务需求变化的响应速度 增强业务规范的一致性	促进经验知识的积淀与传承、经验的大规模应用与复制
规则来源	通常采用 Top-Down 方式，业务规则是业务指令分解、细化、明确的结果	工业专家规则通常采用 Bottom-Up 方式，是领域专家经验的总结、归纳与提炼。在最初定义时，专家知识通常不完整，也不能很好地进行理解，因此在执行中经常需要反复回溯，其迭代次数通常比业务规则多
规则表达	大部分为动作触发规则，条件是基于业务对象属性的简单运算，执行是无状态的（Stateless）	大部分为 ECA 类型的规则，条件语句包含复杂的时序模式判别，执行是有状态的（Stateful）
对 IT 技术的期望	业务规则的集中管理是核心功能，业务规则语言是提高业务用户活性的重要手段	工业专家规则的验证开发平台（迭代开发）是规则可用的前提，工业专家规则的分发机制是大规模应用的保障

以透平设备故障诊断为例，工业专家规则有两种常见形式。

（1）If-Then 规则，通常根据状态数据进行故障类型预判。如果（If）在稳态运行过程中，轴承 4 个测点的振幅均出现跃变，前轴承振动的频谱无变化，后轴承振动的工频振幅明显增大，则（Then）故障类型为"转子上的零部件脱落"。

（2）规则研判Flow形式示例如图3-14所示，通常用来进行事后的故障排查（如类型研判、故障原因定位等），中间也掺杂一些Computation规则（如确定振动发生的临界转速）。

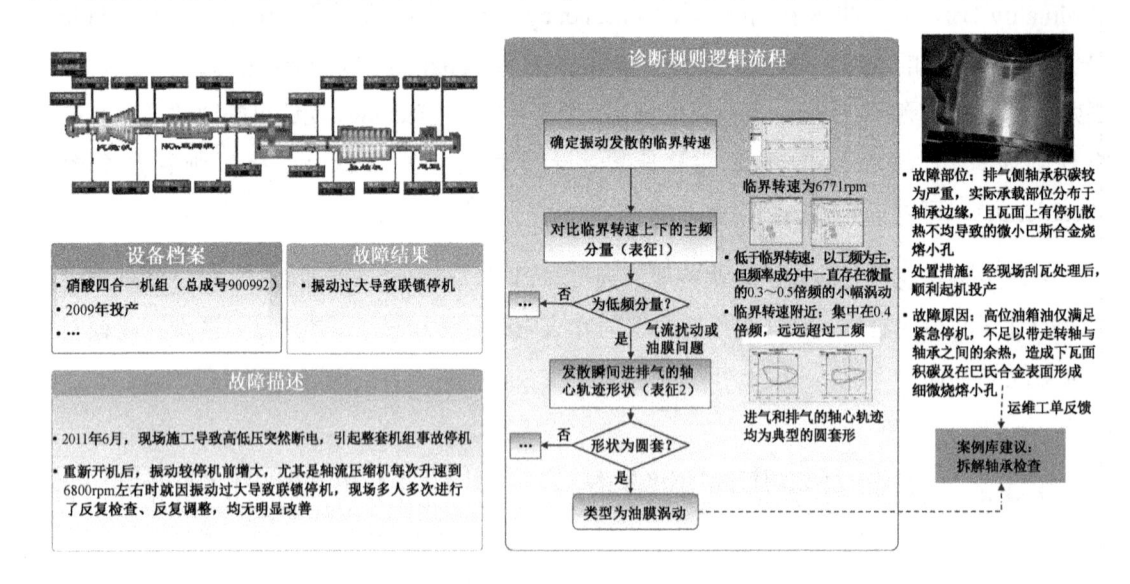

图3-14 规则研判Flow形式示例

以上两种工业专家规则具有以下特点：①条件语句中都有显式的时间窗概念（与ECA类型的规则类似），这对规则表达和规则引擎都提出了新要求。更复杂的是，工业专家规则的时间窗除了显式表达（如最近5分钟等），还有很多隐式表达（如在稳定运行期间等）；②在建模元语上，工业专家规则需要很多时序模式（如"无变化""缓慢上升"等）的研判；③在规则间的逻辑冲突上，工业专家规则通常允许部分"冲突"（如同时报告多种故障类型等），但业务规则通常需要提前消除可能的逻辑冲突；④在执行方式上，业务规则通常采用Rule Set，采用Rete等算法执行，而工业专家规则常常采用混合模式：在大层面上采用Flow，局部采用Rule Set模型。工业专家规则与业务规则的建模技术区别如表3-10所示。

表3-10 工业专家规则与业务规则的建模技术区别

	工业专家规则	业务规则
时间窗	条件中通常包含时间窗（如5分钟内温度上升过快、开机期间振动偏大等），是有状态的	条件语句通常不需要时间窗（如订单额超过1000元等），是无状态的
建模元语	需要大量时序操作算子。故障诊断需要复杂的时序模式算子。规则建模比执行引擎重要	主要依靠业务对象（Business Object）属性的四则运算、逻辑表达式，复杂一点的涉及集合选择操作。建模复杂度不高
规则间的逻辑冲突	有时允许冲突，如在故障诊断中，给出两种可能的故障类型（置信度可能不同）	业务规则间应该无冲突，以保证执行结果的一致性

续表

	工业专家规则	业务规则
执行方式	根据事件间的时序关系与聚合关系制定检测规则，持续从事件流中查询符合要求的事件序列，并需要适应海量数据处理中低延迟、高吞吐量的性能需求，因此，采用正向推理运行机制	可以并行执行规则，但规则间可能存在链式触发关系，如果存在大量共性条件，可以采用 Rete 算法提高效率

基于讨论，得到工业专家规则的开发方法需要突出以下几点。

（1）在规则的开发过程中，工业专家规则通常采用"Bottom-Up"方式，如何保证全面性？归纳总结的规则逻辑很难完备，需要在应用中反复迭代。

（2）在规则的分析中，如何在强机理背景下，保证每条规则的原子性？

（3）在规则的形式化中，归纳规则描述元语非常重要。

3.3.3 专家规则开发的 AI-FIT-PM 方法论

考虑工业应用的特色，参考工业中故障诊断知识库的开发流程[13]，我们提出了具有 5 类角色、7 个阶段的快速迭代开发模式，专家规则开发的 AI-FIT-PM 方法论如图 3-15 所示。在前几个阶段，主要考虑专家规则采用"Bottom-Up"方式时工作内容的细化；在需求分析阶段，引入工业参考框架以保证问题分解的全面性；在知识获取和知识形式化表达阶段，归纳业务元语。

1. 需求分析阶段

基于业务的分解模型，梳理专家规则的规划蓝图（Blueprint），并结合技术可行性和重要性确定优先级，形成可落地的路线图（Roadmap）。例如，水力发电机组故障诊断要基于故障树分析（Fault Tree Analysis），并结合故障的发生频率和影响评估，确定故障诊断的方向，指导诊断规则的构建，故障树分析示例如图 3-16 所示[14]。

2. 知识获取阶段

根据系统结构与工作原理梳理定性的领域知识。该步骤一般由领域专家提前完成，也可以由知识工程师通过业务访谈、文献调研完成，知识获取过程如图 3-17 所示。

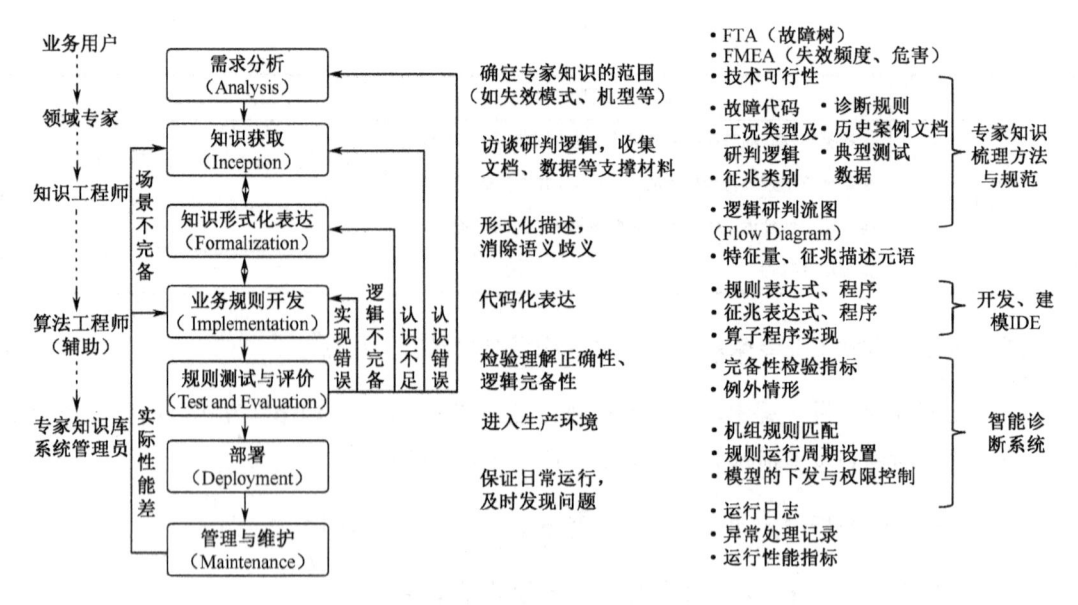

图 3-15 专家规则开发的 AI-FIT-PM 方法论

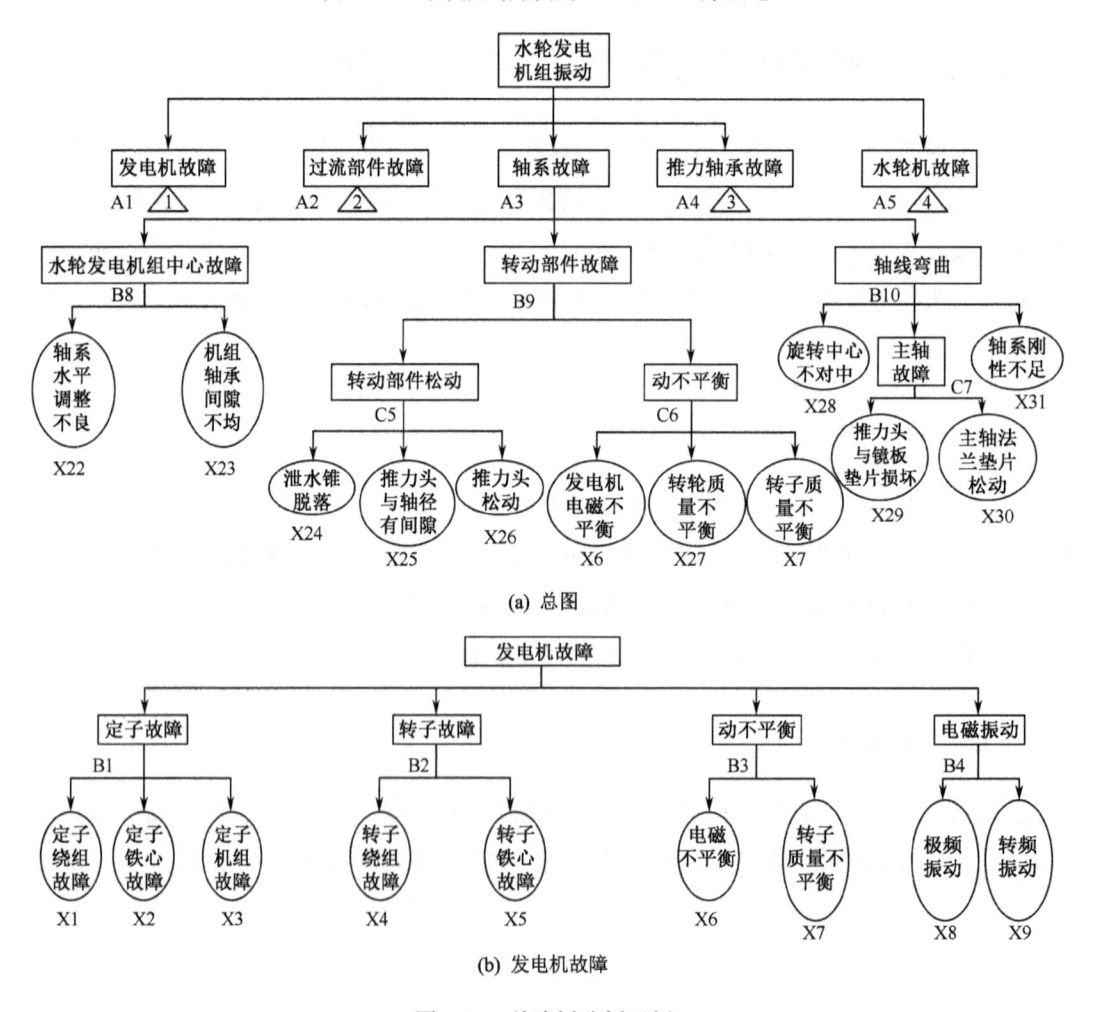

(a) 总图

(b) 发电机故障

图 3-16 故障树分析示例

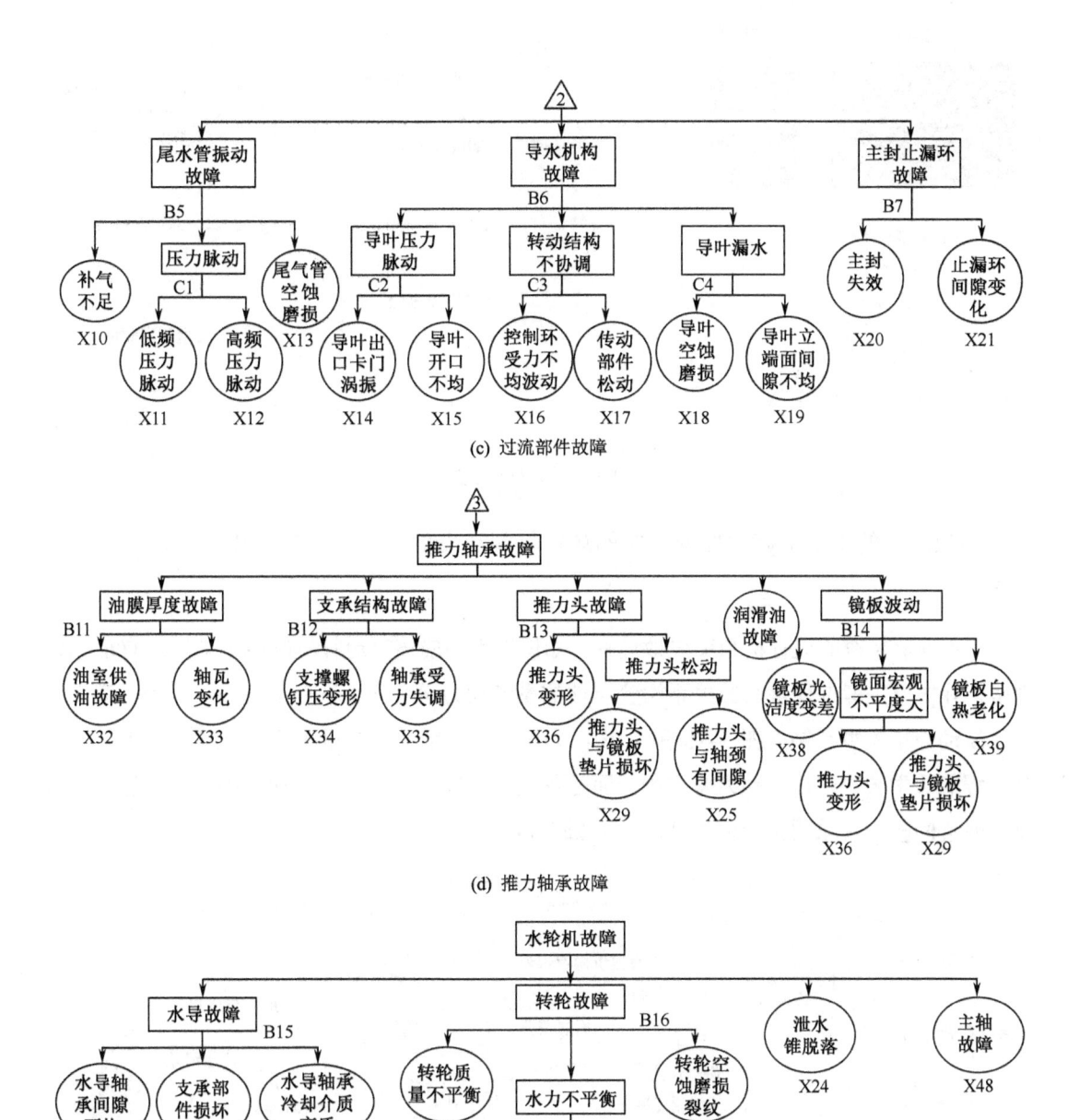

图 3-16 故障树分析示例（续）

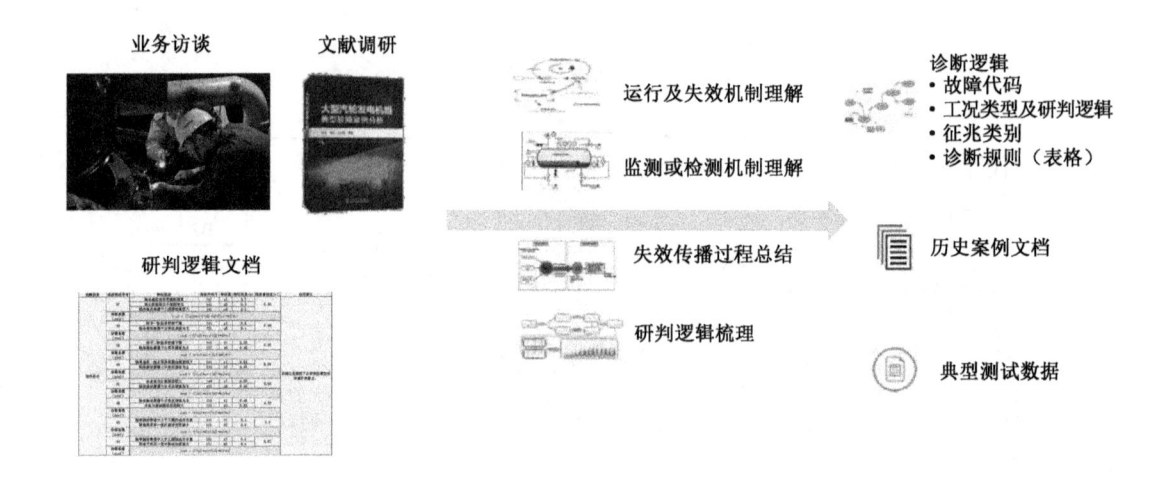

图 3-17 知识获取过程

知识获取的重要基础是理解系统的运行机制和失效过程、了解监测机制、梳理研判逻辑。

(1) 理解系统的运行机制和失效过程：知识工程师应该对运行机制或失效过程有形式化理解，并根据关键过程量间的关系构建定性的系统动力学（System Dynamics）模型，磨煤机的系统动力学模型示例如图 3-18 所示[15]。为避免陷入细节，这里不需要常微分方程、偏微分方程等数学公式表达的动力学方程，而是需要一个经过抽象（忽略次要因素）且能够清晰反映变量间影响关系的概念模型（Conceptual Model）。

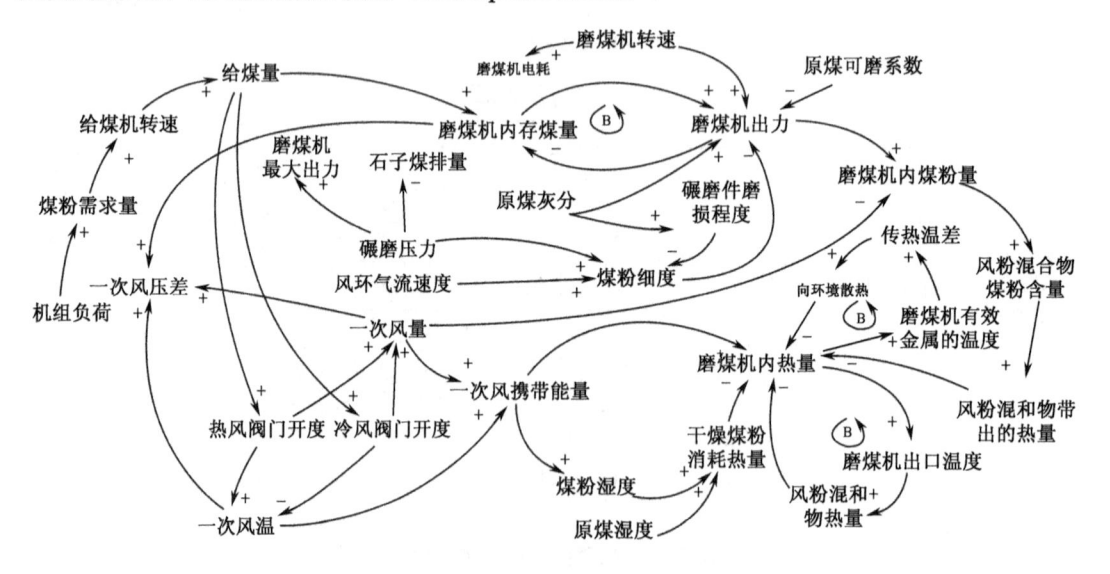

图 3-18 磨煤机的系统动力学模型示例

(2)了解监测机制：知识工程师要了解监测点位、测量原理等信息。很多数据异常都由传感器引起。

(3)梳理研判逻辑：在动力学根因分析的基础上，参考行业标准，确定研判逻辑的完备性。

3. 知识形式化表达阶段

将领域知识转化为形式化业务规则，进一步消除歧义。该阶段包含两个步骤。

(1)规则流图描述：用相对严格的规则流图对上面总结的定性运行经验进行刻画，并补充一些隐性的前提条件，规则流图如图 3-19 所示。该步骤通常由知识工程师主导完成，可能需要与领域专家进行 2~3 轮的确认与更新。

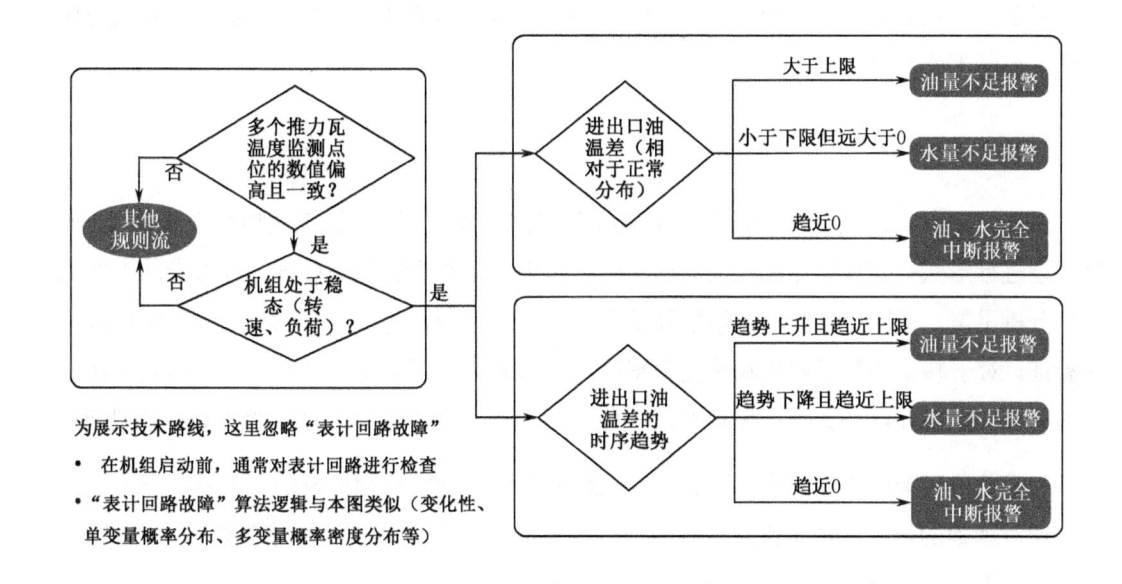

图 3-19 规则流图

(2)总结归纳故障描述元语：对于一个非全新的规则诊断定义问题来说（业务对象模型和特征算子、征兆算子已经定义或开发好了，特征算子与征兆算子如表 3-11 所示），知识工程师应该用既有的故障描述元语和业务对象模型进一步形式化（可以将当前没有得到支持的算子及时反馈给算法工程师）。

表 3-11　特征算子与征兆算子

	算子	描述
特征算子	{时间窗}内的工况类型	工况研判算法 存入设备履历信息表
	{温差、转速、负荷……}正常值的统计分布量（包括均值、方差、25 分位、75 分位等）	定期计算，存入设备的特征量事实表
	{温差、转速、负荷……}在{时间窗}内的趋势速率	临时计算，不持久
征兆算子	Var 偏离正常分布的情形	统计分布的 IQR 判断算法
	Var 接近{给定值}	统计分布，超参数控制方差的倍数
	{Vars}的差异性弱	方差分析（ANOVA）算法
	在{时间窗}内工况稳定	根据趋势速率计算或采用 STL 等鲁棒性强的算法进行判断

对于一个全新的领域来说，该步骤需要知识工程师与算法工程师（甚至业务数据建模工程师）协同工作才能完成。

4. 其他阶段

算法的研发与测试可以遵循 CRISP-DM 等方法论和规范。知识工程师利用算子、业务对象模型进行形式化建模，并在样例数据上确定研判阈值并进行逻辑验证。可以借助大数据并行化分析引擎，采用测试驱动的模型开发模式（Test Driven Model Development）实现快速迭代验证。对于缺少的算子和依赖历史数据的超参数设置、逻辑验证过程，可能需要算法工程师的配合。如果在样例数据上发现逻辑缺陷或反例，可能需要对前述步骤进行多次迭代。

正常业务模型的入库管理、配置（与机组的关联、运行周期设置等）需要在日常运维阶段定期对规则的精度和适用性进行审查（如果具备数据条件，则应该事先进行自动评价）。对于性能下降的情况，应及时启动再开发甚至下架流程。

3.3.4　专家规则模型对软件平台的需求

在应用专家规则时，常常会遇到如表 3-12 所示的 7 大挑战，这些挑战对软件平台提出了相应的要求。作为重要的数据提供软件，大数据平台要求能够支撑规则的快速迭代和开发。

表 3-12　专家规则应用的 7 大挑战

挑战	描述	技术需求
专家经验的模糊性	大概方向	快速迭代开发环境
逻辑条件的复杂性	条件算子（趋势、模态） 时间窗 工况研判	算子库（时序模式） 冲突发现与排解
数据需求的差异性	数据时长、类型 不同设备、规则	统一的业务上下文（Context Business Object, CBO）模型 CBO 模型的灵活性（可扩充、实例化、视图） 规则—设备关联
数据质量的强依赖性	数据质量缺失情形下的规则执行	完备的处理逻辑（明确）
计算量大	数据量大（高频数据）	云+端 批量计算
业务规则的可信度	部分情形下的规则	自学习能力（迭代更新能力）
产权的保护	规则是宝贵的经验（总结起来难，学起来容易）	加密、权限机制

3.4　本章小结

本章讨论了数据驱动的机器学习、专家规则开发这两种典型问题的工业大数据分析工程方法。本章在 CRISP-DM 方法论的 6 个阶段的基础上，增加了"分析问题识别与定义"阶段，讨论了工业大数据分析在不同阶段的挑战、需求与做法。还给出了 AI-FIT-PM 方法论的 5 类角色、7 个阶段的开发流程，并给出了各阶段的执行方法。

任何数据分析方法论的要点不外乎在于以下 3 点：①定义一个好问题（有业务价值、技术可解、数据可支撑）；②整理得到值得信赖的数据；③构建一个可被消费的模型。一个认真负责、脚踏实地的数据分析师应尊重领域知识，了解数据的来源和业务意义，把握分析项目的主要矛盾，以"极简主义"思路建模，将分析技术与业务流程有机结合。从宏观层面来讲，工业大数据与商业数据在分析方法论上没有本质区别，仅在分析对象、数据特点、现有基础、应用期望等方面存在较大差异。

方法论为分析项目推进提供了很好的指导，分析项目的成功离不开数据分析师和业务人员的专业精神和务实态度，以及对行业的深入理解、相关案例知识、丰富的实践经验、行业算法库及合适的大数据分析平台。CRISP-DM 方法论的 6 个阶段在不同问题中的重要性不同。例如，有很多经典的数据分析问题（如人脸识别、语音识别、文本分析等）本身就很具体，这时应将主要精力放在数据预处理和算法精度上。

经济生产的很多环节都依赖专家经验，然而依赖专家经验存在一些问题。首先，不同专家的判断可能存在差异，导致应用效果波动；其次，专家判断需要的人力成本高、效率低；最后，专家经验难以传承，知识随人走。行业规则库是一种能够表达行业专家的知识和推理的计算机系统，可以较好地解决这些问题。但在工业领域，行业规则库依然面临专家知识复杂和专家知识不完美两大问题。

工业专家知识的复杂性体现在逻辑结构的复杂性和算子的复杂性方面。专家规则很难写成单条 If-Then 表达式的规则集，一般都是多层 If-Then 表达式嵌套而成的规则流。条件表达式本身可能很复杂，如"工频值大于通频值的 75%～85%"这一条件需要提前计算工频值和通频值。这意味着行业规则库很难用图形化方式表达。工业专家知识通常存在非量化和不完美的成分，表示专家规则是可调整的，且可通过大数据对知识进行验证和精化。不仅要求系统具有高灵活性与可定制性，还要求系统支持大数据的接入。

不同类型的分析问题的具体分析要素和侧重点不同。因此，在设备运维问题定义中，设备运转机理（如动力学和控制原理、失效规律等）、运维体系、状态监控是重点，问题相对集中。难点在于分析的可行性、模型的可落地性。产品质量分析问题涉及的内容通常很多，重点和难点是对核心要素的梳理。在生产效率优化中，优化目标、决策机制相对明确，分析问题定义的重点通常在范围选择、要素可获得性分析、模型可落地性评估等方面。因此，在后面的章节中将以专题的形式将本章讨论的工业大数据分析工程方法具象化。第 4～6 章将详细讨论设备故障诊断与健康管理（Prognostics & Health Management，PHM）、生产质量分析（Product Quality Management，PQM）、生产效率优化（Production Efficiency Management，PEM）等工业大数据分析的典型场景，第 7 章将简要介绍生产安全、营销优化、研发数据等领域的典型分析问题。

参 考 文 献

[1] Gregory Piatetsky, KDnuggets. CRISP-DM, Still the Top Methodology for Analytics, Data Mining, or Data Science Projects[EB/OL]. https://www.kdnuggets.com/2014/10/crisp-dm-top-methodology-analytics-data-mining-data-science-projects.html.

[2] Pete Chapman, Julian Clinton, Randy Kerber, et. al. CRISP-DM 1.0: Step-by-step Data Mining Guide. 1999 [EB/OL]. https://www.the-modeling-agency.com/crisp-dm.pdf.

[3] Simon A. Burtonshaw-Gunn. Essential Tools for Management Consulting: Tools, Models and Approaches for Clients and Consultants[C]. New Jersey: John Wiley & Sons Inc, 2010.

[4] 吴忠培. 企业管理咨询与诊断[M]. 北京：科学出版社, 2011.

[5] Drew A. Locher. Value Stream Mapping for Lean Development: A How-To Guide for Streamlining Time to Market[M]. Florida: CRC Press, 2008.

[6] John Nicholas. Leand Production for Competitive Advantage: A Comprehensive Guide to Lean Methodologies and Management Practices (2nd Edit)[M]. Florida: CRC Press, 2018.

[7] 芭芭拉·明托. 金字塔原理[M]. 海口：南海出版公司, 2019.

[8] Fangji Wu, Jay Lee. Information Reconstruction Method for Improved Clustering and Diagnosis of Generic Gearbox Signals[J]. International Journal of Prognostics and Health Management, 2011, 2(1).

[9] Jerome Boyer, Hafedh Mili. Agile Business Rule Development: Process, Architecture, and JRules Examples[M]. Berlin: Springer, 2011.

[10] Object Management Group. Business Motivation Model Specification Version 1.3[R/OL]. (2015-04-01)[2019-12-24]. http://www.omg.org/spec/ BMM/1.3/.

[11] Barbara Von Halle. Business Rules Applied: Building Better Systems Using the Business Rules Approach[M]. New York: Wiley Computer Publishing, 2002.

[12] Ronald G. Ross. Principles of the Business Rule Approach[M]. New Jersey: Addison Wesley, 2003.

[13] 黄文虎, 夏松波, 刘瑞岩, 等. 设备故障诊断原理技术及应用[M]. 北京：科学出版社, 1996.

[14] 李松领. 基于故障树分析的水电机组振动故障诊断研究[D]. 南昌：南昌工程学院, 2015.

[15] 苑召雄. 基于系统动力学的电站磨煤机建模与控制[D]. 北京：华北电力大学, 2017.

04 第 4 章 设备故障诊断与健康管理（PHM）

"It is not how things are in the world that is mystical, but that it exists." ——Ludwig Wittgenstein

设备是工业的重要生产工具，对于设备制造商和业主来说，设备的可靠性、利用率、能效是重点。工业设备通常是一套强机理设计、受控运行、精心维护的系统，逻辑、因果、本质、必然的哲学关系是主旋律和大前提，然而物理世界是不完美的，存在大量未建模因素（如设备老化、转子变形等）、外部干扰（如环境变化、工质变化等）、不可观测状态（如温度场、腐蚀过程等）、非完美测量（如测量误差、流量测量受热力学影响等），是多种因素共同作用下的复杂过程（很难简单拆解）。设备故障的多样性、不确定性、多源性及传播性构成了故障诊断技术方面的难点，单纯的机理模型在模型要素的完备性和参数的自适应性上面临很大挑战。因此，统计学习模型、经验模型被寄予厚望。

在智能运维的数据分析中，通常需要机理模型、统计学习模型、经验模型的有机融合。不同模型的优势不同。例如，对于腐蚀，机理模型擅长刻画微观电化学过程，经验模型对宏观趋势的描述较好，而大数据分析是连接"微观"过程刻画与"宏观"趋势描述，以支持"中观"业务应用的重要技术手段。

4.1 工业设备管理的现状与需求

现代工业生产向自动化、连续化、集成化方向发展，在提高生产效率、产品质量、能源效率的同时，也对生产系统和生产设备的可靠性提出了更高要求。一旦出现设备故障停机，将导致整个装置停产，造成巨大经济损失。另外，有些高危设备故障还可能引起安全事故或环境污染等次生灾害。例如，一个年加工原油 500 万吨的炼油厂，停产一天的经济损失可达

2000万元人民币[1]。GE Digital 在 2017 年对全球 450 家制造业企业的调研中发现[2]，82%的企业在过去 3 年内发生过非计划性故障停机，每次的平均损失为 200 万美元。因此，工业设备的智能运维一直是工业生产的重要辅助活动。

4.1.1 工业设备分类

工业设备可以从很多维度进行分类。按资产属性和行业特点，《固定资产分类与代码》（GB/T 14885-2010）标准按"门类—大类—中类—小类"4 级结构对固定资产进行了分类（共 6 个门类）。工业中提到的设备主要分布在"通用设备"门类、"专用设备"门类和"构筑物"大类中。"通用设备"门类包括机械设备、电气设备、通信设备、仪器仪表、车辆等 12 个大类，其中"机械设备"大类又包括内燃机、燃气轮机、汽轮机、锅炉、水轮机、风力机、液压机械、金属加工设备、起重设备、输送设备、泵、风机、气体压缩机等 25 个中类。"专用设备"门类包括石油和天然气开采专用设备、石油和化学工业专用设备、炼焦和金属冶炼轧制设备、电力工业专用设备、工程机械等 34 个大类，其中"石油和化学工业专用设备"大类又包括石油储备库设备、长输管线、界区间管线、输油（气）站、炼油生产装置、润滑油生产装置、基本有机化工原料生产装置、合成树脂生产装置、合成橡胶生产装置、塑料专用机械、日用化学品专用设备等 28 个中类。"构筑物"大类包括槽、塔、井、坑、道路、库等 23 个中类。

按照构造，设备系统可以分为简单系统（由若干物理元件构成）、复合系统（由多个简单系统组合而成）、复杂系统（由多层次子系统构成）3 类[1]。例如，一台大型汽轮发电机组由汽轮机、发电机、支撑系统、基础系统、调节系统等构成，汽轮机又由汽水子系统和油、调节、安保等子系统构成。不同层次的系统在构造和功能上存在许多联系和耦合，并随工况和环境的变化而变化，为对设备的各种分析带来了很大挑战。

根据运行特性，可以将设备分为动设备、静设备、仪表通信。根据运动特点，可以将动设备分为旋转设备（如透平设备等）、往复式设备（如往复式压缩机等）、移动设备（如工程机械等）等机械设备和电气设备（如电机等）。根据工作条件，可以将静设备分为压力容器（如锅炉等）、一般容器（如发酵罐等）、结构支撑（如钻井平台等）、载体（如电缆等）、转换设备（如变压器等）等。

根据设备故障或停机维修对企业的生产、质量、成本、安全、交货期等的影响程度与造成损失的大小，可以将设备分为 3 类：①重点设备（A 类设备），是重点管理和维修的对象，应尽可能地对其进行状态监测维修；②主要设备（B 类设备），应对其进行预防性维修；③一般设备（C 类设备），为减少过剩修理，考虑到维修的经济性，可对其进行事后维修。

4.1.2 运维管理

设备故障特点等的不同导致设备的运维策略不同。具有不同特点的设备故障对应的运维策略如表 4-1 所示[3]。不同类型的设备在不同阶段的故障模式和故障源不同，运维策略也不同。例如，机械故障主要由机械磨损、材料老化、疲劳断裂、应力脆性断裂及腐蚀导致，属于耗损性故障，需要提前监测、及时纠正。在初期，电子设备和电气设备往往因为外部的冲击和影响发生故障，如电网不稳、灰尘引起的散热不良、异物引起的短路等，突发性强，采取各种防范管理措施是设备运维的重点；在中后期，故障主要由接触点变化、器件电参数变化、器件老化等造成，状态监控和健康管理是重要手段。

表 4-1 具有不同特点的设备故障对应的运维策略

故障特点	运维策略
重复性	局部改造
多发性	改造
周期性	定期维修
耗损性	纠正恢复
操作失误	操作规范强化
修理失误	维修规范强化
可提前监测	状态维修
劣化可控	健康管理
后果不严重	事后维修
先天性	再设计或改造
缺陷性	质量维修
无维修价值	计划报废

设备运维管理是一项系统工程，涉及业务模式（如第三方运维等）、管理策略及流程（如 TPM 点检定修体系）、操作规范、人员与组织、技术体系等方面。基于这些差异，不同行业对设备的运维管理理念有不同提法[4]，如表 4-2 所示。有不少设备管理专著（如文献[5]）都对此进行了深入的讨论，这里集中讨论技术体系。

表 4-2 不同行业对设备运维管理理念的不同提法

	年份	来源	适用条件
RBI（Reliability Based Inspection）	1992 年	API 580, NBIC RB 9300	单体静设备（压力容器）
RCM（Reliability Centered Maintenance）	1960 年	Boeing	复杂设备系统
PHA（Process Hazards Analysis）	1970 年	EPA's Risk Management Program Rule, 40 CFR Part 68, and OSHA's PSM Standard, 29 CFR 1910.119	复杂流程工业系统

续表

	年份	来源	适用条件
RAM（Reliability, Availability and Maintainability）	1970 年	Los Alamos National Laboratory	系统设计评估
RCA（Root Cause Analysis）	1950 年	NASA	复杂系统的持续改进（事后）

在技术体系发挥主要作用的模式中，可以根据时间点将维修分为事后维修、预防性维修和主动维修，维修类型如图 4-1 所示。

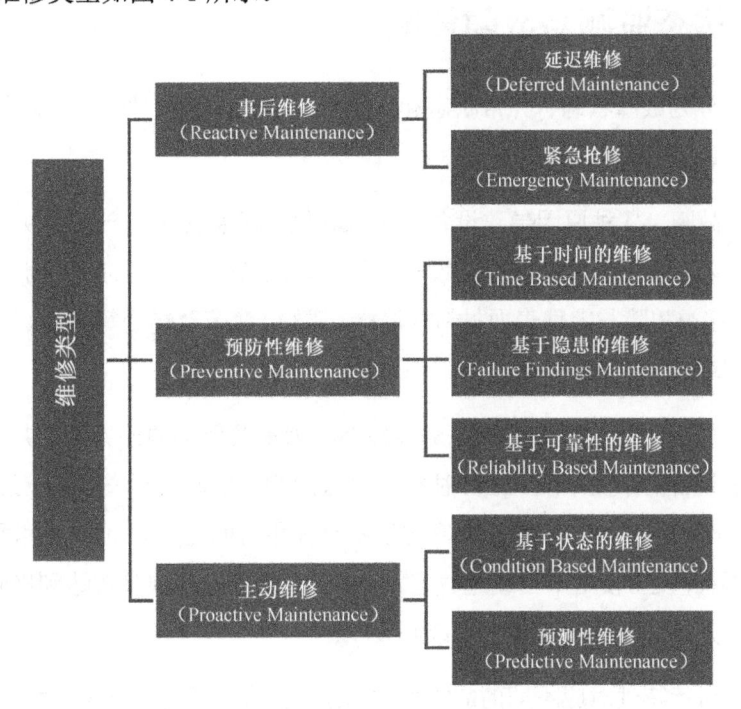

图 4-1 维修类型

按照维修决策准则，可以将预防性维修分为基于时间的维修（可以将基于时间的维修可分为定期维修和基于使用率的维修）、基于隐患的维修、基于可靠性的维修。主动维修包括基于状态的维修和预测性维修。不同类型的维修对数据和数据分析的要求不同，后面将详细论述。

应注意企业内部不同管理部门的关注点不同。以火电为例，围绕发电设备开展资产的维修、维护、运营会涉及设备部、检修部、运行部、安生部（安全生产部）、经营部等多个部门，不同业务部门对 PHM 关注点的差异如表 4-3 所示。在设计 PHM 应用时，最好先按照"专工"角色需求进行智能诊断的总体设计，按照不同部门的业务需求，进行数据交互、结果发布的接口设计。

表 4-3 不同业务部门对 PHM 关注点的差异

业务部门	关注点
运行	监控运行,陪伴运行,实时报警,故障归类,危害性评估
巡检	精密巡检,信息互通,交互确认
专工	故障诊断,精确定位故障,给出维修建议
维修人员	维修过程管理(与技术相关),结果评价

4.1.3 状态监测与故障诊断

设备的状态分为故障状态、异常状态和正常状态,故障是一种特殊的设备运行状态。根据发生速度,可以将故障分为两类。

(1)渐发性故障,各种原因导致设备劣化或老化,逐渐发展而产生的故障。其主要特点是:在给定时间内,发生故障的概率与设备的使用时间有关。设备的使用时间越长,发生故障的概率越大。这类故障与零件表面材料的磨损、腐蚀、疲劳及蠕变等有密切关系,有征兆,能通过早期检测或实验来预测。

(2)突发性故障。这种故障的产生是各种不利因素及偶然的外界影响共同作用的结果。这种作用超出了设备的承受限度。故障往往在设备使用一段时间后发生。突发性故障的主要特征是:在给定时间内,发生故障的概率与设备已使用时间无关。例如,润滑油中断导致零件变形或产生裂纹;设备使用不当或超载运行导致零件断裂;各项参数达到极限值(载荷大、剧烈振动、温度升高等)导致零件变形或断裂[6]。

不同设备的运行特性对应不同的故障模式,动设备的典型故障模式有磨损(如摩擦磨损、磨粘磨损、冲蚀或气蚀、接触疲劳磨损等)、系统失效(如机械设备的松动、不平衡、不对中等)、老化(如变脆、变软等)等;静设备的典型故障模式有腐蚀(如气液腐蚀、电化学腐蚀、应力腐蚀等)、结构失效(如断裂、失稳、变形等)、系统失效(如电气系统接触不良等)、老化等;仪表通信的典型故障包括功能失效(如传感器失灵、信号中断等)、性能劣化(如精度下降等)等。

为了增强设备运行稳定性和提高运行效率,在工业中常对不同类型的参数进行在线或定期测量,设备稳定性与运行效率相关的关键参数如表 4-4 所示。

故障的发生常常伴随振动、噪声、温度、压力、流量等物理参数的变化,不同故障引起的参数变化模式可能不同。可以通过分析这些参数的变化组合,并结合设备工作状态,对故障进行早期预报和识别,防患于未然,保证设备的安全、稳定、长周期、满负荷、优质运行。以电动机为例,不同故障引起的参数变化不同,如表 4-5 所示。

表 4-4 设备稳定性与运行效率相关的关键参数

参数	机械信号	电气信号	油液分析、产品质量等
能耗	液位	电流	油液分析
效率	温度	电压	磨粒分析
功率	位置	电阻	产品的几何尺寸
转速	振动位移、速度、加速度	电容	
扭矩	热膨胀	电感	产品的物理特性（颜色、外观、气味等）
温度	噪声	磁场	产品的化学特性
压力	超声波	绝缘阻抗	冷却系统流量
流量	红外辐射	局部放电	排放物组分

表 4-5 不同故障引起的参数变化

故障	电流	电压	阻抗	局部放电	功率	扭矩	转速	振动	温度	惰转时间	轴向磁通	油液残屑	风冷流量
转子绕组	•				•	•	•	•	•		•		•
定子绕组	•							•	•				
转子偏心	•							•			•		
电刷故障	•	•			•								
轴承	•						•	•	•	•		•	
绝缘老化	•	•	•	•									•
输入缺相	•	•						•			•		
不平衡								•					
不对中								•					

故障诊断是以研究故障状态发生、发展和消除规律为主要目的的学科。故障诊断的任务是根据状态监测获得的信息，结合已知的结构特征、运行参数、环境条件和运行历史（包括运行记录和故障及维修记录等），对设备可能发生或已经发生的故障进行预报、分析和研判，确定故障的性质、类别、程度、原因、部位，指出故障的发生和发展趋势及后果，提出并实施抑制故障发展和消除故障的调整、维修、治理措施，最终使设备恢复正常运行。故障诊断分类如表 4-6 所示。

表 4-6 故障诊断分类

分类依据	分类内容
设备对象	旋转设备、往复式设备、电气设备、工程结构、压力容器、机械零件等
诊断目的	在线诊断与离线诊断、连续诊断与定期诊断、功能诊断与运行诊断、常规诊断与专项诊断、直接诊断与间接诊断等
诊断手段	振动诊断、声学诊断、温度诊断、电参数诊断、流体参数诊断（压力、流量）、强度诊断、油液诊断、光学诊断等
方法完整度	简易诊断、精准诊断、系统综合诊断等

4.1.4 相关标准

针对设备状态监控和故障诊断及机械振动分析等，ISO TC108、SAC/TC53、API、ASME、ANSI、VDI、BSI、CDA、MIMOSA 等标准化组织制定了一系列规范，部分标准如表 4-7 所示。

表 4-7 针对设备状态监控和故障诊断及机械振动分析等制定的部分标准

类别	ISO 标准	国家标准	描述
总体	ISO 17359:2008	GB/T 22393-2015	Condition monitoring and diagnostics of machines — General guidelines 机器状态监测与诊断 一般指南
	ISO 13372:2012	GB/T 20921-2007	Condition monitoring and diagnostics of machines — Vocabulary 机器状态监测与诊断 词汇
	ISO 18436:2012		Condition monitoring and diagnostics of machines — Requirements for qualification and assessment of personnel
测量与评价	ISO 2954:2012	GB/T 13824-2015	Mechanical vibration of rotating and reciprocating machinery — Requirements for instruments for measuring vibration severity 旋转与往复式机器的机械振动 对振动烈度测量仪的要求
	ISO 5348:1998	GB/T 14412-2005	Mechanical vibration and shock — Mechanical mounting of accelerometers 机械振动与冲击 加速度计的机械安装
	ISO 7919:1996	GB/T 11348-1999	Mechanical vibration of non-reciprocating machines — Measurements on rotating shafts and evaluation criteria 旋转机械转轴径向振动的测量和评定
	ISO 10816:1995	GB/T 6075-2012	Mechanical vibration — Evaluation of machine vibration by measurements on non-rotating parts 机械振动 在非旋转部件上测量评价机器的振动

续表

类别	ISO 标准	国标	描述
测量与评价	ISO 10817:1998		Rotating shaft vibration measuring systems
技术	ISO 13373:2002	GB/T 19873-2005	Condition monitoring and diagnostics of machines — Vibration condition monitoring 机器状态监测与诊断 振动状态监测
技术	ISO 13374:2003		Condition monitoring and diagnostics of machines — Data processing, communication and presentation
技术	ISO 13379:2002	GB/T 22394-2015	Condition monitoring and diagnostics of machines — Data interpretation and diagnostics techniques 机器状态监测与诊断 数据判读和诊断技术
技术	ISO 13381:2015		Condition monitoring and diagnostics of machines — Prognostics
技术	ISO 19860:2005		Gas turbines — Data acquisition and trend monitoring system requirements for gas turbine installations

这些标准形成了相对完整的体系，为工业实践提供了明确的指导。ISO 振动监测与分析标准对总体、测量和技术覆盖完备，并且对典型的动设备（如汽轮机、水轮机、透平风机等）也有定制化标准，如图 4-2 所示。

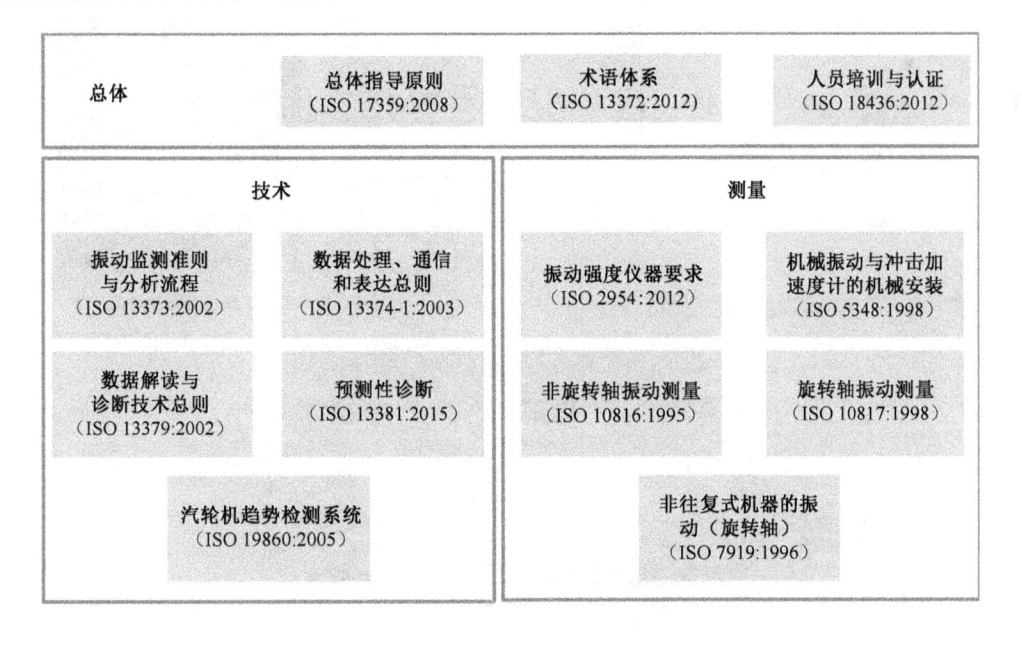

图 4-2 ISO 振动监测与分析标准

4.2　PHM 的分析范畴与特点

4.2.1　术语约定与名词辨析

故障诊断包含两个方面的内容：一是故障检测，即对系统的运行状态进行检测，并提取有效信息；二是故障定位，即在发现系统异常后对系统进行分析、诊断，查明故障原因和故障部位。

传感器数据往往杂乱无章，其特征不明显、不直观，很难判断。处理数据的目的是按照一定方法变化和处理采集到的数据。故障诊断中的原始量、特征量、征兆量如图 4-3 所示。应从不同角度获得最敏感、最直观、最有用的信息（如振动分析中的倍频值等），即特征量，特征量在一段时间内的表征即征兆量，如 2 倍频幅值随转速增大而增大等。

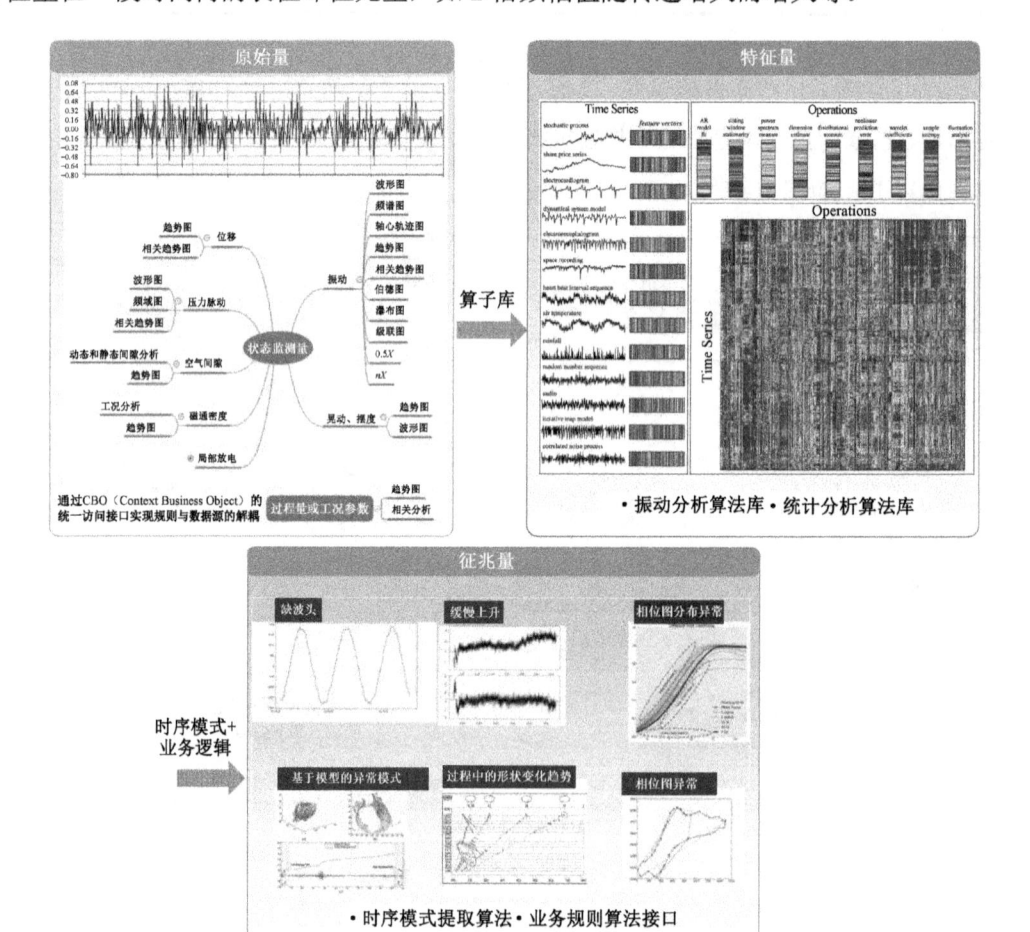

图 4-3　故障诊断中的原始量、特征量、征兆量

故障的同义词和相关词辨析如表 4-8 所示。

表 4-8 故障的同义词和相关词辨析

故障	辨析
失效（Failure） 故障（Fault） 缺陷（Defect）	失效是结果（无法完成预期功能），故障是状态[7]。除了故障，环境、外部冲击、物料等也会导致设备失效 故障也可能由失效引起 缺陷指设备在设计、制造或建设环节的瑕疵和不当之处。对设备运维来说，缺陷是"先天的"
退化（Degradation） 劣化（Deterioration）	劣化指变坏、变差的过程；退化指降低规格的动作（在严格意义上，退化应该翻译成"降格"）
反常（Abnormal） 异常（Exception）	反常指与正常状态不同；异常指与设计或期望的状态不同

故障诊断不一定是找根本原因。根本原因是相对于领域而言的，机理上的根本原因（如疲劳失效）与操作上的根本原因（如具体到部位与受力状态）不同。另外，很多根本原因在物理世界中不一定能直接修正。故障诊断更重要的目的是探索恢复措施。一个故障可能由多种原因的共同作用引起，此时建议找到直接原因。例如，轴不对中、轴承偏心是产生工频振动和倍频振动的直接原因；基础不均匀沉降、壳体扭曲是轴不对中、轴承偏心的直接原因，也是工频振动和倍频振动的间接原因。

运维活动与 PHM 密切相关，PHM 为运维活动提供建议与输入，PHM 的建模需要考虑运维活动的影响。MRO（Maintenance, Repair & Overhaul）系统通常用于管理运维活动，不覆盖故障预警和诊断。

统计过程控制（Statistical Process Control，SPC）是工业生产中工艺过程管控的重要技术。针对设备的状态监控（Condition Monitoring）与 SPC 密切相关，机器是影响工艺稳定性的重要因素之一，因此，设备的关键工艺状态也加入了 SPC 系统。但 SPC 与 PHM 的视角不同，SPC 通常以在制品为中心，PHM 通常以设备为中心。

4.2.2 PHM 的内容

PHM 包括对设备运行状态的识别、研判和预报，需要充分利用特征量和各种经验知识（包括设备结构，失效机理，运动学或动力学原理，设计、制造、安装、运行、维修知识等），以研判设备状态是否正常，并定位故障原因、部位及严重程度。例如，旋转机械（包括发电机、汽轮机、压缩机、泵、通风机、电动机等）的故障指设备的功能异常或动态性能劣化导致其不符合技术要求，包括失稳、异常振动和噪声、工作转速和输出功率变化，以及介质的温度、压力、流量异常等。设备故障原因不同,现象也不同。根据设备的特有信息,可以对故障进行诊断。但是,设备故障往往不是由单一因素造成的,而是多种因素共同作用的结果。因此,需要对旋转设备的故障诊断进行全面、综合的分析。旋转设备的故障诊断过程与医疗诊断过程类似,基于病理学原理,结合病情、病史、检查结果(体温、验血、心电图等)进行综合分析才能得出诊断结果,并提出治疗方案。

根据数据分析内容,可以将 PHM 分为 6 个主题:传感器数据处理、状态监测、健康管理、故障诊断、故障预测和运维优化。这些主题基于设备及环境的监测数据和设备的全维历史数据(这里称为设备档案模型)。PHM 分析框架如图 4-4 所示。该框架与 OSA-CBM 的体系[8]存在差异:①将故障诊断与故障预测分离,事后进行故障诊断事前进行故障预测,其分析算法明显不同;②在数据采集方面,将监测数据与设备管理数据分开,其在 IT 系统中通常是独立的,且数据建模技术不同。

状态监测根据近期的状态监测信息及时发现状态异常。与经典的 SCADA、DCS 的阈值报警相比,PHM 要处理基于多个时间序列的异常模式检测、异常趋势识别等较复杂的报警规则,根据多传感器融合及趋势分析消除虚假报警,根据故障的传播机理进行报警信息的归并,消除报警风暴(Alarm Shower)。有时统计分析方法也可以自适应地为 SCADA、DCS 的阈值报警规则提供更合适的阈值估计。

图 4-4 PHM 分析框架

故障预测基于故障的征兆指示和设备的退化过程建模,预测设备的剩余寿命、失效时间及失效风险。当系统、分系统或部件可能出现小缺陷和早期故障或逐渐降级到不能以最佳性能完成其规定功能的状态时,可以通过选用相关检测方式和设计预测系统来检测这些小缺陷、早期故障或性能降级，使装备维护人员能够预测故障发生时间，从而采取一系列预防性维修措施，不必等到故障发生才做出被动响应。故障征兆指在故障模式发生前或故障模式演变初期可以观测到的异常。

健康管理指在各系统处于运行状态或工作状态时，通过各种方式监测系统的运行参数，并判断系统在当前状况下是否能正常工作（任务能力）。健康评估与诊断为提高装备的可靠性、可维护性和有效性开辟了一条新的道路。为了避免某些运行过程发生故障而引起整个装备系统瘫痪，必须在故障发生后迅速处理，维持基本功能正常，提高装备的利用效率和使用安全性，保证安全可靠的运行。

故障诊断的前提是了解设备的故障机理。例如，汽轮机、压缩机等流体旋转机械的异常振动和噪声信号在时域和频域为故障诊断提供了重要信息，这只是故障信息的一部分；流体机械的负荷及介质温度、压力、流量的变化，对设备的运行状态具有重要影响，往往是导致设备异常和运行失稳的重要因素。因此，对旋转设备的故障诊断，只有在获取机器的稳态数据、瞬态数据、过程参数和运行工作状态等信息的基础上，通过故障征兆计算、故障敏感参数提取和综合性分析判断，才能确定故障原因，得出符合实际的诊断结论，并提出治理措施。

在上述分析的基础上，根据系统的特点及复杂程度，可以采用合适的方法实现运维优化。综合费用、时间、效能、设备使用寿命等多个目标，考虑资源约束、时间窗要求、合规性要求等约束条件，可以优化维修人员分配、维修计划和其他后勤保障活动。广义的优化还包括提供运维过程中的知识等，以提高维修效率。

4.2.3　PHM 的应用模式

在很多场景下，企业希望数据分析师能够从企业生态和经营的角度出发，梳理智能运维的规划，形成智能运维大数据分析问题。PHM 主要有 3 种应用模式，如表 4-9 所示。

表 4-9　PHM 的 3 种应用模式

应用模式	描述
智能决策	提高设备可靠性，特别是运维困难的设备资产（如地下管网等） 提高运维效率，包括服务水平、服务成本、库存水平、资源利用率等
智能装备	对于设备制造商来说，可以通过远程数据获取与分析，提高单体设备的适应性和智能程度 通过分析多个设备的工况，实现相关设备的数据共享和协同，实现设备群体智能
新业务模式	设备租赁与金融服务：通过设备的位置或移动轨迹、开工状况和状态监控，保证租赁设备安全可控，定量评估违约风险，更好地控制金融服务风险（将设备生产能力金融化） 服务型制造：针对市场相对饱和的重资产行业，通过对存量用户的运维服务（作为大修、回收等高价值业务的入口），增加服务型收入，打造服务型制造模式

续表

应用模式	描述
新业务模式	第三方运维服务：基于数据，通过精准的专业服务降低业主的设备成本；通过关键备件的专业采购和集中库存，降低单家企业的备件库存成本 设备能力转移：设备的运行经验和设备系统的工艺整合能力是具有高价值的隐性资产。基于数据和工业互联网，转移成熟但工程能力跟不上最新工艺要求的设备，实现设备与知识的协同转移，获取更高的社会效益和经济效益

4.3 PHM 分析问题定义：CRAB 四步法

不同行业、不同设备、不同角色企业的设备运维差异很大，在设备运维实践中，我们初步归纳出 PHM 分析问题定义的 CRAB 四步法，如图 4-5 所示。在规划上，运维大数据分析比质量大数据分析简单，因为设备运维与生产工艺的耦合性较弱，且设备通常由很多共性基础单元构成。

4.3.1 业务上下文理解

需要从业务视角、逻辑层次两个维度对 PHM 在设备运维业务上下文中的位置进行综合理解，如图 4-6 所示。可以从用户的角度将业务视角分为设备制造商、业主、第三方运维服务商、第三方技术提供商、政府等，他们关注的重点不同。逻辑层次包括业务模式和管理理念、业务运作、应用系统、技术方法 4 个层次。

业务模式和管理理念决定了设备管理的目标（提高可靠性、资产效能、安全性能等）；业务运作决定分析应用需求的重点是事后的精准诊断还是事前预警；应用系统决定了设备管理大数据的既有数据基础（虽然有些系统可以新建）；在技术方法层面，要注意 PHM 只是设备运维中的一环，现有监测方法（在线、周期性和不定期监测）、故障机理和失效机制（设计阶段）、运维方法（保养措施）也非常重要。另外，需要将设备运维与控制、设备运行与操作、设备监控等的交互界面分解清楚。

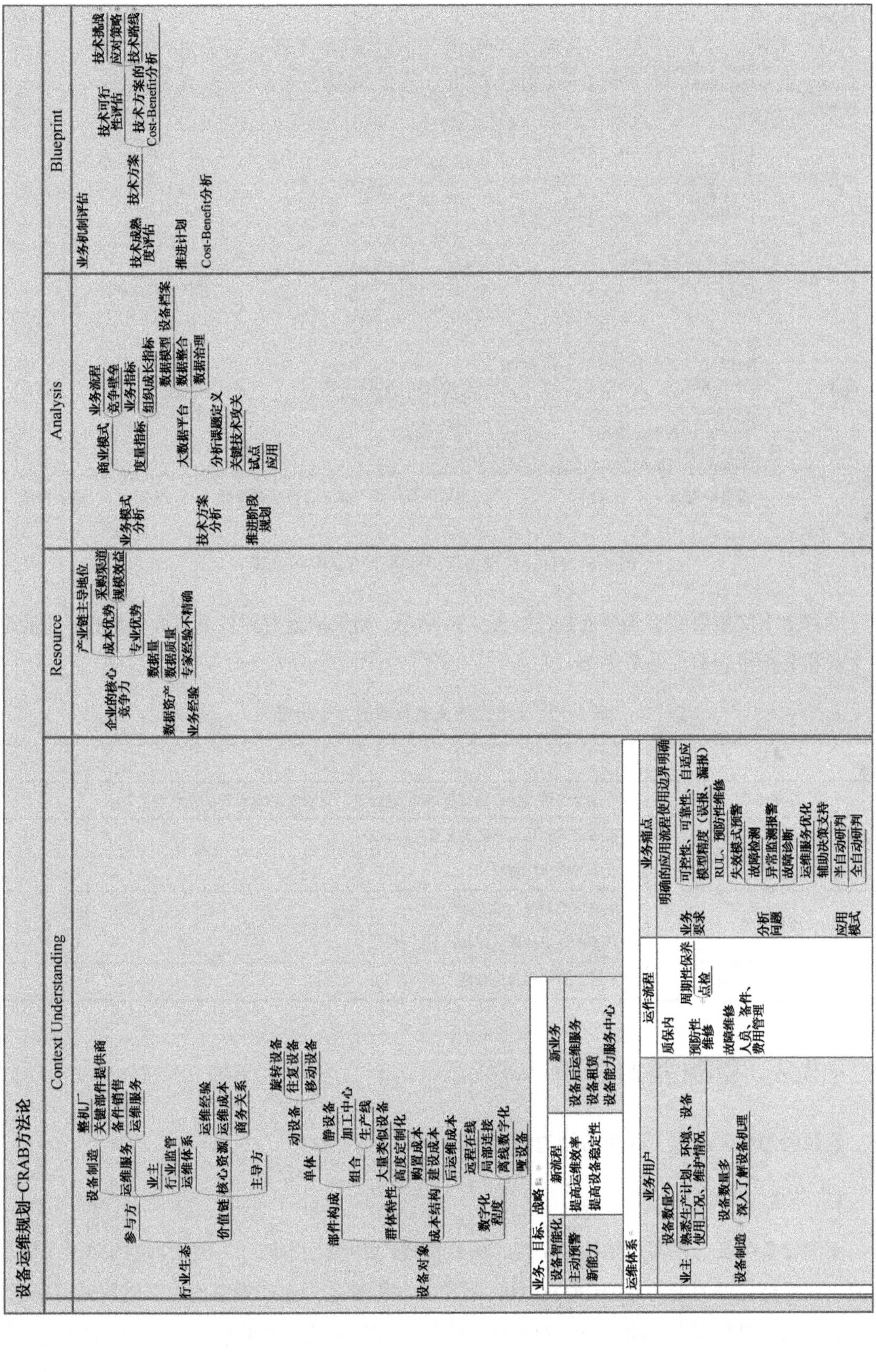

图 4-5 PHM 分析问题定义的 CRAB 四步法

逻辑层次					
业务模式和管理理念	• Asset Reliability • Service-oriented Manufacturing	Asset Integrity Asset Performance Management	Service Excellence	Cloud Service	Industry Ecosystem
业务运作	• Reactive Maintenance: Deferred, Emergence • Preventive Maintenance: TBM, UBM, FFM, RBM • Predictive Maintenance: CBM, PdM		• Service Center • Common Spare Part Center • Industry Internet		• Policy & Incentive • Program & Initiative
应用系统	• PHM, MRO, EAM • SCADA, DCS, SIS • CM&D		• Service Optimization • Industrial Internet		• Program Promotion Portal
技术方法	• 监测方法 • 设计阶段方法：FMEA, FTA, RAM • 日常运维方法 • PHM方法 　Physics of Failure(PoF) 　Data Driven Approach 　Knowledge Driven Approach		• Operation Optimization • New Device(Wearable Device, Sensors)		• System Dynamics
业务视角	设备制造商	业主	第三方运维服务商	第三方技术服务商	政府

图 4-6　PHM 在设备运维业务上下文中的位置

业务上下文需要回答 4 个问题，如表 4-10 所示。如果缺乏对这些基本面的把控，智能运维大数据分析很容易与业务脱节。

表 4-10　业务上下文需要回答 4 个问题

维度	内容
行业生态	产业价值链（核心价值与挑战是什么？不同角色的核心能力是什么？）
设备对象的特点	设备是定制化设备还是大量类似设备 设备的数字化程度
运维体系	运维职责划分、成本结构 设备的主要故障模式与诊断经验
业务痛点与目标	业务的挑战和改进目标

4.3.2　资源能力分析

资源能力主要从以下 3 个方面进行分析。

1）企业的核心竞争力

不同设备特征（机理及结构复杂度、失效模式、数字化程度）、不同角色的知识或信息资源决定智能运维的着力点。风力发电机、航空发动机等主力生产设备的生产过程是透明的，设备制造商可以掌握大量类似设备的数据，从而扩大在数据技术和知识基础方面的优势。但鼓风机、机床等装备只是生产制造设备的一部分，设备制造商可以掌握设备自身的状态信息，但对整个生产的工况、控制、工艺及其他相关设备的状态缺乏了解。因此，设备故障预警对设备制造商来说具有一定的限制。在进行设备运维业务规划时，要充分了解业务上下文，决定设备运维的重点。

2）数据资产

在了解相关 IT 系统（SCADA、MRO 等）的基础上，还应该从 CPS 的角度出发，审思数字世界能在多大程度上反映物理世界，以及在哪些方面有较大差距等问题。因此，需要实现以下内容。

（1）逻辑层面的融合：在了解设备数字化程度的基础上，将 IT 系统中的数据与设备动力学机理、控制逻辑、环境、工况、生产控制等信息融合，观察现实世界中的例外情形。例如，MRO 中的保养项在大多数情形下是否被忠实执行（用明确的数据记录，但不一定真实），是否存在备件囤货行为（永远不会有明确的数据记录，但切实影响备件销售量）等。

（2）数据的场景化：在数据中重现所有业务场景，更直观地了解数据在这些场景下的分布和走势。PLC 重启时风机桨距角的初始化过程如图 4-7 所示。当风机重启或个别变桨 PLC 重启时，可以在数据中清楚地看到桨距角的初始化过程。

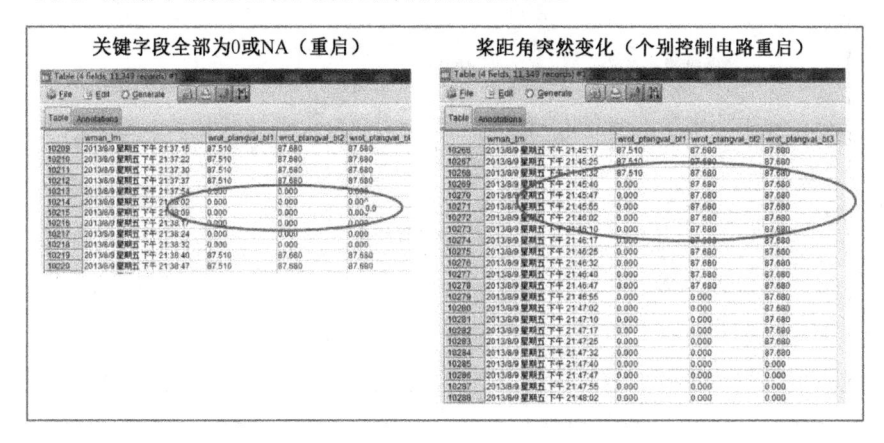

图 4-7　PLC 重启时风机桨距角的初始化过程

应尽量发现业务访谈中没有提到的"异常"场景。在早期业务访谈中，大家一直认为在低风速下风机应该处于停机状态（桨距角在 90 度左右），但在低风速下的实际数据（如图 4-8 所示）表明，某机组的风机在 2013 年 6 月 16 日 21:09:47 到 6 月 17 日 00:44:55 的低风速下，处于待机状态（桨距角在 50 度左右）。这对于业务人员来说是默认的常识（但发生频率低），因此在早期业务访谈中没有提及，如果数据探索不够细致，这样的风险将传递到后续建模环节。

图 4-8　在低风速下的实际数据

（3）技术领域常识对数据分析的基本指导：P-F 图如图 4-9 所示[9]，图中给出了不同失效阶段的显著表征量（振动、声波、温升等），可以为大家提供基本判断，消除很多不必要的"幻想"。

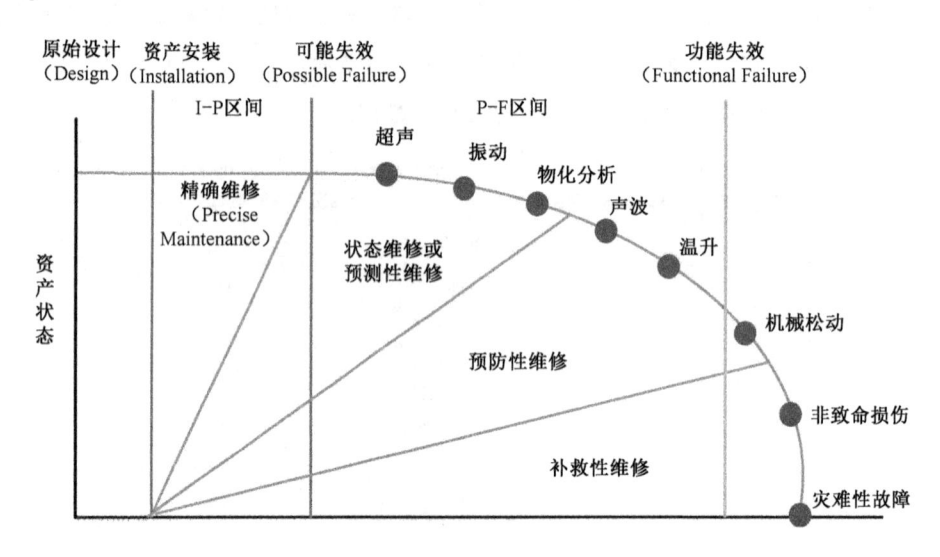

图 4-9　P-F 图

3）业务经验

一线业务人员或行业专家已经对很多问题有了相对清晰的认识，此时没必要走纯粹数据挖掘的道路。但大数据仍有很多价值，因为很多专家经验通常不够精确（模糊、歧义、不完备、多个逻辑冲突等），大数据平台通过支持"大—小数据"迭代，快速支持行业经验在全量数据上的验证与精化。

针对典型的设备故障诊断问题，大数据平台或数据分析案例库可以积累很多故障模式、故障原因、故障因素或表征及常用的诊断模板，但 FMEA（Failure Mode and Effects Analysis）、FTA（Failure Tree Analysis）等经典方法[10]对于细化一个具体设备的故障模式来说很有帮助。

4.3.3　业务模式与技术方案分析

业务模式与技术方案分析主要包括3个方面：①业务模式分析，如何运作智能运维业务？如何度量成功？②技术方案分析，包括大数据平台分析、数据分析技术路线分析、应用分析等；③推进阶段规划，根据项目的依赖度和成熟度划分推进阶段。

在业务模式分析方面，要从业务应用场景的角度思考设备运维的业务需求。例如，有很多设备运维过程，虽然实现了远程"监视"（不是"监控"），但异常和故障判断的大部分工作仍然靠人工完成，对于这种情况，业务需求就是降低"监视"的人力工作量。针对该业务需求的技术方案从表面上看是一套异常和故障自动研判系统（构建一个高精度的机器学习模型对异常和故障进行自动研判），但若进一步思考，就会发现很多关键生产都要求"零误判、零漏判"。此时，"辅助决策"是唯一的实现方式。再进一步思考，"辅助决策"可以分为2种方式：①机器学习模型的研判仅供参考，人工终判；②计算机对部分样本进行精准研判（精度为 100%），其余的样本进行人工研判，计算机研判的部分不再需要人工干预。在很多实时性强或人力消耗大的业务场景中，第二种方式通常更受欢迎。

在技术方案分析方面，同样要考虑应用场景的需求与限制。例如，"云+端"是一个很好的提法，但要考虑网络延迟、数据安全、模型稳定性等现实限制。

在推进阶段规划方面，与 3.2.1 节讨论的原则相同，即根据数据项目的依赖度和成熟度划分推进阶段。PHM 分析问题的成熟度评估主要包括 3 个维度：①数据基础，即存量数据能否支撑离线建模，增量数据能否支撑在线运行；②研判逻辑的确定性，即研判经验的清晰性和当前数据的充分性；③业务流程的成熟度，即分析问题在当前运行体系下的可操作性，以及业务价值的显著性。分析问题规划与定义阶段的"纠结"和反复推演，往往可以保证执行阶段的坚定性和可持续性。

4.3.4　执行路线

根据分析问题的定位进行关键技术攻关，从模型的精度、稳定性等维度快速评估模型落地的可行性。对于技术可行的分析问题，选择合适的产品和地点进行控制性试验，完成大规模的应用推广工作及对应的大数据应用开发工作。在分析模型投入试点之前，最好能够跳出技术，回归业务角度进行"再思考"，至少回答以下 3 个方面的问题。

（1）模型的应用场景：给谁用？预警或预测的提前量是多少？提前量是否足够采取必要的干预动作？模型的漏报率、误报率对生产来说意味着什么？用户倾向的交互界面是什么（如在高空运维时，语音也许比触摸屏好）？

（2）模型所需信息的可获得性：在模型运行时，是否能够获得全部所需信息？

（3）模型的适用范围及例外情形处理策略：未建模情形如何处理？模型结果的最坏情形（Worst-Case）是什么？应对措施是什么？

识别 PHM 分析问题十分重要，即使明确给出了 PHM 分析问题，使用 CRAB 四步法等进行类似的推演也是有益的，可以避免攻克"没有价值的世界难题"。对于明确的分析问题，我们推演的内容更具体，PHM 分析问题的理解框架如图 4-10 所示。在对设备过程、工作和失效机理、生产系统和运维体系等上下文理解的基础上，评估不同技术路线的可信度（故障模式征兆清单、突变故障清单、渐变故障清单、不可诊断故障清单、不可预测故障清单）、业务可行性和价值落地流程，归纳数据分析问题对应的场景，并基于此进行数据驱动建模和模型全生命周期管理。

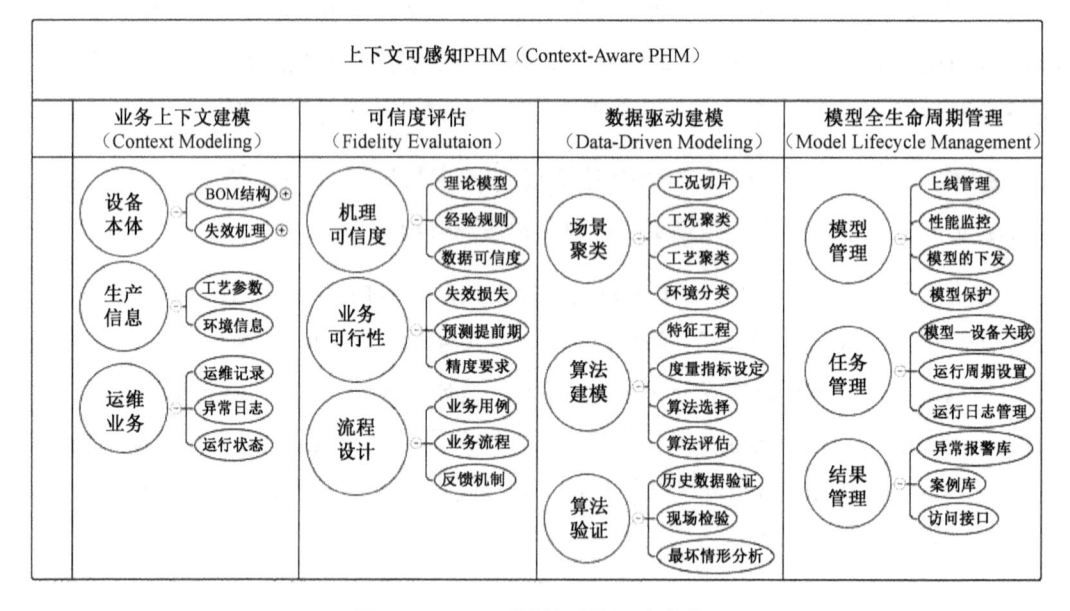

图 4-10 PHM 分析问题的理解框架

4.4 PHM 分析主题

4.4.1 技术挑战

工业系统是一个强机理、强耦合、多环节动态交互的复杂系统，这为设备运维分析带来了很大技术挑战。设备运维分析的挑战和应对措施如图 4-11 所示。

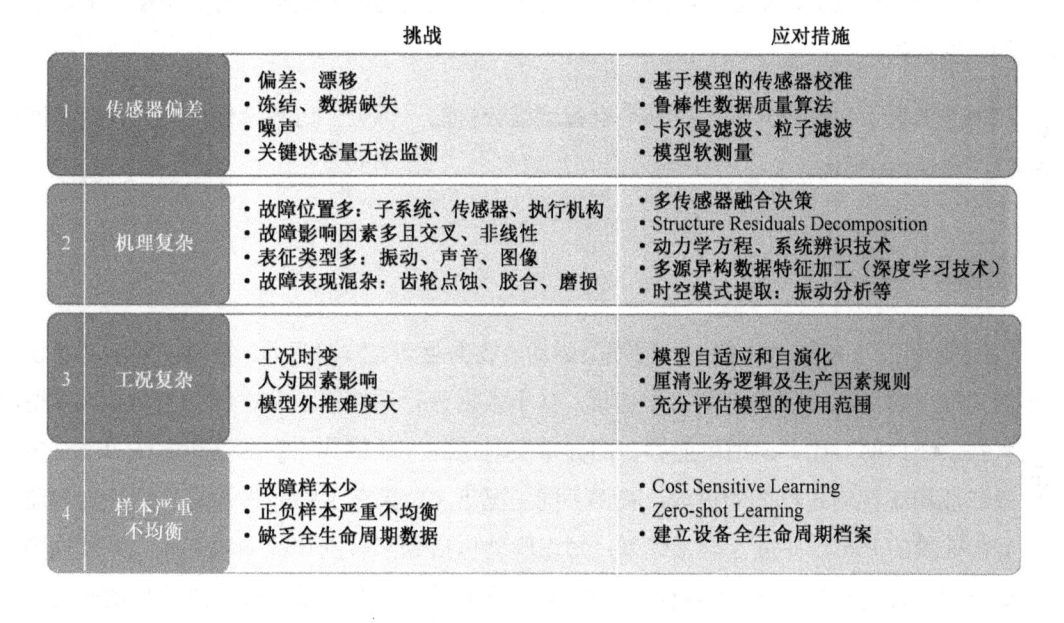

	挑战	应对措施
1 传感器偏差	• 偏差、漂移 • 冻结、数据缺失 • 噪声 • 关键状态量无法监测	• 基于模型的传感器校准 • 鲁棒性数据质量算法 • 卡尔曼滤波、粒子滤波 • 模型软测量
2 机理复杂	• 故障位置多：子系统、传感器、执行机构 • 故障影响因素多且交叉、非线性 • 表征类型多：振动、声音、图像 • 故障表现混杂：齿轮点蚀、胶合、磨损	• 多传感器融合决策 • Structure Residuals Decomposition • 动力学方程、系统辨识技术 • 多源异构数据特征加工（深度学习技术） • 时空模式提取：振动分析等
3 工况复杂	• 工况时变 • 人为因素影响 • 模型外推难度大	• 模型自适应和自演化 • 厘清业务逻辑及生产因素规则 • 充分评估模型的使用范围
4 样本严重不均衡	• 故障样本少 • 正负样本严重不均衡 • 缺乏全生命周期数据	• Cost Sensitive Learning • Zero-shot Learning • 建立设备全生命周期档案

图 4-11 设备运维分析的挑战和应对措施

（1）传感器偏差：工作环境、老化、工况变化等因素导致传感器可能存在偏差、漂移、噪声、冻结、数据缺失等情况。对于分布式参数系统（如锅炉等）来说，有限测点的数据可能无法完全刻画其整体状态。受技术可行性或经济的影响，无法实现对一些关键状态量的监测。这就要求我们在进行数据分析时，对测点位置、传感器原理和基本工作性能、外部影响因素有基本了解，并采用对应的技术方法与措施。

（2）机理复杂：故障和征兆之间不存在一一对应关系。一种故障可能对应多个征兆，而一个征兆也可能对应多种故障。另外，从故障发生到征兆可感知也有一个传播过程。例如，旋转设备转子不平衡引起振动增大的主要征兆是"工频分量占主要成分"；反过来，工频分量增大不只是转子不平衡的独有征兆，其他故障也存在这一征兆。故障诊断通常是一个反复实验的过程，根据已知信息提取征兆，进行诊断，得出初步结果，提出处置对策，对设备进行调整和试验（甚至停机维修），再启机验证，检查设备是否恢复正常。如果尚未恢复，则补充新的信息，进行新一轮诊断。

（3）工况复杂：以风力发电机组为例，风况持续变化，风力发电机组的状态在很大程度上具有暂态动力学特性，设备故障的表现耦合（甚至埋没）在其中，在进行分析和建模时，只有将工况的动力学变化与故障引起的变化"剥离"，才有可能实现相对可靠的异常研判。

（4）样本严重不均衡：工业设备是在精心运维下运营的，故障样本少（特别是重大故障），正负样本严重不均衡。很多缓慢劣化趋势的预测缺乏全生命周期数据。但在现实中，各种原因导致数据总存在缺失，缺乏严格意义上的全生命周期数据。大数据分析算法需要能够容许少量的数据缺失。

在很多情况下，数据分析模型只是设备运维分析的一部分，通常希望模型具有较强的可解释性（Explainability）。

4.4.2 技术路线

PHM 分析有 3 条技术路线：机理模型驱动、数据驱动、知识驱动。机理模型驱动对设备在不同情形下的运行过程进行动力学建模，基于数据进行系统辨识和在线补偿，通过模型输出与状态监测值的对比，识别可能存在的异常及对应的失效模式；数据驱动尝试通过对多变量时序特征和统计模式特征的提取，获得不同工况下（如果有足够的失效事件记录则为监督学习）特征量的分布，并进行异常识别；知识驱动包括专家规则和故障案例库，专家规则将行业专家的隐性经验形式化、定量化、自动化，形成显性的专家规则库，进行自动研判。另外，还有不少知识隐含在运维工单、案例集等非结构化文档中，工业知识图谱等技术是实现非结构化知识提取的有效手段。作为知识库的形式之一，典型案例库对于现场运维决策具有重要指导意义。PHM 的技术路线如图 4-12 所示。

从基本思想来看，上述 3 种技术路线是类似的，都是基于历史数据训练出基线模型（Baseline Model），该模型的输出是偏离正常状态的风险值或与某种失效类型的相似度。它们的差别在于基线模型的建模方式，可以对大量同类设备的数据或同一台设备的大量历史数据进行对比。基线模型如图 4-13 所示。

很多时候设备故障缺乏足够的样本数据，很多样本数据没有标签或标签信息不准确（如真正的失效时间、失效类型等），但现场运维工程师积累了大量经验，可以将这些隐性经验形式化、定量化、自动化，形成显性的专家规则库，推动知识的传播与传承。基于专家规则的 PHM 系统如表 4-11 所示[11]。

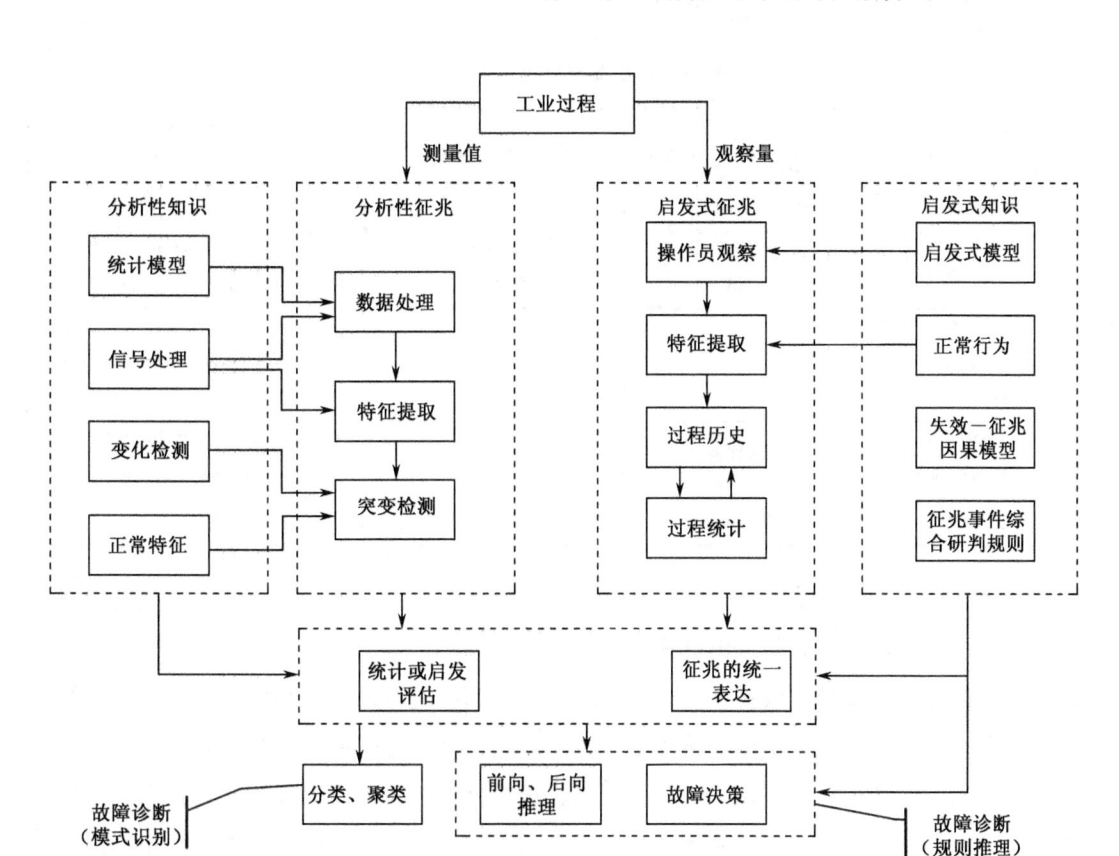

图 4-12　PHM 的技术路线

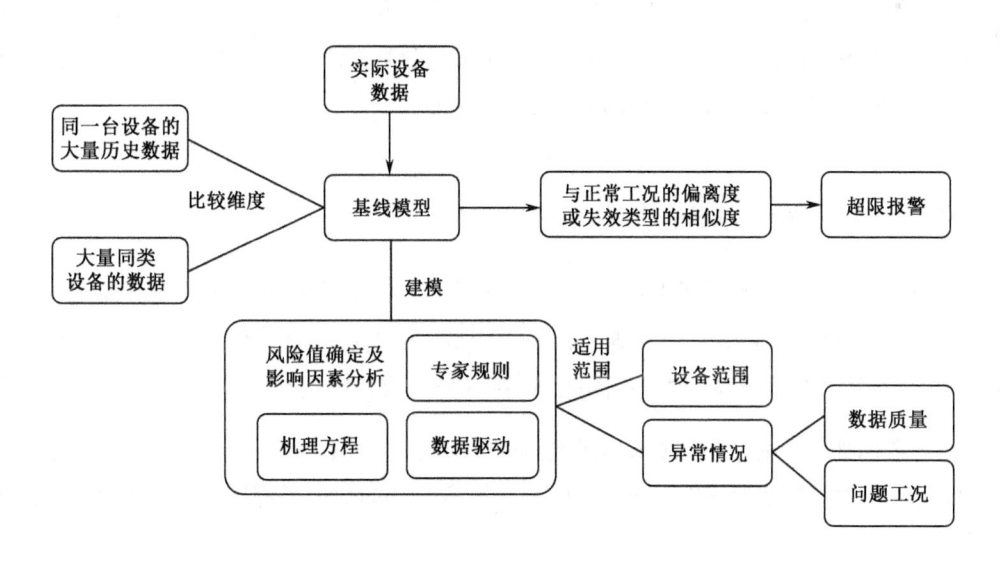

图 4-13　基线模型

表 4-11 基于专家规则的 PHM 系统

产品	描述	应用	开发者
PDS（Process Diagnosis System）	1.6 万条规则（60%的传感器故障规则）	1200 台透平设备	原西屋电气
TURBOMAC	1 万条振动分析规则（11 类失效模式、88 个征兆）	应用于 60 多家发电和石化企业	Hartford Steam Boiler Inspection and Insurance Company
GEMS（Generator Expert Monitoring System）		水电	Electrical Power Research Institute
TOGA（Transformer Online Gas Analysis）	250 条规则		Hartford Steam Boiler Inspection and Insurance Company
MOTORMON	Induction Motors	在多个行业应用	Entek

本章集中对 PHM 分析问题的数据驱动方法进行介绍，第 8 章详细讨论时序模式算法。与设备相比，传感器更易失效，也更易受环境或其他外部因素的影响，因此，传感器数据的预处理是其他分析的基础。设备是一个强机理设计、精心运维的动态系统，因此，设备的大量监测数据一般是高维空间上的低维流形。机理模型、经验模型等先验知识的融入能够有效降低数据驱动方法的数据量需求。这些先验知识通常体现在机器学习模型的特征量上。传感器数据的很多显著特征体现在时序模式上，对于监督学习和非监督学习来说，时序特征加工都非常重要。

机器学习能够提高设备的监测能力。可以考虑多变量关系，构建一些难以直接监测的指标与多个容易监测的指标之间的拟合模型，实现对这些指标的"软测量"。另外，通过机理规律或指标间的关系，也可以定期发现传感器的偏移。

4.4.3 传感器数据处理

数据分析建立在有效数据的基础上，然而，设备状态监测数据受传感器的产品或安装特性（如灵敏度、线性度、重复性、漂移等）、工作环境、数据传输通道等的影响，可能出现低精度和异常，影响后续分析算法的性能。因此，在接入数据或分析数据之前，通常需要进行处理。

传感器数据处理主要包括数据质量审查与清洗、特征提取、数据融合 3 个步骤，如图 4-14 所示。数据融合主要指数据表的融合，可以采用很多成熟的数据工程技术。本节重点介绍前两个步骤。

数据质量审查与清洗包括 4 个方面，如表 4-12 所示：①异常检测，找出异常信息并确定异常信息所在的位置，包括数据缺失、类型错误、时间戳错误、离群点（Outlier）检测等；②传感器有效性研判，判断传感器是否失效、传感器数据是否可信，与其他数据质量审查与清洗任务相比,这项任务通常是周期性执行或触发执行的(如在异常记录的数量超阈值时执行等),有时甚至需要离线人工研判,而不是实时在线研判;③异常值修正,即通过插值等方法,参考异常数据前后的数据,完成对该异常数据的修正,确保信息不缺失,保持原始采集数据的连续性;④滤波,消除噪声的影响,包括时域和频域方法。

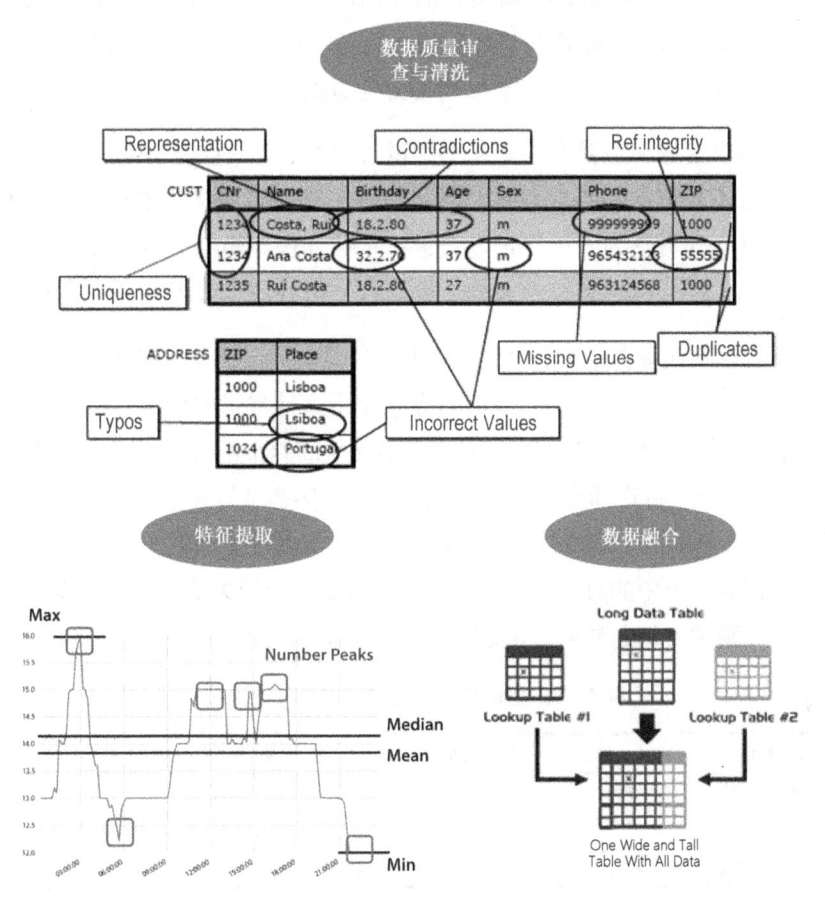

图 4-14 传感器数据处理

表 4-12 数据质量审查与清洗的 4 个方面

方面	内容
异常检测	数据缺失、类型错误、时间戳错误、离群点检测
传感器有效性研判	传感器档案、关联分析
异常值修正	时序:时序插值方法 非时序:类别变量、连续变量
滤波	时域:滑动窗口、STL、SuperSmooth 等 频域:FIR、IIR 滤波、小波分析等

在异常检测方面,现有数据分析软件有成熟的功能模块,可以用于处理数据缺失、类型错误、时间戳错误等数据结构层面的异常。下面对离群点检测、传感器有效性研判、异常值修正和特征提取进行讨论。在第 8 章中讨论滤波。

1. 离群点检测

迄今为止，离群点还没有统一的定义。Hawkins 提出的定义被大多数人接受，其定义为：离群点是与众不同的数据，人们怀疑这些数据并不是随机产生的，而是产生于完全不同的机制。离群点数据往往代表一种偏差或新模式的开始，对离群点数据的识别有时比对正常数据的识别更有价值，简单的数据滤除可能导致很多有用的信息丢失。传感器异常数据是指在数据集中与大部分数据不一致或偏离正常行为模式的数据。

离群点数据的产生原因主要有 3 点：①由设备状态变化（如基础结构损坏等）引起，这类异常中可能隐藏着重要的知识或规律；②由设备工作环境变化（如风况、温度等）引起，需要在分析时将这类异常作为一种特定场景进行单独处理；③由传感器故障、环境干扰、网络传输错误等引起，在分析时需要对原始数据进行特殊处理，以保证分析是有意义的。

可以从 4 个维度描述离群点检测问题，即数据特性、异常类型、数据标签和应用模式，如表 4-13 所示。异常类型包括点异常、集合异常和上下文异常。如果认为某单一数据实例是异常值，则将该数据实例标记为点异常。点异常是最简单的异常，也是在异常检测相关文献中讨论最多的异常。如果只在特定场合或环境下认为某数据实例是异常值，则将该数据实例标记为上下文异常。一个典型的例子是野外环境的温度监控，温度报警阈值的设定要根据当前季节的大气温度变化范围和一天中的时间来确定。集合异常是多个相关数据实例（集合）的异常。不认为集合中的单一数据实例是异常，但这些数据实例同时出现就构成了集合异常。

表 4-13 描述离群点检测问题的 4 个维度

数据特性	异常类型	数据标签	应用模式
数据类型（二进制、枚举型、有序枚举型、连续变量）	点异常	无监督	人工 自动
	集合异常	半监督	
记录之间的关系（顺序、空间位置）	上下文异常	有监督	

离群点检测有基于数据的方式和基于规则的方式两大类，如图 4-15 所示。

基于规则的方式包括：①单个传感器研判，包括传感器数据长时间不变、变化太大（不稳定）或测量值超过量程等；②多个同类传感器对比，基于假设，在同一时间多数传感器是正常的。基于规则的方式通常根据传感器的工作机制进行研判。例如，由于温度变化的惯性和测量元器件的热惯性，温度不应出现陡升或陡降，可以认为速率过大的温升现象为传感器噪声（不是设备故障）。

基于数据的方式有 6 类，如图 4-16 所示。

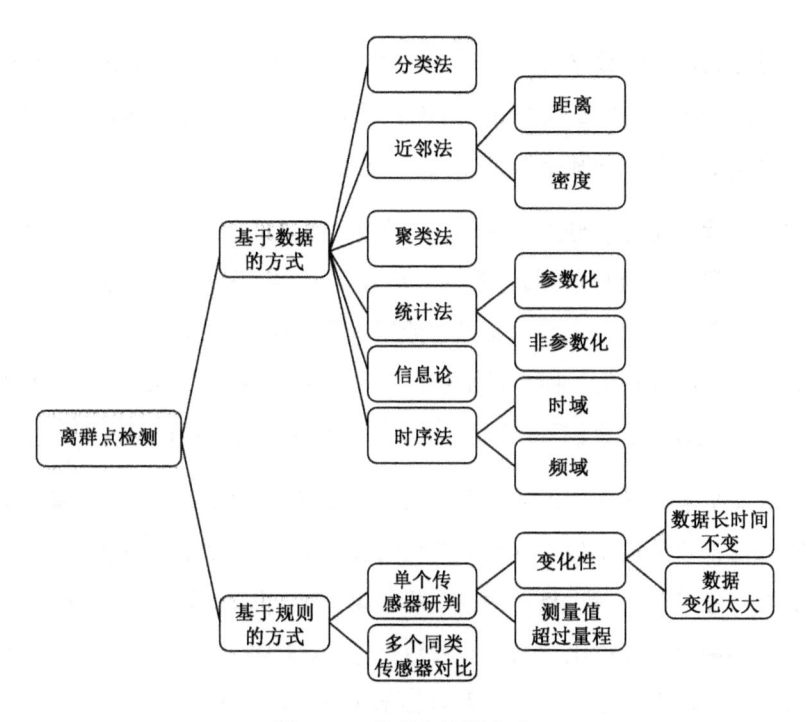

图 4-15 离群点检测方式

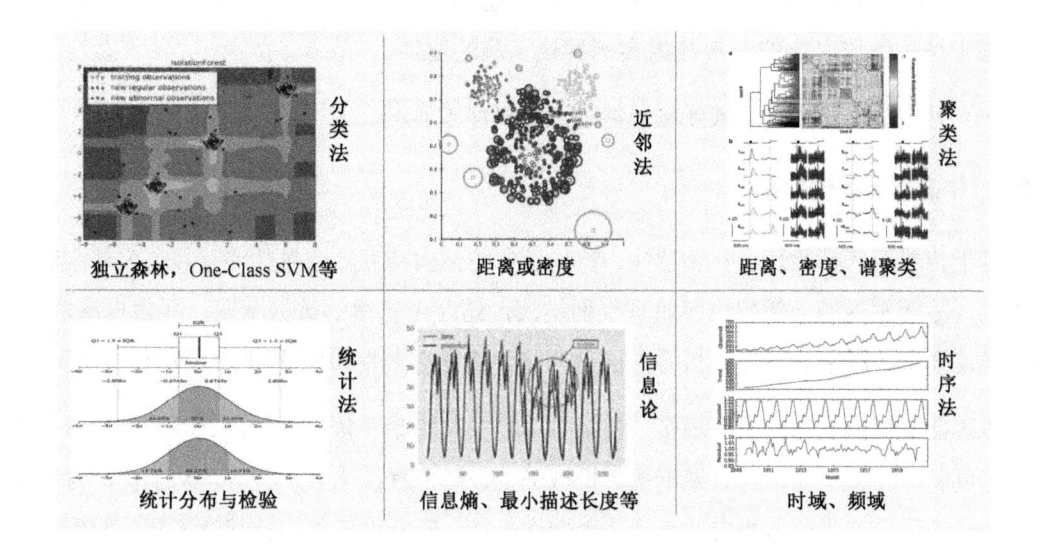

图 4-16 基于数据的方式

（1）分类法包括两个阶段，即训练阶段和测试阶段。在训练阶段，算法利用训练集中的数据对象构造分类器模型；在测试阶段，将测试集中的数据对象输入分类器模型，根据分类的结果判断异常数据。分类法可以基于规则、神经网络、贝叶斯网络、且支持向量机等技术。

（2）近邻法有两类：一类是基于距离的异常数据检测，另一类是基于密度的异常数据检测。按某种度量方式，正常数据对象之间比较接近，而异常数据对象和邻近数据对象之间相对较远。数据对象之间的远近可以用距离或相似性表示。如果数据对象的属性都是连续变量，则经常用欧氏距离表示数据对象之间的距离。

（3）聚类法进行数据对象分组，将相似的数据对象归入一个簇。在异常检测领域，将聚类法用于无监督检测和半监督检测。依据基本假设的不同，可以将聚类法分为3类：第1类，假设正常数据对象都能归入某个簇，而异常数据对象不属于任何簇；第2类，假设正常数据对象与它所在簇的质心比较近，而异常数据对象与它所在簇的质心比较远；第3类，假设正常数据对象属于较大且较密集的簇，而异常数据对象属于较小且较稀疏的簇。

（4）统计法的基本假设是：正常数据对象分布在某个随机模型的大概率区间，而异常数据对象分布在该随机模型的小概率区间。先利用训练集和领域知识构造随机模型，然后检测测试集中的数据对象是否有较大概率由该随机模型生成。根据是否已知随机模型的具体参数，将统计法检测分为两类：参数化检测和非参数化检测。参数化检测主要包括基于高斯模型和回归模型的异常检测，非参数化检测主要包括基于直方图和核函数的异常检测。

（5）熵在信息论中是一个重要概念，用来衡量收集到的信息的不确定性。信息论检测的基本假设是：数据集中的异常数据实例导致了熵的增加。

（6）时序法主要根据时域或频域特征进行离群点检测。

2. 传感器有效性研判

基于传感器产品特性、安装特性、被测设备的结构特性、信号传递路径、内外因素的相互影响、故障发展的一般规律等机理层面推演，结合可获得的数据状况，从数据离群分析、使用环境异常、时空关联性分析等方面，构建传感器有效性研判逻辑，如图4-17所示。

传感器数据失效的原因有很多，包括传感器安装松动、传感器故障、环境干扰等。从机理上，可以将环境干扰分为电磁干扰、机械干扰、热干扰、化学干扰等；从干扰的时序特点上，可以将环境干扰分为冲击性干扰、周期性干扰、间断性干扰、持续性干扰、缓慢积累性干扰等。例如，大功率电磁感应设备的启停往往会产生较大的脉冲干扰，现场的温度、湿度等环境条件的变化也会造成传感器测量行为的缓慢变化。从原因研判上，需要结合传感器测量原理、安装结构、被测对象工况机理、工作环境等信息进行综合研判。以振动传感器为例，失效原因、表征及研判逻辑如表4-14所示。

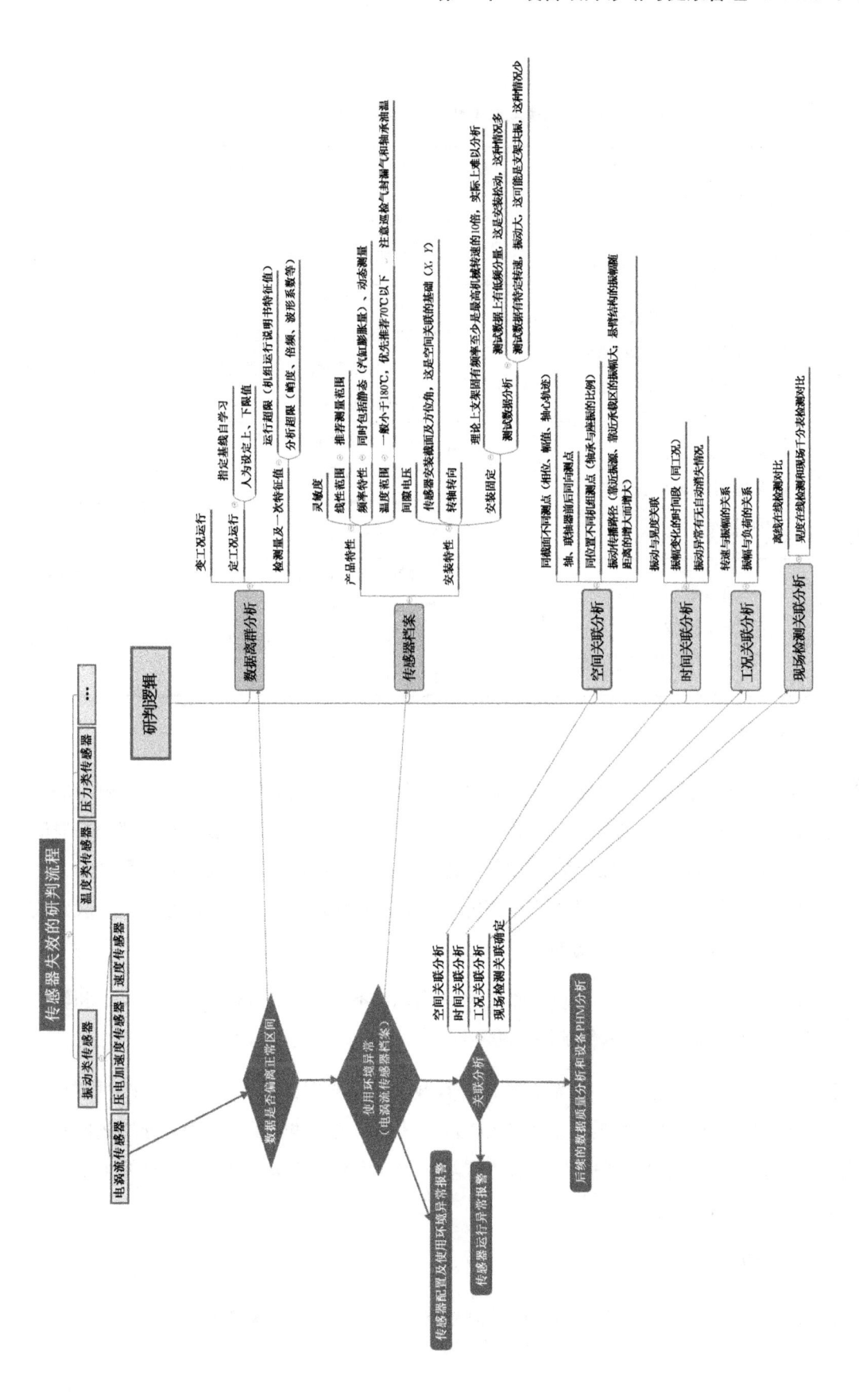

第 4 章 设备故障诊断与健康管理（PHM） | 085

图 4-17 传感器有效性研判的相关特征

表 4-14 振动传感器失效原因、表征与研判逻辑

失效原因		表征	研判逻辑
传感器故障		有效值非常小 不随转速变化 在很长时间内，不存在冲击信号	与正常信号零转速时的有效幅值进行对比 零转速在外部冲击下的振动有效值、幅值
传感器安装松动		有效值远小于正常水平（同工况） 信号的高频部分出现被滤波的现象 随着转速增大，振幅增加过快（主轴承）	特征量测点位置、转速、有效值、频段能量、历史趋势、同机相邻测点数据、同工况（转速）下不同风机相同测点的分布区间。信号时域波形、频域波形无明显异常是与传感器故障区分的重要依据
环境干扰	电磁干扰	幅值明显超出上限 幅值与其他测点没有相关性 新的谐波成分	外部干扰不是振动信号本身，而是电信号的叠加。可能是信号链路松动或接口没有保护好，也可能是采集通道本身的抗干扰性差。除了手动排查，也可以在数据上采用邻近测点的相关性分析
	机械干扰	峰值远远超出正常区间 冲击往往是单边的 峰值上升和下降的速度非常快（没有阻尼）	峰值、峰-峰值、脉冲指标、峰值因子、歪度指标、峰-峰值与单峰值的对比 峰值衰减振荡指标、峰值上升和下降速度与正常情形（有阻尼）对比

3. 异常值修正

传输异常、数据异常等常常导致数据缺失。异常值修正有删除整条记录（甚至删除缺失率高的字段）、缺失标记、缺失值填补 3 种方式。对于非时序数据，一般不建议填充缺失值（填充成本较高），建议设置哑变量或剔除该变量，甚至可以将一条记录的缺失程度加工为特征量（例如，不提供完整信息的用户很可能对产品不感兴趣）。对于时序数据，一般建议进行缺失值填补，以便使用时序分析算法。

缺失值填补方法（以传感器为例）如图 4-18 所示。不同结构（是否有时序结构）和类型（类别变量、连续变量）的数据的填补方法不同。

不同算法有不同的优缺点。均值、中值、众数随机填补的计算量小，但填补结果粗糙，甚至会对模型训练产生负面影响。建立缺失字段与其他字段的线性回归模型，通过线性回归模型的预测值进行填补会更精细，但这种方式填补得好容易造成多重共线性，填补得不好则没有价值，需要进行平衡。

4. 特征提取

常见的设备检测量包括动态信号（记录信号波形）和静态信号，动态信号以振动信号（加

速度、速度、振动位移)为主,静态信号以温度、压力、形变为主。无论是动态信号还是静态信号,常用的判别特征都有最大值、最小值、平均值、峰值等,其算法相同,可统一设计成统计类基本算子。为典型的领域图谱(轴心轨迹等)提供刻画其几何结构的相似度基本算子,并支持后续的相似度计算。分析基本信号在某时间窗内上升、下降的程度,需要设计时间窗基本算子。利用信号分析基本技术提取表征设备运行状态的更加具体的指标,需要设计二阶基本算子,如图4-19所示。

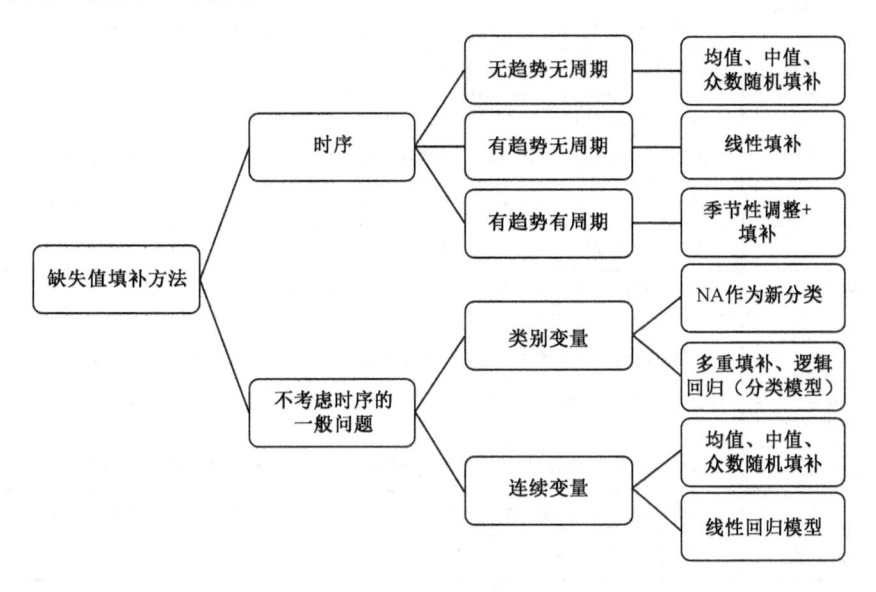

图 4-18　缺失值填补方法(以传感器为例)

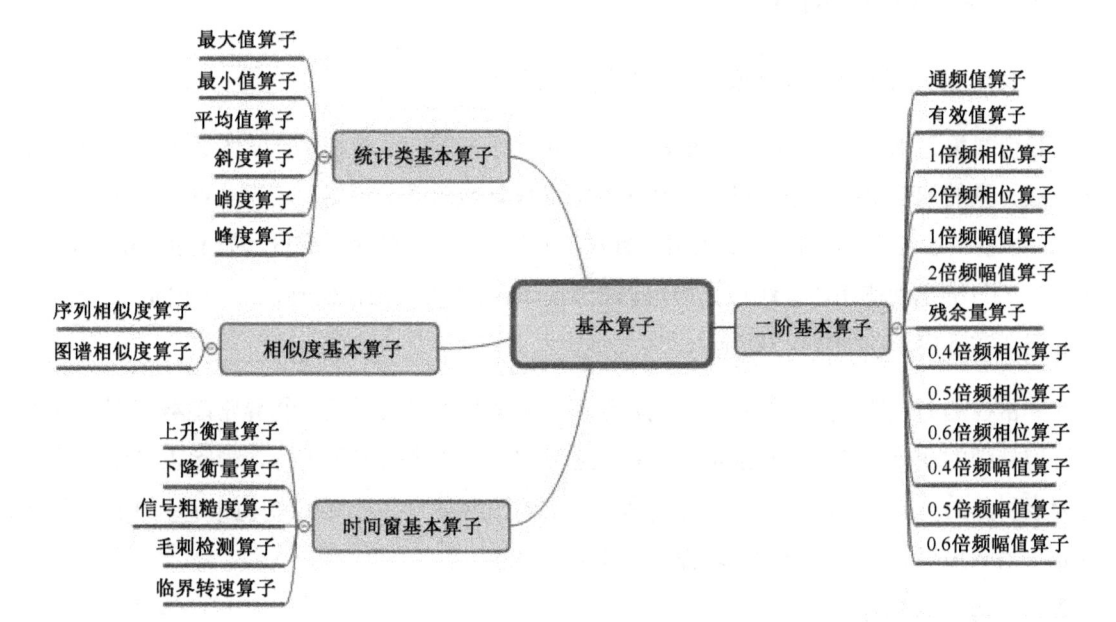

图 4-19　特征提取算子

不同特征量对不同故障模式的表征显著性不同，振动分析中常用的 13 个特征量及其适用场景如表 4-15 所示。这些先验知识可以避免不必要的数据探索，也降低了数据分析对数据量的依赖。

表 4-15 振动分析中常用的 13 个特征量及其适用场景

序号	特征量	适用场景
1	包络谱峰值	该参数通过对滚动轴承信号包络求峰值获取 对滚动轴承的能量冲击反应灵敏，可以在滚动轴承故障早期捕捉到故障冲击
2	均方根值	该参数表示滚动轴承信号能量的平均值，但在故障早期反应不灵敏
3	峭度	反映滚动轴承信号的分布特征
4	峰值	滚动轴承波形信号最大幅值，反映滚动轴承的振动程度，在故障中后期反应较大
5	峰-峰值	滚动轴承波形信号的最大值与最小值之差，反映信号的波动程度，在故障中后期反应较大
6	波形指标	整体稳定性较好，但灵敏度较低
7	峰值指标	对瞬间冲击反应灵敏，但整体稳定性和灵敏度一般
8	脉冲指标	对信号冲击反应灵敏，适用于表面损伤故障检测，对滚动轴承早期故障反应灵敏，但在故障后期指标反而会下降
9	裕度指标	
10	峭度指标	
11	小波能量谱	该参数表征各频段能量值，反映滚动轴承各频段能量值随故障的变化情况
12	小波包特征熵	该参数表征滚动轴承各频段能量的变化程度，反映滚动轴承各频段能量值随故障的变化情况
13	频谱分散度	该参数表征信号频谱的分散程度

4.4.4 状态监测

状态监测包括传统的数值报警、异常检测与预警。

数值报警包括：①基于给定阈值的报警，常用于 SCADA 系统，通常为单变量报警；②基于统计量的偏差报警，基于对历史时序数据的统计或对类似设备、工况的统计，进行变量的偏差检验（如方差分析等）。其既可以针对单变量，也可以针对多变量（如 Hotelling's T^2 统计等）。与给定阈值相比，统计分析可以根据近期数据进行统计研判，有一定的"自适应"性，但在实际应用前仍要反复验证。

异常检测与预警包括：①异常模式匹配，发现典型的异常模式；②异常趋势识别，发现缓慢但持续的变化趋势，可能预示着设备状态的劣化；③虚假报警消除，消除正常操作或环境因素引起的"异常"，提高报警的准确率；④同源异常合并，将相同原因导致的多条报警合并，消除报警风暴，降低对现场操作的干扰。

1. 异常模式匹配

异常检测与预警属于无监督学习，没有明确的标签数据。其技术路线有基于领域规则的相似度匹配和基于时序统计的相似度匹配两种。

1) 基于领域规则的相似度匹配

行业专家通常积累了大量定性的异常研判逻辑，数据分析通过时序特征等形式化方法表达这些经验，并通过大数据平台的迭代分析，将专家经验中模糊的阈值明确化。例如，在风机运行中变桨速率曲线存在 7 种异常模式，如图 4-20 所示，在时序模式的形式化刻画中，需要确定阈值（如尖峰的相对幅度比例、窗口大小等）。

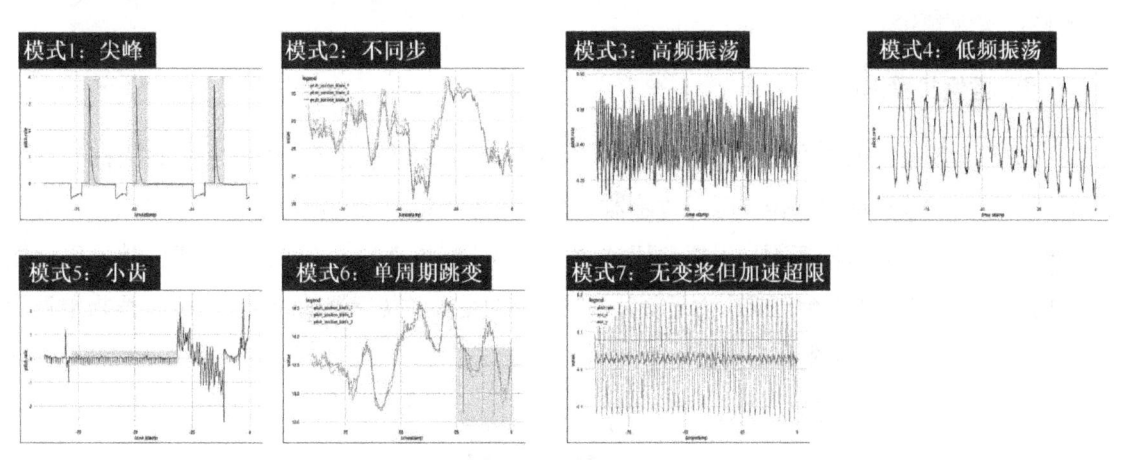

图 4-20 变桨速率曲线的 7 种异常模式

2) 基于时序统计的相似度匹配

对于典型的异常模式，可以基于时序相似度（详见第 8 章）进行异常模式匹配，如图 4-21 所示，也可以进行时序再表征（详见第 8 章）并聚类，以发现异常模式。

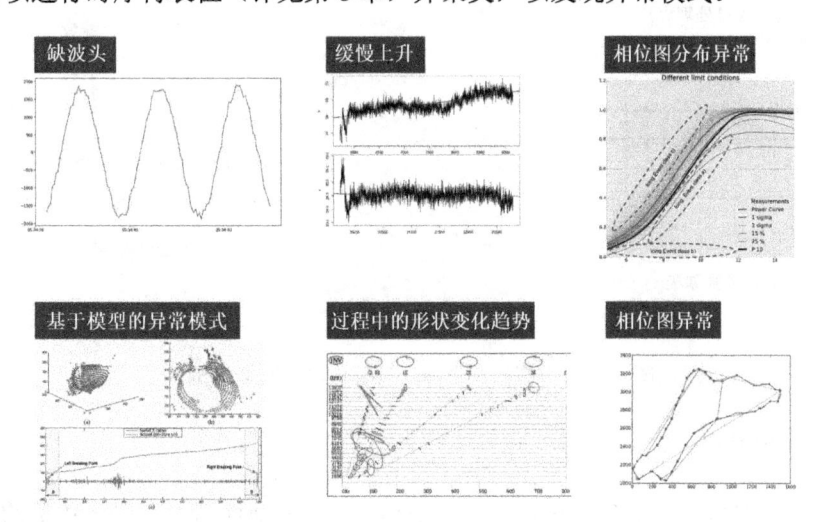

图 4-21 基于时序相似度的异常模式匹配

2. 异常趋势识别

异常趋势识别主要有 3 种方法：①统计指标（如均值、方差等）的变化，第 8 章将详细阐述对应的 Change Point Detection 算法；②基于模型的结构变化，在时序结构假设（如 ARIMA 等）的基础上，发现模型结构参数的变化，在第 8 章中进行详细介绍；③时序模式分解方法。在给定运行工况下，设备的很多状态参数通常稳定在一定数值范围内。因此，在一定时间窗内，利用时序分解算法或非参数拟合算法获取趋势项，以发现设备状态参数的潜在偏移，实现预警。

3. 虚假报警消除

虚假报警消除通常要密切结合领域知识，同时采用多传感器融合的方式。以石油管道泄漏为例，除了改进单传感器（压力传感器）的检测算法和参数的自适应性，还可以结合附近传感器的数据进行协同研判（根据负压波的动力学传播机理），这些措施都无法消除原理性干扰（其他正常操作也会造成压力下降），更重要的是多种传感器的综合研判。虚假报警消除（以管道泄漏为例）如图 4-22 所示。

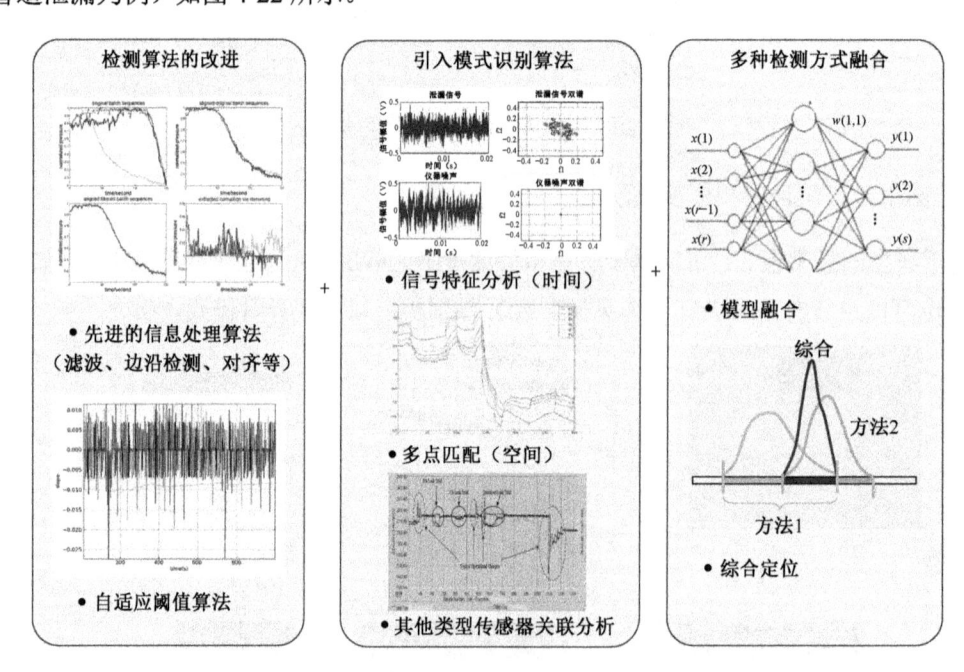

图 4-22　虚假报警消除（以管道泄漏预警为例）

4. 同源异常合并

异常的发生常常会带来多个状态参数的偏移，并且在部件间存在逐渐传播的过程，根据单变量或局部信息建立的异常报警算法（特别是单变量的阈值报警）常常会触发多条报警，引起报警风暴，为值守人员带来大量干扰，造成无效工作，甚至将最重要的报警信息淹没。

多条报警合并有两种方法：①采用序列模式挖掘算法（详见第 8 章），从历史数据中挖掘共性的报警传播链；②通过故障机理和系统结构分析构建异常传播规则，采用规则推演的方式进行合并。

4.4.5 健康管理

1. 故障检测

故障检测的前提是对业务进行梳理，包括以下几点。

（1）确定故障模式及基本信息。根据 FMEA 报告确定被分析对象的功能、对应的所有故障模式、故障模式的严重等级、故障模式的发生概率等级等基本信息。

（2）确定故障演变特点。根据经验或相关数据确定故障演变特点。

（3）确定故障征兆。根据 FMEA 报告的三级影响，结合经验数据、原理或可用的仿真分析手段，确定故障征兆。

可以将故障检测方法归纳为基于解析模型的方法、基于数据驱动的方法和基于知识的方法。其中，基于解析模型的方法和基于数据驱动的方法都是定量的方法，而基于知识的方法是定性的方法。可以认为大部分基于数据驱动的方法都基于信号进行处理，不需要建立精确的数学模型，在直观上与状态监测的联系最紧密。该类方法旨在尽可能地挖掘和获取数据中的有效信息，并利用各种时域、频域方法分析数据特征，得到适用于故障定位的状态参量，从数据分析的角度研究和解决相关问题。最常见的基于数据驱动的方法有基于频谱分析的诊断方法、基于时序特征提取的诊断方法和基于信息融合的诊断方法。该类方法适用于装备系统检测数据较完备的设备对象。

2. 健康评估

健康评估有 3 类场景：①有健康等级评分的，可以用回归建模的方式构建评估模型；②有历史失效事件的，在 4.7.2 节中有类似的讨论；③非监督学习，但有参考性能指标的（如发电效率等），可以采用同类设备横向对比（存在大量类似设备的情况）和历史数据纵向对比（假设设备的基本面没有变化）的方式进行排序或离群分析，并进行性能指标的概率分布估计，采用参数化方法或非参数化方法，进行健康异常识别。

4.4.6 故障诊断

故障诊断包括故障定位、维修建议及故障类型研判。故障定位通常需要结合设备机理，数据统计方法可以定量给出不同点位故障的可能性；维修建议通常来自先验知识，文本分析等技术可以在一定程度上帮助匹配类似历史案例（在 4.5.1 节中讨论）；故障类型研判可以采用机理模型、专家规则或数据驱动方法。数据驱动方法的故障类型研判一般采用分类算法学习不同故障的显著特征。各种形状的时间序列如图 4-23 所示，特征提取和加工是成功的关键。第 8 章将详细讨论分类算法。

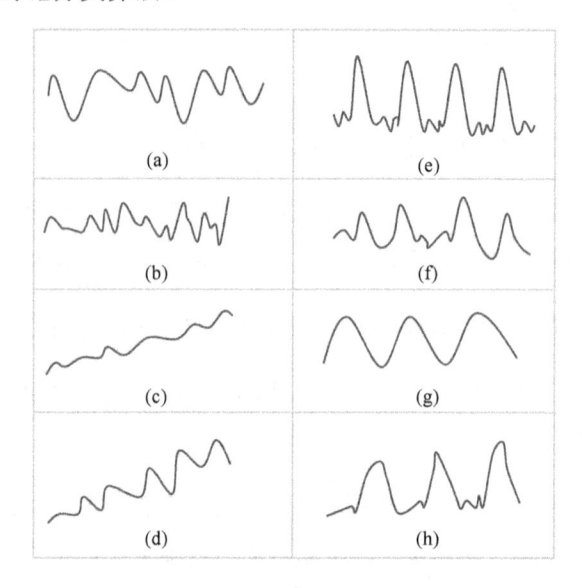

图 4-23　各种形状的时间序列

故障诊断常常会遇到数据严重不均衡甚至只有正常数据的情况（工业设备的失效样本一般较少，正常数据较多）。对于动态系统，在算法上可以采用状态方程建模，如 ARIMA、Kalman 滤波、LSTM（Long Short-Term Memory）、HMM 等，也可以采用奇异谱分析（Singular Spectrum Analysis，SSA）等算法提取不同时间窗内变量的稳定模式，通过残差发现异常。对于稳态系统，除了选择 One-Class SVM、AANN（Auto-Associate Neural Network）、GAN（Generative Adversarial Networks）等算法，还可以采用非监督密度估计的方式，利用监督学习（如随机森林等）实现特征提取[12]。假设 g 是待拟合的未知数据分布，g_0 是我们构造的参考分布。假设在 g_0 下的多变量独立，每个变量均匀分布。可以用 g_0 生成对比样本集（只要 g_0 和 g 的差异够大就可以），与正常样本构成二分类数据集，训练随机森林等模型，可以近似得到正常样本的重要特征量。

4.4.7　故障预测

1. 剩余寿命预测

对剩余寿命进行预测能够很好地指导运维计划、安排运维资源（如备件库存等）。剩余寿命预测有计算机仿真和数据驱动两种方法。在结构设计阶段，很多时候需要进行疲劳寿命计算，使用有限元分析技术（静强度分析）判断可能发生损坏的位置（即危险点），确定在施载荷条件下的局部应力——应变响应；使用雨流计数法和古德曼修正得到零均值的应力谱，结合线性 Miner 及非线性 Corten-Dolan 等理论，基于零件或材料寿命曲线进行疲劳寿命分析。对于这种方式，工况状态监测数据的统计可以为后续设计提供应力谱的实证支撑（处理理论或行业规范之外的场景）。在第 7 章中将进行详细讨论，本节集中讨论数据驱动方法。

根据使用信息的种类，可以将寿命预测方法分为 3 类[13]。①可靠性统计分布拟合方法。在大量同类设备失效数据的基础上，利用参数化或非参数化分布进行拟合，如广泛使用的 Weibull 分布等。②基于环境应力（也称协变量）的寿命预测方法。同类设备在不同环境或工况下的寿命不同，与可靠性统计分布拟合方法相比，其输入信息增加了设备载荷、运行环境等环境应力信息。③基于性能状态监测的性能退化预测方法（或劣化趋势预警），在对设备工况和环境参数进行监测的基础上，增加对设备性能状态的直接或间接监测，考虑设备个体的差异，预测设备性能状态的发展趋势及剩余寿命。

在统计上，第 2 类问题通常采用生存分析（Survival Analysis）方法。生存分析是研究指定事件（如设备失效等）发生概率、生存时间与协变量（Covariate，生存的相关影响因素）的统计分析方法。生存时间变量大多不服从正态分布，且常含有删失值，因此，不能用传统的数据分析方法进行分析，如 t 检验和线性回归分析等。

删失指由各种原因导致的对随访对象的失访或终检。数据删失是生存分析的主要特征之一。数据删失不是数据缺失，它可以被观察到，但是数据常常由于各种原因被截断。数据删失的 3 种类型如表 4-16 所示。

表 4-16 数据删失的 3 种类型

类型	示例
右删失（Right Censor）	当前设备失效记录集的时间是 2001—2010 年。该设备在该时间段内都没有失效，而 2010 年后的信息是缺失的，可以说这个设备至少生存了 9 年
左删失（Left Censor）	当前设备失效记录集的时间是 2001—2010 年。该设备在 2001 年前就失效了，但具体时间未知
区间删失（Interval Censor）	每周对设备做一次检查，每个设备的失效时间只能精确到周

为生存分析提供失效数据，有若干种输入形式：①设备的寿命（Lifetime Data）；②失效事件记录；③失效的研判逻辑，需要对数据进行预处理。生存分析的目标量有几种等价形式，通常是失效风险（Hazard Function），有时是生存率（Survival Rate），在样本量给定的情况下，目标函数也可以是下一周期的失效数量。

生存分析的常用方法有很多，按照是否使用参数可以分为非参数化方法、参数化方法和半参数化方法，生存分析方法分类如表 4-17 所示。

表 4-17 生存分析方法分类

类别	算法	优点	缺点
非参数化方法	Kaplan-Meier Method Life Table Method Nelson-Aalen Method	对生存时间的分布没有要求	不能建立生存时间与协变量的关系模型
参数化方法	指数分布、Weibull 分布、对数正态分布、对数 Logistic 分布、Gamma 分布、Gompertz 分布	可以给出解析表达式；可以建立生存时间与协变量的关系模型	需要事先知道生存时间的分布情况
半参数化方法	Cox Proportional Hazard Model Accelerated Failure Time Models Aalen's Additive Model	不需要对生存时间的分布做出假设，但是可以通过模型分析生存时间的分布规律	

以应用比较广的 Cox Proportional Hazard Model 为例，根据协变量 X 估算设备在 t 时刻的风险系数 $h(t|X)$，表示为非参数化的基础风险 $h_0(t)$ 与协变量的乘积，其典型形式如下。

$$\underbrace{h(t|X)}_{\text{Hazard}} = \underbrace{h_0(t)}_{\text{Baseline Hazard}} \underbrace{\exp(\beta^{\mathrm{T}} X)}_{\text{Partial Hazard}} \tag{4-1}$$

在对参数 β 做估计时，可以用最大似然方法提前计算 $h_0(t)$。协变量 X 可以是影响失效的设备工作状态、工作环境等因素。协变量对累积风险的影响示例如图 4-24 所示。

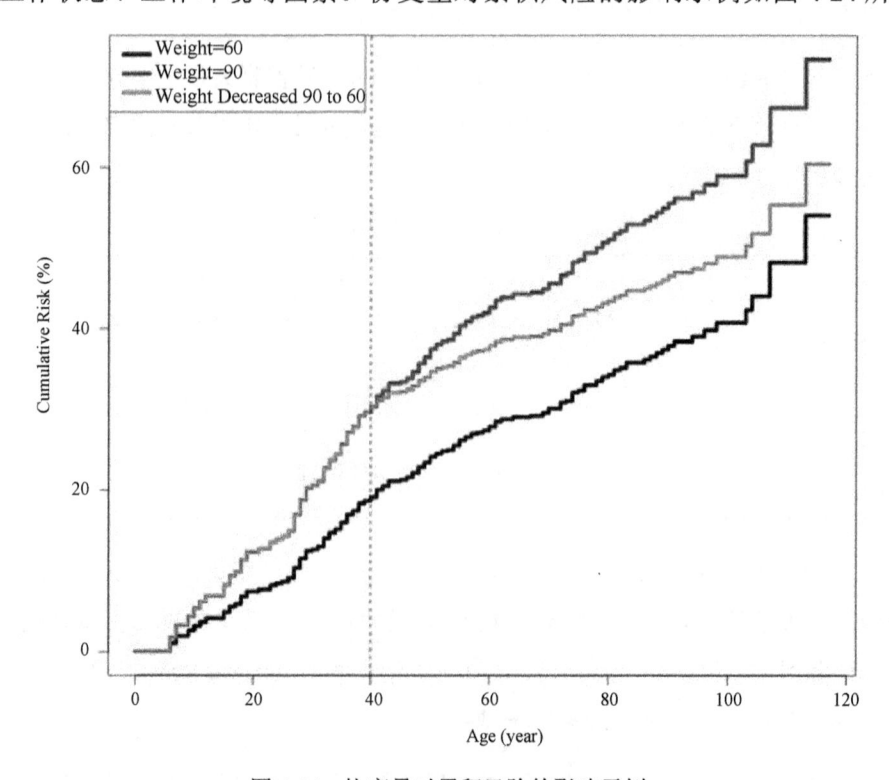

图 4-24 协变量对累积风险的影响示例

需要根据不同失效模式选择不同分布函数，生存分析常用的分布函数如表 4-18 所示。PH（Proportional Hazards）的目标量是失效风险，AFT（Accelerated Failure Time）的目标量是平均寿命。

表 4-18 生存分析常用的分布函数

Distribution	Metric	Survivor Function	Parameterization	Ancillary Parameters
Exponential	PH	$\exp(-\lambda_j t_j)$	$\lambda_j = \exp(x_j \beta)$	
Exponential	AFT	$\exp(-\lambda_j t_j)$	$\lambda_j = \exp(-x_j \beta)$	
Weibull	PH	$\exp(-\lambda_j t_j^p)$	$\lambda_j = \exp(x_j \beta)$	p
Weibull	AFT	$\exp(-\lambda_j t_j^p)$	$\lambda_j = \exp(-p x_j \beta)$	p
Gompertz	PH	$\exp\{-\lambda_j \gamma^{-1}(e^{\gamma t_j}-1)\}$	$\lambda_j = \exp(x_j \beta)$	γ
Lognormal	AFT	$1 - \Phi\left\{\dfrac{\log(t_j) - u_j}{\sigma}\right\}$	$\mu_j = x_j \beta$	σ
Loglogistic	AFT	$\{1 + (\lambda_j t_j)^{1/\gamma}\}^{-1}$	$\lambda_j = \exp(-x_j \beta)$	γ
Generalized Gamma if $\kappa > 0$	AFT	$1 - I(\gamma, u)$	$\mu_j = x_j \beta$	σ, κ
if $\kappa = 0$	AFT	$1 - \Phi(z)$	$\mu_j = x_j \beta$	σ, κ
if $\kappa < 0$	AFT	$I(\gamma, u)$	$\mu_j = x_j \beta$	σ, κ

生存分析与其他多因素分析的主要区别在于，生存分析考虑了每个观测出现某一结局的时间长短。为取得可靠的结果，数据集应该满足以下条件：①数据集要有一定的样本量，失效样本量不能太少；②完整数据所占的比例不能太少，即截尾值不宜太多；③尽量保证截尾值出现原因的无偏性；④生存时间尽可能精确；⑤协变量尽量完整。

另外，不同阶段的失效的适用算法不同。例如，早期故障数据与后期故障数据的特点不同，早期故障不能简单套用 Weibull 分布模型。Crow-AMSAA 模型适用于分析多种故障模式混合的故障数据，但对于单一故障模式的故障数据分析来说适用性较差。

如果有大量的失效样本且较为均衡，也可以采用一般机器学习算法（如决策树、随机森林等）建模，预测可能的失效时间。

2. 劣化趋势预警

劣化趋势与异常趋势有很多相似之处，都是观察未来的走势，主要区别在于：①劣化趋势的时间窗较长，异常趋势通常观察近期数据的异常；②劣化趋势主要观察量值趋势，异常趋势主要关注数次趋势[14]。

在量值趋势方面，通常观察性能指标（也称一次效应，包括功率、效率、密封性等）和关键部件的二次效应（如振动、噪声、温度等）[14]。以振动为例，主要观察通频值、无量纲指标（如波形系数、孔隙率、缺波头等）、图谱等。数次趋势观察异常事件累计次数或发生频率的趋势。

数据驱动方法主要采用通用轨迹模型（General Path Model，GPM）、随机过程模型（如Gamma过程、Wiener过程等）、机器学习模型、基于状态相似度的方法4类[13]。GPM和随机过程模型等参数化模型可以通过机器学习模型拟合性能劣化过程，通过设置失效阈值来确定设备失效的时间。基于状态相似度的方法的基本思想是特征变化趋势类似的设备具有相近的剩余寿命。首先，对训练数据中的各项状态监测数据进行处理，构成参考轨迹库；其次，基于某种定量的相似度评价指标，找到变化趋势最接近的轨迹段，得到相应参考轨迹的参考相似度和参考剩余寿命；最后，将各参考剩余寿命加权。该方法的主要问题为退化指标选取、相似度评价、综合权重构建等。

3. 失效风险评估

很多时候，我们只有故障停机等严重事件的标签，并没有每个时间点上的风险值。例如，磨煤机堵磨的标签时间通常是磨煤机出口缺煤的时间（在堵磨发生很久以后）。为了将该问题转化为监督学习，除了人工标签，也可以用 Sigmoid 函数启发式地进行风险度赋值，如图 4-25 所示。

$$\text{risk}(t) = \frac{1}{1+e^{-k(t-T_M)}} \tag{4-2}$$

根据经验，选取风险值为 0.5 的时间点 T_M 和风险的增长率 k。这样可以将风险平滑到一段时间上，避免在处理二分类问题时纠结故障时间切分问题。

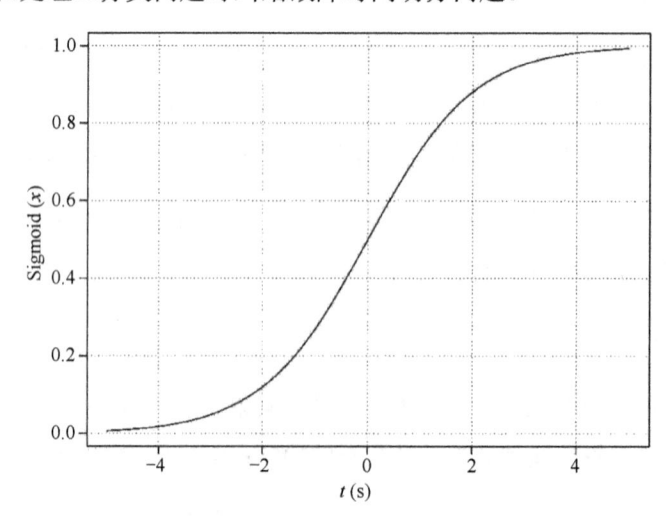

图 4-25 Sigmoid 函数

设备PLC自带的故障研判逻辑可以实现严重故障的自动研判（基于规则）。例如，在风力发电机组中，如果实际发电功率长时间低于理论发电功率，则PLC会自动报警。结合气温等其他条件，可以近似认为本报警事件是结冰事件。但出现该报警时，结冰已经达到了非常严重的程度。大家通常有一个疑问：既然PLC可以报警，只不过报警阈值稍微保守了一些，把研判逻辑放松一些不就可以了吗？遗憾的是，很多时候这种简单的方法并不可行，原因有两点：①PLC的报警规则通常基于较短的时间窗，放松阈值会带来很多虚假报警，只有引入较长时间窗的趋势征兆量才能在及时性和准确性中取得均衡；②故障早、中、后期的显著特征量可能不同。例如，轴承故障第1阶段的现象为出现超声波，第2阶段出现振动，第3阶段出现低频振动和噪声，第4阶段体现为温度等指标的变化。采用机器学习可以根据风险系数自适应地学习不同阶段、不同特征量的表达能力。

4. 预防性维修

预防性维修主要解决两类问题：①单体设备中长期维修计划优化；②复杂系统以可靠性为中心的整体维修优化。在中长期维修计划优化方面，除了设备健康水平和风险评估，通常还需要考虑生产排程或商务计划，以确定维修时间。因为不同设备带来的衍生因素不同，所以很难用一个通用的模型进行刻画。对于关键性设备，通常需要考虑维修间隔（如两次维修间隔必须在2个月之内等）、维修科目等合规性要求。对于一些移动设备，还需要考虑维修地点资质（如航空器材的维护等）、维修空间（如飞机C检或D检需要占用库内的维修通道资源等）、设备的当前位置等因素。对于生产系统（如生产线等）或有网络结构的系统（如配电网等）来说，需要考虑多个设备维修窗口的协同优化，通过机会维修缩短停产时间。对于野外维修，还需要考虑天气等环境因素（如海上风机的维修等）。

4.4.8 运维优化

运维优化的典型问题如表4-19所示。

表4-19 运维优化的典型问题

层面	典型问题	考虑要素	优化目标
规划	维修线路优化	维修需求：维修类型、时间窗、资质要求、空间位置等 维修人员：数量、资质、成本结构 交通信息：空间距离、交通方式	服务水平 有效维修时间 整体运行成本
	维修资源配置优化	维修工作量：分布 维修人员组成	工作量平衡
计划	维修计划	生产计划（或商务计划） 维修需求：时间窗、维修科目 维修资源：人力、场地、设施、时间 设备维修对生产系统的影响 维修的依赖条件：天气等	设备可用率 维修效率

续表

层面	典型问题	考虑要素	优化目标
计划	备件需求量预测	需求驱动因素和指示量 不可控或不可观因素（如囤货、促销等） 宏观市场环境 库存成本和运输时间、费用	库存成本
执行	维修任务分配	维修需求：类型、资质要求、时间窗 维修资源（资质）与当前状态。 时间要素：维修时长、交通时长等	维修按时完成率
执行	维修任务支持	类似案例推送。 智能工单	运行效率提高

对于需要跨区域维修（如电梯的运维服务等）的情况，有维修线路优化、维修资源配置优化等中长期决策问题。应根据维修类型、时间窗、资质要求、空间位置等，对具有不同资质的维修人员进行有效的组合与分配。

备件库存成本通常是设备运维的重要成本来源。除了合作备件、合同备件等业务模式创新，备件需求量预测也是备件库存优化的重要技术支撑。备件需求量预测的技术挑战来自4个方面：①备件类型多，不同备件的消耗模式不同；②时空变化，不同季节、不同区域的需求模式不同，节假日对需求也有一定影响；③大量的不对称信息，包括隐含行为（如个别服务点的囤货行为等）、未记录信息（如临时促销信息等）；④宏观结构性变化，包括宏观市场变化（如基建工程量对工程机械备件需求的影响等）、公司内组织结构变化（如服务区域的合并调整等）、公司产品结构升级（如产品型号的升级等）等。这些变化通常很难预知，一旦发生，基于历史数据模式挖掘的预测算法通常会滞后若干个预测周期（考虑到统计显著性）。①和②是很多需求预测的共性问题，有时空模式分解、聚类、Hierarchical Forecasting（利用产品组合与分层的结构信息）等成熟算法可以对其进行处理，对于节假日、恶劣天气等外部事件，也有不少聚类或启发式算法可以进行补偿。③对领域知识、预测算法的鲁棒性和自适应性提出了很高要求。例如，利用STL等半参数化方法消除时序中的极值点，在算法应用上，需要根据近期的预测精度变化综合确定是否进行跟踪调整。④要求尽量找出宏观结构变化的指示量或伴随量，基于这些信息消除统计学习算法的滞后性。例如，在工程机械的易损件需求预测中[15]，GDP等区域统计数据滞后于市场需求行为。而近期的开工量、开工强度等车辆状态监测信息可以用来表征宏观基建市场的活跃度，综合这些指标可以提高备件区域需求预测的"提前性"。工况、设备健康等状态监测信息为稀缺备件（Spare Part）需求预测提供帮助的可能性更大。

4.4.9 专家规则引擎

专家知识库包括征兆、原因、异常、故障、措施等要素的结构化关联及规则的置信度设置，与诊断算法模型进行关联。为保证专家知识库的"有效性""灵活性""规范性"，在技术上要做到关键要素的关联性、规则的可扩展性及知识库的全生命周期管理。因此，需要从知识库要素的数据结构、变量和算子库的逻辑结构、专家规则的配置管理3个层面实现专家知识库的构建与维护机制，如表4-20所示。

表4-20 专家知识库的构建与维护机制

业务期望	技术要求	描述	层面
有效性	关键要素的关联性	征兆、原因、异常、故障、措施等要素的结构化关联 规则的置信度设置	知识库要素的数据结构：保证专家知识库基本要素的有效关联
灵活性	规则的可扩展性	知识规则与算子的灵活关联 诊断算法和规则的开发效率	变量和算子库的逻辑结构：通过开发可扩展架构，提高专家规则的形式化开发效率
规范性	知识库的全生命周期管理	规则的全生命周期管理：规则与设备的关联、运行周期等 查询与统计：静态查询、执行统计等	专家规则的配置管理：支撑知识库管理员的日常工作，建立长效运行机制

下面讨论专家规则引擎的整体概念和执行流程、知识库要素的数据结构、变量和算子库的逻辑结构。基于这些讨论，总结归纳业务上下文模型，并讨论专家规则的配置管理及运行策略。

1. 专家规则引擎的整体概念和执行流程

专家规则的开发模式在3.3节中进行了详细讨论。故障诊断专家知识库的理念如图4-26所示。

专家规则引擎的执行流程包括3部分，如图4-27所示。

首先，构建当前设备的CBO模型。CBO模型是设备数据的统一访问接口，关联了状态数据、运维记录、台账信息等，实现了规则与数据的解耦。CBO模型可以"一次构建、多次使用"，提高知识库的运行效率。其次，采用正向推理（Forward Reasoning）运行机制，在特征量计算、征兆计算的基础上，实现规则推理，检测异常和故障事件。最后，将结果存入对应的数据库，应用系统前端将以动态警告列表的形式显示各类事件。

严格来讲，不少"诊断规则"（业务上通常把所有形式化的研判逻辑都称为规则）在技术上并不属于规则，而是多个异常征兆的线性加权（矩阵研判表、模糊推理中的隶属度计算、机器学习模型都属于此类），诊断引擎仅完成基于征兆的数学计算。因此，正向推理运行机制是诊断专家知识库引擎的合理选择。

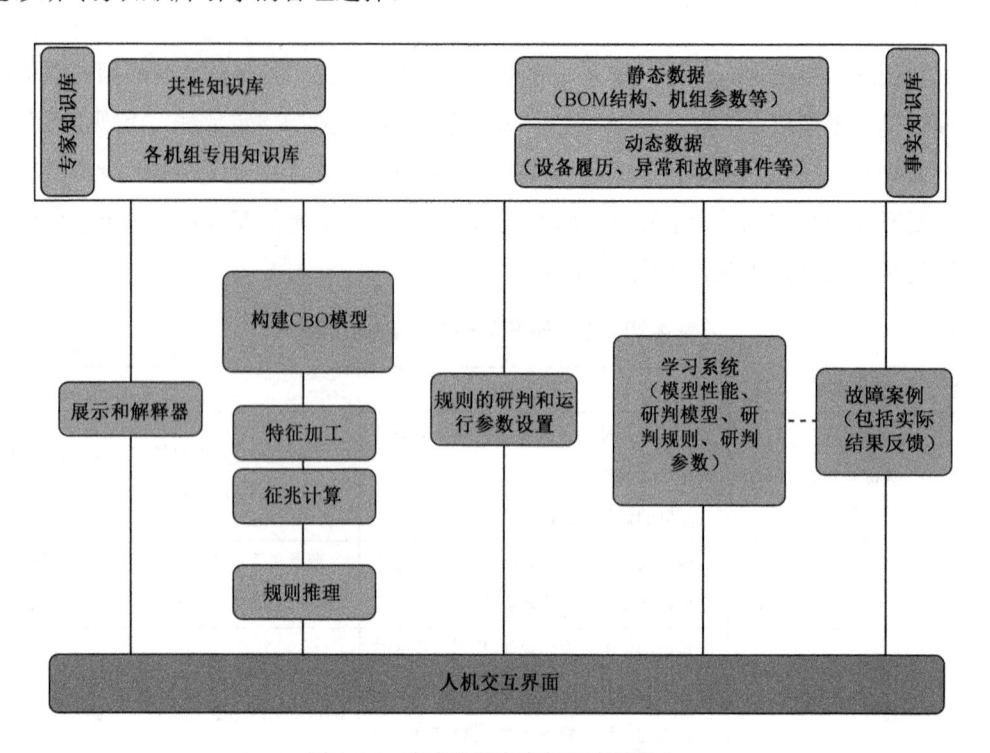

图 4-26　故障诊断专家知识库的理念

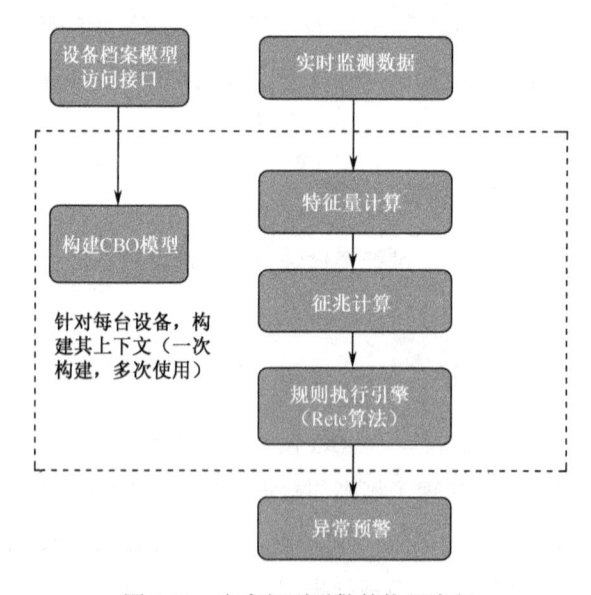

图 4-27　专家规则引擎的执行流程

正向推理引擎的执行流程如图 4-28 所示。在执行中考虑了 3 种不同类型规则的执行路径，包括 If-Then 规则（严格意义上的规则）、算法模型（机器学习模型、启发式模型）、矩阵和线性加权模型等。

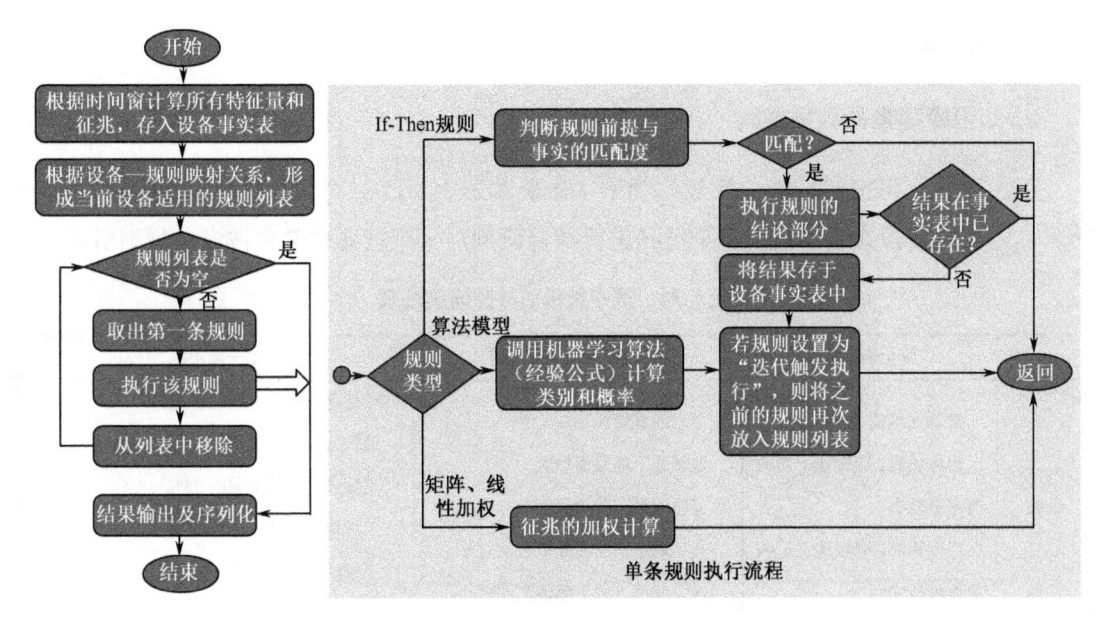

图 4-28 正向推理引擎的执行流程

If-Then 规则需要考虑规则的触发链（一条规则执行后，其他规则可能被激活）。规则集的触发关系如图 4-29 所示，只有当事实 B 和 C 同时成立时，规则 R_1 才能被激活，现在只有事实 C 成立，因此规则 R_1 没有被激活。由于事实 C 和 D 同时成立，规则 R_2 被激活，并产生了中间推理事实 H。事实 H 的成立又触发了 R_8 等其他规则的激活。

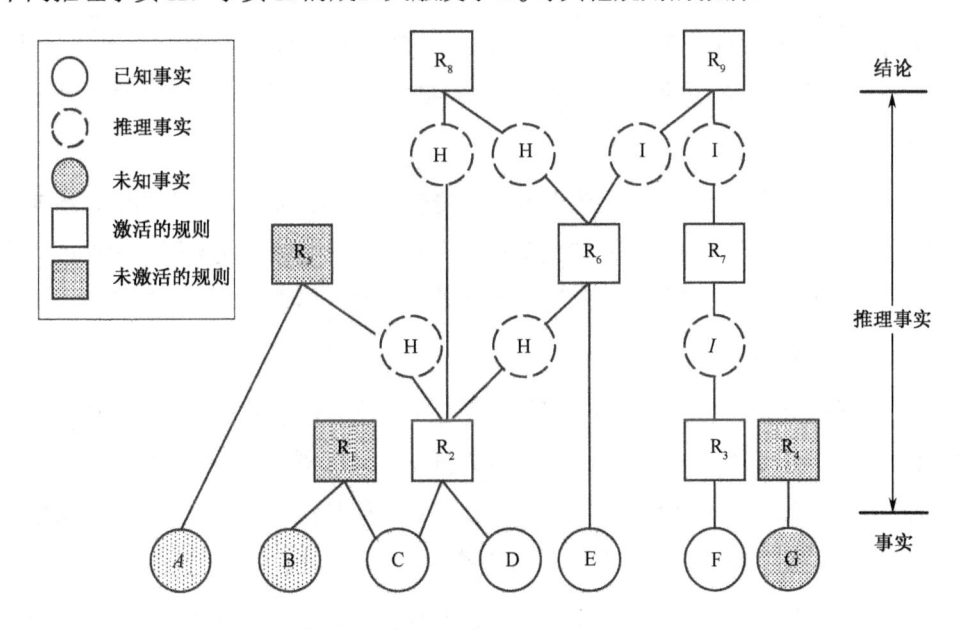

图 4-29 规则集的触发关系

正向推理的优点是支持交互式诊断，用户可以主动提供与诊断相关的征兆事实，而不是被动地等待所有数据都被采集到系统中。基于用户输入和当前的部分数据，推理引擎就可以做出推理和诊断。

2. 知识库要素的数据结构

下面以透平风机的故障研判规则为例（如表 4-21 所示），讨论诊断规则的建模与管理技术。一种失效模式通常基于多个征兆进行综合研判，一个征兆也常常被多条规则引用。

表 4-21 透平风机的故障研判规则

	转子热弯曲	轴颈有机械或电气偏差	动平衡不良
征兆	振动通频值大 启停机时，同转速下通频值差值较大 启停机时，同转速下工频值差值较大	振动通频值大 低转速下通频值较大 低转速下工频值较大 高、低速下的通频值之比较小 高、低速下的工频值之比较小	转速稳定时工频相位稳定 通频值大于报警值的 35%～55% 工频值大于通频值的 75%～85% 工频值随转速增大而增大 工频值随转速减小而减小 通频值突然增大

专家知识表达的要素及其关系如图 4-30 所示。一条规则研判一种异常或故障，一种异常或故障可以由多条规则独立研判，每条规则有置信度，可以由多个征兆综合计算得到（加权平均或更复杂的算子），保证了灵活性和可扩展性。每条研判规则由若干征兆构成。一种故障可能对应多种原因和处理措施。结合征兆，可以缩小研判范围。

规则中存在大量共性变量。可以将在诊断规则中用到的变量分为 3 类，即原始量（Measure）、特征量（Descriptor）、征兆量（Symptom）。变量之间的原子性转换算法被称为算子（Operator）。

由于结构和工作环境不同，不同设备的研判逻辑可能存在差异，规则的运行周期也可能不同。因此，需要支持设备预警规则的定制化。不同设备的检测系统不同，为保证规则的通用性，可以定义领域模型，通过变量映射进行配置，实现具体设备规则运行的上下文，以及规则内容与数据内容的解耦。

每条规则或每个算子都有时间窗（显性或隐性），不可能取所有历史数据进行计算。隐性的时间窗可以在进行规则配置时设置，默认为规则的运行周期。例如，规则每 5 分钟跑一次，时间窗就是从上次运行到这次运行之间的 5 分钟。在具体执行规则前，系统根据设备对相应的规则进行配置，并负责构建业务上下文模型。

故障模式的研判规则有 4 种表现形式：①加权平均研判规则（算术表达式、征兆—失效模式的系数矩阵），输出某种失效类型的概率，如表 4-22 所示，日本故障诊断专家白木万博的打分法也属于此类；②If-Then 规则构成的规则集的条件部分，为多个征兆量的逻辑或简单数学运算，输出失效类型的研判结果（TRUE 或 FALSE）；③规则流（Rule Flow），用于

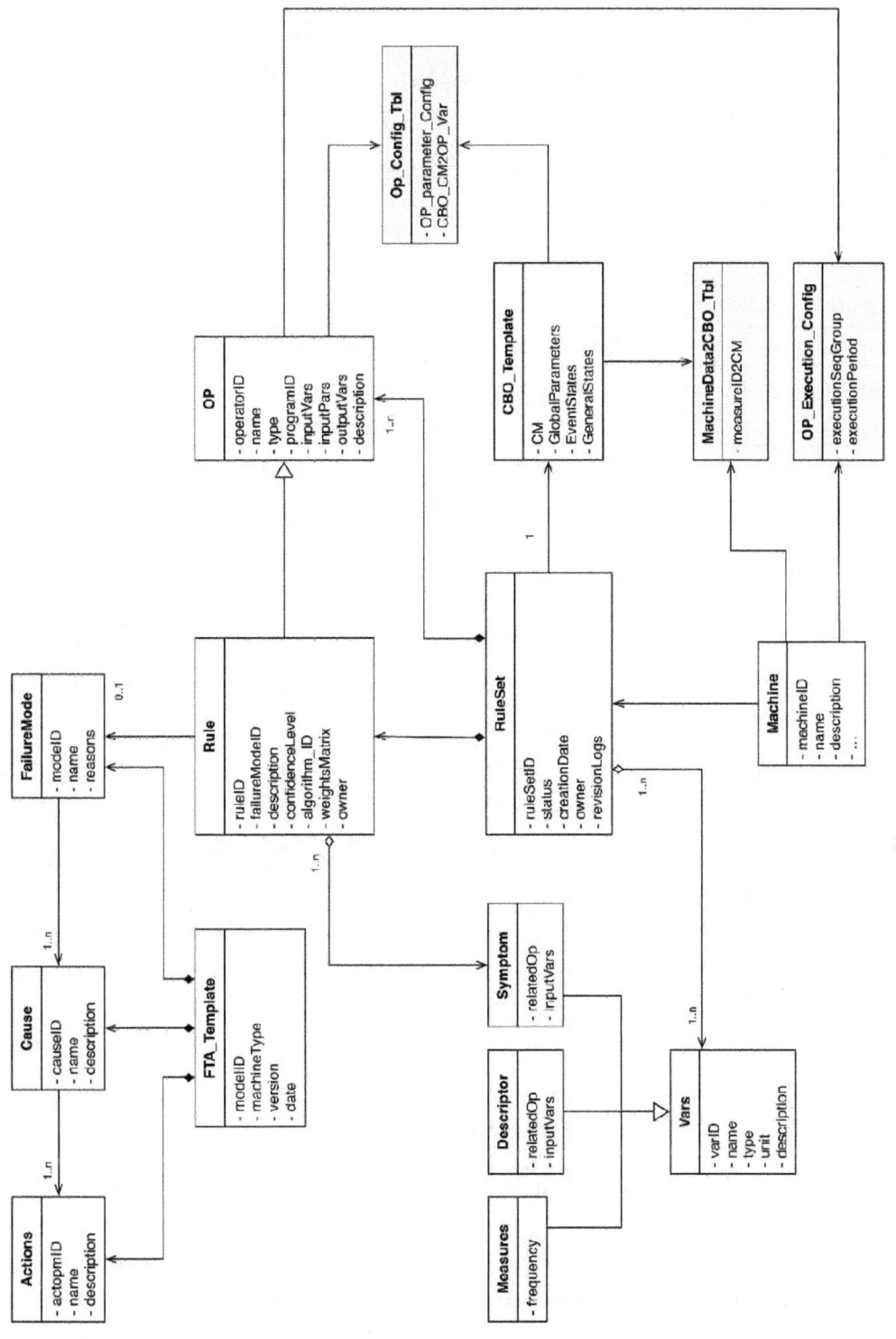

第 4 章 设备故障诊断与健康管理（PHM） | 103

图 4-30 专家知识表达的要素及其关系

表示复杂的逻辑关系；④函数，符合接口规范，可以在内部嵌入机器学习模型，输出失效类型及其概率。从严格意义上讲，研判规则也是算子，但一般会将其外部化，让业务用户也可以编写（而不是只有算法工程师能编写），因此常常称其为"规则"。

表4-22 加权平均研判规则

征兆量	征兆描述	权重（w）
S_1	转速稳定时工频相位稳定	0.15
S_2	通频值大于报警值的35%～55%	0.15
S_3	工频值大于通频值的75%～85%	0.25
S_4	工频值随转速增大而增大	0.25
S_5	工频值随转速减小而减小	0.1
S_6	通频值突然变大	0.1
该规则的置信度为0.9，根据该规则，"动不平衡"失效概率为$0.9\times(0.15S_1+0.15S_2+0.25S_3+0.25S_4+0.1S_5+0.1S_6)$		

3. 变量和算子库的逻辑结构

变量存在层次结构，算子之间也存在层次调用关系，算子与变量的关系错综复杂。如图4-31所示。

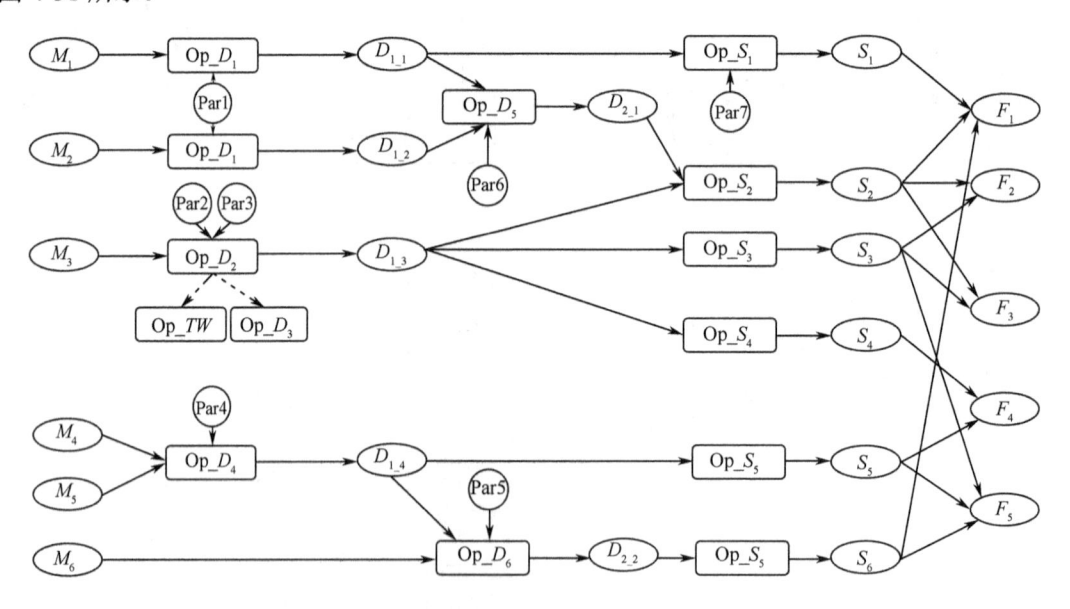

图4-31 算子与变量的关系

可以将在诊断规则中用到的变量分为3类，即原始量（Measure）、特征量（Descriptor）、征兆量（Symptom）。可以将特征量分为一次特征量、二次特征量等。例如，"通频值"为一次特征量，"高速下的通频值"为二次特征量，"高、低速下的通频值之比"为三次特征量。典型的特征量已在4.4.3节中进行了讨论。

第4章 设备故障诊断与健康管理（PHM）

将变量之间的原子性转换算法称为算子。算子的输入除了变量，通常还有控制参数。例如，频谱分析的时间窗长短、征兆研判的阈值参数等。常见算子如表4-23所示。很多特征量的加工算子是共性的，只有参数可能不同。例如，工频幅值计算算子可以用来计算不同点位的振动信号，但高速旋转点位和低速旋转点位在计算时的时间窗长短可能不同，算子之间也可能存在调用关系。

表4-23 常见算子

	类型	输出	输入	示例
时间窗算子	绝对时间窗	TimeStamp数组（若不合法为NA）	时间范围参数	2019年1月1日9时到10时
	相对时间窗（当前时间）	TimeStamp数组（若不合法为NA）	时间范围参数（包括单位）	最近5分钟
	相对时间（某确定事件）	TimeStamp数组（若不合法为NA）	Event查询条件 时间范围参数	最近的1号故障前后各30秒 最近一次停机故障
	某种模式成立的时间	TimeStamp数组（若不合法为NA）	时间范围参数	转速增大期间 启停机期间
工况算子	工况类型研判	TRUE、FALSE	时间窗 研判阈值参数	处于满发状态
	工况切片	DataFrame{征兆类型, 开始时间, 结束时间}	时间窗 研判阈值参数	风力发电机组最近一周的工况
特征算子	特征量	数值	变量名称 时间窗	通频值 统计分布量
	特征量序列	数组	变量名称 时间窗	湍流强度序列
征兆算子	是否出现给定类型征兆	TRUE、FALSE	变量名称（原始量、特征量）时间窗 研判阈值参数	工频值突然增大
	给定类型征兆的概率	[0,1]	变量名称（原始量、特征量）时间窗	工频值逐渐偏离正常分布
	征兆类型及其概率	DataFrame{征兆类型，概率}	变量名称（原始量、特征量）时间窗	电机电流出现不稳定
	多变量的模式关系	TRUE、FALSE [0,1]	多变量 时间窗 阈值参数	12个推力瓦温度一致 工频值随转速增大而增大 实际发电功率持续低于理论发电功率
计算算子	被其他算子调用	任意（算子库约定）	任意（算子库约定）	计算临界转速 计算风功率曲线 计算设备的OEE

续表

类型		输出	输入	示例
基础研判算子	时间窗内出现过某种征兆	TRUE、FALSE	时间窗 时间窗对应的逻辑时序	出现系统冲击 工频相位突变
	时间窗内出现某种征兆的频度高于给定值	TRUE、FALSE [0,1]	时间窗 时间窗对应的逻辑时序 阈值参数	温度多次超过最大值
	时间窗内某种征兆的持续时间高于给定值	TRUE、FALSE [0,1]	时间窗 时间窗对应的逻辑时序 阈值参数（百分比、绝对值）	低风速持续3小时以上（平稳天气）

在图 4-31 中，M 节点表示原始量 Measure，D 节点表示特征量 Descriptor，S 节点表示征兆量 Symptom，Op 表示算子（后缀表示其类别。例如，Op-D 为特征算子，Op-S 为征兆算子，Op-TW 为时间窗算子），F 表示故障模式 Failure Mode，Par 表示算子中的控制参数。

征兆与失效模式的关系是多对多关系。一种失效模式通常基于多个征兆进行综合研判，一个征兆也通常被多条规则引用。不同征兆的有效时间范围不同。例如，"启停机时，同转速下通频值差值较大"只在启停机期间有效，而"振动通频值大"可以作用于任意时间。针对这一情况，有以下两种处理方式。

（1）要求规则在定义时设置运行条件，只有满足该条件，才会触发规则。

（2）对于"时间间断但在一段时间内持续有效"的征兆，可以将其结果作为状态属性存入 CBO 模型，以便通过访问状态属性直接获得研判规则。例如，可以将"启停机时，同转速下通频值差值较大"作为 CBO 模型的一个状态属性，在新的启停机事件发生前一直有效（可以持久化），在"转子热弯曲"的研判规则中，这个征兆就变成了"最近一次启停机时，同转速下通频值差值较大"。

我们推荐使用第 2 种处理方式。在配置征兆量时，需要将其设置为"事件型状态量""一般状态量"或"临时变量"，前两者都会更新为状态属性（生成新属性或关联已定义的属性）。不同的是，"一般状态量"按时序存储（时间、数值），而"事件型状态量"按事件方式存储（有效起止时间、数值）。对特征量与征兆量的解释如表 4-24 所示。

表 4-24 对特征量与征兆量的解释

变量	业务语义	数据类型	从计算发生的时间来看	从是否序列化的角度来看
征兆量	时序模式的研判 复杂结构的研判	逻辑型征兆量：TRUR、FALSE 或 NA 概率型征兆量：[0,1] 的浮点数或 NA	Perishable：当前执行时刻有效，下次需要重新计算（如工频值突然增大等） Stateful：保留，直到被规则主动更新（如"断泵"标记等）；在规则的执行中，条件部分访问的其实是上一执行周期的值	Stateful 一定序列化 Perishable 由用户设置
特征量	原始量的变化抽取，如频域变换、功率系数计算等 从业务语义的角度，可以分为设备状态特征量、工况特征量、环境特征量、传感器特征量等	Count 型：如累计报警次数、过零次数等 Numeric 型：如通频值等 Enumerator 型：如工况类型等	Perishable：当前执行时刻有效，下次需要重新计算 Stateful：保留，直到被规则主动更新（如历史累计报警次数、正常压力值、疑似断泵累计次数等）；在规则的执行过程中，条件部分访问的其实是上一执行周期的值	Stateful 一定序列化 Perishable 由用户设置

4. 业务上下文模型

业务上下文（CBO）模型是诊断规则执行时面临的唯一数据对象。因此，除了对应的设备全生命周期档案，CBO 模型还应该包括一些支撑规则执行的信息，并具有支持中间状态量缓存的功能，以使规则引擎保持无状态（以降低实施和维护难度）。

CBO 模型的定义是在专家规则引擎实施时，由专家规则分析师与数据工程师共同确定的，其属性能够覆盖规则解析过程中所需的大部分变量、属性和参数。但由于专家规则内容是在系统使用过程中不断丰富的，在实施时建立的 CBO 模型并不能预见所有需求。因此，CBO 模型除了实施其定义的属性，还应该支持灵活的扩展机制，使用 Map 等数据结构，允许规则间约定的变量或信息传递，CBO 模型定义示例如图 4-32 所示。

CBO 模型的内容如表 4-25 所示。

表 4-25 CBO 模型的内容

内容	描述	定义时间
设备全生命周期档案	在后面的章节中将进行详细论述，有些属性不一定要实例化	实施（数据工程师）
全局参数	规则研判的一些全局参数或常数	实施（专家规则分析师）
事件型状态量	事件型状态量是 DataFrame（StartTime、EndTime、Value），时间间隔不固定	实施（专家规则分析师）
一般状态量	一般状态量是 DataFrame（Time、Value），时序	实施（专家规则分析师）
扩展区	类似 Java 中的 Map 数据结构，以变量为组件，数据结构由规则开发者自行约定	日常运行（规则开发者）

CBO 模型的持久化策略包括：①定时写；②按量写；③高可用，随时缓存，定时写入平台系统，由 CBO 引擎实现。用户需要告诉专家规则引擎系统应将哪些变量持久化。

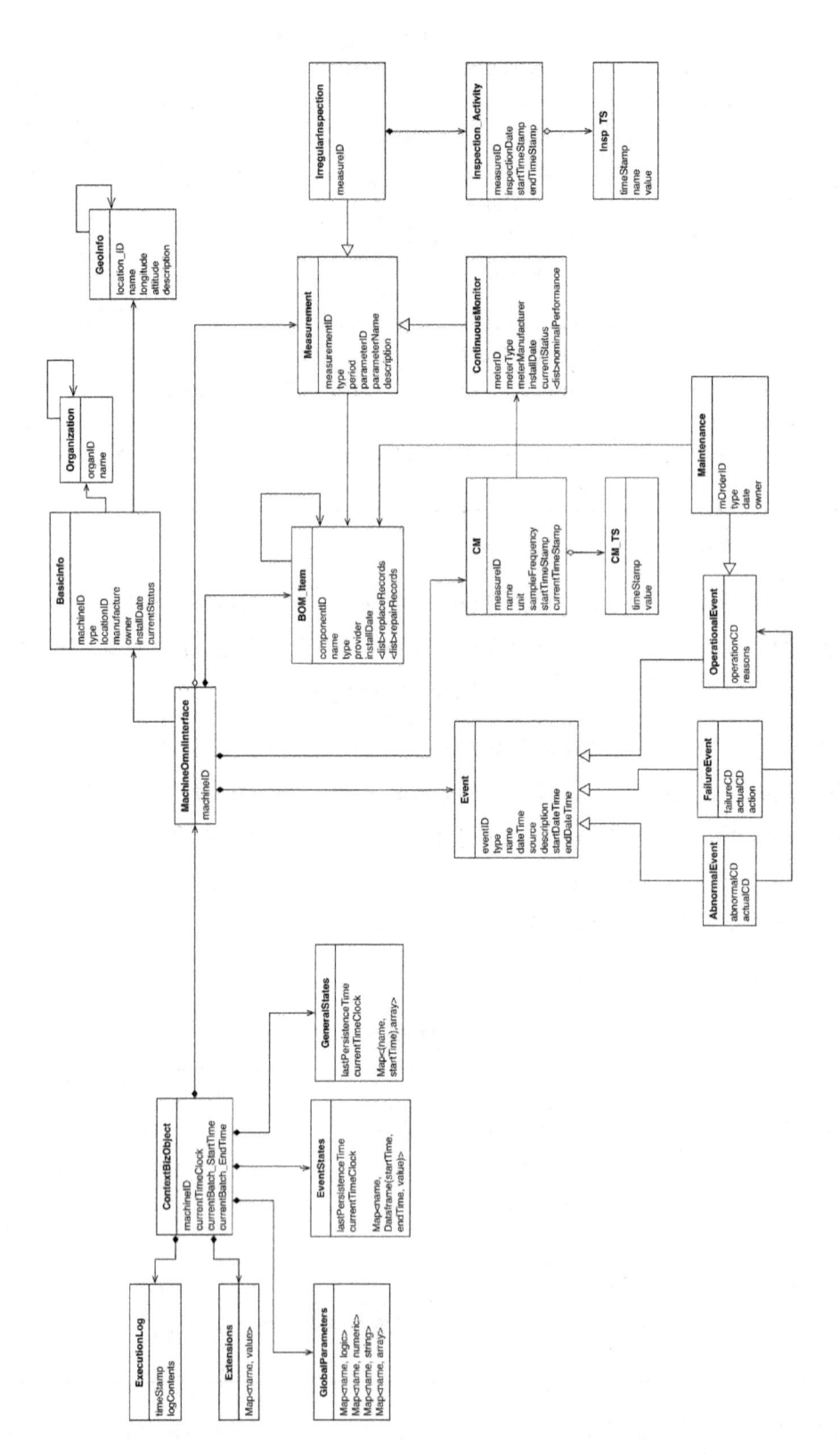

图 4-32　CBO 模型定义示例

5. 专家规则的配置管理

专家规则有两类配置信息，如表 4-26 所示。

表 4-26　专家规则的两类配置信息

	数据	算子
实例化配置（形参->实参）	机器数据与 CBO 模型的 Mapping	CBO 模型的字段与 Op 的输入量、控制参数、输出量的 Mapping
运行控制配置	数据时长	运行周期

根据具体化的程度，可以将变量和算子分为 3 个层面，如表 4-27 所示。

表 4-27　变量和算子的 3 个层面

	算子	变量
形式化	函数声明，包括输入量和输出量的声明	在 CBO 模型中对特征量及其类型的声明
参数化	函数中控制参数数值的确定或其通用表达形式的确定（如窗口长度等于输入量的长度等）	完成参数化算子的 Mapping
实例化	函数中的变量有 CBO 对象	设置具体运行周期

1）实例化配置

算子库中的算子主要被两类程序调用：①被算子库内的其他算子调用，与一般算子库的调用规范相同，主要依赖算子库的实现语言（如 Python、R 等）；②被规则引擎调用，需要规则引擎提供实参，算子的结果被规则引擎接手，用来更新 CBO 模型或进行规则推理，需要约定配置规范及异常处理策略。

在注册算子时，需要对输入和输出提供某种形式（如函数源代码中的说明或外部描述文件等）的说明，规则引擎可以根据该信息完成输入与输出数据的准备、格式检查与转换等。在算子说明中也可以对时间窗的长短及时序数据的长短做 Constraint 约定（如少于 32 点则不能做 2 倍频计算等）。

特征量配置信息主要包括：①特征算子的形参与 CBO 属性的 Mapping；②算子的控制参数与 CBO 模型中信息的 Mapping；③算子的输出与 CBO 属性的 Mapping，以及是否持久化。

以"转子热弯曲"为例，其实现函数如表 4-28 所示，假设算子库已经实现了下列函数（这里暂时不考虑 Constraints）。

表 4-28 "转子热弯曲"的实现函数

类别	定义形式	输出	描述
原子特征	amp_passBand(ts_vibration, par_stepSize=length(ts_vibration))	Double array about amp_passBand	振动通频值，对振动序列 ts_vibration，以 par_stepSize 为窗口（默认为整个序列的长度），无重叠依次计算
	amp_1x(ts_vibration, ts_spd, par_stepSize=length(ts_vibration))	DataFrame(SPD, amp_1X)	工频值，需要转速时间序列
	timeWindow_Start(ts_spd, ts_torque, par_spd_threshold=800, par_torq_threshold=1200)	[index_Start, index_End]	根据转速和力矩判断启机过程（实际可能更复杂）
	timeWindow_Stop(ts_spd, ts_torque, par_spd_threshold=800, par_torq_threshold=1200)	[index_Start, index_End]	根据转速和力矩判断停机过程
衍生特征	amp_1x_Start(ts_vibration, ts_spd, ts_torque, par_spd_threshold=800, par_torq_threshold=1200, par_spd_binSize=100)	DataFrame(SPD, amp_1X)或 NA（如果当前序列不是启机过程）	启机期间的工频值。这里引用了 amp_1x()和 timeWindow_Start()两个函数，控制参数发生了变化
征兆	univar_UpperOutlier(ts_x, mean, sd, par_thres)	Logic	单变量序列是否存在过大的异常值（相对于正常分布）
	bivar_Diff(df_x, df_y, par_thres, col_compare=2)	Logic	两个变量在同样的类别中是否存在显著差异

以"振动通频值"和"启机期间的工频值"为例，特征量的定义如表 4-29 所示。

表 4-29 特征量的定义

类别	引用的算子	输入配置	输出配置
振动通频值	amp_passBand(ts_vibration, par_stepSize=length(ts_vibration))	ts_vibration ← CBO.CM.vibration.bearing612X par_stepSize 不配置，采用默认值	将结果存入一般状态量 CBO.Feature.vibration.bearing612X.amp_passBand（引擎自动加上时间这一列）
启机期间的工频值	amp_1x_Start(ts_vibration, ts_spd, ts_torque, par_spd_threshold=800, par_torq_threshold=1200, par_spd_binSize=100)	ts_vibration ← CBO.CM.vibration.bearing612X ts_spd←CBO.CM.Overall.spd。 par_spd_binSize ← CBO.Pars.par_spd_binSize_Start	若非 NA，则将结果存入事件型状态量 CBO.Feature.vibration.bearing612X.amp_1x_Start

以"振动通频值大""启停机时，同转速下工频值差值较大"为例，征兆量的定义如

表 4-30 所示。这里引用了 CBO.Feature.vibration.bearing612X.sd 量，通过另一个周期性计算任务得到。

表 4-30 征兆量的定义

类别	引用的算子	输入配置	输出配置
振动通频值大	univar_UpperOutlier(ts_x, mean, sd, par_thres)	ts_x←CBO.Feature.vibration.bearing612X.amp_passBand.mean←CBO.CM_Stat.Bearing.vibration.mean sd←CBO.CM_Stat.Bearing.vibration.sd par_thres←3（定义征兆量时可以使用常数）	Logic
启停机时，同转速下工频值差值较大	bivar_Diff(df_x, df_y, par_thres, ol_compare=2)	df_x←CBO.Feature.vibration.bearing612X.amp_1x_Start df_y←CBO.Feature.vibration.bearing612X.amp_1x_Stop par_thres←2	Logic

为使表达式更简洁，工具最好能做到两点：①支持 Template（类似 C 语言中的宏定义），用更简洁的方式表达一些常用的表达式，在规则执行前进行表达式替换；②支持通配符，在对机器进行监测时存在大量同类型、不同点位的数据，它们的特征加工逻辑相同。例如，利用机器多个点位的振动数据计算工频值的算法（包括控制参数）可能完全相同。为了使配置文件简洁明了，最好能够提供通配符等，以将一条配置记录应用于多个测点，示例如表 4-31 所示。

表 4-31 将一条配置记录应用于多个测点的示例

算子	输入量	控制参数	输出量
amp_1x(ts_vibration, ts_spd, par_stepSize=length(ts_vibration))	ts_vibration←CBO.CM.vibration.{locationNum} ts_spd←CBO.CM.Overall.spd	par_stepSize←1024	CBO.Feature.vibration.{locationNum}.amp_1x

针对典型设备的故障诊断形成诊断模板，将可以自动研判的部分与设备资产档案字段关联，TRT（Blast Furnace Top Gas Recovery Turbine Unit）机组连锁停机故障排查逻辑示例如图 4-33 所示。在应用开发时，将数据实例化，成熟度就达到了 60%～70%，后面只要根据实际数据和特定控制逻辑进行一定的定制化调整，就可以在一定程度上提高诊断的效率并增强一致性。

2）运行控制配置

运行控制的配置参数主要表现为规则的执行周期和 CBO 模型提供的数据时长。例如，在透平设备的振动诊断分析中，外部数据源每 5 分钟向中心端发送一个数据包，包括振动时序的压缩数据。频域分析算子的执行周期是 5 分钟，CBO 模型中的数据也是最近 5 分钟的诊断数据。透平设备振动分析中的变量转化关系如图 4-34 所示。

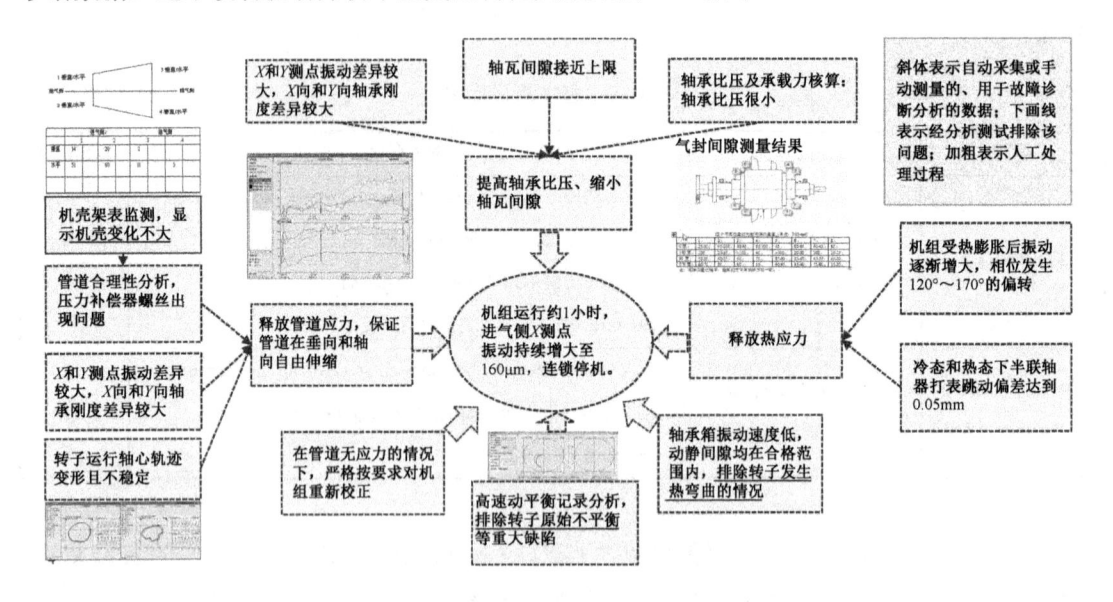

图 4-33 TRT 机组连锁停机故障排查逻辑示例

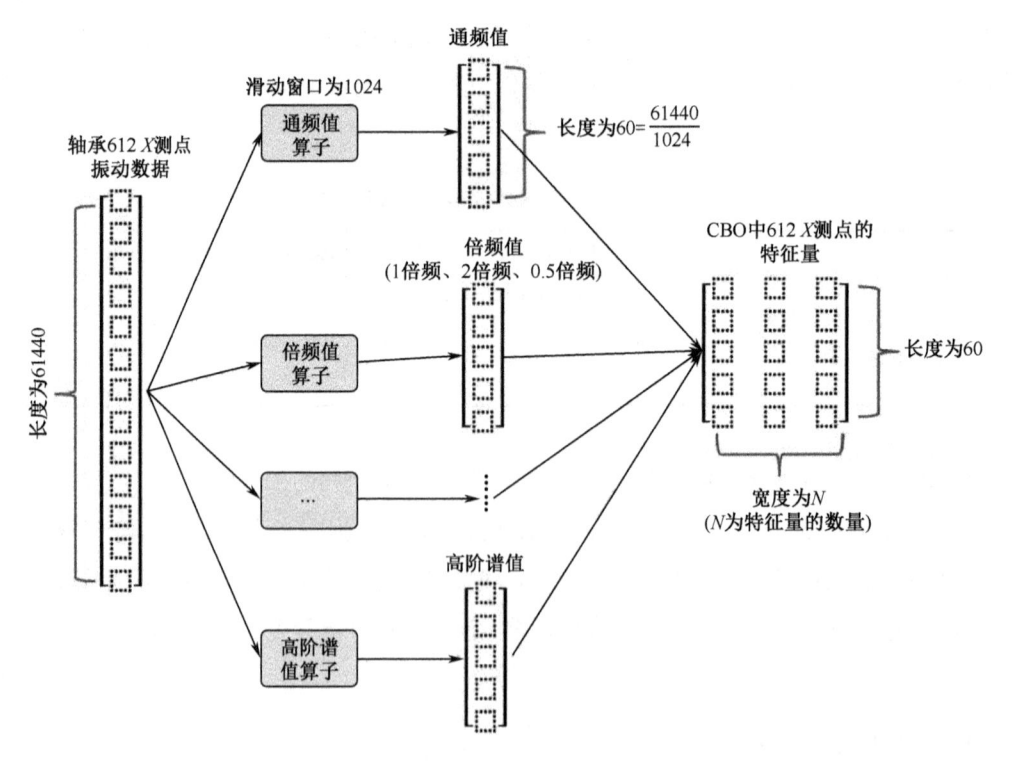

图 4-34 透平设备振动分析中的变量转化关系

6. 运行策略

在运行时处理实例化配置和运行控制配置信息。另外，需要考虑特征量、征兆量的计算顺序。程序可以根据数据和算子的实例化配置参数表进行静态分析，以获得静态依赖关系，形成执行优先级。在实现中，也应该为用户留出控制自由度。规则—征兆—特征量—测量量的静态依赖关系是对图 4-31 的反向构建，对特征量进行排序。在数据结构上，从节约内存空间的角度，宜采用 Map、List 的树状嵌套结构。如果查询效率是优化的关键，也可以提前将不同变量的依赖关系分别存储。

运行时的异常处理策略如表 4-32 所示。

表 4-32 运行时的异常处理策略

类型	默认处理策略	其他策略选项
在执行路径中出现监测量缺失	不执行（保守策略）	Try my best（只计算可行路径）
算子执行异常	直接令对应的变量数值为 NA，后续依赖变量为 NA（提前感知）	继续执行（不处理引擎，由算子处理）
算子数值异常	由算子处理（积极策略）	选择性执行（根据依赖关系，计算可行部分） 不执行（保守策略）
算子计算超时	当超过周期计算窗口的 90% 还未返回时，直接取消掉对应的计算任务（保守策略）	继续执行 停止执行

4.5 PHM 的数据模型与应用架构

4.5.1 PHM 的数据模型

1. 设备全生命周期档案

设备运维的前提是建立设备全生命周期档案，它记录了设备不同维度的信息，如图 4-35 所示。

设备全生命周期档案不仅包括多个数据源在数据结构层面的关联，还包括对业务语义层面的处理。例如，编码间的映射关系（如设备编码规则改变前后的对应关系等）、同义词（风速在不同时期数据标准中的字段名可能不同）、字段名称相同但业务语义不同（以油气生产中的"产量"为例，由于测量方式、测量环境、测量标准不同，井下产量、井口产量、集输产量等不同口径的"产量"存在很大差别）等。大数据平台在提供行业建模工具时一定要注意业务语义层面的需求。

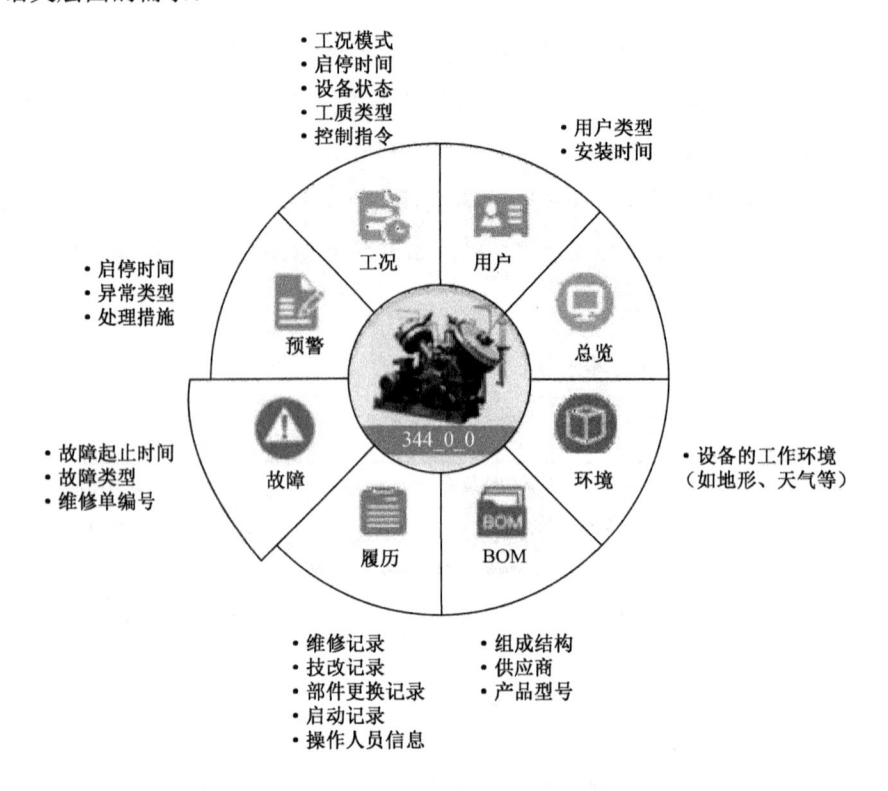

图 4-35 设备全生命周期档案

以设备档案数据模型为基础，大数据平台提供基于图搜索技术的语义查询模型，以友好的方式支撑设备的管理和分析。以风机为例，当叶片断裂事故发生后，整机制造商运维主管想查看并确认是否为叶片批次问题（查看与当前风机使用同一家叶片厂商的风机最近的机舱加速度是否正常），有了语义查询模型的支持，后台可以自动跨越多个表格进行查询（不需要用户或应用开发者编写复杂的表间关联语句），大大降低了应用开发的工作量。

2. 工业知识图谱

在设备运维中，除了设备全生命周期档案等数据，通常还存在大量故障案例、设备维修过程记录等非结构化数据。在这些数据中蕴含大量的故障征兆、排查方法等实操经验，对后续的运维有很大的指导和借鉴作用。因为通用的文本分析缺乏行业专有名词（专业术语、厂商、产品型号、量纲等）、语境上下文（典型工况描述、故障现象等），所以分析效果欠佳。需要构建特定领域的行业知识图谱，并将行业知识图谱与语义查询模型融合，以实现更加灵活的查询。工业知识图谱的基础技术如图 4-36 所示。

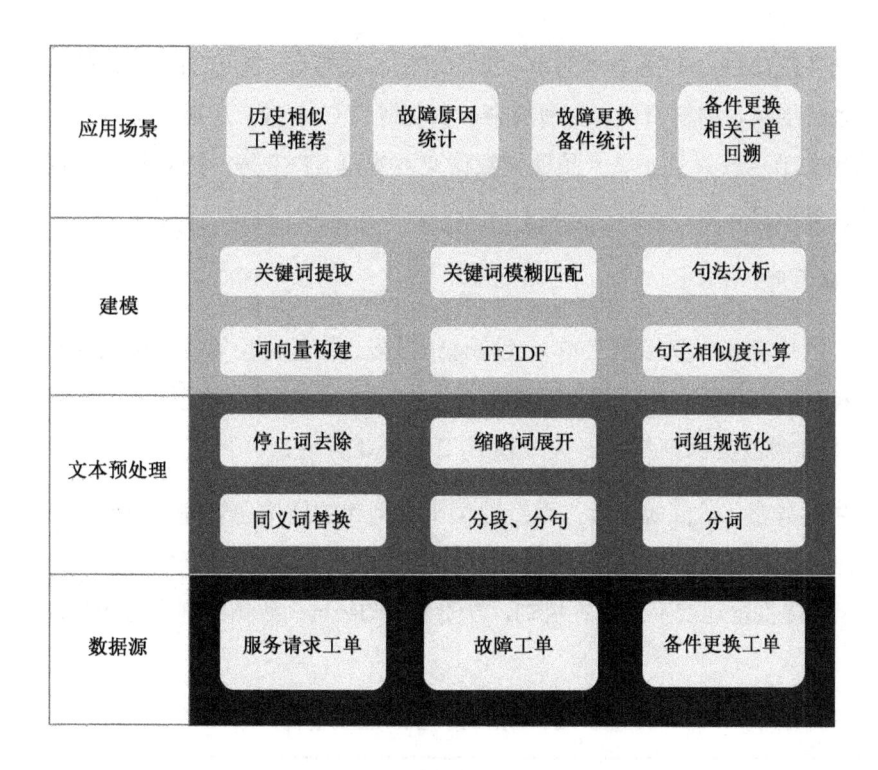

应用场景	历史相似工单推荐	故障原因统计	故障更换备件统计	备件更换相关工单回溯
建模	关键词提取	关键词模糊匹配		句法分析
	词向量构建	TF-IDF		句子相似度计算
文本预处理	停止词去除	缩略词展开		词组规范化
	同义词替换	分段、分句		分词
数据源	服务请求工单	故障工单		备件更换工单

图 4-36　工业知识图谱的基础技术

知识图谱是具有关联性知识的图状集合。知识图谱的本质是语义网络，是一种基于图的数据结构，由节点（Point）和边（Edge）组成。在知识图谱中，节点表示现实世界中存在的"实体"，边表示实体与实体之间的"关系"。知识图谱是最有效的关系表示方式。通俗地讲，知识图谱就是把所有不同种类的信息连接在一起得到的关系网络。知识图谱提供了从"关系"的角度分析问题的能力。构建知识图谱的主要目的是获取大量计算机可读的知识。知识图谱是结构化数据的处理方法，它涉及知识的提取、表示、存储、检索等技术。

在互联网应用中，知识图谱通过自下而上的方式构建，基于基础的实体与分词，通过自然语言处理等技术手段，在持续优化的过程中逐渐构建起来。然而，在工业领域，实体间的关系更加精细和丰富，训练样本少，但存在大量高质量的结构化和半结构化文档（如产品BOM结构、使用手册、拆装方法、维护手册等），这决定了工业知识图谱的构建是一个自上而下的过程，包括确定应用场景、定义实体关系和数据结构、构建初始图谱结构（基于既有结构化、半结构化资料）、定义新的数据源和后续完善的方法、检验与维护机制设计等。

技术方法包括知识建模、关系抽取、图存储、关系推理、实体融合、语义搜索、智能问答、语义理解等。尽量充分利用现有通用知识图谱技术，快速开发强大的图谱建模工具，如自然语言处理、本体库管理、机器学习、图数据库和区块链等。工业知识图谱需要适应工业数字化要求。工业知识节点的管理需要支持系统模型、结构模型、仿真模型、工艺模型、交互式电子手册（IETM）、产品型号清单、量纲单位的关系等。工业知识关系的管理需要支持系统工程、系统层级、物料清单、生命周期、供应链和 CPS 等，还需要支持常见工业数据标准中包含的相关节点或关系（如产品模型数据交互规范 STEP 等）的解析，实现图文知识与模型知识的互联互通。

3. 故障案例库

企业和社区中存在大量运维工单、经验总结报告、社区讨论等。基于工业知识图谱分析和行业专家梳理，形成针对特定领域的案例库，并形成半结构化维度标签，方便进行检索和语义推理，支撑类似案例推荐、新失效模式识别等业务场景。

对于发生的异常、故障等事件，系统提供了案例库的结构化管理，把事件发生前后的工况、状态数据、征兆信息、故障的处置记录、故障修复后的运行数据保存下来，并尽可能地关联运维文档，提供自动或手工标签机制，方便查询与统计。故障案例库的业务价值如表4-33所示。

表 4-33 故障案例库的业务价值

业务目标	业务要求	技术特性
沉淀故障案例，支撑后续的深入分析	可重现：案例应该包括必要的上下文信息 业务闭环：故障案例应该有结果（与运维工单系统的关联）	案例库的数据模型设计 案例库的数据整合关系
支持故障诊断	类似案例的便捷检索	案例的标签和特征信息 文档、工单等非结构化数据中信息的自动提取 案例相似度评价
案例库的易用性	案例创建的便捷性 案例维护的低成本	案例库 Use Case 设计的全面性 案例库的数据整合关系

在实际中，我们无法得到所有数据，因此系统应该保留足够的灵活性和可扩展性。在信息不完备的情况下，尽量支持各种查询。为了支持友好查询，需要为案例制作业务语义标签，如表4-34所示。

表 4-34 故障案例的业务语义标签

类别		内容	来源
基本信息	故障信息	故障类型、发生时间、现象描述	人工填写 选择工单后（需要系统提前集成），自动带入 提交的运维文档（约定格式），自动提取

续表

类别		内容	来源
基本信息	机组信息	水电厂、机组类型、机组年限	创建案例时自动带入
	版本信息	创建人、创建时间、修改人、修改信息	应用系统自动记录
	故障现象关键词		系统自动分词
	案例标签	Json 格式	人工填写（方便案例检索与匹配）
特征信息	描述性	机组频率、有功功率、无功功率、导叶开度、激励电流、转速	应用系统自动计算（根据故障时长或用户指定的时段进行计算）
	工况信息	工况状态	
	基本特征	定子和转子电流，推力轴温、推力油温、水导瓦温、油温、油位，上导瓦温、油温、油位，下导瓦温、油温、油位	
	幅度特征	摆度（大轴、法兰、上导轴等）振动（上机架、顶盖等）	
	频谱特征	通频值、一倍频、二倍频、N 倍频、奇数倍频、100Hz 振幅，大于 300Hz 的高频振幅	
结果记录	排查过程	故障原因、排查时长	人工填写
	维修方案	维修方法、备件	从提交的文档中自动提取
	文档信息	总结文档的 url、监测时序数据切片	系统自动提取信息

系统可以对案例库进行对象化、结构化管理，系统支持事实知识库分类和属性定义，如编码、名称、创建时间、创建人、机组、故障表现、特征、根因分析、解决方案（解决措施）、效果、零部件更换记录、专家操作视频等。基于结构化管理，可以对事件知识进行模糊检索、知识挖掘、统计和分析等。通过对事件知识库的结构化管理，为维修方案推荐提供数据与技术支撑。

系统支持事件案例的创建、修改、发布管理，可以通过流程审批的方式对案例的发布过程进行管理。从业务的角度归纳事实库的业务用户、业务需求，从而归纳出知识挖掘需求。故障案例库的业务逻辑如图 4-37 所示。

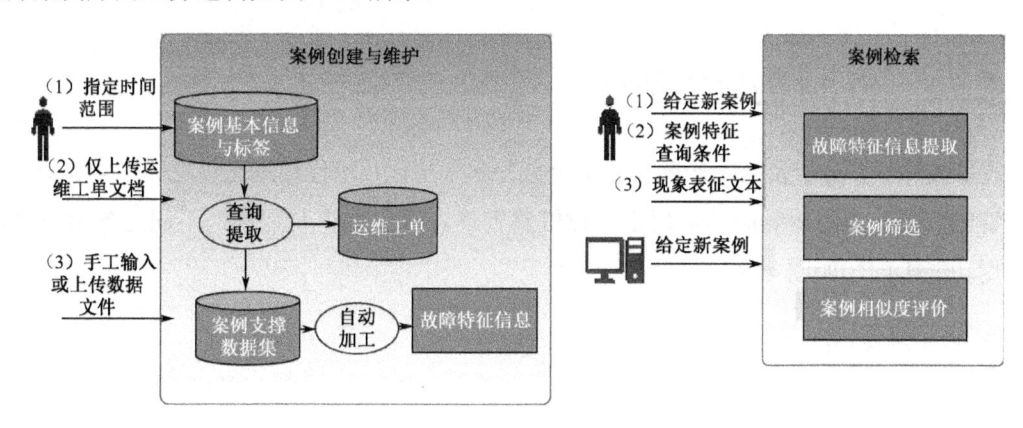

图 4-37 故障案例库的业务逻辑

首先，根据业务用例构建标签或关键词体系，故障案例中的关键词提取如图 4-38 所示。

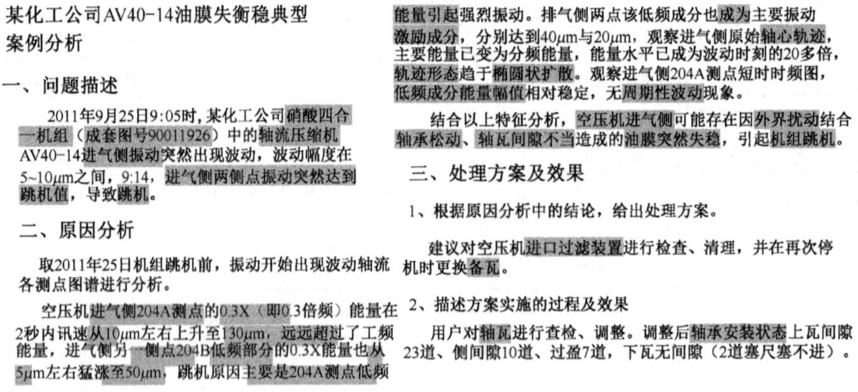

某化工公司AV40-14油膜失衡稳典型
案例分析

一、问题描述

　　2011年9月25日9:05时，某化工公司硝酸四合一机组（成套图号90011926）中的轴流压缩机AV40-14进气侧振动突然出现波动，波动幅度在5~10μm之间，9:14，进气侧两侧点振动突然达到跳机值，导致跳机。

二、原因分析

　　取2011年25日机组跳机前，振动开始出现波动轴流各测点图谱进行分析。

　　空压机进气侧204A测点的0.3X（即0.3倍频）能量在2秒内讯速从10μm左右上升至130μm，远远超过了工频能量，进气侧另一侧点204B低频部分的0.3X能量也从5μm左右猛涨至50μm，跳机原因主要是204A测点低频能量引起强烈振动。排气侧两点该低频成分也成为主要振动激励成分，分别达到40μm与20μm，观察进气侧原始轴心轨迹，主要能量已变为分频能量，能量水平已成为波动时刻的20多倍，轨迹形态趋于椭圆状扩散。观察进气侧204A测点短时时频图，低频成分能量幅值相对稳定，无周期性波动现象。

　　结合以上特征分析，空压机进气侧可能存在因外界扰动结合轴承松动、轴瓦间隙不当造成的油膜突然失稳，引起机组跳机。

三、处理方案及效果

1、根据原因分析中的结论，给出处理方案。

　　建议对空压机进口过滤装置进行检查、清理，并在再次停机时更换备瓦。

2、描述方案实施的过程及效果

　　用户对轴瓦进行查检、调整。调整后轴承安装状态上瓦间隙23道、侧间隙10道、过盈7道，下瓦无间隙（2道塞尺塞不进）。

图 4-38　故障案例中的关键词提取

其次，建立领域知识图谱。基于工业知识图谱技术（工业词典、实体关系）和领域语法结构对案例中的关键词进行有效提取，提高案例的检索效率。

最后，对于有状态监测数据支撑的案例，提取故障期间的特征信息，提高案例检索的精确性。

在数据结构上，宜采用 Json 等自解释格式存储标签等信息，以支撑标签的灵活扩展。在应用接口上，以 RestAPI 方式实现挖掘成果对外服务，以统一的服务模式支撑中心侧的其他业务应用和场站端侧的诊断服务。

除了人工创建故障案例，还可以基于故障记录自动创建故障案例，如图 4-39 所示。对于分析模型发现的异常，经过诊断专家确认后（人工或规则）形成故障记录，在排除故障后，人工填入措施和原因，可以由工作流引擎自动触发故障案例的生成。另外，在故障机理已生成但未完成期间，同类型的异常记录可以自动关联到该故障记录，避免报警风暴。

4.5.2　PHM 的应用架构

设备故障状态分析及故障诊断在功能上分为 4 个层次：运行数据可视化、报警、智能推荐、智能诊断。故障诊断的结果用于支撑维修管理。以火电企业为例，不同业务用户对应的应用功能不同，如图 4-40 所示。

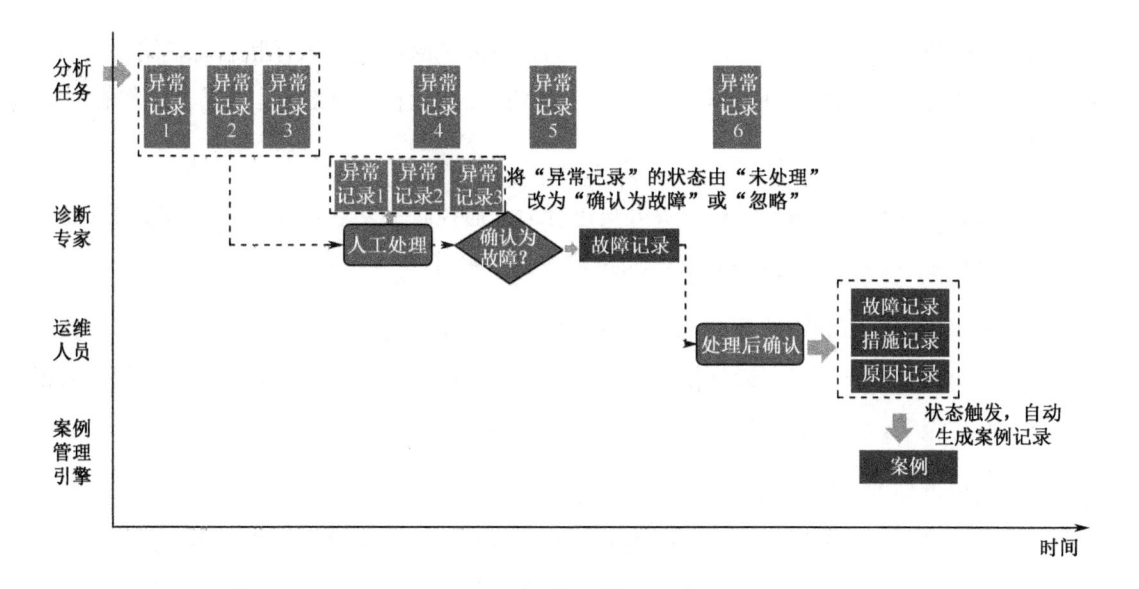

图 4-39　基于故障记录自动创建故障案例

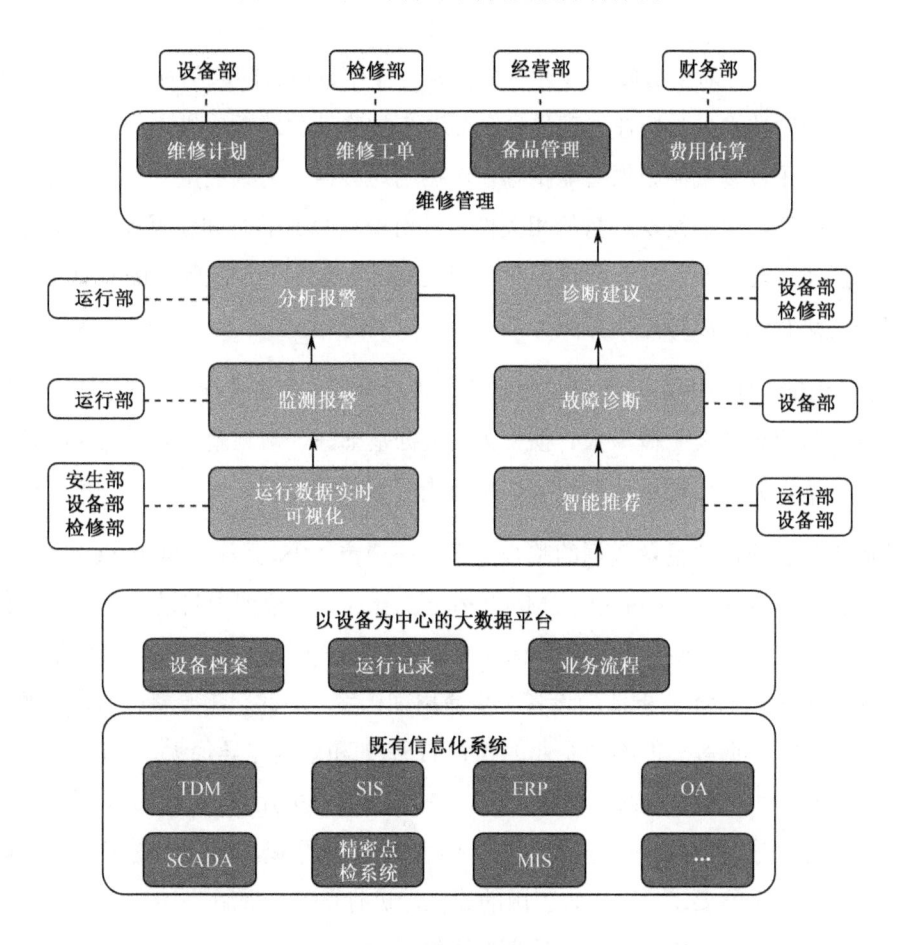

图 4-40　不同业务用户对应的应用功能

（1）运行数据可视化：供集控室人员之外的相关人员查询机组运行状态时使用，相当于火电企业现有的 SIS 系统的基本功能，用户为安生部（安全生产部）、设备部、检修部相关人员。

（2）报警：报警既要满足现有业务人员进行运行监控时的交互，又要满足智能诊断各功能模块的事件触发。可以将报警分为监测报警和分析报警。

监测报警覆盖现有状态监测产品预警的功能，第一用户为运行监控人员，第二用户为智能诊断功能模块。设计依据为运行指导说明书和行业标准。监测报警主要为独立指标超限报警，属于刚性报警，紧急程度高。

分析报警供精细运维使用，第一用户为专工和智能诊断功能模块，第二用户为运行监控人员。分析报警的设计依据为历史、同类故障诊断模型，主要作用是提前关注机组，防患于未然。分析报警主要利用耦合指标或复杂特征量期望值与实测值的偏差，属于柔性报警，紧急程度低。

（3）智能推荐：针对某故障或专业分析需求，优化数据时间趋势和关联关系的可视化功能。智能推荐帮助技术人员快速发现显性故障背后的隐性关联项，进行故障的定向分析。例如，针对高压转子设置气流激振智能推荐，对振动通频值、半频能量、负荷、进气压力、油温等进行优化推荐，快速发现趋势的相关性；针对振动突变的时间设置前后 10 分钟的时间带，自动搜索所有监测量，发现同样存在突变趋势（幅值不一定超限）的监测量，智能推荐并展示趋势，进行快速故障定向分析。

（4）智能诊断：对与报警信号相关的监测量进行分析，自动进行故障的定量、定位分析。智能诊断针对特定设备发生概率大、损失大、数据基础好、预测精度高、响应时效性强的故障进行建模分析，并给出现场巡检建议、运行指导和维修建议。

这些应用的实现依赖设备数据的整合，至少应覆盖 MIS 系统（风电 SCADA 系统）、TDM 系统（风电 CMS，即 Condition Monitoring System），根据项目的具体情况延伸至精密点监测系统，收集巡检、检修的过程记录文件（设备资产档案），以及与设备状态相关的全流程、全周期数据。PHM 分析依赖设备全生命周期档案，因此，需要整合状态监测数据、生产运营数据、环境数据等。但不同企业的既有 IT 基础和架构差异很大，PHM 应用对这些异构性的适配存在很大挑战。在统计建模方面，PHM 倾向于采用中心化方式，希望有更多、更全面的数据支撑算法建模；但在分析算法的应用方面，为了减少数据传输负载、提高响应速度及满足数据的安全性要求，需要对应用的属地端进行部署。采用"中心+属地端"的架构，统一中心端和属地端，可以有效降低后期的运维成本。

1. 数据整合架构

PHM 分析依赖设备全生命周期档案。在生产运营方面，通常需要 MRO、EAM 等系统的运维活动数据，是典型的关系数据库，可以采用数据服务或 ETL 接口的方式进行整合。在故障案例库构建方面，可能涉及诊断报告、诊断现场图像、故障录波等半结构化数据，可以采用对象存储方式，后台为文本挖掘、图像识别等算法预留接口（结构化标签的抽取），方便后续检索与关联应用。

通常从 SCADA、DCS、TSI、SIS（Safety Instrumented System）系统中获取设备的状态监测信息，在极端情况下，可能需要直接从监测 PLC 中获取，以适配多类工业通信协议（MQTT、OPC-UA 等）。设备台账、BOM 等信息可以从 MRO 或 ERP 中获取，历史运维工单通常在 MRO 系统中。在理想情况下，企业已经具备大数据湖或企业数据仓库，并完成了对应信息的整合，PHM 分析应用只需与这些系统对接。在大部分情况下，需要进行新的大数据湖部署和数据整合。在数据模型上，可以参考 OSA-CBM 等行业组织建议标准[14]。

数据接入，能够适配多类工业通信协议（MQTT、OPC-UA 等），实现数据源组件（JDBC 等）的接入配置，实现各类数据在线、离线接入系统。在离线接入方面，除了 ETL 等批量方式，还有手工导入（甚至手工临时导入）方式，除了日常接入数据的存储效率，大数据湖还应该考虑数据导入的灵活性。在设备运维中，存在大量不定期检测数据、故障现场临时数据（甚至没有提前登记设备）等。

例行接入的时序数据采用时序数据仓库或时序数据库进行存储，以保证最大的存储和访问效率，对于临时接入的数据来说，对象存储是一个不错的技术选择。另外，根据数据访问的频度对数据进行分类，对于近期的热数据，采用时序数据库能够保证各种监控应用的查询（通常是列查询）效率；对于历史数据，采用时序数据仓库能够保证最大压缩率和多数据的关联，使统计分析应用查询（通常是宽表形式）更便捷。

2. 应用架构

在设备故障诊断分析中，设备制造商推荐使用中心端模式。1985 年，西屋电气公司成立了 Diagnostic Operation Center，开发部署 ChemAID、GenAID、TurbineAID 等智能诊断系统[16]，早期采用在线方式，从现场每 2 分钟上传一个数据文件，中心端对其进行分析，并在 15 分钟内做出响应。后来，随着接入量的增加，于 2000 年开始采用基于数据库的批量处理方式。国内的陕鼓、金风科技等企业也实现了类似的远程监控与诊断服务系统。基于中心端平台，可以实现代运维、诊断服务订阅等业务。

然而，传感器部署量、采集频度带来的数据量增长速度远远超过网络带宽的增长速度，大量数据很难及时传送到中心端。另外，关键设备和实施活动的数据安全合规性（如电力的数据安全分区）也不鼓励将大量现场数据放入没有严格安全保护的互联网通道中，再加上近年来边缘计算能力的大大提高，"云+端"协同计算模式成为一种可行的技术路线。中心端负责模型的训练和检验，属地端负责模型的实时运行。属地端与中心端定期进行模型的同步和更新，当然也包括离线数据（过滤或降频后）的定期上传。通过模型的按需流动，其消除了大量实时数据的流动需求。"云+端"架构，除了代运维、诊断服务订阅，还可以实现模型内容订阅等业务。

3. 技术架构

智能诊断系统基于"云+端"架构，采用 B/S（Brawer/Server）架构设计，可以实现服务的功能内聚和服务的弱耦合，保证系统具有较强的可扩展性，能够实现高效、灵活的部署。其技术架构分为基础技术、数据采集和数据接入、工业数据湖、数据服务、数据分析计算、业务应用、数据可视化 7 个层次。中心端系统的总体技术架构如图 4-41 所示。

属地端是智能诊断模型和应用的运行环境，典型的属地端环境部署在一台服务器上，要求整体架构轻量化、运行稳定、易维护。因此，属地端系统必须使用适合在单机环境下运行的组件。另外，进行属地端数据接入后，要求中心端研发的模型和应用无须修改就可以直接在属地端执行，因此，两端技术选型的不同不能影响模型和应用的运行接口，两端的逻辑架构要保持统一。中心端与属地端技术架构的关系如图 4-42 所示。

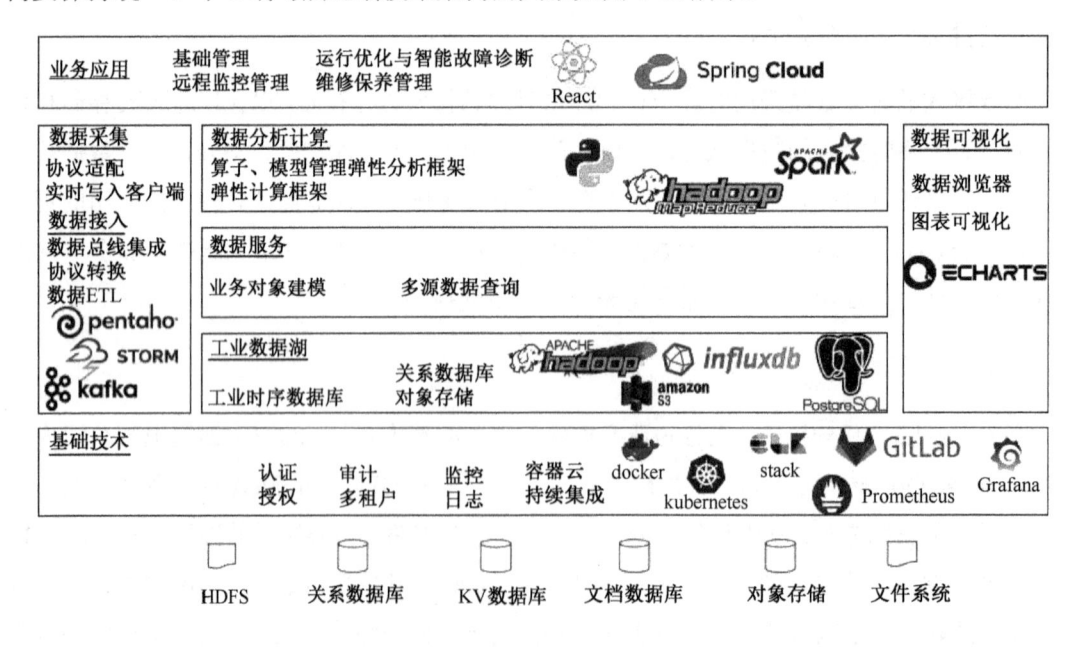

图 4-41 中心端系统的总体技术架构

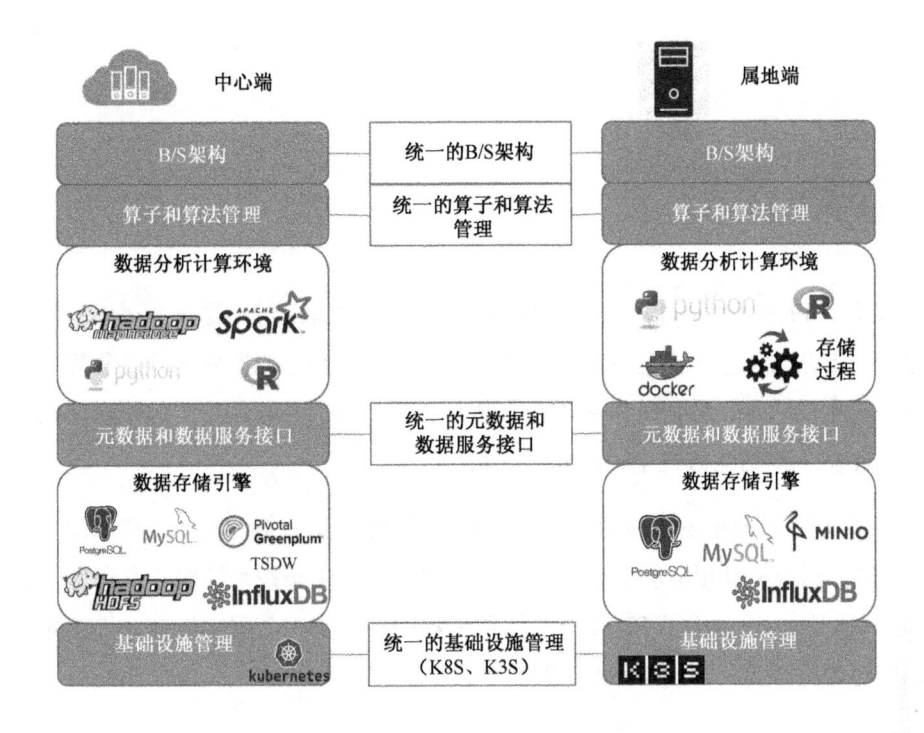

图 4-42 中心端与属地端技术架构的关系

在数据存储组件上，中心端为了满足海量数据的接入和存储需求，选用分布式 Hadoop 大数据架构和 MPP 关系数据库；而属地端则使用 PostgreSQL、MySQL 等常见数据库，时序数据基于 InfluxDB 时序数据库进行单机存储管理，文件存储使用兼容 S3 接口的 MINIO 单机版进行存储管理。我们在不同的数据存储层上构建了统一的数据服务层，实现了面向业务对象的建模和查询能力，模型和应用使用统一的数据服务接口访问数据，屏蔽了底层数据库选型不同带来的接口差异。

在算子和算法管理上，中心端为了保证大规模数据处理性能，选用分布式计算框架，如 Hadoop MapReduce 和 Spark 等，任务的调度和执行依托计算框架进行处理；而属地端则以 Docker 轻量容器为运行核心，结合单机分析语言（如 R、Python 等）和数据库存储过程执行环境，构建了轻量的分析任务执行环境。系统实现了统一的算子和算法管理及调度执行框架，屏蔽了底层不同执行环境的差异，实现了计算任务的分发、执行和结果反馈。

在应用的执行层，中心端和属地端没有差异，均使用 B/S 架构。

在基础设施管理层，中心端和属地端均基于容器进行部署调度管理。区别在于中心端使用 kubernetes（K8S）进行大规模分布式容器调度管理，而属地端则使用轻量级的 K3S 进行容器的调度管理。系统组件无须修改就可以直接部署在属地端，实现组件的统一发布和更新；并实现统一的日志管理、监控、资源管理等功能，构建相同的运维体系。

4.6 本章小结

本章讨论了 PHM 分析问题定义的 CRAB 四步法。设备运维不是一个孤立的问题，需要从企业生产、工艺与质量、安全管理等角度进行系统的审视。数据分析只是业务运作中的一环或业务决策中的一步，数据分析所用的数据是物理世界"部分维度"的缩影或表征，方法是在一定统计假设或结构假设下进行逼近或猜想。

PHM 主要包括传感器数据处理、状态监测、健康管理、故障诊断、故障预测、运维优化 6 个分析主题，以及机理模型驱动、数据驱动、知识驱动 3 条技术路线。本章重点讨论了数据驱动和知识驱动，还讨论了 PHM 分析问题依赖的设备全生命周期档案、工业知识图谱、故障案例库等数据模型，以及 PHM 典型的"云+端"架构。

参 考 文 献

[1] 黄文虎，夏松波，刘瑞岩等. 设备故障诊断原理技术及应用[M]. 北京：科学出版社, 1996.

[2] Vanson Bourne Research Study. After The Fall: Cost, Causes and Consequences of Unplanned Downtime [R/OL]. (2017-10-01) [2019-12-24]. https://lp.servicemax.com/Vanson-Bourne-Whitepaper-Unplanned-Downtime-LP.html.

[3] 李葆文. 点检屋：TnPM 设备点检管理新视角[M]. 北京：机械工业出版社, 2010.

[4] Walt Sanford. Achieve Comprehensive Reliability by Combining RBI and RCM[J]. Inspectioneering Journal, 2015.3-4.

[5] 李葆文. 设备管理新思维新模式（第 4 版）[M]. 北京：机械工业出版, 2019.

[6] 韩捷，张瑞林. 旋转机械故障机理及诊断技术[M]. 北京：机械工业出版社, 1997.

[7] ISO. Condition Monitoring and diagnostics of machines-Vocabulary: BS ISO 13372:2012[S]. London: BSI Standards Limited, 2012.

[8] 周林，赵杰，冯广飞. 装备故障预测与监控管理技术[M]. 北京：国防工业出版社, 2015.

[9] Dustin M. Etchison. The Impact of Equipment Reliability on Human Safety[R/OL]. (2017-10-20)[2019-12-25]. https://production-technology.org/ tag/probability-of-an-injury/.

[10] Automotive Industry Action Group. AIAG-VDA Failure Mode and Effects Analysis (FMEA) Handbook (1st

Edit)[M]. Michigan: Automotive Industry Action Group, 2017.

[11] J. R. McDonald, G. M. Burt, J. S. Zielinski and S. D. J. McArthur. Intelligent knowledge based systems in electrical power engineering[M]. Berlin: Springer, 1997.

[12] Chris Aldrich, Lidia Auret. Unsupervised Process Monitoring and Fault Diagnosis with Machine Learning Methods[M]. Berlin: Springer, 2013.

[13] 曾聿赟. 基于状态监测数据的核电厂设备寿命预测算法研究[D]. 北京：清华大学, 2017.

[14] MIMOSA OSA-CBM Technical Subcommittee. OSA-CBM V3.3.1 UML Model: Normative Information Specification[R/OL]. (2010-06-29)[2019-12-24]. http://www.mimosa.org/mimosa-osa-cbm/.

[15] 曹原. 状态监测条件下的维修用易损备件需求预测问题研究[D]. 北京：清华大学, 2015.

[16] E. D. Thompson, E. Frolich, J. C. Bellows, B. E. Bassford, E. J. Skiko, M. S. Fox. Process Diagnosis System (PDS) — A 30 Year History, Proceedings of the 27th Conference on Innovative Applications of Artificial Intelligence[C]. Austin: AAAI Press, 2015: 3928-3933.

第 5 章 生产质量分析（PQM）

"有所不为，而后可以有为。"

质量问题是工业生产中的核心问题，也是最复杂的问题之一。质量是人、机、料、法、环等多种因素共同作用的结果，还包括大量不可测（或测不准）、不可控（或设备工程能力不支持）因素。如果想将生产质量分析落地，就要在对业务和工艺的整体了解上，对大数据和数据分析技术有客观认识，在质量管理体系下，将技术落到合适的环节。在质量上，大数据容易出现"冒进"的问题，即将质量问题简化为少量因素作用下的封闭问题：$y=f(x)$。以为有了一定量的数据，就可以实现控制参数优化，殊不知需要考虑的维度远远高于 x。但是，只要对问题进行系统的梳理，结合一些专家经验和浅层次的机理知识，大数据就能解决很多繁杂、模糊、不精准的生产质量问题。

质量管理涉及设计、制造、采购、日常管理与教育等，本章从生产质量分析的特点开始，将 PQM（Product Quality Management）归纳为 5 个层面的问题，指出不同行业的 PQM 差异，并针对性地给出 PQM 分析问题规划的 CAPE 方法。对共性的分析算法进行讨论，总结 PQM 分析问题背后的大数据模型和应用框架，并简要归纳 PQM 的典型问题与认知误区。

5.1 PQM 的分析范畴与特点

5.1.1 PQM 的特点

作为支撑智能制造的关键技术，工业大数据在研发、生产、后服务、营销等领域都有不少应用。与其他工业大数据应用相比，质量大数据的应用基础更好，与工艺和生产的耦合性更强。

（1）管理、技术、组织、信息基础好：在管理上，质量大数据有 6-sigma、TQM（Total

Quality Management）、Lean Management 等管理理念，也有 ISO 9000、ISO 9001、ISO 13053 等流程标准；在技术上，有 SPC、ANOVA 等数理统计方法；在组织上，有工艺（或生产技术）、质量管理、设备运维等部门支撑；在信息基础上，有 EAP（Equipment Automation Program）、MCS（Material Control System）、DCS、SCADA、LIMS（Laboratory Information Management System）、MES 等系统的支撑。

（2）影响因素多，数据不完备：影响质量的因素众多，不少关键过程量数据没有被采集或难以采集，关键质量指标大多依靠人工抽检来获取（缺乏全样本数据）。关键参数稳定并不等于生产过程稳定，仅靠数据无法完美勾画物理空间。工艺和生产先验知识可以作为大数据分析的前期输入。虽然质量管理方法不断创新，但是依然存在一些难题，如 6-sigma 常遇到数据采集不到位的问题。在质量管理技术总体演进的过程中，一直将生产视为整个系统，但是如果数据的采集手段不到位，再好的思想也会面临落地困难的问题。

（3）缺乏以质量为中心的全维数据关联模型（又称全维追溯模型）：产品生产通常由多道工序组成，每道工序中都独立存在大量数据（工艺状态、设备状态、指令和动作日志等），但不同工序间的数据没有单个或单批与最终产品串接。在自动化程度很高的半导体和面板行业，即使 MES 已经实现了机台关联、物料跟踪、关键工艺状态参数采集等功能，也很少将设备状态或保养信息关联。QMS（Quality Management System）对来料、在制件、成品质量有抽样数据采集，但没有与工艺过程关联。发生质量问题时需要来回翻阅不同系统的资料，靠人工实现关联，排查效率低。物料在不同工序间可能会发生物理变化（装配、切分、延展等）甚至化学反应，为以产品为中心的数据建模带来了很大挑战。

（4）工艺和生产先验知识不完美：很多先验知识描述模糊（歧义、缺乏形式化）、未经验证（在局部条件下总结出的经验在大范围下可能是错误的），经验没有形式化和自动化，质量排查靠人工，经验知识仍以传统的师徒传授方式传承，未形成体系。大数据为此提供了改善的可能。

（5）存在大量"未知领域"甚至"未意识到的因素"：工艺人员对关键参数管得比较严，使波动范围尽量小。这时，若产品性能指标还不稳定，则常常由某些测不到的因素甚至"未意识到因素"导致。需要寻找间接影响及表征工艺或设备状态的因素，并收集数据，先找间接证据，再找本质原因。

大数据分析与先验知识的有机融合在质量大数据中非常重要，但不同人员的知识或经验通常不对称（数据分析人员对工艺与生产管理了解得不够充分，工艺人员和行业咨询师常常对数据分析技术的能力拿捏不准），需要一种可以使不同领域专家有效协同的机制（或方法论）。通过数据驱动方式，提高现有质量管控的时效性、预见性和自适应性，从而实现对更大范围要素的优化。数据驱动的质量管控如图 5-1 所示。

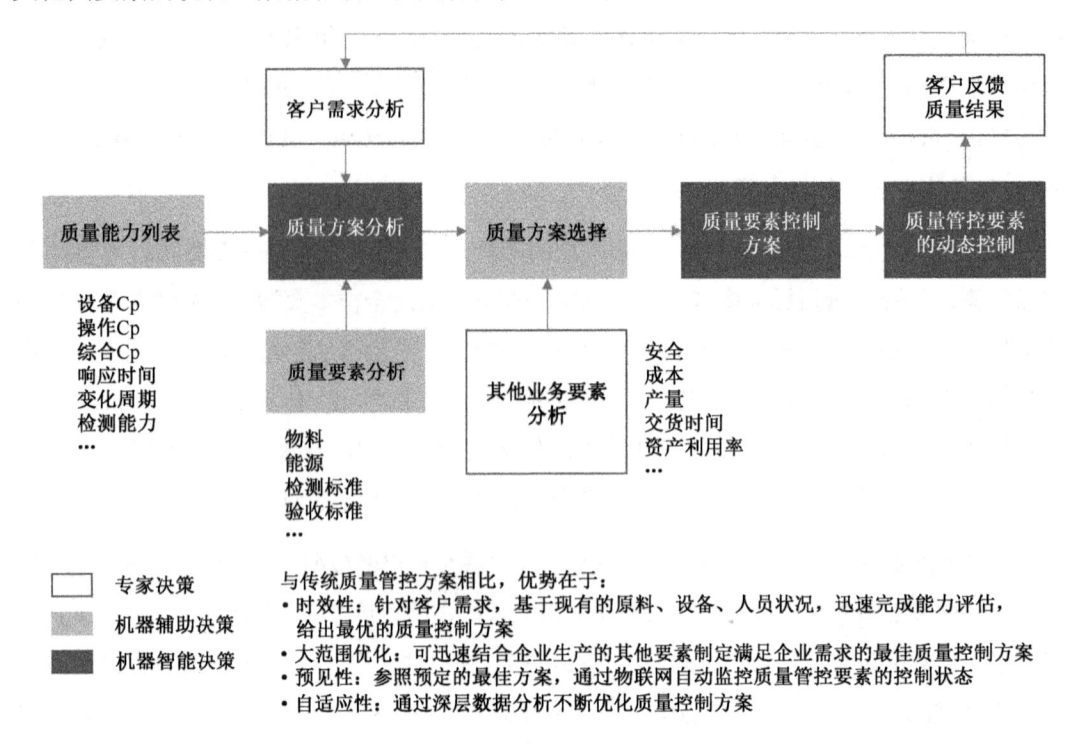

```
                    ┌──────────┐                              ┌──────────┐
                    │ 客户需求  │                              │ 客户反馈 │
                    │   分析   │                              │ 质量结果 │
                    └──────────┘                              └──────────┘
                         │                                         ↑
                         ↓                                         │
┌──────────┐      ┌──────────┐    ┌──────────┐    ┌──────────┐   ┌──────────┐
│ 质量能力 │ ───→ │ 质量方案 │ →  │ 质量方案 │ →  │ 质量要素 │ → │ 质量管控 │
│  列表   │      │   分析   │    │   选择   │    │控制方案  │   │要素的动态│
│         │      │          │    │          │    │          │   │  控制   │
└──────────┘      └──────────┘    └──────────┘    └──────────┘   └──────────┘
设备Cp                 ↑                ↑
操作Cp                 │                │
综合Cp            ┌──────────┐    ┌──────────┐          安全
响应时间          │ 质量要素 │    │其他业务  │          成本
变化周期          │   分析   │    │要素分析  │          产量
检测能力          └──────────┘    └──────────┘          交货时间
 ...                物料                                 资产利用率
                    能源                                   ...
                    检测标准
                    验收标准
                     ...
```

□ 专家决策
▒ 机器辅助决策
■ 机器智能决策

与传统质量管控方案相比，优势在于：
- 时效性：针对客户需求，基于现有的原料、设备、人员状况，迅速完成能力评估，给出最优的质量控制方案
- 大范围优化：可迅速结合企业生产的其他要素制定满足企业需求的最佳质量控制方案
- 预见性：参照预定的最佳方案，通过物联网自动监控质量管控要素的控制状态
- 自适应性：通过深层数据分析不断优化质量控制方案

图 5-1　数据驱动的质量管控

5.1.2　PQM 分析场景

可以将大数据在生产环节中的作用简单总结为"可视—可溯—可决"，将生产管理从操作型升级为决策型。质量大数据分析通常从产品质量、关键设备入手，分析场景如表 5-1 所示。

表 5-1　质量大数据的分析场景

大数据的作用		在质量管理中的作用	
		大数据平台	大数据分析
可视	时效性、真实性、全面性	生产全要素的横向（以设备、工艺流程为中心的数据档案）、纵向（生产周期、保养周期）拉通	新的检测方法（基于视觉、音频或对传感数据的分析）。传感器矫正
可溯	支持专家深入探索，不用去各处找数据	生产全要素的关联与追踪（基于行业大数据模板）	问题排查自动化：基于行业知识图谱、关联模型

续表

大数据的作用	在质量管理中的作用	
	大数据平台	大数据分析
可决	把例行的事情自动化，缩短低价值工作的时间。 把模糊的规则明确化，降低波动性和不确定性。 把复杂的问题简单化（降维、找出典型模式）。 把事后响应变成提前预知，把预防性行动变成基于状态的按需行动	• 透明化管理（可借助 AR、VR 等技术） • 对比分析（横向、纵向 Benchmark） • 典型工况案例库 • 典型设备异常案例库	质量分析 • 质量根因分析 • 控制参数优化 • 质量异常预警 • 质量时空模式分析 设备稳定性 • 异常波动检测 • 偏差识别 • 预测性维修

在现有质量管理体系下，有望在大数据的支持下实现更加精准的质量控制。PDCA（Plan, Do, Check, Action）又称戴明环，用于改善重点质量问题的流程管理，TQM 则进一步将质量问题分解到生产经营活动中，DMAIC（Define, Measure, Analyze, Improve, Control）是 6-sigma 管理中的重要工具，用于改进现有制造过程、服务过程及工作过程。与 DMAIC 对应的产品设计过程改善方法是 DFSS（Design For Six Sigma）。DMAIC 和 DFSS 都采用了统计检验等定量方法，将质量管理做得精细、可重复。大数据应该在结合企业现实的基础上，灵活融合这些管理思想和方法，从更全面的维度和更大的时间跨度上探究质量规律，以具备更加精确的质量控制能力，现有质量管理体系与大数据的融合如图 5-2 所示。

质量管理体系	PDCA 重点质量指标改善	TQM 全面质量指标改善	DMAIC 量化质量控制能力	智能化 精确的质量控制能力
质量管理的主要特点	描述质量要求 制定质量方案 分析质量问题 改善重点指标	界定内外客户需求 设定全面质量指标 偏差统计分析 改善全面指标	量化客户需求 量化质量描述 量化质量影响的数据分析 量化改善效果 量化控制能力	需求与能力的分析 质量方案综合分析 最佳质量控制方案选择 质量要素综合控制 精确的质量控制能力
大数据技术的主要应用	• 关键质量指标统计分析 • 关键工艺单元数据分析 • 关键设备运行能力分析 • 关键设备可靠性分析	• 质量指标的统计分析 • 质量指标的相关性分析及指标的优化 • 质量指标管理不断完善	• 全集及多变量数据分析帮助发现更多质量改善机会 • 动态数据的即时分析和参数及时调整，增强质量的控制能力 • 多维数据分析帮助了解生产与客户需求的关联	全面运用大数据分析技术指挥质量要素的管控
效果	关键生产工艺质量控制能力的改善	提高质量指标管理系统的效力	提高过程控制能力和客户需求的满足率	通过精确的质量控制能力，提出最佳质量控制方案

图 5-2 现有质量管理体系与大数据的融合

5.1.3 PQM 的 5 个层面

大数据为从全维审视质量问题提供了一种可能，让我们从只关注结果转变为既关注结果又关注过程，通过追溯生产过程来优化生产工艺，使质量管理形成更加全面和及时的闭环。基于这样的构想，我们才有可能利用机器学习算法，及时发现生产过程中的异常趋势，预防整批不良，减少浪费；对一些质量问题进行自动排查，缩短排查周期；结合长时间运行数据，归纳较好的参数组合，优化工艺设计；针对关键质量问题，通过因素的关联分析和模式挖掘，辅助质量根因分析；通过常见的数据统计分析，可以发现质量问题的时空规律，得到不同工艺站点机台的最佳组合，并将其作为局部问题的对策或系统改进的参考。数据驱动方法还有助于经验的沉淀和精化，将业务专家从重复的低价值工作中解放出来。PQM 中 5 类质量分析问题的前提条件和应用模式如图 5-3 所示。

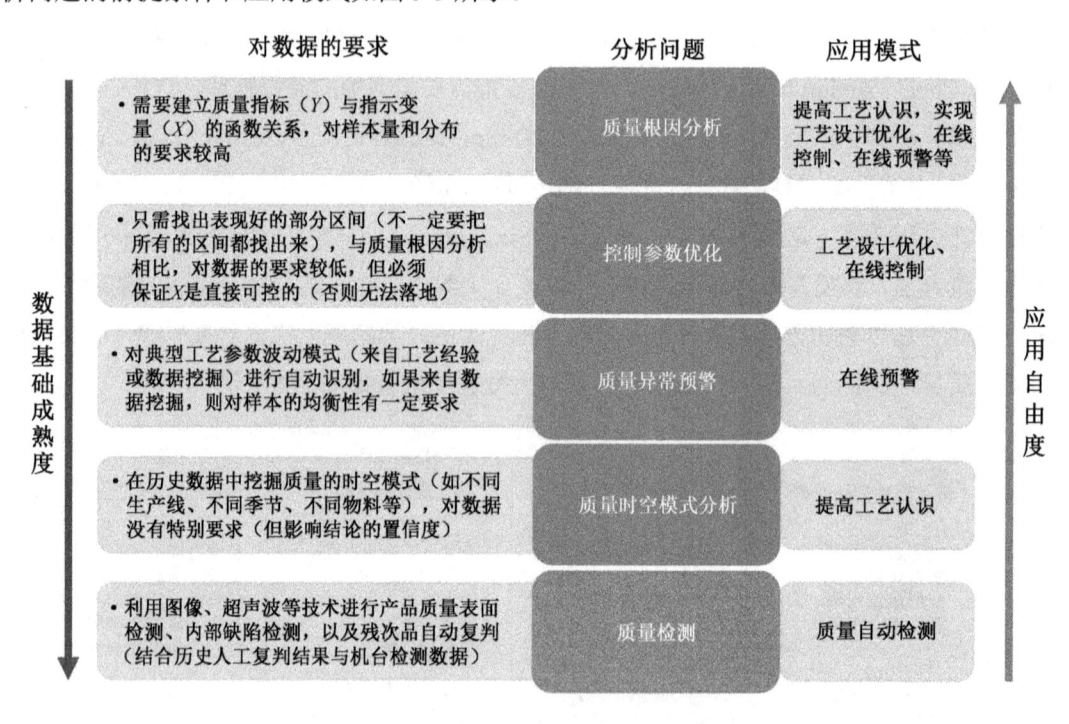

对数据的要求	分析问题	应用模式
需要建立质量指标（Y）与指示变量（X）的函数关系，对样本量和分布的要求较高	质量根因分析	提高工艺认识，实现工艺设计优化、在线控制、在线预警等
只需找出表现好的部分区间（不一定要把所有的区间都找出来），与质量根因分析相比，对数据的要求较低，但必须保证 X 是直接可控的（否则无法落地）	控制参数优化	工艺设计优化、在线控制
对典型工艺参数波动模式（来自工艺经验或数据挖掘）进行自动识别，如果来自数据挖掘，则对样本的均衡性有一定要求	质量异常预警	在线预警
在历史数据中挖掘质量的时空模式（如不同生产线、不同季节、不同物料等），对数据没有特别要求（但影响结论的置信度）	质量时空模式分析	提高工艺认识
利用图像、超声波等技术进行产品质量表面检测、内部缺陷检测，以及残次品自动复判（结合历史人工复判结果与机台检测数据）	质量检测	质量自动检测

（数据基础成熟度 ↓，应用自由度 ↑）

图 5-3　PQM 中 5 类质量分析问题的前提条件和应用模式

表 5-2 给出了一些典型行业的质量分析问题，有助于理解。

表 5-2　一些典型行业的质量分析问题

行业	质量根因分析	控制参数优化	质量异常预警	质量时空模式分析	质量检测
面板	ELA-Mura 根因分析	CIE 控制参数优化，Mask PPA 优化	ELA-Mura 不良的智能预警	TFT 智能排查，Particle 追溯分析，Array 路径差异分析	多层缺陷的智能识别
SMT 生产		钢网参数优化	刷锡质量预测	异常智能定位	AOI 不良品的智能复判
新材料生产	质量波动的关联分析	关键设备的控制参数优化，能耗优化		异常模式挖掘	产品表面质量的图像研判
化工	灌装质量分析	控制参数优化，灌装控制优化	控制参数波动的质量影响预测	漏封规律挖掘	煤质在线检测
医药		操作参数优化		批次规律分析	
钢铁	波动性分析	黄金批次分析，在线调整	设备劣化趋势预警	米跟踪	质量图像检测
汽车制造	铸造缺陷根因分析		台车偏差自动识别，焊接参数异常预警	轮毂铸造成本估算，故障原因和处理措施聚类	在线检测的自动校正

5.1.4　PQM 的应用

不同应用模式对质量分析的要求不同。如果将质量根因分析定位为挖掘未知的工艺过程规律，则对数据基础、大数据分析算法和工艺知识的完备性有很高要求；如果将质量根因分析定位为工艺改进方向的假设检验或定量化，则对工艺知识完备性的要求将大大降低。在线与离线的工艺设计优化对数据的要求也不同，前者要求自动收集数据，对数据处理逻辑的要求很高（要处理各种例外情形），而后者可以灵活融入数据的手工导入、数据处理的人工干预，对数据的要求较低。

对于不同生产类型来说，大数据质量管理的着力点可能不同。6 种生产类型如表 5-3 所示。其中，流程生产（Continuous Flow）与生产线（Production Line）在产品可溯性（Traceability）方面有很大不同，流程生产能追踪到生产批次就很不错了，很难与设备状态（如气化炉温度、炉渣堵塞状况等）精确关联，但生产线可以做到单件跟踪。此外，在生产线模式下，不同加工类型的产品可溯性含义不同，对于装配类型（如工程机械）的生产线来说，按照 BOM 结构跟踪到单件即可；对于轨梁等轧制生产线来说，需要实现"米跟踪"（即根据成品的缺陷位置，推算在前序工艺段中对应的时刻和相对位置）。

表5-3 6种生产类型

		生产类型	示例
灵活性 ↑	产量 ↓	项目式生产（Project Process）	桥梁、楼宇建造
		单件生产（Job Shop）	手工品、定制化部件
		批量生产（Batch Manufacturing）	日化品
		固定位置轮转（Fixed-position Layout）	造船、飞机装配
		生产线（Production Line）	半导体生产、汽车整装
		流程生产（Continuous Flow）	化工

5.2　PQM 分析问题定义：CAPE 方法

本节讨论如何切实推进质量大数据分析，目标不再是提出一个新的方法论以指导企业的整体质量改善，而是在企业已经有相对明确的质量改善方向的前提下（否则应用 DMAIC、PDCA 等经典质量管理方法[1]进行业务规划），讨论如何进行质量大数据平台与分析项目的规划。这里将 PQM 分析问题定义归纳为 4 个阶段，即 CAPE（Context Understanding, Data Asset Assessment, Plan, Evaluation）方法，如图 5-4 所示。

5.2.1　业务上下文理解

制造数字化（或数字化车间）有 3 条主线[2]，第 1 条主线是由机台（如机床、热处理设备等）、物料处理设备（如机器人等）、测量测试设备等组成的自动化设备系统，实现生产过程的精确化执行，与 ISA-95 企业信息架构参考模型中 Level 0、Level 1 和 Level 2 层面的 EAP、MCS、SCADA、DCS 等系统对应；第 2 条主线是以 MES 为中心的智能化管控系统，实现对计划调度、生产物流、工艺执行、过程质量、设备管理等生产过程各环节及要素的精细化管控，与 ISA-95 企业信息架构参考模型中的 Level 3 层面对应；第 3 条主线是在互联互通的设备物联网的基础上，连接 Cyber 空间的 MES 等信息化系统与物理空间的机床等自动化设备，构建车间级 CPS，实现 Cyber 与物理世界的相互作用、深度融合。

大数据是实现 CPS 的重要技术之一。从物理世界的"概念"视图和"数字"视图两个角度建立生产过程的上下文，这些基本面的分析可以消除一些不可落地的"伪命题"（不要浪费资源）、没有基础的"非分之想"（不如退而求其次）、刻意拔高的"虚假高科技"（实际上有更简单的解决方式）。另外，也可以帮助数据分析师把握核心问题与要素，根据二八定律，放弃细枝末节，降低对数据的要求（数据采集有时间和经济成本），加快价值变现。

第 5 章 生产质量分析（PQM）

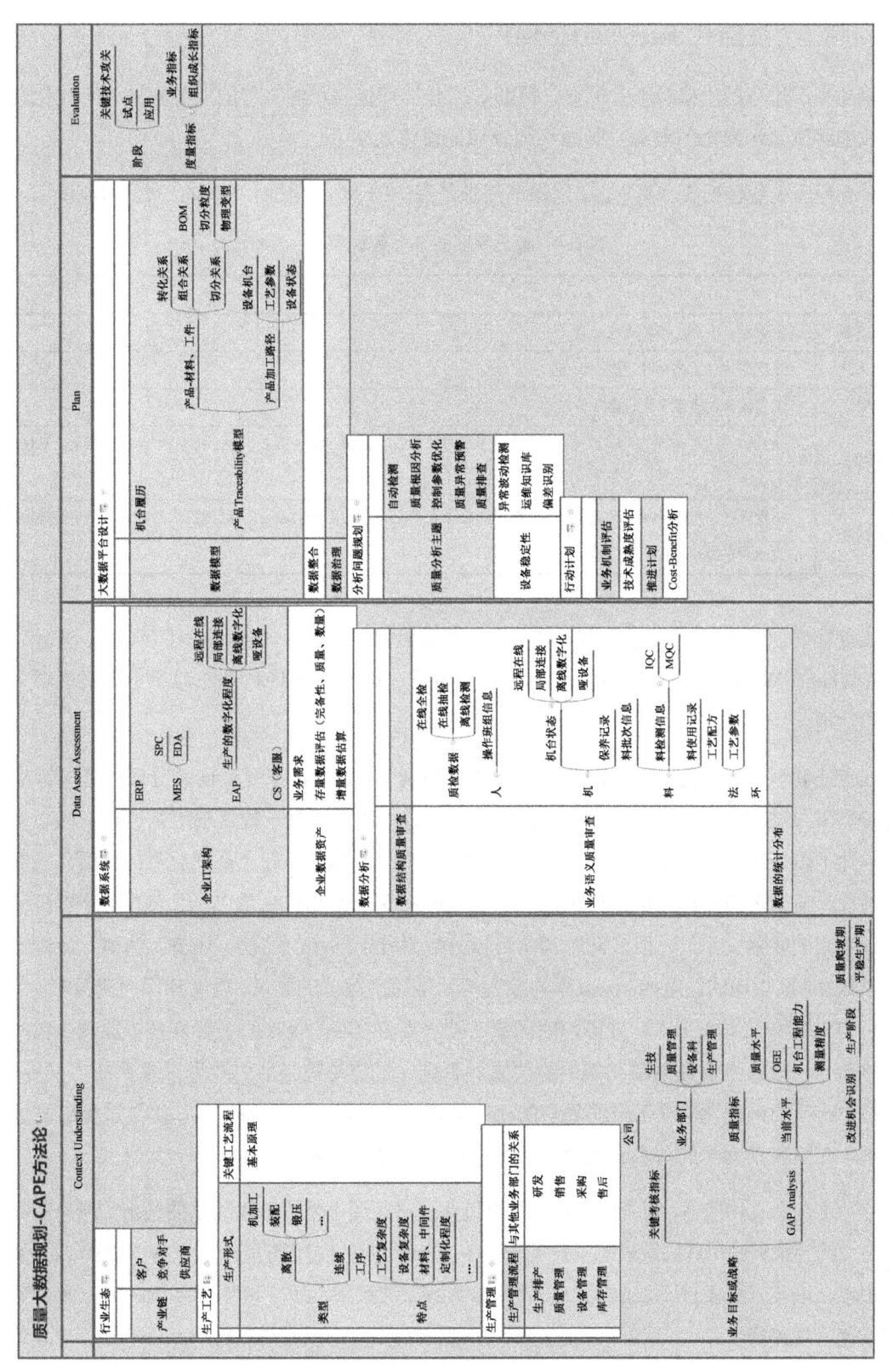

图 5-4 CAPE 方法

1. "概念"视图（Conceptual Model）

建立生产过程的"概念"上下文，帮助数据分析师建立相对完善的业务视图。形式化建模方式能够消除沟通中的歧义，提高不同领域的协作效率。

概念视图主要包括5个基本面，以保证需求是真实的、有价值的、可解的，如表5-4所示。

表5-4 概念视图的5个基本面

维度	内容
行业生态	价值链、生态、产品特征
生产工艺	生产形式、工艺原理、核心设备
生产管理	工艺设计、质量检测、设备保养
两化基础	企业IT架构，包括检测、监测体系、自动化系统（MCS、EAP、DCS等）、IT支撑系统（SPC、MES、ERP等）
质量问题	质量现状、问题来源和消除途径、质量改进的价值评价，可以用Benchmark、时空模式等统计分析手段理解问题的基本面

质量管理的5M1E（人、机、料、法、环）要素模型、生产管理的5W2H（What、Why、Who、When、Where、How、How-much）、鱼骨图、FMEA等经典方法对于上下文理解来说仍然适用。

在不违背科学解释的前提下，概念上下文更强调"分解"，把复杂问题分解成若干维度或若干环节（这与系统论并不矛盾），把握主要矛盾，特别是对一些复杂工艺过程、核心设备的描述（如气化炉、蒸镀设备等）。在应用中，一种"偷懒"的方式是把质量问题看作"黑箱"过程，美其名曰发挥大数据分析的优势（给出自变量 X 和目标量 Y，用大数据分析自动建立两者间的映射关系）。很多问题其实可以分解为若干部件、过程、环节。例如，蒸镀设备可以从控制（坩埚的温度控制、膜厚的控制等）、测量（膜厚的测量、温度和压力测量等）、执行机构（坩埚、Mask等）、外部影响因素（腔室真空度等）等方面了解其基本原理（包括空间排布），以及当前数据项在其中的位置。否则，很容易被当前的数据采集系统"误导"而挖掘不出可靠的规律。对于一些复杂的化工装置，也可以从主要的物理、化学过程出发进行分解，在系统动力学的基本面上建立数据—物理世界的映射。

除了这些形式化模型，可行的"概念"价值实现路径图也是本阶段的重要输出。理想业务问题定义的经典做法[3]是从最理想的结果开始，设计其业务应用场景，思考其成立的必要条件或假设，以及部分条件不成立（如部分关键参数无法采集、质量检测样本稀疏等）时，可能的价值变现路径。

质量的改进方式有很多（如管理手段、工艺手段、信息手段等），只有经过"分解"推演,才能把大数据和数据分析等信息技术放在合适的位置。本阶段的价值实现路径图仍然停留在"概念"层面,后面会对其进行充实。

2. "数字"视图(Digital Model)

CPS 和数字孪生是数字化追求的"最终目标",物理世界与数字世界的关联如图 5-5 所示,但现实中有太多因素(技术成熟度、经济性)阻碍我们实现"理想"情形。可以借鉴 CPS 的思想,从理想出发,逐个环节审视数据基础,建立与"概念"视图对应的"数字"视图,并将其作为技术评价的输入。

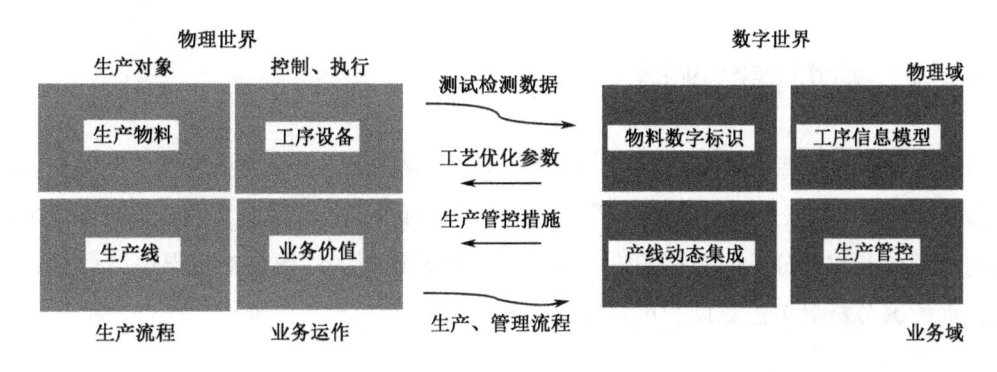

图 5-5 物理世界与数字世界的关联

"数字"视图的工作内容包括以下几点。

(1)人、机、料、法、环等质量关键要素对应的数据。

(2)检测和监测方法:测量方法、测点位置、测量精度和可重复性。

(3)设备保养记录。

(4)生产管理、工艺、设备控制的先验知识。

可以从可观、可控两个维度刻画关键因素,得到表 3-6 中的因素分类。在现实中,并非所有因素都可观或可控,这决定了应用模式的技术可行性。

可以通过 6-sigma 中的测量 GR&R、过程能力等基础分析初步评估技术可行性,通过测量系统分析了解观测数据的可信度;通过过程能力分析了解设备的基本能力。过程能力指数是过程能力满足产品质量标准要求(如规格范围等)的程度,也称为 Cp 或 Cpk 工序能力指数,指工序在一定时间内,处于控制状态(稳定状态)下的实际加工能力。它是工序的固有能力,也是工序保证质量的能力。这里的工序指操作者、机器、原材料、工艺方法、生产环境 5 个基本质量因素综合作用的过程,即产品的生产过程。通过质量分析找到质量问题的原因后,往往需要通过检测、控制来改进。这时,企业是否具备改进的检测和控制能力,就变得非常重要：如果不具备这样的能力，最多只能做到"发现"，仍然无法落地。

这样的简单分解，可以帮我们尽早意识到那些"不可落地"的美好愿望。与设备制造商相比，工厂作为设备的使用者，可以直接控制的变量有限。很多参数优化的需求往往因为无法直接控制关键工艺的状态而无法落地。

这里仅定性了解了生产过程中的数据状况，实际系统与"理论情形"往往存在很多细微但重要的差异。因此，在"概念"视图和"数字"视图的基础上，需要进一步审视数据资产（存在数据库或信息系统的数据）。

5.2.2 数据资产评估

质量大数据与标准质量管理方法的区别在于，大数据更侧重从大量数据中发现和识别规律。因此，对数据集（现有的数据资产）的评估必不可少。通常需要从数据系统（即大数据平台与应用）和数据分析两个视角进行评估。数据系统更关注数据的可得性、可存储性等性能，而数据分析更关注数据的可信度和分布特征。

1. 数据系统的视角

大数据平台通常基于明确的业务需求（如构建生产全要素视图等）进行设计与规划，需要了解数据整合方式（如接口等）、数据负荷模式（如数据存储周期、增量数据突发量、计算瓶颈等）等技术细节，主要评估内容如下。

1）企业 IT 架构

（1）业务架构。

（2）解决方案架构。

（3）计算负荷模式。

2）企业数据资产

（1）业务需求。

（2）存量数据评估（完备性、质量、数量）：这里的质量评估与数据分析的数据结构质量审查类似。

（3）增量数据估算。

2. 数据分析的视角

数据分析是一个科学过程，但数据仅是物理过程的"缩影"，单纯靠数据容易对全局的研判产生误导。因此，一个好的数据分析师应具备研判数据是否正常的直觉和判断力，相信数据但不迷信数据。数据分析维度的评估包括数据结构质量审查、业务语义质量审查和数据的统计分布（包括数据偏度、不平衡性，在第 8 章中详细讨论）3 个阶段。

1）数据结构质量审查

没有高质量数据，就没有高质量挖掘结果。高质量决策必须依赖高质量数据。例如，重复值或空缺值会导致产生不正确的统计结果。常见数据质量问题如表 5-5 所示。

表 5-5　常见数据质量问题

问题	描述	原因
不完整	缺少数据值 缺少一些重要属性	在进行数据收集时缺乏合适的值 在进行数据收集和数据分析时有不同考虑因素 人为、硬件、软件
噪声	包含错误点或孤立点	数据收集工具 在数据输入时计算错误 在数据传输中产生错误
数据不一致	在编码或命名上存在差异	不同数据源 违反函数依赖性

从数据表映射关系、字段类型、字段语义、时序关系（如采样间隔等）4 个维度检查数据质量问题，如表 5-6 所示。

表 5-6　从 4 个维度检查数据质量问题

维度	检查内容
数据表映射关系	表间 1:1、1:n 的关系是否真正满足 表内是否存在重复记录
字段类型	缺失 统计意义上的离群值
字段语义	数值异常（如 pH 值） 层次化字段语义（如分公司销售额之和与总销售额相等）
时序关系	时序数据：根据采样间隔检查缺失和重复

2）业务语义质量审查

数据集的分析借鉴了"数字孪生"的思想，物理空间的实体、运作流程与数据层面的数据模型和分析模型形成映射关系，按照逻辑问题分解的思路（MECE，Mutually Exclusive Collectively Exhaustive）[3]，逐一审查数据空间在哪些方面可以忠实反映物理世界（在实际项目中很难建立严格意义上的数字孪生体），避免不必要的数据探索。

1）数据字段的"物理"化

测量方式（测量原理、测点布置、测量范围、一致性、精度、频率，包括质检、工艺状态参数、设备状态数据）、执行机构的工程能力、控制策略（自动或人工）、样本存储策略（幸存者偏差）等决定了不同数据字段的基本面。例如，蒸镀中的膜厚测量依赖晶振（基于晶振频率变化与膜厚的近似线性关系，该线性关系只在一定的膜厚范围内显著），且测量精度随使用时间变化，但可以人工进行不定期补偿。当晶振达到使用期限时，系统会切换到新晶振，因而只有联合晶振的活性、生命周期、晶振编号、人工补偿量等，才能建立相对完备的膜厚控制回路（控制系统中的膜厚测量数据在 MES 等现有系统中没有采集，进行质检与晶振属性的关联分析会牵扯太多其他因素）。

对于质量检测或抽检数据，同样要审视检测精度、一致性和可信度等。例如，油气生产中的"产量"有很多计量值（井下产量、井口产量、集输产量等），由于计量方式（流量计累积、液位计差分）、工作条件（不同的压力、温度）不同，其差别和对应关系也非常复杂。在质量检测中，不同历史时期采用的检测方式不同，需谨慎对待其质量检测结果。

2）数据记录的"场景"化

根据访谈的业务逻辑，在数据集中重现典型过程：工件的加工过程、批次过程、班组的人工调整过程、质量异常的排查过程、设备和装置一个周期的工作过程。

经过以上评估，可以针对每个潜在的数据分析问题，形成若干分析假设[4]，否则表示还有更多信息待补充。在此之前，不要贸然进入下一步。

5.2.3 设计与计划

1. 大数据平台设计

根据质量管理领域的特定需求，参考图 1-7 中工业大数据的 STEP-DO 方法（特别是可行性评估和建设方案设计阶段）。在对企业 IT 架构和企业数据资产评估的基础上，完成技术架构设计、容量规划、数据治理及安全策略制定、计划实施等工作。PQM 大数据平台设计的主要内容如表 5-7 所示。通过使用大数据平台产品的基础功能，沉淀行业数据模板、数据接口、质量管理领域的分析算法和应用工具，提高数据模型的可扩展性和数据服务的复用度，实现面向质量分析应用的领域大数据平台。

表 5-7 PQM 大数据平台设计的主要内容

企业 IT 架构和企业数据资产评估	大数据平台的规划
企业 IT 架构 • 业务架构 • 解决方案架构 • 计算负荷模式 企业数据资产评估 • 业务需求 • 存量数据评估（完备性、质量、数量） • 增量数据估算	技术架构设计 • 平台架构 • 应用架构 容量规划 • 集群规模及角色 • 配置清单 • 容量清单 数据治理及安全策略制定 • 数据抽取与整合 • 数据质量治理 • 访问权限管控 计划实施

在质量大数据平台建设中，要特别关注与 MES、SCADA、DCS、工程数据分析（Engineering Data Analysis，EDA）、机台 Master PC 等既有系统的关系和集成方式。

2. 分析问题规划

分析问题规划包括 6 个方面的内容。

（1）定型：根据数据资产评估，将分析需求归类（例如，图 5-3 中给出的 PQM 中的 5 类质量分析问题）。

（2）定目标：将业务期望转化为分析模型的技术指标。

（3）列关键因素：明确分析问题的主要挑战，如样本量不足、关键因素缺失、样本不均衡、异常和干扰、Cost-Sensitive、大时滞（当前状态由过去很长时间的操作累积而成）等。

（4）确定技术路线：根据分析问题的主要矛盾、制约因素，选择合适的路线。例如，对于大时滞系统（如锅炉燃烧过程、煤气化过程等）的质量分析，通常需要进行工况切片（多时序模式聚类）。对于关键因素缺失的情形，通常需要思考软测量问题。

（5）确定数据需求，从 3 个维度评估质量分析问题的成熟度，如图 5-6 所示。

（6）估计资源需求和时间周期。

3. 行动计划

在规划时，根据技术可行性和预期业务价值，将大数据分析问题分为前沿探索型（探索未知领域，不确定性和收益并存）、优化提升型（有良好基础，但不确定大数据能够提升多少）、实施落地型（有成功经验，大数据只需进行经验的形式化和自动化），设置合理的考核指标，避免把企业大数据做成单纯的科研探索或简单的信息化项目。根据企业的业务战略、投资预算和技术战略，规划问题组合策略和推进时间表。

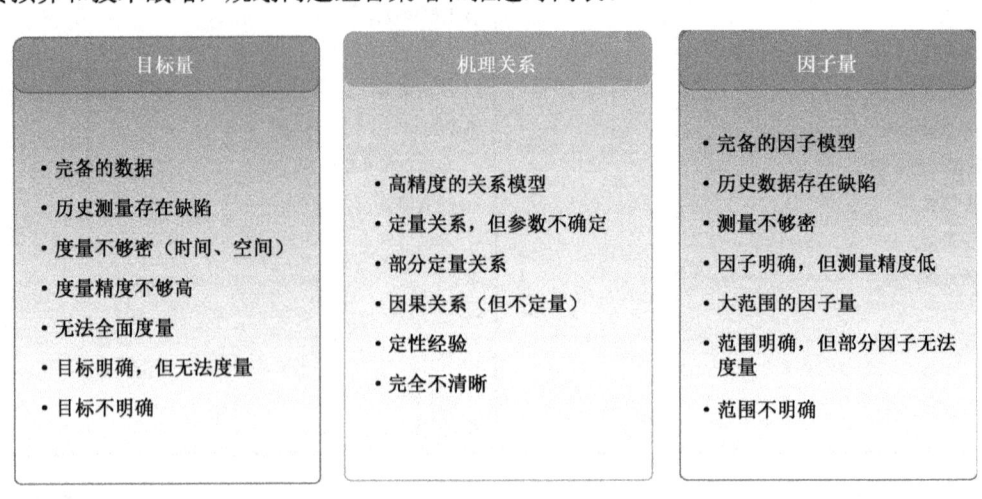

目标量	机理关系	因子量
• 完备的数据 • 历史测量存在缺陷 • 度量不够密（时间、空间） • 度量精度不够高 • 无法全面度量 • 目标明确，但无法度量 • 目标不明确	• 高精度的关系模型 • 定量关系，但参数不确定 • 部分定量关系 • 因果关系（但不定量） • 定性经验 • 完全不清晰	• 完备的因子模型 • 历史数据存在缺陷 • 测量不够密 • 因子明确，但测量精度低 • 大范围的因子量 • 范围明确，但部分因子无法度量 • 范围不明确

图 5-6　从 3 个维度评估质量分析问题的成熟度

5.2.4　部署与评估

根据分析问题的定位进行关键技术攻关，从模型的精度、稳定性等维度快速评价工艺落地的可行性。对于技术可行的分析问题，选择合适的产品和生产线进行控制性实验，并完成大规模应用推广工作及对应的大数据应用开发工作。

在分析模型投入试点之前，最好跳出技术，回归业务角度进行"再思考"，至少回答以下 3 个问题。

（1）模型的应用场景：给谁用？什么时候用？例如，每 30 分钟自动运行还是每个生产周期手工触发？预警和预测的提前量是多少？提前量是否足以采取必要的干预措施？对于检测与报警模型，模型的精度对于实际生产来说意味着什么？

（2）模型所需输入的可获得性：在模型运行时，是否能够获得全部所需输入？

（3）模型的适用范围及例外情形处理策略：如何处理未建模情形？模型的最差情形是什么？应对措施是什么？

5.3　PQM 分析主题

以 6-sigma 为代表的经典质量控制方法论在有限的数据基础上，平衡业务价值与生产成本。为了引导大家做到基于 Y 找 X，6-sigma 有一系列方法论，如 DMAIC、DMADV（Define, Measure, Analyze, Define, Verify）、DFSS 等。在大数据情形下，可以利用多维度关联、深度模式挖掘等，在时效性、优化性、预见性、自适应性等方面进一步提高质量管理能力。不同问题中的 PQM 分析算法如图 5-7 所示。

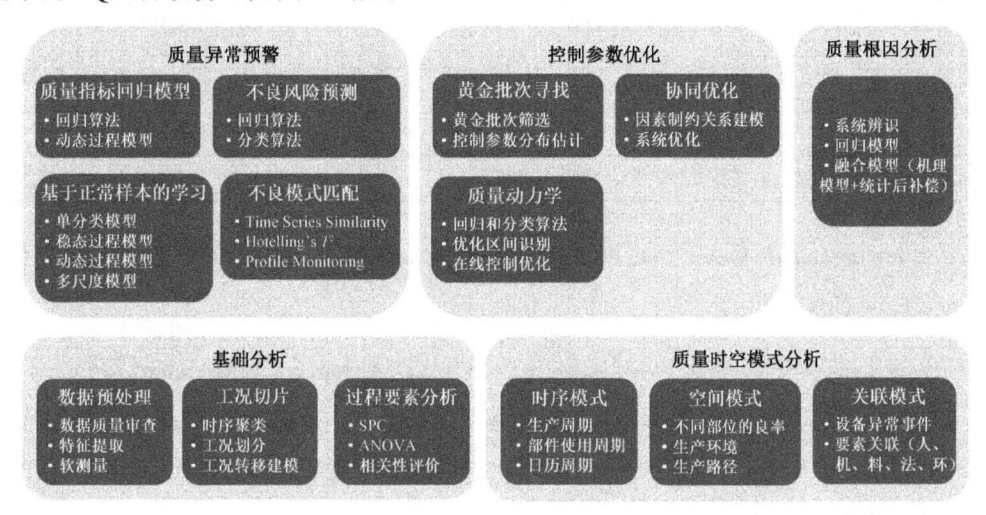

图 5-7　不同问题中的 PQM 分析算法

5.3.1　基础分析

1. SPC

SPC（如图 5-8 所示）有很多不同的形式，但基本思想与 Shewhart 在 1926 年提出的 Shewhart chart[5]类似，先计算过程量的中线（Center Line，CL）和样本的标准差（Standard Deviation），然后根据假设的分布和置信度计算上控制界限（Upper Control Limit，UCL）和下控制界限（Lower Control Limit，LCL）。

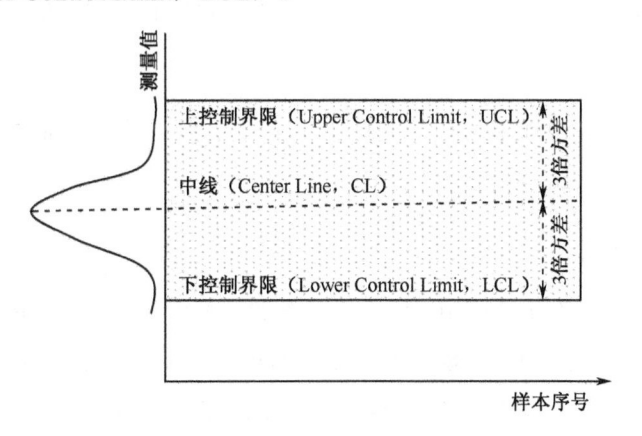

图 5-8　SPC

根据变量类型,得到的 Shewhart chart 有 4 种主要形式,如表 5-8 所示。

表 5-8 Shewhart chart 的 4 种主要形式

类型	适用的过程量	描述
p-chart(np-chart)	良率或不良率	二项分布
c-chart	不良个数	泊松分布
u-chart	一个产品单元的不合规个数	泊松分布
$\bar{X}$ and R chart	连续变量的平均值和变化幅度	正态分布

基于 Shewhart chart 可以定义过程能力(Process Capability)指标,如 ARL(Averaged Run Length)、Cp、Cpk 等。

为研判平均值跃变或漂移,后续发展出了 CUMSUM chart、EWMA chart 等技术,还有基于非参数化统计量的 SPC 技术。针对多变量,也有基于 Hotelling's T^2 统计的参数化方法和非参数方法。针对存在函数关系的变量,也有对应的参数化方法和非参数化 Profile Monitoring 技术[6]。

2. ANOVA

方差分析(ANOVA)又称"变异数分析"或"F 检验",由 Fisher 发明,用于两个及两个以上样本均值差异的显著性检验,由组间方差与组内方差的比值构成 F 统计量,如图 5-9 所示。根据控制量的个数,分为单因素(One-Way ANOVA)和多因素(Two-Way ANOVA)。方差分析有 3 个假设。

(1)每组样本数据对应的总体应该服从正态分布。正态检验主要有两种方法,一种是统计检验方法:主要包括基于峰度和偏度的 SW 检验、基于拟合度的 KS、CVM、AD 检验;另一类是基于描述的方法:Q-Q 图、P-P 图、茎叶图,以及利用四分位数间距和标准差进行判断等方法。

(2)方差齐性,即每组样本数据对应的总体方差相等。方差齐性的主要判断方法有:方差比、Hartley 检验、Levene 检验、BF 法。

(3)每组值相互独立。

ANOVA 相对成熟,在工业应用(特别是质量管理)中,其更大的风险来自协变量的不完备,很多重要的协变量没有被考虑(甚至无法观测)。例如,设备的清洗保养对质量异常的影响经常被忽略。因此,要借助统计分析手段,结合机理和业务理解,不断探究,才能获得一些有价值的结果。

图 5-9 ANOVA

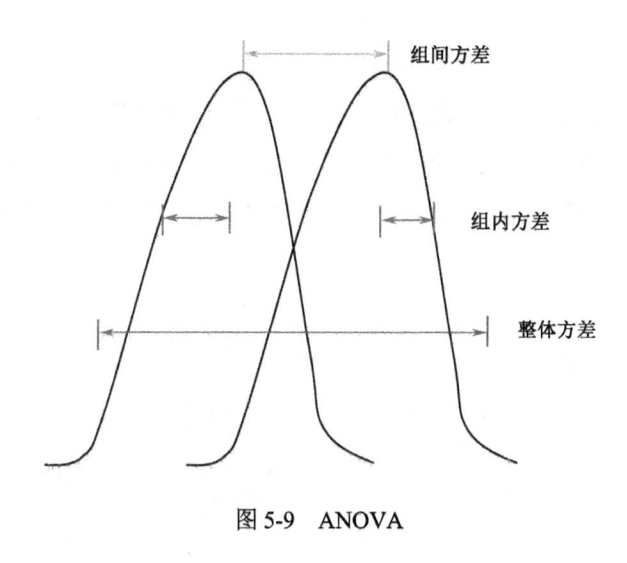

3. 工况切片

工业生产是受控过程，不同的工况，有不同的控制逻辑和期望行为。例如，满负荷生产与一般生产的工艺状态参数有很大区别，在锅炉和气化炉的使用初期和中期，控制规律和表现行为通常不同。因此，只有把不同类型的工况区分开，统计分析才有意义，变量间的相关性才有可能凸显出来。

工况切片有规则驱动和数据驱动 2 种技术路线。在存在明确工艺机理的情形下，优先采用规则驱动，这里仅讨论数据驱动。数据驱动有：①基于结构方程的方式。例如，Autoplait 算法（在第 8 章中讨论）将多变量时间序列刻画为工况模态间转移的 HMM 模型，以及一个工况内多变量的 HMM 转移矩阵，通过优化全局的信息描述长度，得到最优的结构化方程；②模态聚类方式，对滑动窗口子序列进行聚类，获得若干典型时序模式（可以解释为"工况"），通过关联规则分析等算法，得到各工况间的转移概率。基于数据驱动的工况切片的分析步骤和结果展示如图 5-10 所示。

4. 特征提取

工业生产是受控过程，过程量之间强关联，而质量是多个过程量非线性交叉作用的结果，过程指标与质量指标的线性相关系数通常很低（小于 0.2），如果不降维，统计学习模型倾向于将大多数变量引入模型。为了降低过拟合风险，需要进行特征提取及后续的降维运算。

生产过程数据特征有 3 类：①领域特征，工业场景的边界由专业领域的机理进行约束，因此，分析过程注重数据模型和机理模型的融合（如关键工艺指标、经验公式等）；②时序特征，生产过程指标多为时序数据，典型的序列数据特征包括单序列原始值、单序列单值特征、单序列序列特征、多序列单值特征、多序列序列特征；③自动生成特征，自动生成特征也是提高模型精度的有效手段。主要采用语法进化（Grammatical Evolution，GE）算法自动生成特征。用户根据语法树定义可能的特征衍生形式，采用遗传算法进行优化，找到满足预期的新特征。第 2 类和第 3 类数据特征将在第 8 章中进行详细讨论。按照单变量统计特征、单变量序列特征、多变量统计特征、多变量序列特征 4 个类别对常用的特征提取方法进行归类，如图 5-11 所示。

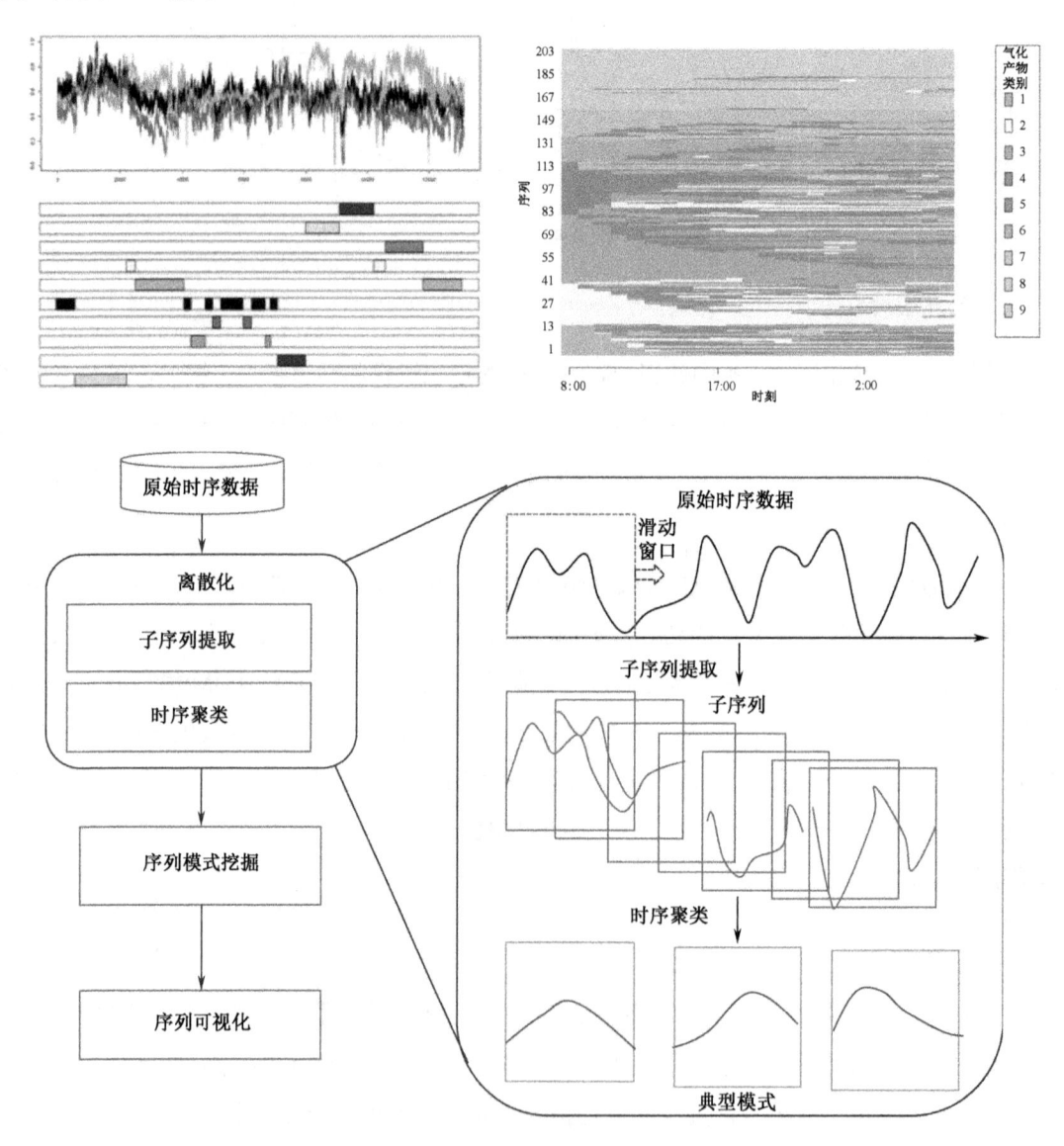

图 5-10 基于数据驱动的工况切片的分析步骤和结果展示

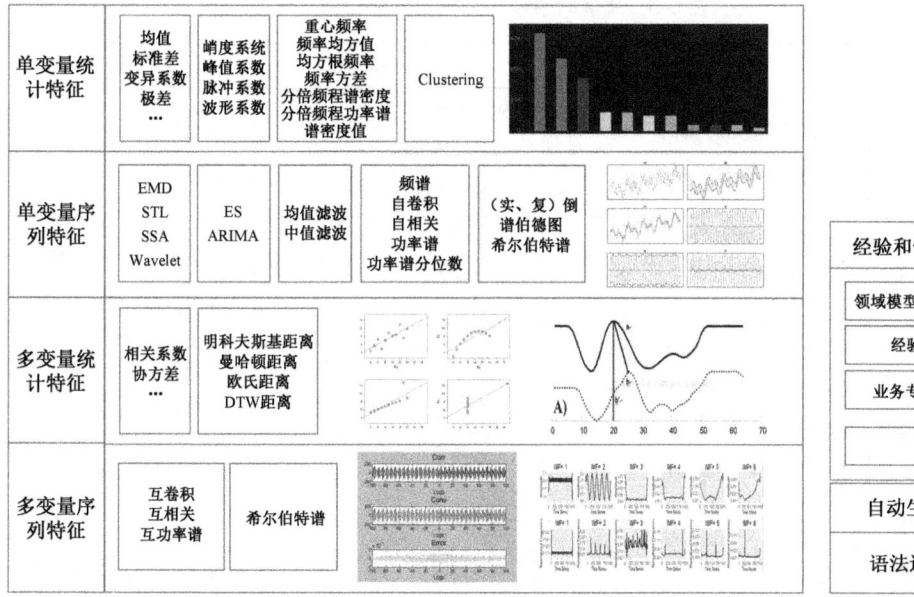

图 5-11　特征提取方法

5. 软测量

软测量指利用算法和传感器数据估算重要过程及状态指标的技术。测量技术、测量成本、部署难度、传感器可靠性、测量精度和稳定性、测量频率等方面的限制，使很多过程和状态量难以直接测量，这时通过现有的传感器数据对其进行估计也是一种重要的技术手段。例如，气化炉的炉温是气化效率分析的重要指标，但在水煤浆冲击和高温的共同作用下，热电偶通常使用两周就失效了，在这种场景下，需要利用过去两周气体中的甲烷含量、气体流量等信息构建回归模型，以相对精准地估算炉内温度。

软测量的作用与特征提取类似，都是为分析建模提供重要的特征量。不同的是，特征提取通常是无监督的，而软测量一定是有监督的。为了避免多重共线性，软测量算法和后面的分析算法不能同时采用线性模型。

5.3.2　质量时空模式分析

质量时空模式分析的典型问题如表 5-9 所示。

表 5-9 质量时空模式分析的典型问题

类型	分析内容	业务用例	算法
质量的时序模式	生产周期或生产批次 设备和部件的使用周期	供应商评价 部件更换周期优化 设备更换优化	假设检验、方差检验 SPC
质量的空间规律	产品的部位或区域 生产环境 生产路径分析	安装优化 夹具优化 路径组合优化	Spatio-Temporal 分析 聚类算法（包括 GMM 等）
事件关联模式	异常事件与质量异常的关联	设备异常对后续质量影响的分析与追溯	关联规则挖掘算法（包括时序关联规则挖掘算法）
要素的关联	人、机、料、法、环	关键要素识别（特别是可控要素）	方差分析

不同行业的质量时空模式分析重点不同。在面板行业，挖掘不良在面板上的区域分布、时间规律（发生在蒸镀晶振的哪个阶段）、良率与腔室清洗的关系；通过不同点位的偏移量，进行张网优化（决定初始冷状态下的偏移量和拉力，以便热膨胀后在面板整体上的偏离率最小），如图 5-12 所示；通过路径分析（很多工艺站点有多个机台并行执行任务）确定最佳机台组合。在化工生产中，通过质量异常与之前若干天的设备异常（如泵停等）或其他质量异常之间的关联规则挖掘，辅助专家理解异常事件的潜在影响。在汽车整车制造中，利用在线质量检测规律，及时发现台车偏差，降低其对后续产品质量的影响。

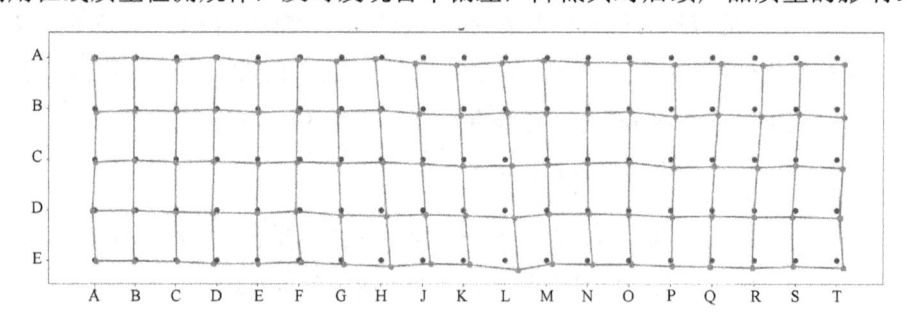

图 5-12 张网优化

在算法上，方差分析和假设检验是类别变量对比的常用方法。在时空模式建模上，通常将变化描述为宏观尺度成分和微观尺度成分的组合。宏观尺度描述时间趋势（如随设备开机时长或关键器件工作时长变化的质量趋势等）、空间趋势（如一个面板上不同点位间的变化趋势等）、时空交叉影响趋势，通常用回归模型（线性回归、多项式回归、样条函数、LOESS 等）或状态方程模型刻画时间趋势。微观尺度描述短期自相关或局部空间相关性，通常采用 ARIMA 等零均值高斯过程模型，整体上可以采用 EM 等算法进行模型的参数估计。GMM 算

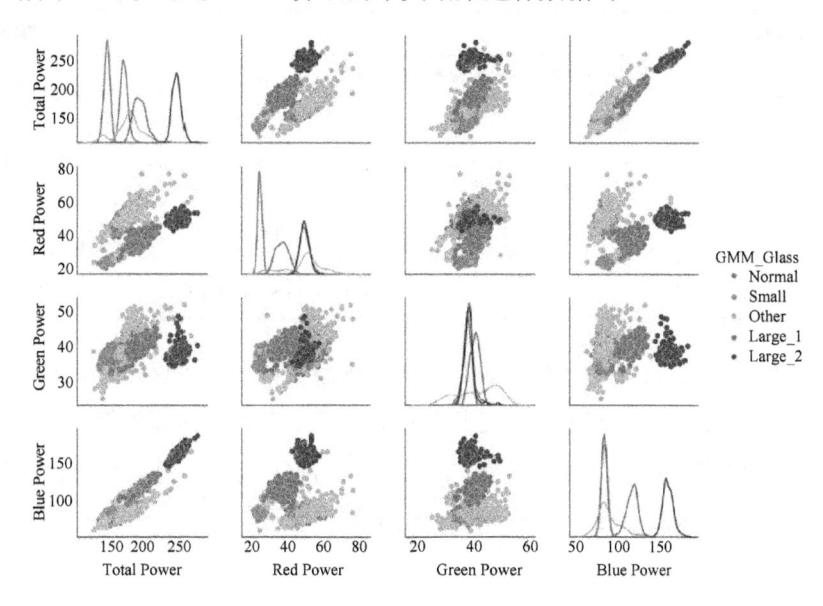

法如图 5-13 所示，可以通过 GMM 算法的聚类结果进行数据对比。

图 5-13　GMM 算法

5.3.3　质量异常预警

受技术和经济因素的影响，在线质量检测通常为多个制程的统一检测（可以归到引起不良的制程站点），存在严重滞后。如果能够根据历史数据，将当前制程的参数与对应的质量指标关联（可以融入其他可观测因素），并挖掘它们之间的关系，建立质量指标的预测模型，将为制造质量的提高提供决策层面的指导。对于很多生产过程（如增材制造等）来说，尽早抛弃高风险在制品通常更经济。

质量异常预警的 4 条技术路线如表 5-10 所示。前 2 条路线属于监督学习，后 2 条路线属于无监督学习。在监督学习中，路线 1 的预测量是产品质量指标，业务应用系统根据质量管控标准进行产品质量异常预警；路线 2 的预测量是不良风险，基于对历史质量检测等级与工况参数的关联建模（分类模型或回归模型），进行风险预警。在无监督学习中，路线 3 在拥有大量正常样本的前提下，学习正常样本中变量的空间、概率、密度分布（如 GMM 算法等）和流行结构（如 One-Class SVM），根据实际运行中的偏移量（如马氏距离等）进行预警。路线 4 适用于业务上相对明确的不良模式，统计学习算法仅对实际数据进行时序相似度评价，并以此为基础进行异常预警。

表 5-10　质量异常预警的 4 条技术路线

	技术路线	描述	算法
1	产品质量指标预测	根据当前的设备状态参数和近期良率走势，预测产品质量指标，进行风险预警	回归建模方法
2	不良风险预测	根据历史质量检测等级，预测产品质量的不良风险	分类模型或回归模型
3	基于正常样本的学习	基于正常样本构建模型，发现实际运行中的偏移量	One-Class SVM 聚类算法
4	不良模式匹配	根据业务领域典型不良模式进行相似度评价，发现异常	时序相似度评价

在工业应用中，要注意评价指标的选择。应根据业务需求确定误报率、漏报率、预警提前量等业务指标，在进行分析建模时，将其转化为对应的技术指标和度量方法。同时要考虑传感器和质量检测的精度和稳定性，在现场测量中常常存在毛刺干扰，在进行模型性能评估时要减弱这些干扰的影响。Mura 不良率预警如图 5-14 所示。

5.3.4　控制参数优化

控制参数优化的目的是在外生变量给定（如设备的使用时长、来料类型等）的条件下，通过合理的控制参数组合，获得理想的质量。控制参数优化的 3 条技术路线如表 5-11 所示。

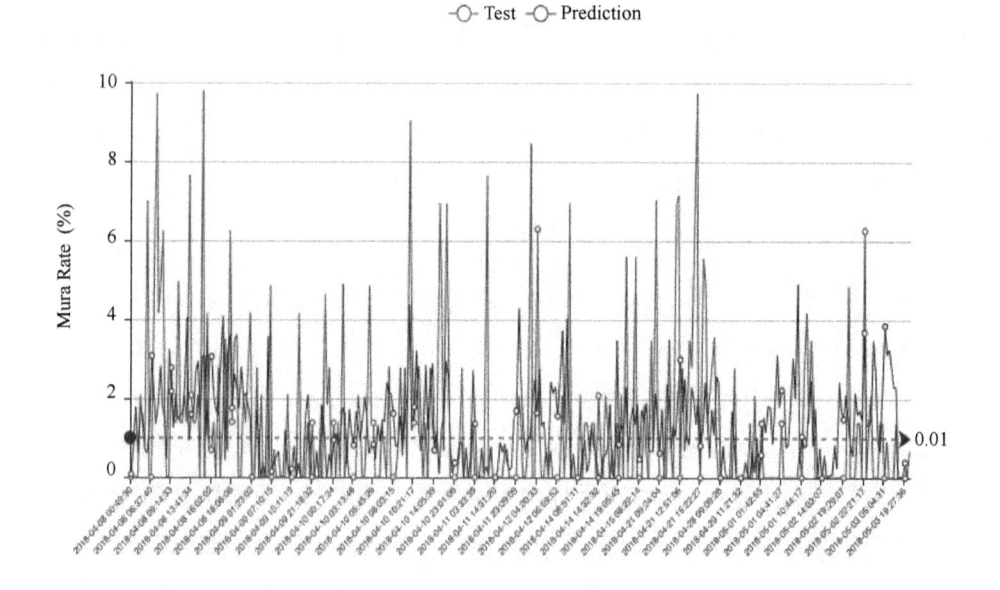

图 5-14　Mura 不良率预警

第 5 章 生产质量分析（PQM）

表 5-11 控制参数优化的 3 条技术路线

技术路线		描述	算法
1	理想批次寻优	根据质量评价指标，在历史数据中筛选出若干理想批次，从理想批次中总结出最佳参数控制区间及在线控制策略	聚类（如 GMM 算法等）参数分布拟合
2	质量动力学模型	构建质量与参数及其他因素（如设备健康状态等）的回归模型，找出输出质量理想的参数控制区间和在线控制策略	分类模型或回归模型（如决策树、随机森林等）
3	协同优化	一个工件不同区域的质量指标、设备不同使用时长下的质量指标等质量指标通常是相互制约的，应基于历史数据和协同优化，得到一个全局的最优参数集或参数区间	启发式优化算法

在第 1 条技术路线中，基于多项质量评价指标的综合评估，在历史数据中筛选出理想批次。在考虑不同外部条件（如来料质量、生产环境等）和不同质量指标的情况下，对理想批次进行聚类。在每个类中，基于半参数化或参数化方法，获取不同参数的控制区间。理想批次寻优示例如图 5-15 所示。这种方法不过多关注参数的动力学关系，建模简单，适用于机理简单、对机理的了解有限或监测数据相对缺乏的场景。例如，大概清楚生物发酵过程的微观机理（温度、溶液组分对菌生长变异的影响），但没有明确中观操作层面的机理。

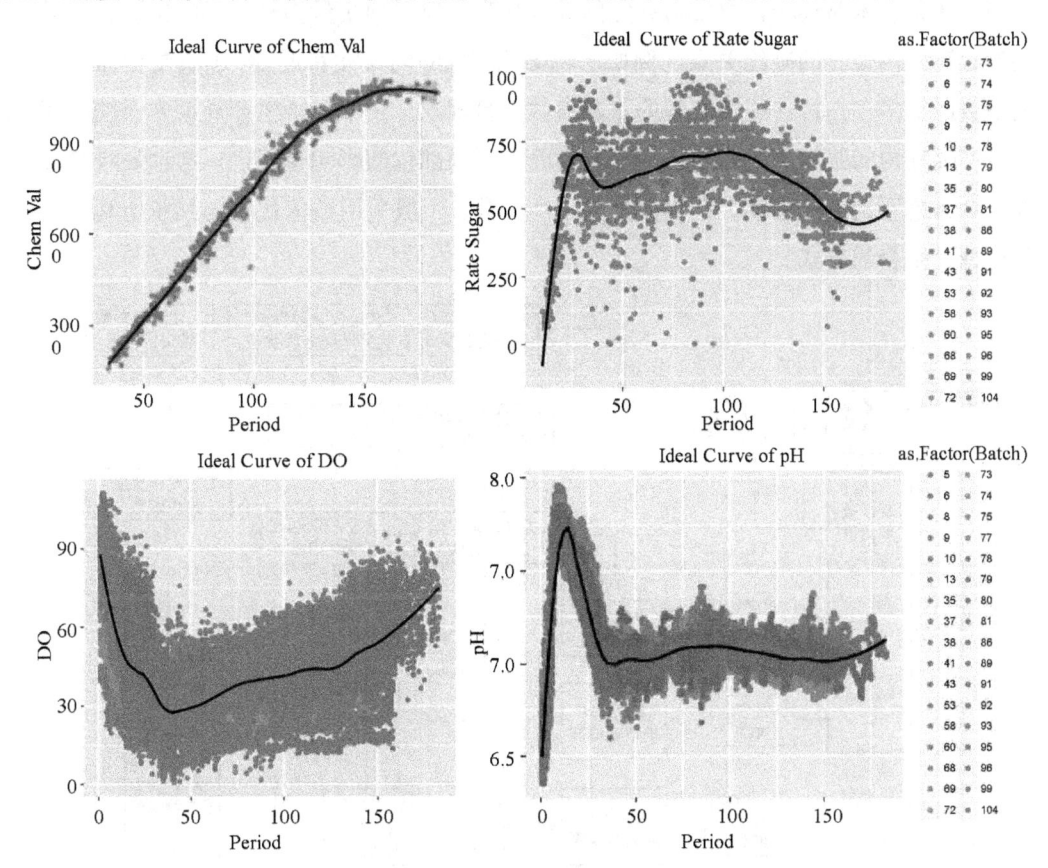

(a) 从理想案例中统计得到最佳控制曲线

图 5-15 理想批次寻优示例

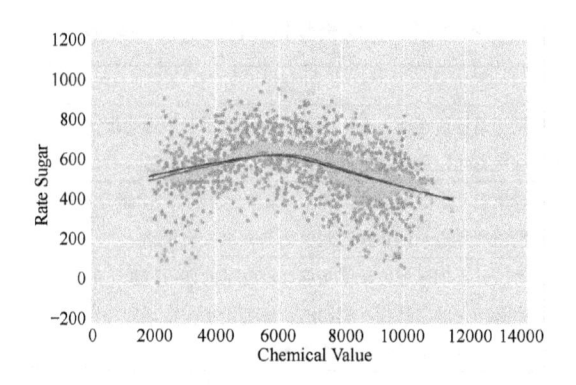

(b) 数据模型可以逼近最佳实操经验，并显著降低波动性

图 5-15　理想批次寻优示例（续）

在第 2 条技术路线中，引入参数的动力学关系模型，通过回归算法得到最佳参数控制区间，质量动力学模型示例如图 5-16 所示。这种方法适用于机理关系相对清晰或监测数据相对完备的场景，如轧制过程、蒸镀过程、化学反应过程等。

在第 3 条技术路线中，质量与参数的关系清晰，但多项质量指标（不同位置、不同生产周期）存在此消彼长的制约关系。例如，轨梁轧制的断面尺寸有近 30 项质量指标，轧机的轧制参数影响多项指标；蒸镀掩膜的张网参数一旦固定，在下一个生产周期内无法改变，但不同生产周期内的张网热变形不同，变形对面板不同部位的影响也不同，这时张网参数优化需要综合考虑不同生产周期、不同面板的空间位置。一般采用数值优化与系统仿真（或统计学习模型）结合的方式。

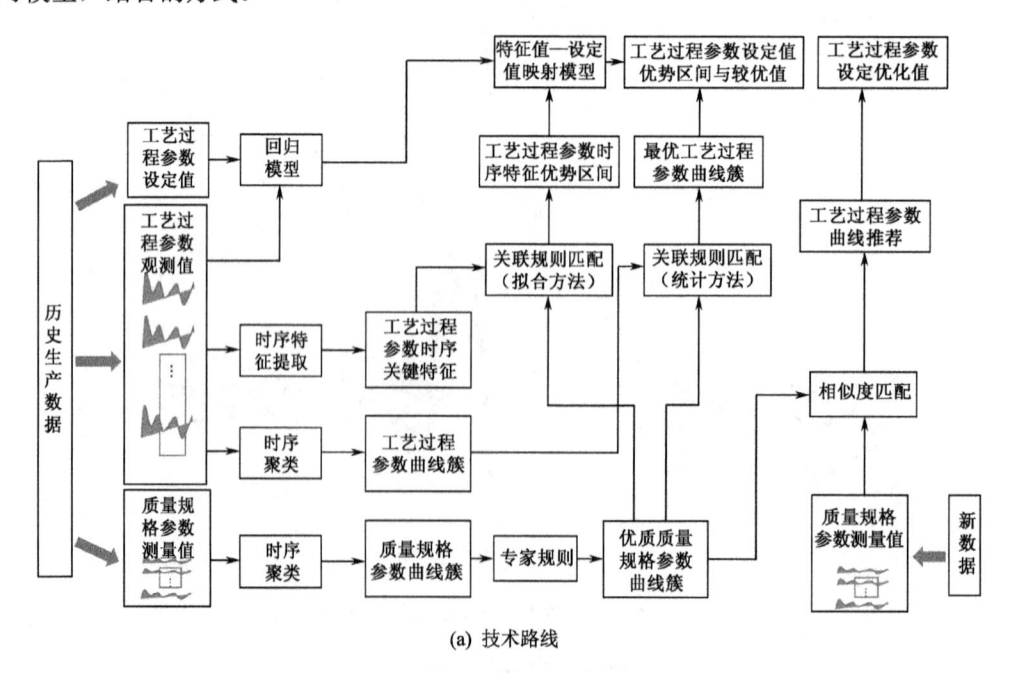

(a) 技术路线

图 5-16　质量动力学模型示例

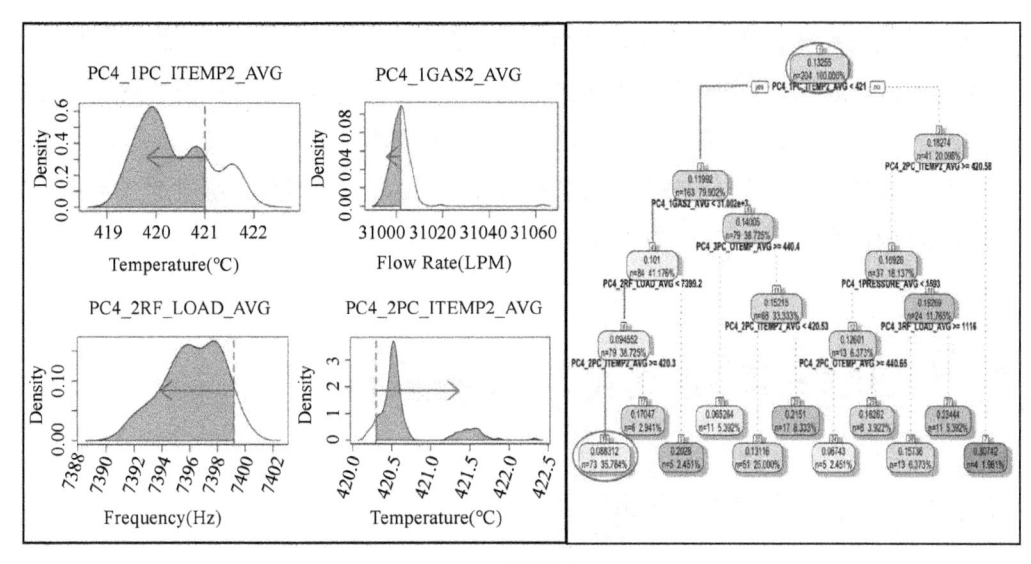

(b) 分析结果

图 5-16 质量动力学模型示例（续）

在进行控制参数优化时，有几点需要注意：①参数的可控性及控制精度（设备的工程能力）。可以直接干预的参数通常有限，而且受精度的限制。②多个质量指标的非独立性。多个质量指标之间存在此消彼长的关系，需要综合考虑。③变量的测量精度。温度、压力等测量量存在原理性波动，测点的布置和传感器的性能都会影响数据。在建模时，应重点关注时序模式而不是单个数值。④系统的动力学特性（惯性、阻尼特征、延迟、积分效果等）。例如，气化炉工况是长时间积累的结果，参数的调整效果需要一段时间才能体现出来，这就要求在使用 SSA 时输入足够长的时段，或采用 Wavelet 等多尺度方法明确地将不同周期的表现剥离，分别对其进行建模。

5.3.5 质量根因分析

控制参数优化仅回答了在什么样的限定条件下质量好的问题，不一定要覆盖全体值域。而根因分析要在全体值域给出因素 X 与质量指标 Y 的关系，挑战非常大，通常需要结合机理模型。质量根因分析的 3 条技术路线如表 5-12 所示。

表 5-12 质量根因分析的 3 条技术路线

	技术路线	描述	算法
1	系统辨识	使用统计分析估算机理动力学模型的参数	RLS 算法
2	回归模型	构建质量与参数及其他因素（如设备健康状态等）的回归模型，可以将机理或经验公式作为特征量	ANN、LSTM、随机森林等
3	融合模型	将统计学习模型作为机理模型的后补偿	SMOTE 算法等

在融合模式上，统计学习模型可以作为机理仿真的"快算"机制。很多机理模型（如有限元仿真等）需要进行长时间计算，无法支撑在线控制，可以基于统计模型对离线仿真结果的学习构建"快算"机制；很多机理模型需要假设大量参数（无法直接测定），通过不同参数组合下的离线仿真和统计分析建立质量指标分布，可以更加精准地了解质量波动性机理的随机性和未建模因素的比例。在7.3节中进行详细讨论。

5.4 PQM 的数据模型与应用架构

5.4.1 PQM 的数据模型

质量问题的出现不是简单的因果关系导致的，制造业内部的各种数据之间都有联系，且存在大量潜在规律，只有应用好质量大数据，才能真正实现工厂信息透明化。利用数据助力各部门的顺畅沟通和协同，促进高效决策，从而提高企业的运营效率。质量大数据主要包含：①物料跟踪模型，包括流转路径（经过工艺站点的时间和具体设备）、工艺站点的关键参数和设备状态、中间和最终质量检测数据等。在离散制造业中，它描述了物料转化关系、物料经过各工艺段时对应的参数（具体设备、等待时间、开始加工时间、离开时间等）、在制件（Work-in-Process）和最终品的质量参数、控制参数等；在流程制造业中，它描述了物料批次，以及各工艺段的物料配比、反应时长、工艺状态、质量等。②设备全生命周期档案。设备是质量的重要影响因素，MES 通常仅关注机台的核心工作状态，不关注运维档案。除了设备运维信息，还包括生产过程中的控制动作、异常信息、内部状态信息等。③控制参数库。在流程化工行业和冶金行业中，需要保存历史控制参数设置，以更好地发现控制参数设置的长远影响。PQM 的数据模型如图 5-17 所示。

1. 物料跟踪模型

根据物料走向，进行物料全过程的生产履历追溯，将物料流转路径、工艺状态参数、设备状态参数、质检结果等信息有机关联，形成物料跟踪模型。基于物料跟踪模型，可以进行生产质量分析。例如，分析关键工序的参数分布，统计各批次生产过程的设备运行状态，以进行设备状态波动影响的前推和缺陷的回溯。

对于物料跟踪，很多 MES（特别是半导体和面板行业的 MES）在一定程度上实现了在制件的流转路径跟踪和在制件生产的关键参数抽样，但没有关联设备状态和设备日志（记录了控制动作、异常事件等）、来料检测、参数设置等信息，采集颗粒度也比较粗。因此，质量大数据的物料跟踪模型还需要整合 MES 之外的其他信息，包括来自自动化系统的生产过程

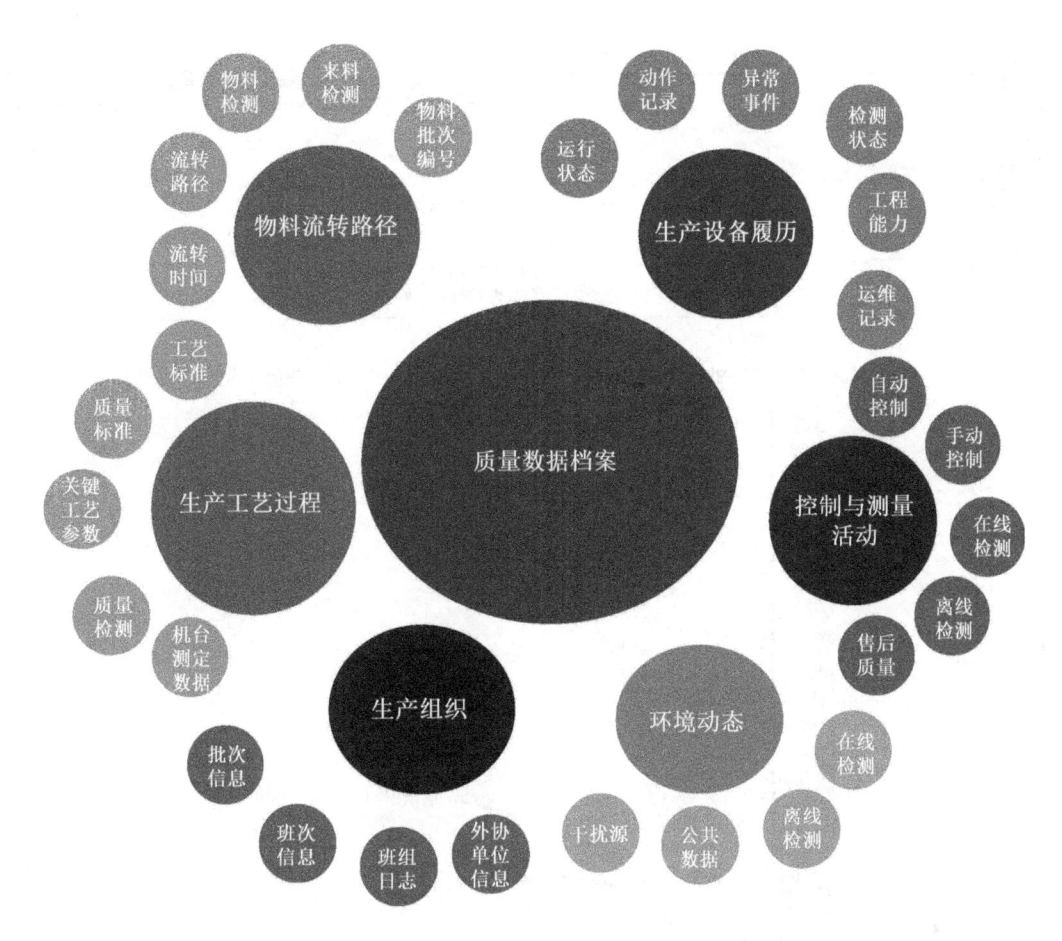

图 5-17　PQM 的数据模型

数据、来自质量检测系统的缺陷数据及部分缺陷图像、来自设备系统的设备状态数据、来自检化验系统的检验数据、来自 ERP 系统的生产标准数据、来自营销系统（或 ERP 系统）的质量异议数据、来自点检系统的点检数据，以及来自各系统记录的操作数据等。这些数据的采集频率差别很大（从毫秒到天），对应的实体颗粒度不同，很多前后工序不能一一对应。因此，简单收集起来的数据并不能直接用来进行数据分析，需要建立数据模型并重新组织数据。不同生产模式下的物料跟踪模型如图 5-18 所示。

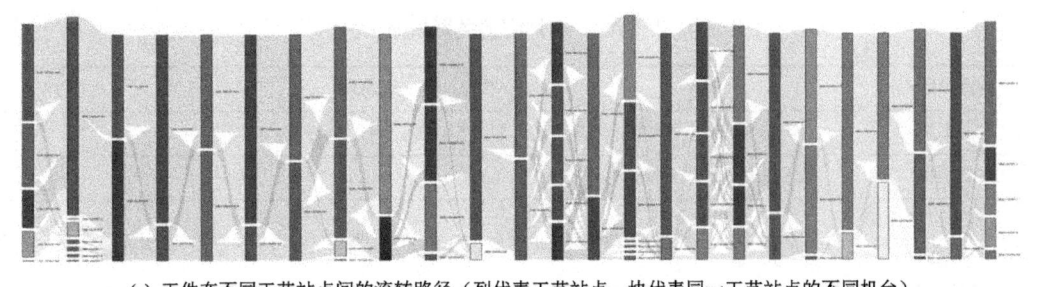

(a) 工件在不同工艺站点间的流转路径（列代表工艺站点，块代表同一工艺站点的不同机台）

图 5-18　不同生产模式下的物料跟踪模型

(b) 离散生产模式下的映射管理

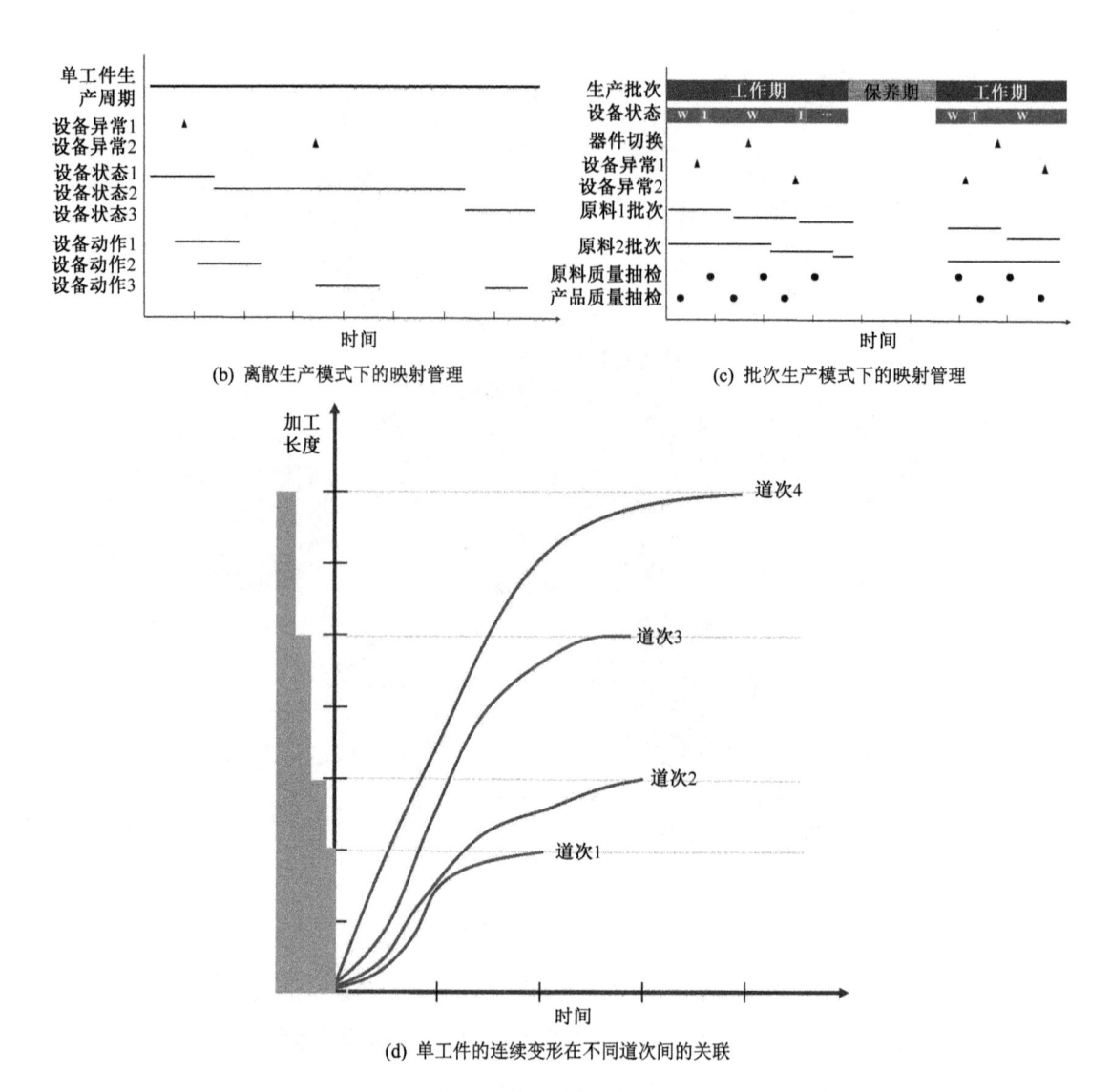

(c) 批次生产模式下的映射管理

(d) 单工件的连续变形在不同道次间的关联

图 5-18　不同生产模式下的物料跟踪模型（续）

物料跟踪模型的构建依赖制造模式，需要在数据存储模型的基础上实现，更重要的是需要构建实体间的关联机制，如表 5-13 所示。

表 5-13　实体间的关联机制

制造类型	实体间的关联机制
多工件装配型	参考 BOM 结构根据装配顺序构建，如图 5-18(b)所示
大工件切割型	成品件与原件的关联、位置关系
单工件的连续变形（轧制、锻压等）	不同工序和道次在空间或时间上的映射，如图 5-18(d)所示，需要将模型与经验公式结合进行分析
增材生产（蒸镀等）	将产品批次与生产时间、设备的生产和保养周期关联，如图 5-18(a)所示
化工、物料混合	在批次关联的基础上，根据工艺环境的反应时间，估算各物料的对应关系，如图 5-18(c)所示

2. 设备全生命周期档案

在质量分析问题中，除了运维信息，设备的信息还包括设备运行状态、设备的关键控制动作等。在目前的生产管理中，除了 DCS 对生产状态的实时监控，还有很多基于纸质单据和文档的数据，包括设备档案（设备明细、资料图纸、备品备件、运行时间、检修记录、事故记录等）、岗位生产日志、岗位生产日报表、运行周期总结报告（运行周期的总体情况、异常工况、停车后发现的设备问题）、检测报告等。通过故障工单知识库可以积累维修经验和发现高频故障，但目前的数据大多为手工记录且散落在各独立系统中。生产主管需要依靠自身经验，耗费大量精力贯通不同维度、不同时期的信息，实现较优的管理决策。这样的方式不仅占用了生产主管的大部分精力，也使很多信息和经验无法流动和传承，无法实现智能管理。

立足于现有的数据类型（包括生产运行数据（DCS、MES）、设备维修数据、巡检记录、ERP 等），将孤立散落的数据统一汇集到一个平台上，实现多源异构数据的集中管理和端到端的数据贯通，简化数据的传递过程，保证数据查询的实时性和准确性，并实现数据资产的持续积累。在数据采集上，应坚持"以增量数据为中心，存量数据根据重要度导入"的原则。目前积累的大量存量数据以纸质文档的形式存在，可以通过 OCR 识别的方式对关键信息进行补录（部分需要进行人工校验）。对于增量数据来说，在项目实施过程中，应设计移动应用或网页的交互方式，以提高信息采集的准确性和实时性，便于数据的关联；对于图像等非结构化数据来说，应采用对象存储的方式（将时间、设备、描述信息等元信息存入关系数据库，图像采用文件系统或 HDFS 存储方式存储）；对于文本数据来说，应采用文本挖掘技术，提取其语义并存入关系数据库。设备全生命周期档案包含的主要信息如表 5-14 所示。

表 5-14 设备全生命周期档案包含的主要信息

类别	数据类型	数据源	存量数据	增量数据
生产数据	工况	DCS	DCS 数据整合	DCS 数据整合
	运行周期	运行周期总结报告	OCR	App 录入（或 MS Word 自动提取）
	异常工况	根据规则或运行周期报告从 DCS 中抽取	自动抽取	自动抽取（人工确认）
	事故记录	运行周期总结报告	OCR	App 录入（或 MS Word 自动提取）
	检测数据	检测报告（Excel）	OCR	Excel 自动读取
基本信息	设备台账	ERP、设备明细	OCR	
养护信息	设备状况	运行周期总结报告	MS Word 自动抽取	App 录入（图像采用对象存储方式）
	维修记录	设备明细	OCR	App 录入
	故障信息	设备明细、岗位生产日志	OCR	App 录入

构建设备档案库，通过融合不同时空颗粒度的时序数据，提高可追溯性。针对设备，以 BOM 结构为中心关联部件供应商、检修记录、更换记录等信息；针对生产的时序数据，基于时间进行关联。气化炉设备档案库的数据融合示例如图 5-19 所示。

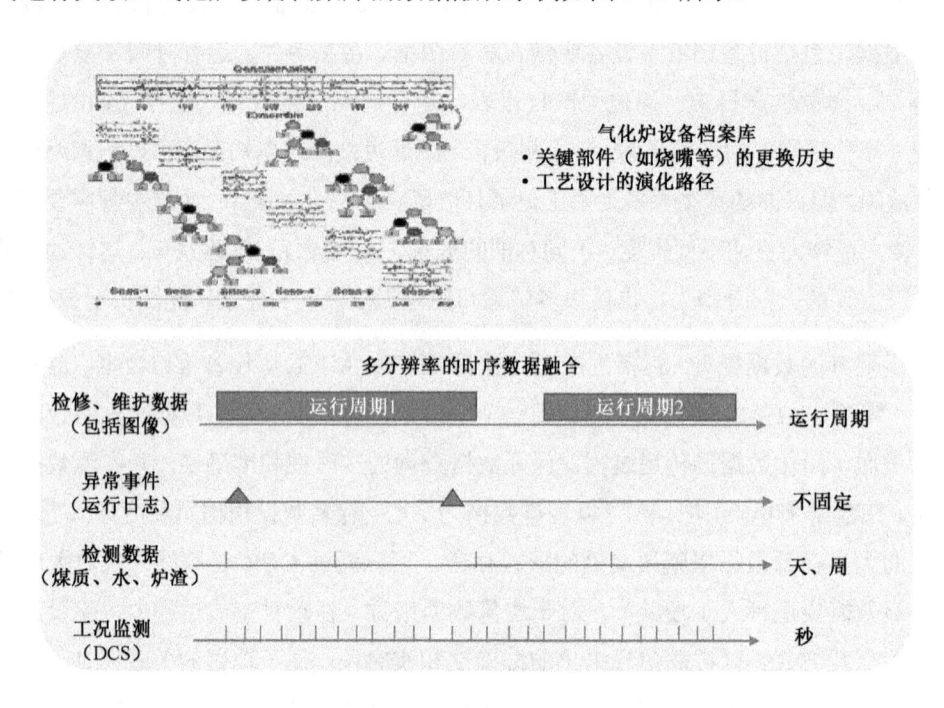

图 5-19　气化炉设备档案库的数据融合示例

建议采用大数据平台进行数据存储。DCS 数据可以采用定期同步的方式（如每天或每小时），检维修数据采用关系数据库存储方式存储。

3. 控制参数库

保存典型的黄金批次、异常事件等相关数据，为后续回溯和分析提供数据支撑。在内容上，要覆盖物料跟踪模型、设备全生命周期档案等信息。

5.4.2　PQM 的应用架构

1. 数据整合架构

数据整合通常依赖 MES 的前期工作，MES 通常整合了 ICQ（Incoming Quality Check）、DFS（Default File System）、LIMS 等系统的数据，另外，EDA、CIM（Computer Integrated Manufacturing）等系统也做了部分数据整合。但这些系统对数据的整合维度通常不够全面，颗粒度较粗。

在从既有系统整合数据时，需要考虑数据增量、分析的时效性要求及文件格式等要素，如表 5-15 所示。

表 5-15 从既有系统整合数据

数据类别	存储机制	增量数据的同步机制
参数、状态量	时序数据库	消息队列或定期读取
控制动作信息	时序数据库或关系数据库	定期导入
机台日志	对象存储	定期导入或手工导入
检测数据文件	对象存储	FTP 机制

2. 分析应用架构

在质量检测方面，最好采用"云+端"架构，在云端大数据平台完成质量检测模型的训练，以保证有足够的训练样本覆盖大部分场景，防止过拟合。为了保证检测的实时性，模型的 scoring 通常在端侧执行。

其他分析问题通常采用大数据平台的集中模式与小数据和大数据的迭代开发模式。对于质量分析问题来说，宜用部分数据在本地进行细致探索，然后将在小数据上获得的规律和分析模型抛到大数据平台上进行检验，将不符合规律和分析模型的样例数据下载到本地并再次进行探索。经过这样的迭代，能够比较容易地得到普适性规律。

5.5 本章小结

数据思维鼓励大家从数据的视角审视问题，在既有分析的基础上增加了一个新角度，但并不是宣扬"仅从数据的角度"审视问题。这个观点在 PQM 中体现得更加明显，抛开工艺做分析太天真。PQM 场景中通常存在大量数据，但信息量不一定大，通常也不够全面或准确。作为工程方法，数据分析鼓励采用迭代的方式，不一定要等到数据全了才开始分析。数据分析的深度与行业认知水平有关，在既有认知水平上的优化更容易实现，突破既有认知水平非常困难。因此，不建议仅靠数据分析突破行业难题。下面就 4 个问题进行详细讨论。

1) 对于一个质量数据分析问题来说，收集多少数据才够用？

简短回答：主要看关键因素间的组合关系（在融入机理和合理假设后），通常要求数据量为探索因素组合量的 10 倍以上。

严格回答：与无尽的探索兴趣相比，数据量永远不够。

"Sample sizes are never large. If N is too small to get a sufficiently-precise estimate, you need to get more data (or make more assumptions). But once N is 'large enough', you can start subdividing the data to learn more. For example, in a public opinion poll, once you have a good estimate for the entire country, you can estimate among men and women, northerners and southerners, different age groups, etc. N is never enough because if it were 'enough' you'd already be on to the next problem for which you need more data." —— Andrew Gelman

如果采用"盲挖"的方式，则现实中的数据量通常远远不够：维度的组合空间数量呈指数级增长（即常说的 Curse of Dimensionality），假设有 M 个关键因子，每个因子只有 2 个取值，则组合空间为 2 的 M 次方，这是在没有其他先验知识或假设（如线性关系假设等）下的最小样本需求量（假设不存在缺失数据、重复记录等）。如果 $M=10$，则至少需要 1024 条记录；如果 $M \geq 30$，则约需要 10 亿条记录。质量分析问题的关键因素通常在 30 个以上，大家可以针对具体行业计算一下这意味着多少年的生产数据（工业生产通常处于稳态，重现整个样本空间需要的时间更长）。

幸运的是，在现实中，很多变量不是相互独立的，基于一些工艺先验知识，可以减少变量的组合空间数量；借助机理和逻辑分析，也可以把一个分析问题分解为若干独立的小问题，这样数据需求量也可以减少；很多参数化算法基于事先假设的函数结构（如线性结构、广义加性模型、图结构等），需要拟合的参数通常不多（当然，探究假设是否成立，需要在一定量的样本上进行统计检验）。因此，数据分析所需的数据量，主要由期望数据分析探索的组合空间决定，通常有效数据量保持在其数量的 10 倍以上即可。

2）是不是只有将所有因素收集全才能进行大数据分析？

不是，根据 Pareto 的二八定律，只要主要因素齐全，就可以进行大数据分析，但需要对模型的适用范围保持谨慎的乐观。

"You Don't need big data, You need right data." ——Maxwell Wessel

3）为什么要在大数据分析中融入工艺知识？可以"盲挖"吗？

"盲挖"是针对"认知盲区"进行挖掘，而不是"盲目"挖掘。

进行大数据分析的原则是"相信"数据，但不"迷信"数据。把数据放在工艺生产的上下文中进行审视，才能消除数据偏差或误导。尽量缩小探索维度，降低对数据量的要求。最好在分析前列出先验知识（即使是浅层次的），避免无价值的"重复"探索。另外，将分析工作放在工艺框架内，以便分析模型的后期价值落地。

如前所述，如果一个复杂问题不能分解成若干个独立的小问题（将主因素的个数控制在

10个以内），通常意味着问题没有定义清楚或没有很好地融入先验知识。

4）大数据分析要从行业难题开始吗？

任何技术都有其适用范围。大数据分析的本质是统计分析，非常适合处理多因素动态场景。因素和基本机理相对清晰，但多因素间的组合关系复杂、缺乏定量化，可能随时间变化。

对于长久未解决的工艺质量问题来说，在对其进行大数据分析之前，要先考虑为什么过去该问题没有被解决：是数据量不够、缺乏全面的维度视图？还是分析的技术手段不够？现在与过去的数据基础有什么大的变化？我们见过不少分析需求，其数据基础与过去几十年相比并没有本质变化（数据量和关键因素依然偏少），希望大数据分析完全解决这些问题有些不切实际。大数据分析要实事求是，结合企业业务战略，评估每个分析问题的业务价值、成熟度，从而确定行动的优先级。

参 考 文 献

[1] 何桢. 六西格玛管理（第三版）[M]. 北京：中国人民大学出版社，2014.

[2] 朱铎先，赵敏. 机·智：从数字化车间走向智能制造[M]. 北京：机械工业出版社，2018.

[3] ISA. Enterprise-Control System Integration, Part 1: Models and Terminology: ANSI/ISA-95.00.01-2000[S]. North Carolina: ISA, 2000.

[4] ISA. Batch Control Part 1: Models and Terminology: ISA-88.00.01-2010[S]. North Carolina: ISA, 2010.

[5] M Xie, TN Goh, V Kuralmani. Statistical Models and Control Charts for High-Quality Processes[M]. New York: Kluwer Academic Publishers, 2002.

[6] Peihua Qiu. Introduction to Statistical Process Control[M]. Florida: CRC Press, 2014.

第 6 章 生产效率优化（PEM）

"天下难事，必作于易；天下大事，必作于细。"

优化是典型的工业大数据应用，生产效率由生产要素（设备、原料、能量、人等）效能及其在时空上的排布共同决定，典型分析问题包括生产能力规划、生产计划与排程、资源调配、能耗和物耗优化等。优化在运筹学（Operations Research，OR）、约束规划（Constraint Programming）、回归分析与预测、系统仿真方面有丰富算法。但在实际行业应用（包括在 OR 发源和应用基础最好的交通运输和物流等行业）中，却常常遇到业务用户对算法不完全好用的抱怨。原因之一是在应用算法时，没有把现实中的各种常见场景梳理全面、没有充分论证算法与业务流程的结合方式，使得算法只解决了理想情形下的核心技术难题，忽略了在实际中的"不完美"，导致结果的可消费性（Consumable）和可执行性（Actionable）存在一定的问题。

6.1 PEM 的分析范畴与特点

6.1.1 PEM 的内容

业务上的优化与技术上的优化内涵不同。从业务的角度来看，很多方面的提升都可以称为"优化"，包括业务模式、业务流程、组织结构、生产排程等，范围比较宽[1]。而技术上的优化在狭义上指运筹优化[2]（在广义上包括仿真、规则等技术），与基于统计学习的大数据分析有明显区别。本章主要讨论技术上的"生产效率优化"，生产效率优化分析问题定义与仿真、规则等类似，常常用到回归预测（如销售预测等），定义思路也与其他生产效率问题类似，下面不刻意区分这 4 种技术。

从应用场景来看，生产效率优化包括产能规划、生产计划优化、车间生产调度、库存优化、物流优化、运维路线优化、物耗能耗优化等典型场景；从分析类型来看，生产效率优化包括信息情报整合（为决策提供及时、全面的信息）、What-If 分析（模拟仿真不同决策下的结果）、业务规则自动化（使手工决策逻辑自动化）、优化决策（建立变量间的动因关系，根据目标函数进行综合优化）4 种类型。

6.1.2 PEM 的常见误区

供应链、生产排程等应用推动了运筹优化算法的发展[3]，其在航空、物流等领域取得了成功。例如，民用航空形成了一套相对完备的优化问题体系[4]，包括运行计划（可细分为 Flight Planning、Fleet Assignment、Aircraft Routing、Crew Rostering & Scheduling 等子问题）、收益管理（包括 Go-show/No-show Forecasting、Overbooking Optimization、Fare Class Mix、Origin-Destination based Revenue Optimization 等子问题）、基础设施优化（如服务能力仿真与优化、地服仿真优化、流量控制优化等子问题）等，而且有对应的商用解决方案。PEM 在以半导体制造[5]、汽车制造[6]等为代表的流水线式离散制造业中也有不少好的应用，业界对 PEM 保持高度乐观。

然而，在行业实践（包括工业与服务业）中，我们也可以看到很多失败案例，通常表现为以下 6 种类型。

（1）"全局优化"陷阱，应用范围太大：一味地追求"全局优化"，没有意识到"全局优化"是建立在"全局信息"质量和及时性的基础上的，也没有意识到优化算法的计算复杂度通常是多项式甚至是指数级的（即计算耗时与变量数呈多项式关系或指数关系）。通常的做法是放弃全局优化，将问题分解为若干层次，分别进行优化。例如，在航空领域，航线优化、航班计划、尾号分配（Tail Number Assignment）、大规模延误恢复等问题都是单独处理的。

（2）业务应用场景考虑不完备：一是仅考虑了"完美"情形，没有考虑例外情形，使得解决方案不能落地。例如，航班可能存在延误、取消、备降、跳过、紧急调用等情形。二是缺乏业务场景对分析算法"非功能性"需求的理解（如每次优化计算任务必须在 5 分钟内完成）。

（3）业务目标不清晰：实际中的业务问题通常是多目标的，应该合理平衡这些目标，可能有一些"隐藏"的业务目标没有被考虑到，或者在细枝末节上花费了太多时间，没有抓住主要矛盾。还有不少问题的目标本身就很难度量，这样的优化模型只有逻辑练习或推演价值，无法指导实际应用。

(4) 没有考虑业务逻辑（约束）的变化：在利用优化算法求解问题时，通常希望约束条件是明确固定的（这样才能有效求解）。但在实际业务运作过程中，有很多"软"约束，可以在可能的情形下尽量满足，如果不能完全满足，则逐渐放松。例如，在现实任务调度中，如果没有在时间窗内完成任务，那么短时的加班通常也是允许的。在订单排产中，如果产能过剩，则以节能降耗为优化目标；如果订单饱和，则以最大产能为优化目标，甚至可以采用外部方式解决。

(5) 没有考虑数据不完备或不完美的特性：很多数据和信息的获取是有成本的（甚至没有数据源），即使已经获取的数据也可能存在延迟和数据质量问题。例如，集装箱码头的堆场日常运作优化建立在对细粒度集装箱到达量预测（时间颗粒度为班组或天、集装箱数量要具体到航班、目的地港口、尺寸、重量等级别）的基础上。如果到达量预测不精确，则优化带来的提升中没有多少值得认真推敲。例如，在城市配送优化中，VRP 及其改进算法奠定了很好的基础，但是发现，在业务场景中最大的不确定性来自不同时间段、不同区域行驶速度的差异，且计划很容易受意外事件（如突发交通事故等）的影响。因此，需要思考优化技术到底在什么环节发力，以及应将其主要的技术精力投在什么地方。

(6) 缺乏业务价值的客观估算：与当前手段相比，能带来多大提升。一般来说，运筹优化带来的提升通常在 10%以内（10%以上的提升通常靠业务模式创新、基础设施更新、管理流程优化或信息系统集成实现）。因此，需要对优化项目带来的业务价值保持谨慎的乐观。有经验的数据分析师通常会先抓大面（如成本结构的主要成分，以及运作中的主要耗时、耗材、耗能环节和改进方法等），再思考如何用技术帮助业务。

结合上述问题，可以发现，PEM 应用通常需要具备以下 3 个条件：①基础操作标准化，包括生产活动标准化、物料转化关系标准化、业务流程标准化，如果缺乏标准化或定量化，则很难用一套变量和模型刻画物理过程；②信息基础好，包括 ERP、MES、EAP 等信息系统，决策优化需要数据源，且结果需要落到业务或生产过程中；③效率和产能是制造企业的核心业务指标，因此，PEM 可能是重要的业务提升点，不少行业仍处于发展初期，在商业模式、市场资源、组织结构等方面存在巨大的提升潜能，更需要业务咨询层面的"优化"，而非数据技术层面。因此，很多 PEM 分析问题的成败在分析问题定义阶段就已经确定了。

在技术上，对于一些刚从事实际业务的数据分析师来说，误区集中体现在过分"套用"或"靠近"成熟的优化问题方面。在运筹优化理论中有很多成熟的"范式"问题。例如，背包问题（Knapsack Problem）、TSP（Travel Salesman Problem）、VRP（Vehicle Routing Problem）、Job Shop、Flow Shop、RCPS（Resource Constraint Project Scheduling）等，针对这些问题的优质求解算法和算法包有很多。但实际问题可能与这些问题不同。例如，航空配载优化和集装箱配载计划等问题，听起来与背包问题类似（在有限空间内装尽可能重和价值尽可能高的货物),但在现实中,优化的第一个目标通常是作业效率(将目的地较近的或优先级较高的货物放在外侧,方便装卸);第二个目标是优化重心(节省燃油);第三个目标是提高货物的聚集度(尽量将一类货物放在同一舱位或尽量将数量较多的货物放在一起,避免遗漏);第四个目标是遵守一些必要的商务规范(货物的优先级、易碎品或危险品规范)和礼仪要求;第五个目标是提高容积利用率。实际问题的优化目标与背包问题完全不同,而且在配置某个实际站点的计划时,下面几站的货物信息可能还没有完全确定。另外,需要考虑飞机延误、取消、备降、跳过、紧急调用等情形。这就要求我们在进行优化分析问题定义时,以业务问题分析为首要目标,探究技术可以在哪些方面发挥作用,而不是将成熟的算法代入实际问题。

6.2 PEM 分析问题定义:SOFT 方法

业务访谈是分析问题定义的常用方式,采用"建模要素"与"Context 驱动"穿插的方式,一边了解业务需求、逻辑、限制,一边思考技术实现(模型、算法、计算性能等)。因此,分析问题定义的负责人通常为经验丰富的优化专家。以"极简主义"思路抓住主要要素,确定问题的合理范围。同时,以"吹毛求疵"的推演挖掘可能的例外情形,保证模型的可用性。分析问题定义的目标如下。

(1)消除不确定性:了解隐含的业务需求、业务顾虑、例外情形、技术风险,保证业务问题技术可解、业务可落地、有实际价值、项目成本可控。

(2)掌控技术难度:根据业务需求适当简化或分解问题(将复杂问题分解为若干个独立的小问题),不要"人为"创造"世界难题"。

(3)估算工作量:不要忽视例外情形带来的工作量;不要忽视系统集成的工作量;不要忽视"潜规则"(潜在的目标);不要低估改变"现有规则"的难度。

6.2.1 PEM 的要素

PEM 建模的 3 个要素如表 6-1 所示。运筹优化模型通常由目标函数、决策变量和约束条件 3 个要素构成。仿真建模与之类似,变量间的影响关系(如不同决策对交期和成本的影响、不同决策变量组合下资源的利用率等)与约束条件等价,可以将其归结为业务的机理模型或机制模型(在该层面,PEM 与其他数据分析问题类似)。

表 6-1 PEM 建模的 3 个要素

建模要素	描述
目标函数	目标如何描述 目标是否真实 是否存在隐藏目标 多个目标的优先级
决策变量	可以决策哪些变量
约束条件	操作约束：时序、时长、资质、操作规程 资源约束：时间、空间、物料、加工能力、能量 软约束：优先级

PEM 建模的机理模型关系如表 6-2 所示。表中的 4 类关系确定了优化模型的约束条件和目标函数。

表 6-2 PEM 建模的机理模型关系

类型	描述
守恒关系	能量、物料
资源约束关系	资源占用、空间占用、资质要求
结构关系	时序约束（如任务间时序关系等）、网络结构、空间结构（如不同地点间的距离等）
评价关系	成本、效率、服务水平等

为了保证模型的可用性，应该将运作优化模型放在业务、数据和 IT 应用上下文中进行审视。业务上下文决定模型的应用方式和业务价值，数据上下文考虑模型关键变量和参数的获取方法，IT 应用上下文则给出优化模型运行的依赖环境。PEM 建模的上下文要素如表 6-3 所示。

表 6-3 PEM 建模的上下文要素

上下文要素	描述
业务	业务逻辑：行业的业务运作流程（如生产组织模式等）、行业规范、应用场景 决策体系：组织体系（决策人）、决策逻辑 业务流程：当前流程、未来流程 业务价值：如何度量
数据	数据的可得性：要素的可描述性和可度量性、数据采集状态与成本 数据的可信度：测量可靠性、数据完整度、数据精度 数据的时效性
IT 应用	应用架构 系统集成方式（时间窗）：ERP、供应链管理 SCM（包括仓储管理 WMS、运输管理 TMS 等）、MES 等

6.2.2 PEM 分析问题定义的 SOFT 方法

PEM 分析问题定义的 SOFT 方法与统计建模类似，通常需要进行多次迭代，如图 6-1 所示，每个迭代周期由图 6-1 中的 4 个步骤组成。①定义业务范围（Business Scoping），在业务理解的基础上，了解 PEM 的业务动机及对技术的期望，从而确定其应用的业务、组织范围及优化的时空颗粒度，初步评估业务价值；②讨论业务运作模型（Operational Model），包括决策体系与流程、业务场景、决策逻辑与约束、逻辑数据模型；③形成形式化模型（Formalized Model），从决策变量、优化目标、约束条件的角度建模，并采用相应的算法求解；④形成可落地的技术模块（Technical Module），包括计算性能、数据架构、应用架构及例外情形的处理策略。

业务理解（Business Understanding）
动机与目标定义（Motivation & Objective）
范围与颗粒度定义（Scope & Granularity）
业务价值评估（Value Assessment）

决策体系与流程（Decision Process）
业务场景（Business Scenario）
决策逻辑与约束（Decision Mechanism & Constraints）
逻辑数据模型（Data Model-Logical）

定义业务范围（Business Scoping）
讨论业务运作模型（Operational Model）
形成形式化模型（Formalized Model）
形成可落地的技术模块（Technical Module）

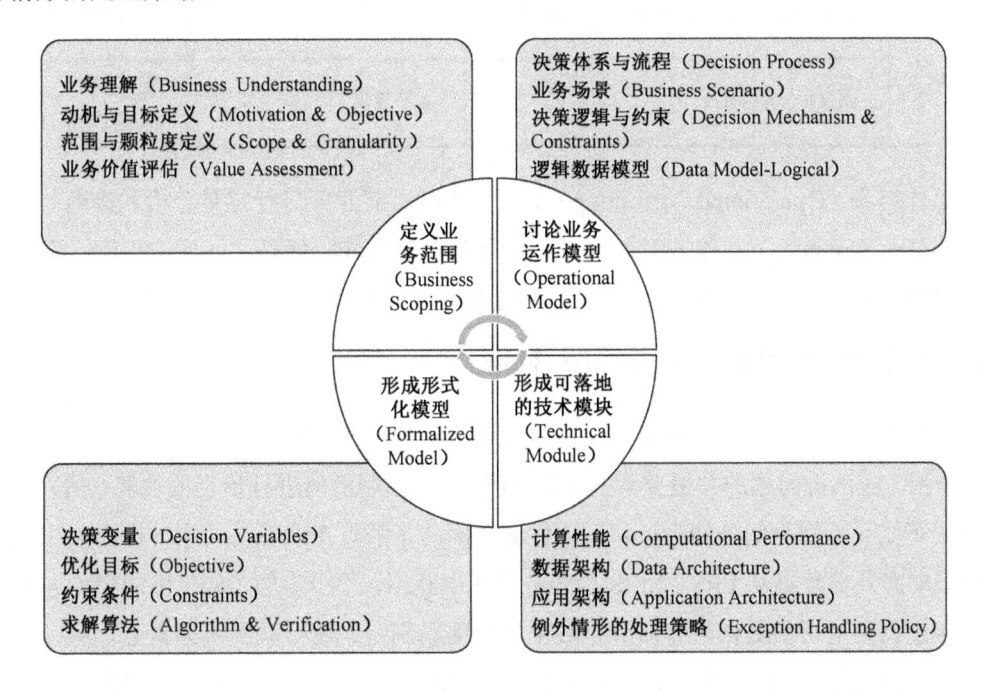

决策变量（Decision Variables）
优化目标（Objective）
约束条件（Constraints）
求解算法（Algorithm & Verification）

计算性能（Computational Performance）
数据架构（Data Architecture）
应用架构（Application Architecture）
例外情形的处理策略（Exception Handling Policy）

图 6-1 PEM 分析问题定义的 SOFT 方法

1. 定义业务范围（Business Scoping）

根据技术经验或调研，对建模的 3 个要素进行初步描述，形成上下文访谈问卷。对业务部门采用 PEM 的原因进行初步分析，如表 6-4 所示。反复推敲在运筹优化问题中决定过程"优劣"的关键因素（如任务衔接时间的浪费、有限产能在不同订单之间的协同组合分配不足、同一部件的大批量生产带来的单件生产效率提高与其他部件的缺件风险等）。不要用复杂的数学表达式麻痹自己，对于一个可解的问题来说，如果不能用简洁的业务语言描述其关键要素，则说明对问题的把握还不到位。

表 6-4 业务部门采用 PEM 的原因

	驱动因素	主要技术手段	风险点
透明化、公平化	利用计算机的"中立"身份,避免人在决策时的各种"难为情"(如份额分配优化等)	系统集成、统计分析、专家规则	数据的可得性
	利用优化建设,将决策权收到更高层,实现更大范围上的优化	系统集成、专家规则	组织障碍
自动化	人工决策时的信息收集是当前的瓶颈	系统集成、统计分析	数据的可得性
	人工决策的速度无法支撑业务的有机增长或长期发展	运筹优化、专家规则	专家经验的完备性 例外情形的处理 运算效率
优化	因素多、关系复杂,很难评价不同决策的结果	What-If 分析,通常基于仿真手段	关键要素建模
	决策质量有待提高	运筹优化	优化目标 关键要素的可测性

与运作咨询(Operational Consulting)类似,要对当前业务进行定量分析和推断。包括成本结构(Cost Structure)、作业时间构成、能耗和物耗构成、库存(入库、出库、库存量)业务量分解(不同货品、不同周期)、资源利用率、业务量(订单量、订货量)等。

2. 讨论业务运作模型(Operational Model)

从业务的角度进行细化,形成对上下文的详细描述。在不同情形下优化技术的可行性如图 6-2 所示,应剖析问题的关键要素,对 PEM 模型的预期价值进行恰当的估算。另外,对模型应用上下文(特别是例外情形)和适用性有全面的了解。在业务访谈中,也要关注数据采集,很多动态业务数据从 ERP、MES 等业务系统中获得,不少参数(如工件的平均加工时间等)的确定需要对历史数据进行统计,甚至进行现场测定。在一些关键因素上,可以用简化样例(如把变量数控制在 10 个以内等)做沙箱推演,一方面,确保对各种变量关系的理解一致;另一方面,大概了解当前决策逻辑,估算提升空间。

3. 形成形式化模型(Formalized Model)

在建模中,对"简化程度"的把握很重要。任何模型都是对物理世界的一种简化表达,但一个好的模型应该抓住主要矛盾,且参数具有可操作性。例如,在做冲压日计划时(在 10.5 节中详细讨论),需要考虑冲压机换模时间、物料供应衔接性等因素,但在做月计划或季度计划时,需要提前假设冲压机的可用率(利用历史数据统计),忽略细节。

	频度低	频度中	频度高
目标不明确	放弃	放弃	专家规则优先
多目标，但很难综合	仿真，支持What-if分析	仿真，支持What-if分析	是否分解为若干子问题
机理不完全清晰	集中于信息透明化 引入统计学习	专家规则优先 必要时引入统计学习	专家规则优先
因素复杂，机理清晰	集中于信息透明化	运筹优化有很大优势	运筹优化有很大优势 求解效率是关键
因素简单，机理清晰	优化技术没有优势	优化技术没有优势	优化技术有一定优势

图 6-2　在不同情形下优化技术的可行性

为了利用通用的整数规划算法求解引擎，需要得到线性模型表达式。在决策变量的选择上通常需要一些技巧，决策变量的个数要远远大于"业务层面决策变量"的个数。例如，在航空登机口服务人员签派日计划中，每个航班会有一个对应的登机口服务任务，业务层面的决策变量就是每个工作人员负责的登机口服务任务列表，在这样的决策变量下，工作人员在不同登机口间的转移时间（与距离相关）、工作人员必须满足的航班服务时间窗、不同航班对不同资质人员数量的需求都无法用线性约束表达，此时，通常引入作为"冗余"的中间决策变量（包括 x_{jen} 和 t_{enlm}，x_{jen} 表示任务 j 是工作人员 e 的第 n 个任务，t_{enlm} 表示工作人员 e 的第 n 个任务是在 l 登机口，第 $n+1$ 个任务是在 m 登机口）。另外，可以通过设置变量间的整数逻辑约束，间接限定取值区间。决策变量的维度是"业务层面决策变量"数量的 L^2+J 倍（其中，L 为登机口的数量，J 为一般的出入港航班数量），对于一个典型机场来说，该值约为 2000。这样的代价对于登机口服务签派这种简单的优化问题来说可以接受。但对于较复杂的问题来说（如铁路货运中的牵引机车分配优化，需要考虑道路网络及机车当前位置等），一味追求整体数学规划模型会使模型变得过于复杂。此时，除了将问题分解为若干子问题，快速得到一个可行解也很重要，可以采用启发式规则快速得到一个可行解。另外，采用约束规划对模型进行描述可以使其更简洁且更贴近业务。

还要注意行业应用中的很多约束都是"软"约束，根据不同条件或情形可以适当放松。有时需要专家规则从大面上进行限定，局部采用数学规划模型。行业应用中有大量特殊场景和例外情形，PEM 模型只有考虑了这些情形，才能保证后期的可用性。

4. 形成可落地的技术模块（Technical Module）

建模后的业务分析需要思考两个问题：①预期的应用模式如何融入实际业务决策流程？如何与现有应用系统整合？②实际制约因素和应用范畴是什么？如何应对未来的变化？基

于此，通过多次迭代，将 PEM 模型技术融入业务决策体系。

6.2.3　PEM 分析问题探索

可以借助成熟引擎，用 ILOG OPL、AMPL 等高级语言进行初期的技术可行性验证，方便与业务部门交流。在技术实现上，根据应用架构和项目预算，选择合适的优化引擎或启发式算法实现。

在数学规划上，有 ILOG CPLEX、Gurobi 等商业软件，也有 COIN-OR、GLPK 等开源软件。在约束规划上，有 ILOG CP Optimizer 等商业软件，也有 MiniZinc、Eclipse、Picat 等开源软件。在离散事件仿真（Discrete Event Simulation）上，有 Arena、Tecnomatix Plant Simulation、ProModel、Anylogic 等商业软件，也有 Simpy、Simmer 等开源软件包。

6.3　PEM 分析主题

6.3.1　能力规划

能力规划包括两类问题：①中长期能力决策，如决定是否增加新生产线、部件加工是否外协、下季度的班次计划（一天2班或一天3班）等；②中短期交期承诺（Available-to-Promise，ATP）。MRP（Material Requirements Planning）是根据 BOM 结构将订单需求分解成底层物料需求和加工需求的正向工程，能够指导排产；而能力规划是根据当前物料和加工能力，估算能够承诺的订单交付能力，能够支撑商务决策。在推式（Push）生产模式下，ATP 主要用来估算满足预测需求的能力；拉式（Pull）生产模式则根据实际订单动态分配资源，ATP 用来平衡定点触发的资源利用和预测启动的资源需求。不同问题的建模因素如表 6-5 所示。

表 6-5　不同问题的建模因素

要素	分配的约束	时间颗粒度
以前的计划	已经分配的是否可以释放	单件、批次、班次、天、周
产能（Capacity）	到单体（每人、每台机器）还是集合	
资源（Resource）	到单体（每人、每台机器）还是集合 是否考虑未来到货	
需求描述	个性化程度（如电子器件有很多指标、不同用户的需求不同等）	

在技术路线上，有数学规划和离散事件仿真两种方法。数学规划方法根据资源和产能约束及业务逻辑约束，优化收益或效率。离散事件仿真方法可以加入随机性、动态性和非线性交互等逻辑，以得到与实际更接近的情形，支持 What-If 分析。能力规划示例如图 6-3 所示，由于生产方式（固定、柔性）、资源方式（固定分配、柔性分配）、时空约束不同，具体数学模型不同。

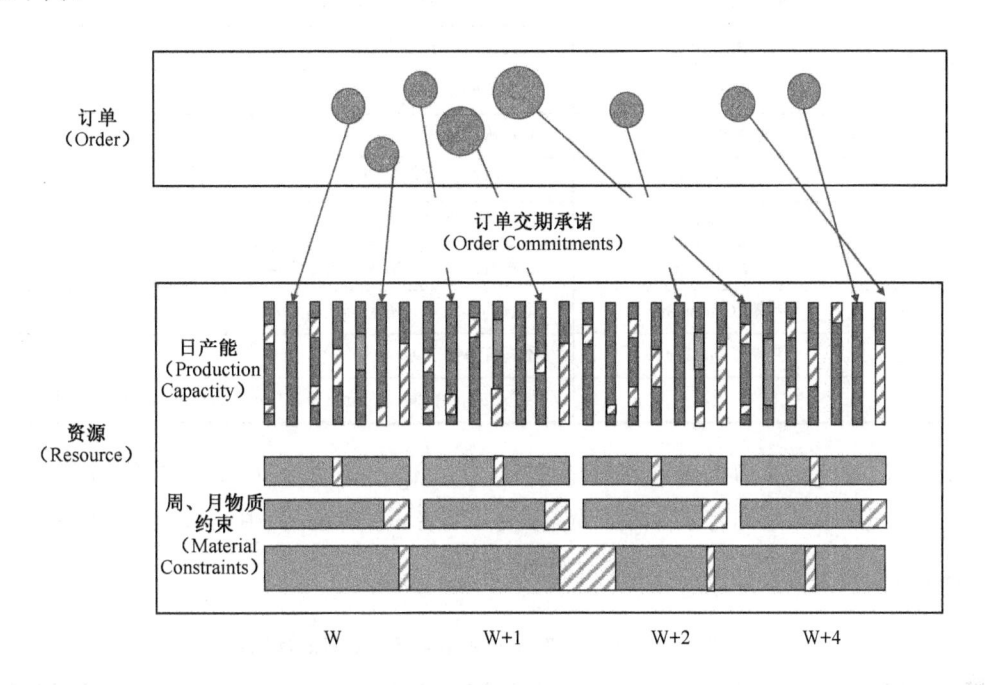

图 6-3 能力规划示例

6.3.2 生产计划与排程

在 ERP 系统中，通常将生产计划与排程问题称为 APS（Advanced Planning & Scheduling）；在优化算法中，通常将其称为 RCPS（Resource Constraint Project Scheduling）问题。生产计划与排程问题的建模要素如表 6-6 所示。

表 6-6 生产计划与排程问题的建模要素

要素	细项	内容
主要对象	作业（Job）	处理周期、最早开始时间、到期日、优先级、开始时间、完成时间
	机台（Machine）	Single Machine Model、Parallel Machine Model、Flow Shop Model、Job Shop Model
	设施（Facility）	空间、辅助设施（如夹具等）

续表

问题的要素	细项	内容
作业特点与约束	作业间的约束关系	描述作业间的时序约束、逻辑约束、结构关系、序列关系,以及作业的时间窗约束关系
	工序准备时间与成本	换模具的时间等
	机台的适用性(Eligibility)	不同作业对机台有不同要求
	人力约束	人力数量、人力资质等
	流转约束	工艺流转路径
	物料处理约束	对设施的利用
	库存成本	库存空间、库存周期
	优先级	订单的优先级
	运输约束	运输时间、运输实施、运输成本
性能指标	吞吐量(Throughput)	系统的吞吐量(考虑瓶颈单元)
	交期(Due Date)	不同订单的交期
	成本	准备成本、在制品制造及库存成本、最终品库存成本、运输成本

在 ILOG OPL 等约束规划建模语言中,作业执行周期为 Interval 变量(起止时间),Interval 变量 x_i 和 x_j 之间有 8 种时序约束关系,如表 6-7 所示。其中,$s(x_i)$ 表示 x_i 的开始时间,$e(x_j)$ 表示 x_j 的结束时间,z_{ij} 表示 x_i 和 x_j 的间隔时间。

表 6-7 Interval 变量 x_i 和 x_j 之间的 8 种时序约束关系

约束类型	语义 $(x_i \neq \perp) \cap (x_j \neq \perp) \Rightarrow$	示意图
EndBeforeStart	$e(x_i) + z_{ij} \leq s(x_j)$	
StartBeforeStart	$s(x_i) + z_{ij} \leq s(x_j)$	
EndBeforeEnd	$e(x_i) + z_{ij} \leq e(x_j)$	
StartBeforeEnd	$s(x_i) + z_{ij} \leq e(x_j)$	
EndAtStart	$e(x_i) + z_{ij} = s(x_j)$	
StartAtStart	$s(x_i) + z_{ij} = s(x_j)$	
EndAtEnd	$e(x_i) + z_{ij} = e(x_j)$	
StartAtEnd	$s(x_i) + z_{ij} = e(x_j)$	

生产计划表现为在不同设施、不同资源或不同订单上的 Interval 变量序列关系（Sequence）的集合，如图 6-4 所示。

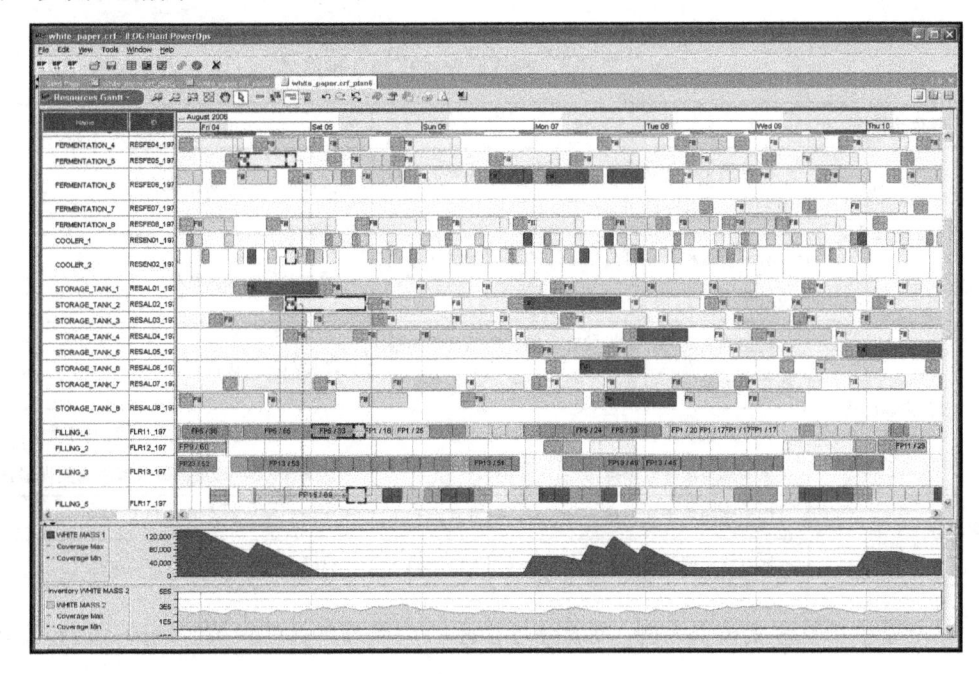

图 6-4　生产计划

6.3.3　动态调整

在执行中，经常会遇到各种异常情形（如设备故障等）、例外情形（如原材料不到位等）、外部情形（如紧急订单等）、实际情形（如上午的计划没有执行完等），使得原计划需要调整才能执行。

和生产计划与排程不同，动态调整的目标通常是极小化调整量（在满足约束的前提下）或极小化损失，对时效性的要求较高，得到及时的可行解通常比最优解更重要。因此，动态调整通常采用业务规则引擎、约束优化、仿真 What-If 分析等技术方式。

6.3.4　物耗能耗优化

物耗能耗通常是工业生产成本的重要组成部分。以工业压缩机为例，全国能源基础与标准化委员会统计得到，工业压缩机年耗电量占全国发电量的 6%～9%，占工业企业总用电量的 10%～40%。物耗能耗优化有重要的经济意义。

物耗能耗优化有 3 种途径，如表 6-8 所示。物耗能耗优化不是单纯的数学问题，通常需要深入了解设备和系统的运行机理、工艺设计、安全设计等因素，其价值落地有时还需要改造硬件系统（如网络结构改造、变频调节技术等）和改进管理流程（如能耗考核等）。

表 6-8　物耗能耗优化的 3 种途径

优化途径	描述	示例
单体设备效率优化	根据历史工作状态数据了解设备的实际工作效率趋势，优化工作点参数	鼓风机工作参数优化
	对于慢过程，根据外来工质的预测来优化物质投放量	污水处理的加药优化
多设备协调优化	根据需求动态、单机效率，确定类似设备的最佳开机方案（开机数量、关机数量、热备数量）	压缩机组合优化
	基于多台设备间的影响关系（通常为管道连接关系）确定最佳效率点	供气优化（满足工艺生产的用气量要求，平衡工艺系统管网压力，在调节范围内实现最佳节能）
系统优化	根据能源产生和利用的时效性，进行余热利用	二次能源的综合调度利用
	通过峰谷调和降低极值点，保证用能的平稳	错峰用电排产

以空压机单耗因素模型为例，如图 6-5 所示。应梳理单耗的关键影响因素，识别可能的提升点。

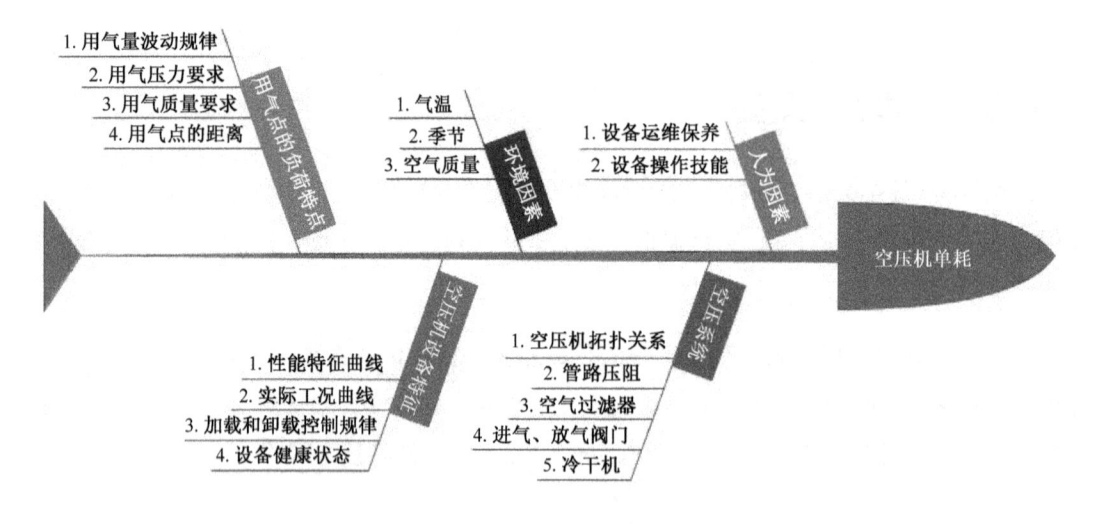

图 6-5　空压机单耗因素模型

如果不同用户用气负荷的差异性和动态性是单耗的关键影响因素，则分析优化的重点是用户负荷的聚类与建模，以及需求—供应匹配优化。空压机单耗优化的技术路线如图 6-6 所示。

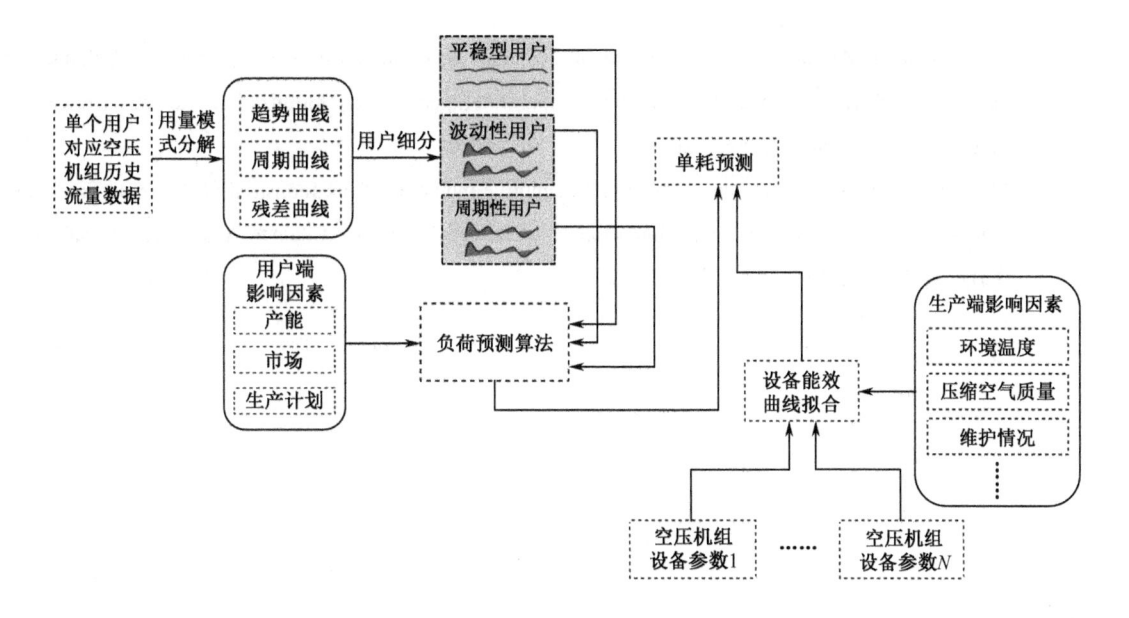

图 6-6　空压机单耗优化的技术路线

6.4　本章小结

生产效率优化既要全面综合，又要细致入微，需要考虑实际执行中的各种场景，特别是例外情形。"决策支持"和"决策自动化"定位对模型算法的要求不同。在"决策支持"定位下，局部数学模型、仿真模型提供决策支持和 What-If 分析，支持业务决策；在"决策自动化"定位下，场景的全面性是第一位的，宏观业务规则的指引是前提。

参 考 文 献

[1] Jay Heizer, Barry Render. Principles of Operations Management: Sustainability and Supply Chain Management (9th edition)[M]. New York: Pearson Eduction Inc. , 2014.

[2] Paul A. Jensen, Jonathan F. Bard. Operations Research Models and Methods[M]. New Jersey: John Wiley & Sons Ltd, 2003.

[3] 大卫·辛奇-利维，菲利普·卡明斯基，伊迪斯·辛奇-利维. 供应链设计与管理：概念、战略与案例研究（第 3 版）[M]. 北京：人民大学出版社，2010.

[4] Cynthia Barnhart, Peter Belobaba, Amedeo R. Odoni. Applications of Operations Research in the Air Transport Industry[J]. Transportation Science, 2003, 37(4):368-391.

[5] Khakifirooz M, Fathi M, Chien CF, Pardalos P.M. Management Suggestions for Process Control of

Semiconductor Manufacturing: An Operations Research and Data Science Perspective[A]. //Blondin M, Pardalos P, Sanchis Sáez J. (eds) Computational Intelligence and Optimization Methods for Control Engineering[C]. Berlin: Springer, 2019.

[6] Marco Gobetto. Operations Management in Automotive Industries: from Industrial Strategies to Production Resources Management, Through the Industrialization Process and Supply Chain to Pursue Value Creation[M]. Berlin: Springer, 2014.

第 7 章 其他分析主题

"问其深，则其好游者不能穷也。"

工业分析场景丰富多彩，包括商业领域的营销优化分析问题（如市场分析、用户分析、生产协同等）、具有工业特色的分析问题（如 PHM、PQM、PEM 等典型分析问题），以及生产安全分析、研发数据分析等问题。

7.1 生产安全分析

提到生产安全分析就不得不提海因里希法则（Heinrich's Law）。该法则指出，当一个企业有 300 个隐患或违章时，非常可能发生 29 起轻伤或故障，以及 1 起重伤、死亡或重大事故。海因里希提出的事故因果连锁论，阐明了发生伤亡事故的各种原因及这些原因与伤亡事故之间的关系。该理论认为，伤亡事故的发生不是孤立事件，尽管可能在某瞬间突然发生，但实际上它是一系列事件相继发生的结果。

人的不安全行为、物的不安全状态是事故的直接原因，企业在实际生产过程中的安全工作要以预防为主，预防人的不安全行为、消除机械或物质的不安全状态、中断事故连锁进程，从而避免事故的发生。从生产安全管理的层面，可以分为企业的微观管理和政府的宏观管理两个层面，这两个层面的分析侧重点不同。

7.1.1 微观管理

工业生产现场十分复杂，对生产安全的管理与防治需要将管理制度与技术有机融合，才能提供有效的解决方案，大数据分析只是其中的一项技术。在流程行业的 PHA 分析[1]中，有

HAZOP（Hazard and Operability Study）、FMEA 等分析框架。在离散制造业，可以参考 6S 行为规范（整理、整顿、清扫、清洁、素养、安全）、6H 隐患消除（污染源、清扫困难源、故障源、浪费源、缺陷源、危险源）等管理理念框架。

从人、机、料、法、环的维度，整理生产安全的业务需求和分析场景，如表 7-1 所示。

表 7-1 生产安全的业务需求和分析场景

维度	业务需求	分析场景
人员安全管控	现场作业人员管理 上岗到位管理 访客与三外管理 职业健康管理 人机安全联动管理	人员、访客识别 行为规范识别 心理健康识别
设备安全管理	智能两票 设备不安全状态识别 安全工器具管理	设备安全状况识别 操作规范识别 烟雾火灾识别
仓储原料安全管理	特种设备管理 仓储安全管理 重大危险源管理与危险品管理	特种设备安全状况识别 烟雾火灾识别
管理安全管控	安全检查 隐患管理 风险管理（施工资格认证等）	违规记录的时空模式挖掘
环境安全管控	门禁管理 周界防护 消防管理	人脸识别 声纹识别 入侵检测 烟雾火灾识别 第三方破坏识别

工业生产是对效率有很高要求的连续过程，在生产过程中出现任何机器故障或人员损伤都会对企业的效益产生严重影响。因此，在企业的生产过程中，生产安全的保障一直是重中之重，现代化生产更不容许有任何疏忽。

在实际生产中，对生产安全的管理面临一系列挑战。首先，传统的生产安全监控靠人工完成，需要大量的人力对生产现场、重点设备、环境进行巡查和巡视。即使在现场安装了大量监控摄像头（一个火电厂约配 300 个监控摄像头），也需要人来监控，人力成本巨大。其次，虽然有些企业试图实现生产安全的自动化监控，但是在深度学习、高性能计算等技术出现之前，模型的精度和速度要求难以满足。因此，基于企业的迫切需求，一大批生产安全支撑技术得以涌现，这里对几种典型技术进行简单介绍。

（1）视频分析技术。近年来，计算机视觉技术的飞速发展使得算法识别物体的精度和速度快速提高，随着计算处理能力、传感器和机器人技术的突破，许多先进的全自动化安全程序诞生，其在某些场景下甚至比人类完成得更好。视频分析技术在生产安全领域的典型应用如图 7-1 所示。

图 7-1　视频分析技术在生产安全领域的典型应用

（2）音频分析技术。音频分析技术是一项发展时间较长且相对成熟的技术，其中，声纹识别在安全领域有很多应用场景，如在门禁、银行交易等领域已得到广泛使用。另外，对机器的音频识别技术也已兴起。例如，根据设备的声纹信息判断旋转设备的运行工况是否安全，根据次声波分析密闭压力容器（如输油管道等）的运行状态并及时发现泄漏情况，基于超声波对承力结构的内部缺陷进行无损检测等。

（3）关键参数分析技术。关键参数分析技术是指对特定装备或重点装备的关键参数进行监控和分析，以实现安全监控和预警。典型应用场景是对电机的安全管控，可以通过对电流、电压、振动等参数的建模分析实现对故障和安全问题的提前预警。与前两种技术相比，该技术能够在出现巨幅振动和火灾等明显故障征兆前对设备安全问题进行监控预警，减少相应损失。

重大安全事件通常由一系列小的安全隐患导致。因此，需要注重生产安全监控的时空关联分析，生产安全解决方案必然是一个支持多场景融合的综合技术解决方案。例如，第三方人员的安全监控必然覆盖人员入场、工作现场行为规范、设备安全、人员出厂等场景，需采用将视频、音频、关键参数分析技术联合的综合解决方案。

7.1.2 宏观管理

基于多维数据，从管理领域需求出发，借助数据分析技术，从管理优化、实时监管和趋势预警3个方面进行安监大数据分析应用建设。为保证分析应用可灵活扩展，将共性分析算法沉淀为基础分析算法库。大数据分析的基础架构如图7-2所示。

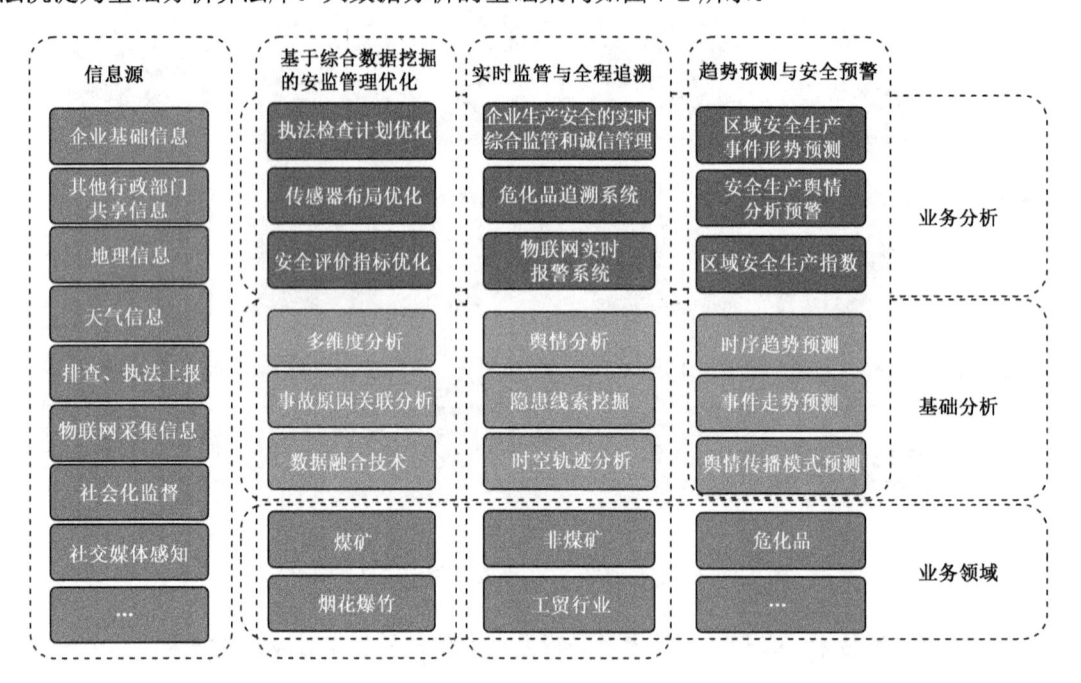

图 7-2 大数据分析的基础架构

1）基于综合数据挖掘的安监管理优化

基于历史监测数据、企业登记数据、执法数据、上报和举报记录等，将属地上报数据（宏观）、动态监测数据（微观）等多源信息融合，为安全生产形势预测和预警提供技术支持。进行两类综合分析：①多维度分析：对业务领域（非煤矿、危化品、烟花爆竹、煤矿、工贸行业等）、区域、安全事件和隐患类型（粉尘重大危险源、有限空间作业）、时间、渠道（执法、排查上报、物联网采集、社会化监督和举报）等维度进行综合分析，并在不同的颗粒度上提供钻取功能；②事故原因关联分析：基于历史数据，挖掘安全生产事故的发生概率与影响因素（事故隐患与重大危险源、行政执法、高危行业监管、应急救援、职业卫生、培训考核、宣传教育、基础数据、区域内企业数量和类型）之间的内在联系。

基于以上综合分析，进行安监管理优化：①执法检查计划优化，利用数据关联挖掘技术，寻找执法检查与事故之间的关联，发现生产安全管理的薄弱环节；②传感器布局优化，优化传感器布局方案，提高数据采集价值；③安全评价指标优化，根据历史事件进行溯源分析，不断完善企业的安全评价指标。

2）实时监管与全程追溯

在现有监管和物联网的基础上，基于大数据技术构建新的基础能力：①舆情分析，分析重大事件处置前后的舆情信息等；②隐患线索挖掘，从社交媒体等渠道挖掘可能存在的重大隐患；③时空轨迹分析，覆盖危化品的生产、仓储、运输、使用，对危化品的时空轨迹进行深度挖掘，发现不同环节中的安全隐患。

基于这些基础能力，形成以下方式：①企业生产安全的实时综合监管和诚信管理，融合静态隐患排查上报、动态物联网隐患采集，并检查其一致性；②危化品追溯系统，除了实时掌控危化品的位置、存放时长、管理风险，还要对其历史管理模式和应急处置方案进行优化；③物联网实时报警系统，对关键节点传感器数据的趋势进行异常检查，及时发现异常征兆。

3）趋势预测与安全预警

基于物联网、社交媒体数据和历史管理数据，形成基础分析能力：①时序趋势预测，基于对多指标时序数据的深度学习，预测数据趋势；②事件走势预测，根据不同事件之间的因果关系，预测关键事件的发展趋势；③舆情传播模式预测，基于对传播途径和传播速度的分析，预测舆情的扩散模式。

基于以上分析能力，建立以下大数据分析应用：①区域安全生产事件形势预测，根据历史数据、当前新增的企业生产或建设项目和天气等外部信息，对区域安全生产事件的形势进行预测；②安全生产舆情分析预警，指导精确定向执法；③区域安全生产指数，评价不同地区的安全指数及其主要风险。

7.2　营销优化分析

营销数据分析是最典型的统计学习应用之一。在零售、出行服务（如航空、酒店等）、电信、金融、电商、互联网等领域有很多成熟的应用。例如，在零售中有门店运营（如选址优化、铺货与布局分析、销售预测、退市决策分析等）、货品分析（如渠道分析、产品组合优化等）、用户管理（如用户画像、定向推送等）等分析问题，能够充分探索实体销售（如实体场所、实体物品、实体交互等）中大规模问题背后的统计规律；在出行服务中，收益管理（Revenue Management）覆盖了按时段阶梯定价（如 Overbooking、Go-show、No-show）、全程服务等分析问题，充分体现了服务性产品的易逝性（Perishable）特点，电商和互联网利用在线服务不受物理场所限制等特点，将营销分析、业务模式、自动化服务充分融合。

在工业场景中，营销优化的前提差异较大：①交易行为数据少，使用行为数据多。工业产品销售大多是大宗交易，交易次数少，交易者数量有限，且交易数据量不大。幸运的是，物联网和大数据的发展为工业设备的状态、使用行为提供了数据基础（如工程机械的开工强度信息、化工企业的能耗和物耗信息、设备的运行性能等），为基于设备洞察的营销优化提供了数据保障。②应用场景主要在于生产计划和新业务模式，不是用户推送和定向营销。针对具体企业的工业产品种类很少（与零售相比），且大多为大规模生产，销售预测直接关系到产能规划。③需要宏观市场数据的支撑。很多工业产品及原材料都是大宗采购，受宏观市场的影响大，很多宏观统计数据滞后，能够用于预测或分析的数据相对有限。因此，应尽量利用设备的远程监控数据和社区数据提供有益补充。营销优化分析问题如表7-2所示。

表7-2 营销优化分析问题

类别	分析问题	描述
市场分析	供需预测	根据历史数据和外部数据（如天气数据等）预测供应量或需求量（特别是能源与化工行业）
	产品舆情	类似产品的质量问题，以及在社交媒体上的热度问题，提高内部生产技术管理部门对新质量问题响应的及时性
	价格走势预测	预测中短期价格走势，指导产品定价（或报价）、产品产量组合计划（对于化工行业，有很多中间产品也可以进行市场销售，根据盈利率、产能等因素，决定不同产品的产量配比，使利润极大化）
用户分析	用户画像	利用设备监控数据，从开工量、工况、能耗、物耗等角度完成用户画像
	用户风险评估	根据用户画像及部分交易行为，评估用户的违约风险。常常用于设备租赁服务、供应链金融等创新业务模式
	潜在业务推荐	根据当前的订购业务及交易量推荐新业务产品。常用于工业大宗交易等工业服务领域
生产协同	产能影响分析	在当前生产计划（包括维修计划）下，分析新订单对产能的需求
	交期承诺	根据优先级、产能约束和既有承诺，估算当前订单的交货期

7.3 研发数据分析

研发是一个高度创新的过程，每次的任务都有很大区别。另外，特定领域的研发数据分析将机理模型、数据模型等用到了极致。因此，在既有的核心研发任务上，大数据分析的创新通常有限（尤其从行业外部来看）。但若巧妙地融合一些模式创新，就能在数据支撑、执行效率等方面发挥不小的作用。应该从多学科融合优化的角度对研发数据分析问题进行优化，研发数据分析问题的模式创新点如表7-3所示。

表 7-3 研发数据分析问题的模式创新点

维度	描述	分析场景示例
数据支撑	在当前设计体系和流程下，如何应用实际数据	台风的实际监测数据为数值模型提供了重要反馈
算力支撑	利用新的计算框架和分析技术，加快数值仿真，促进协同研发	载荷仿真的并行化与自动化，支持协同研发 有限元仿真支持在线控制
方向指引	实际监测是否可以为设计提供方向	在不同风况下，海上平台的能力表现将为研发指明新的方向 不同路谱下的内燃机状态监测将为研发提供方向
决策支持	研发数据分析是否可以为关键决策提供相对准确的支持	新设备的实际制造、运输、安装、调试数据将为研发提供相对准确的参考

以"方向指引"为例，不少研发仿真基于理论假设与简化，很多"理论系数"在实际中很难精确获取。例如，理论上一个给水母管在 3 个分支阀门不同开度下的稳态流量和阻力损失可以通过水力学方程求解[2]，但在实际中，管壁的绝对粗糙度、液体黏度等关键系数很难精确获得，基于大量阀门开度和流量监测数据的统计回归模型可以较好地解决该问题。在风电大数据分析中，我们曾无意发现了"违背常识"的例外情形。在满发状态下，如果齿形带断裂，业务专家的"直觉经验"是系统将立刻收桨（即桨距角快速向 90 度变化）。但在实际案例中，在齿形带断裂后的 6 秒钟内（10:25:04 起），系统反而向 0 度变桨（某故障的变桨过程如图 7-3 所示）。查看对应的故障录波数据后，主控专家很快发现了原因并进行了针对性改进：①PLC 不能直接"感知"齿形带断裂，它是根据机舱加速度过大或理论功率与实际功率长时间不匹配来控制停机的，是齿形带断裂带来的"间接"后果；②齿形带断裂后，发电效率立刻下降，由于振动具有传播过程，机舱加速度没有立刻变大（实际数据表明需要 6～10 秒），基于这样的情形，主控逻辑的指示叶片向 0 度变桨（受最大变桨速率的限制），以便将发电效率维持在额定功率，直到机舱加速度过大并触发 PLC 的故障研判逻辑。

在工业场景中有不少类似的"假设"或"常识、经验"，大数据可以有效发挥"检验"作用，不时有一些"意料之外，情理之中"的小发现，不断增加对物理过程的认知或触发新的探索。例如，在上面的案例中，当前监测数据还不能回答很多有趣的问题，如振动传播时长与哪些因素有关（断裂时叶片所处的旋转相位、湍流强度、桨距角大小等）？断裂后实际叶片变桨发散过程及对叶片摆度的影响有哪些？在什么部位增加传感器可以更有效检测该过程（及进行经济性估算）？这些问题有时可以触发对研发的思考和探索，作为基础技术的大数据分析可以加速对新问题的识别。

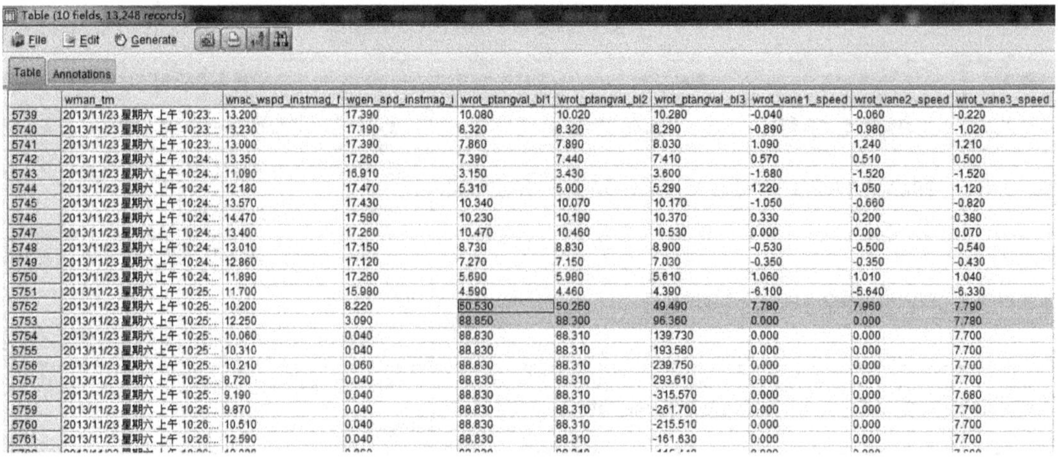

	wman_tm	wnac_wspd_instmag_f	wgen_spd_instmag_i	wrot_ptangval_bl1	wrot_ptangval_bl2	wrot_ptangval_bl3	wrot_vane1_speed	wrot_vane2_speed	wrot_vane3_speed
5739	2013/11/23 星期六 上午 10:23:...	13.200	17.390	10.080	10.020	10.280	-0.040	-0.060	-0.220
5740	2013/11/23 星期六 上午 10:23:...	13.230	17.190	8.320	8.320	8.290	-0.890	-0.980	-1.020
5741	2013/11/23 星期六 上午 10:23:...	13.000	17.390	7.860	7.890	8.030	1.090	1.240	1.210
5742	2013/11/23 星期六 上午 10:24:...	13.350	17.260	7.390	7.440	7.410	0.570	0.510	0.500
5743	2013/11/23 星期六 上午 10:24:...	11.090	16.910	3.150	3.430	3.600	-1.680	-1.520	-1.520
5744	2013/11/23 星期六 上午 10:24:...	12.180	17.470	5.310	5.000	5.290	1.220	1.050	1.120
5745	2013/11/23 星期六 上午 10:24:...	13.570	17.430	10.340	10.070	10.170	-1.050	-0.660	-0.820
5746	2013/11/23 星期六 上午 10:24:...	14.470	17.580	10.230	10.190	10.370	0.330	0.200	0.380
5747	2013/11/23 星期六 上午 10:24:...	13.400	17.260	10.470	10.460	10.530	0.000	0.000	0.070
5748	2013/11/23 星期六 上午 10:24:...	13.010	17.150	8.730	8.830	8.900	-0.530	-0.500	-0.540
5749	2013/11/23 星期六 上午 10:24:...	12.860	17.120	7.270	7.150	7.030	-0.350	-0.350	-0.430
5750	2013/11/23 星期六 上午 10:24:...	11.890	17.260	5.690	5.980	5.610	1.060	1.010	1.040
5751	2013/11/23 星期六 上午 10:25:...	11.700	15.980	4.590	4.460	4.390	-6.100	-5.640	-6.330
5752	2013/11/23 星期六 上午 10:25:...	10.200	8.220	50.530	50.250	49.490	7.780	7.960	7.790
5753	2013/11/23 星期六 上午 10:25:...	12.250	3.090	88.850	88.300	96.360	0.000	0.000	7.780
5754	2013/11/23 星期六 上午 10:25:...	10.060	0.040	88.830	88.310	139.730	0.000	0.000	7.700
5755	2013/11/23 星期六 上午 10:25:...	10.310	0.040	88.830	88.310	193.580	0.000	0.000	7.700
5756	2013/11/23 星期六 上午 10:25:...	10.210	0.060	88.830	88.310	239.750	0.000	0.000	7.700
5757	2013/11/23 星期六 上午 10:25:...	8.720	0.040	88.830	88.310	293.610	0.000	0.000	7.700
5758	2013/11/23 星期六 上午 10:25:...	9.190	0.040	88.830	88.310	-315.570	0.000	0.000	7.680
5759	2013/11/23 星期六 上午 10:25:...	9.870	0.040	88.830	88.310	-261.700	0.000	0.000	7.700
5760	2013/11/23 星期六 上午 10:26:...	10.510	0.040	88.830	88.310	-215.510	0.000	0.000	7.700
5761	2013/11/23 星期六 上午 10:26:...	12.590	0.040	88.830	88.310	-161.630	0.000	0.000	7.700

图 7-3　某故障的变桨过程

从研发环节的角度来看，研发数据分析的典型场景如表 7-4 所示。

表 7-4　研发数据分析的典型场景

类别	分析问题	描述
设计过程智能辅助	研发文档挖掘	在产品设计和工艺编排中，常常将错误和改进以文字形式存在 CAX 文档中。通过研发文档，能够自动挖掘和归纳常见问题，并与工艺环节或部件关联。这样可以以插件的形式，在设计中及时提醒设计人员提供，以可沉淀的形式传承经验
	共性件聚类与挖掘	极大化对现有部件的利用，缩短采购和试制时间，加速新产品研发。根据几何尺寸和描述信息，在现有 CAD 文件中进行共性件聚类。可以在现有部件中寻找相似部件，为新研发提供参考
研究数据的智能	环境数据	在设计过程中，通常基于国际标准和理论假设对设备可靠性进行分析。基于投产后设备的大量工况和环境监测数据为设计提供更真实的环境数据，使产品的设计更贴近实际使用。例如，工程机械中的路谱数据、风力发电机组中的风况和载荷数据等
	类似实验匹配	很多产品的研发需要做大量的物理或半物理实验，这些实验对于获取一手资料来说非常关键。但实验的时间和资金成本很高。如果对既有的实验测试数据进行有机管理，形成实验测试案例库，则在面对新的测试需求时，可以通过类似实验匹配和拟合算法，快速进行初步估算
仿真效率	仿真并行化与协同化	通过大数据并行化技术将仿真任务并行化，并进行仿真结果管理。例如，风力发电机组设计中的载荷仿真需要上千风况下的数据，通过云技术和并行化技术，可以将仿真周期从几天降到几小时，并提供不同组织间的协同仿真，提高协同研发和认证效率
	仿真数据拟合	很多仿真计算需要消耗大量时间，无法支持在线决策。通过对多个变量的分布进行网格化划分，建立离线仿真案例库，并构建回归拟合模型。在在线决策中，利用回归模型提供高精度的估算值

有限元仿真是进行工艺设计的主要技术手段,基于一定假设、简化和理论参数,通过刚体动力学、塑性变形过程、热力学过程方程的数值计算,推断设备工作过程、生产制造过程的关键状态信息[3]。有限元仿真基于简化的机理模型,覆盖了物理过程的重要部分,对工程和工艺设计具有重要的指导意义,但它需要根据具体生产和环境等细节进行细调,仿真时间长,很难支撑在线控制。离线仿真与统计学习结合的核心分析算法由 3 部分组成。

1) 仿真参数的密度估计与网格化

有限元仿真参数的分布较分散,这里用历史数据对有限元仿真的参数选择进行指导。

基于历史数据,对可测参数 $\Theta_i(i=1,\cdots,M_1)$ 和可控参数 $X_j(j=1,\cdots,M_2)$ 进行核密度估计,对 Θ_i 和 X_j 进行分位数等距取样:

$\Theta_{i1}, \Theta_{i2}, \Theta_{i3}, \cdots, \Theta_{iN1}(i=1,\cdots,M_1)$;

$X_{j1}, X_{j2}, X_{j3}, \cdots, X_{jN2}(j=1,\cdots,M_2)$;

利用 $\Theta_{i1}, \Theta_{i2}, \Theta_{i3}, \cdots, \Theta_{iN1}(i=1,\cdots,M_1)$ 和 $X_{j1}, X_{j2}, X_{j3}, \cdots, X_{jN2}(j=1,\cdots,M_2)$ 进行网格化。

2) 构建离线的有限元仿真结果库

基于网格,结合 Θ 中的理论假设(恒定值)进行有限元仿真,形成有限元仿真结果库(有限元仿真有成熟的软件,此处不再赘述)。

3) 构建拟合模型,实现全局估算

基于有限元仿真结果库,利用统计学习的回归分析算法(如神经网络、随机森林等)训练得到回归预测模型 $Y=f(X,\Theta)$。对回归模型进行简单的预测和计算,就可以得到精度相对较高的估算值。在构建回归模型的过程中,可以采用模型融合等方式,提高模型的稳定性,如图 7-4 所示。

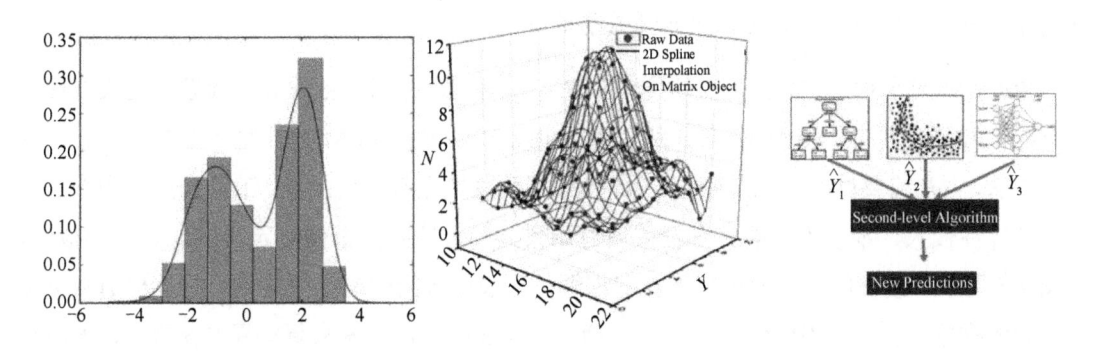

图 7-4 模型融合

统计学习模型可以提高仿真模型的在线计算效能,仿真模型也可以作为统计学习模型的特征变量。特征加工对于提高统计模型算法精度来说至关重要。工业过程通常是一个强机理前提下的受控过程，除了自动化特征工程方法，研发数据分析更需要有限元仿真等机理模型的输入，尤其是在参数空间内的大范围寻优，需要较好的模型集成方法。

在数据上，研发数据分析需要将研发数据（PLM）、管理数据（ERP）、制造数据（MES）、服务数据（MRO）、监测数据（SCADA）等有机融合。在制造和使用过程中，问题的发生和解决会产生大量数据，通过对大数据的分析和挖掘可以了解问题的产生过程、造成的影响和解决方式。这些信息在进行抽象化建模后转化为知识，可以利用这些知识认识、解决和避免问题，从数据的角度为研发提供一些有益的输入；当这个过程能够自发、自动地循环时，就形成了数据驱动的研发。

研发数据分析涉及的数据较为复杂，包括模型实验数据与报告、仿真分析计算数据与报告、原理性图纸与技术报告、详细设计三维数据、详细设计图纸与技术报告、建造工艺、工序及标准（文件、图纸）、生产图纸、设备技术参数、产品质量检测数据、设计标准、设计指南及设计手册等。它们之间的连接没有固定模式，其业务语义连接也远不是数据结构能表达的。因此，在研发大数据的基础层面，大数据平台应该融合既有的研发数据管理体系，还应该有相对灵活的对象存储模式，以支持数据的不断扩展。

7.4 本章小结

工业是商务生态和生产活动融合的复杂系统，工业大数据分析与智慧城市、商业数据分析等领域的很多场景类似，但其基本要素不同导致分析的侧重点不同。工厂是一个相对稳定的区域，与智慧城市相比，生产安全分析的聚焦性更强。在营销优化分析方面，B2B 的营销及营销与生产的联动是工业领域的特点；在工业研发数据分析方面，数据分析技术能单独发挥的作用有限，主要作用是支撑业务模式创新。

至此，完成了对工业大数据分析方法的讨论。第 3 章介绍了行业分析问题的定义方法及专家知识的沉淀方法，第 4~6 章分别介绍了 PHM、PQM、PEM 等典型工业分析场景下的分析方法，本章简要讨论了生产安全、营销优化、研发数据等分析场景。工业领域门类众多、需求差异性较大，本书不可能完全覆盖所有场景。不过所有分析问题定义的要素是类似的，如图 7-5 所示。读者可以通过对上下文的理解，形成业务问题的分析逻辑，并输出对数据分析问题的描述。上下文理解包括业务、物理、数字 3 个方面，其目标如图 7-6 所示，要将分析问题放在业务、物理和数字上下文中进行审视。

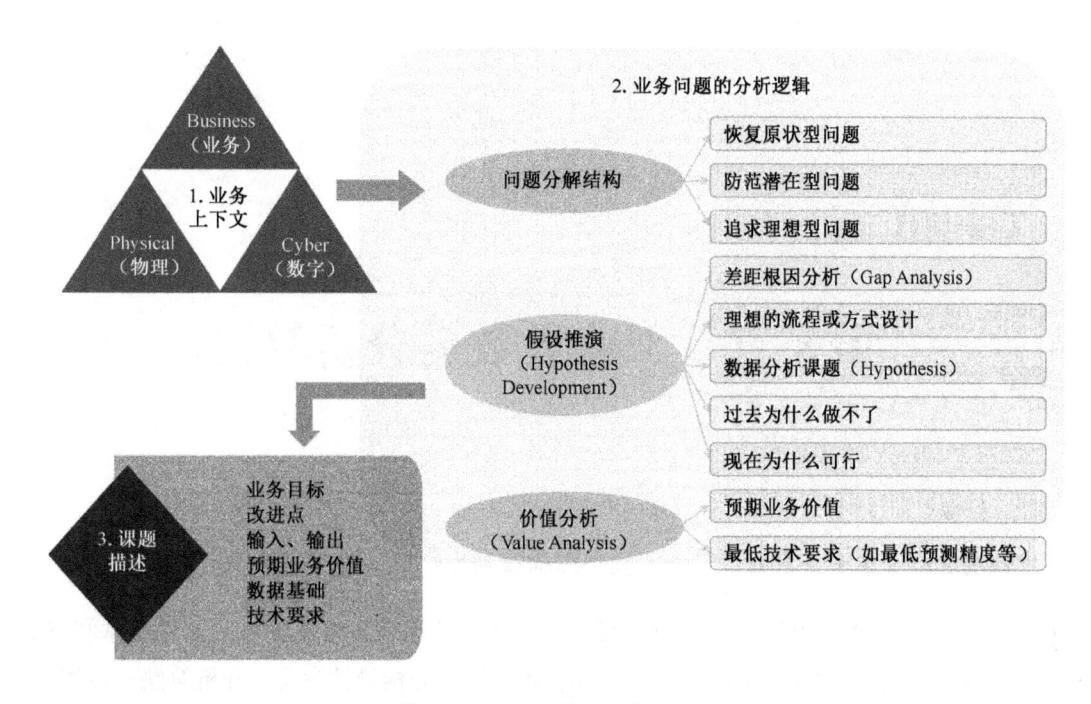

图 7-5　分析问题定义的要素

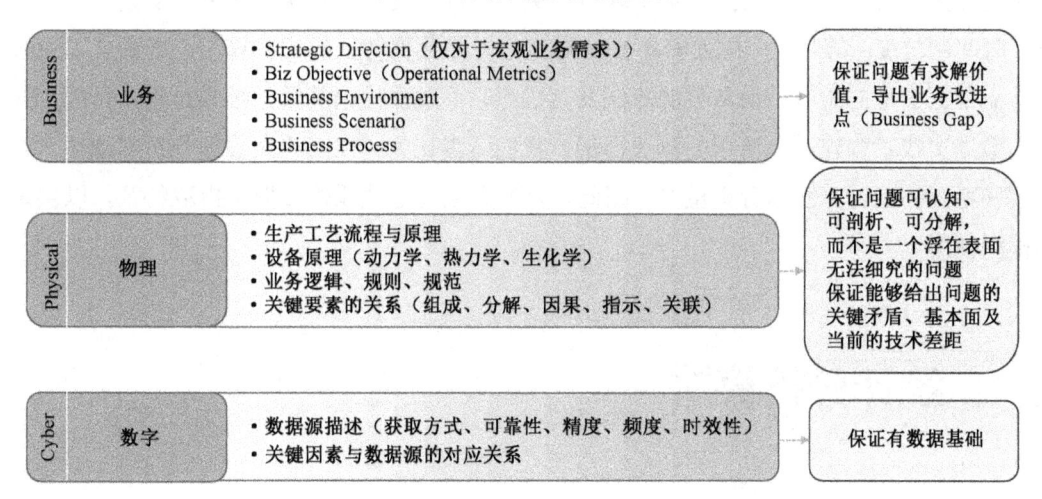

图 7-6　上下文理解的目标

参 考 文 献

[1] Nigel Hyatt. Guidelines for Process Hazards Analysis (PHA, HAZOP), Hazards Identification, and Risk Analysis[M]. CRC Press, 2018.

[2] 林爱光, 阴金香. 化学工程基础[M]. 北京：清华大学出版社, 2008.

[3] 康永林, 孙建林. 轧制工程学[M]. 北京：冶金工业出版色, 2004.

第 8 章　工业大数据分析算法

"数据和特征决定了机器学习的上限，而模型和算法只是逼近这个上限而已。"

基于对典型工业大数据分析问题的讨论，本章介绍工业大数据分析的共性技术和方法，为工业大数据实践者提供简洁的全局概览和快速、直接的指导性参考。分析算法与数据的特点密切相关。例如，时序数据常常呈现自相关（时间维度）、互相关（多个变量间）、多尺度（时间颗粒度）等特性，因而有不少针对这些时序数据特征的领域算法。本章从工业领域中常见数据类型的角度讨论常见的算法及其关系，不过多讨论其数学推导过程，目的是为工业大数据实践者构建一个清晰的算法框架。我们一直认为：在工业大数据分析实践中，领域理解和特征加工比算法本身更重要，因此，要最大限度地从原始数据中提取特征，以供算法和模型使用。

8.1　统计分析算法

8.1.1　描述性统计

在统计分析中有一套收集、处理、分析、解释数据并得出结论的方法。描述性统计是最基础、应用最广泛的数据分析方法，它使用表格、图像和数值汇总和描述数据。数据的概括性度量如图 8-1 所示，数据图像展示如图 8-2 所示。

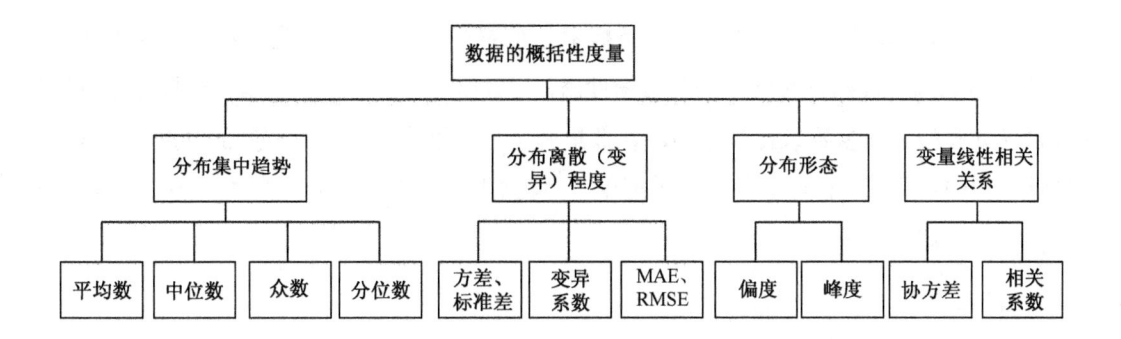

图 8-1 数据的概括性度量

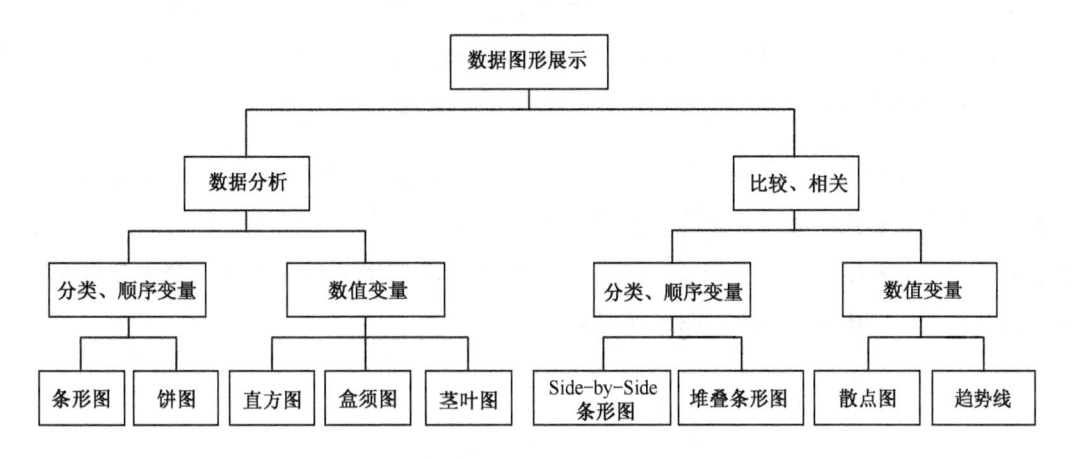

图 8-2 数据图像展示

8.1.2 推断统计

推断统计是利用样本数据推断总体特征的统计方法，其特点是根据随机观测样本数据及问题的条件和假设，对未知事物做出概率描述形式的推断。具体来说，推断统计以概率论为基础，根据抽样样本对总体的分布进行参数估计和假设检验，如图 8-3 所示。推断统计主要涉及与概率分布、参数估计和假设检验相关的算法。

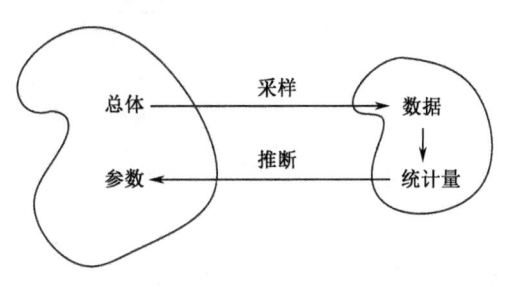

图 8-3 推断统计

令待推断总体的概率分布为 P_θ，θ 是概率分布的参数集合，目标是推断 θ 的某种性质。P_θ 又称统计模型，根据 θ 参数空间的数学性质，可以将统计模型分为两类：参数统计模型和非参数统计模型。在参数统计模型中，参数集属于有限维空间，参数空间的维度 d 为参数统计模型的自由度；在非参数统计模型中，参数集属于无穷维空间，即 P_θ 无法被有限数量的分布参数指定。

1. 概率分布

与非参数统计模型相比，采用参数统计模型描述采样数据分布容易存在更大偏差，但是其概率分布的优势在于，可以用很小的参数空间拟合数据分布，提高建模效率。因此，对数据进行统计推断的第 1 步是通过观察统计实验样本的直方图，从概率分布中选择一个有参数分布，并将其作为假设分布。

常见的概率分布及其关系如图 8-4 所示。其中常见的离散概率分布包括二项分布、泊松分布、几何分布；连续分布包括均匀分布、正态分布、t 分布、χ^2 分布、F 分布、指数分布等。在拿到一组数据，并绘制分布直方图后，如何判断数据符合什么分布？概率分布判断流程如图 8-5 所示，建议从 4 个方面进行判断。

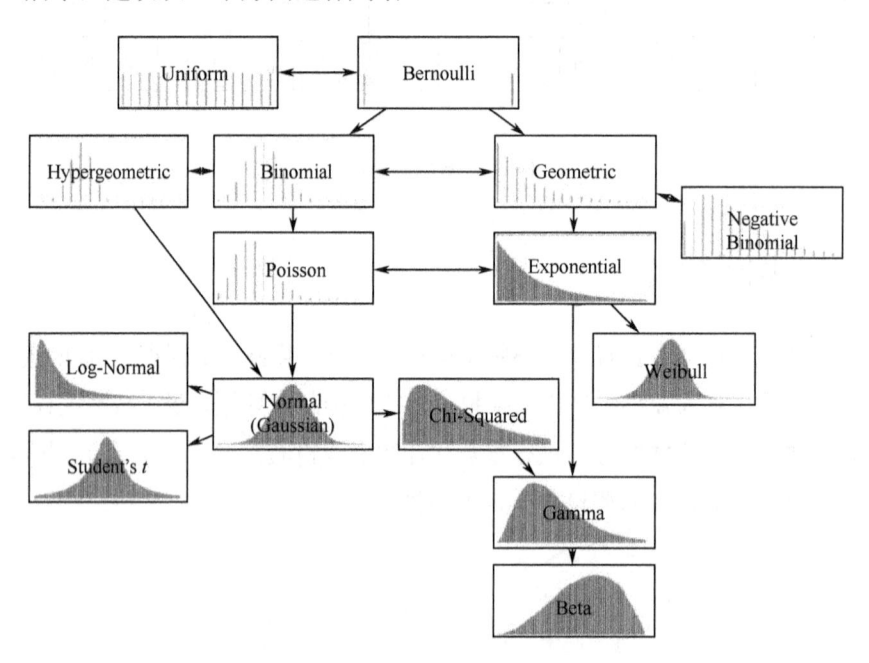

图 8-4 常见的概率分布及其关系

（1）数据离散或连续。

（2）数据分布是否对称，如果不对称是正偏斜还是负偏斜？

（3）数据是否有上下界，如风速不可能是负值，设备的时间稼动率不能大于 1 等。

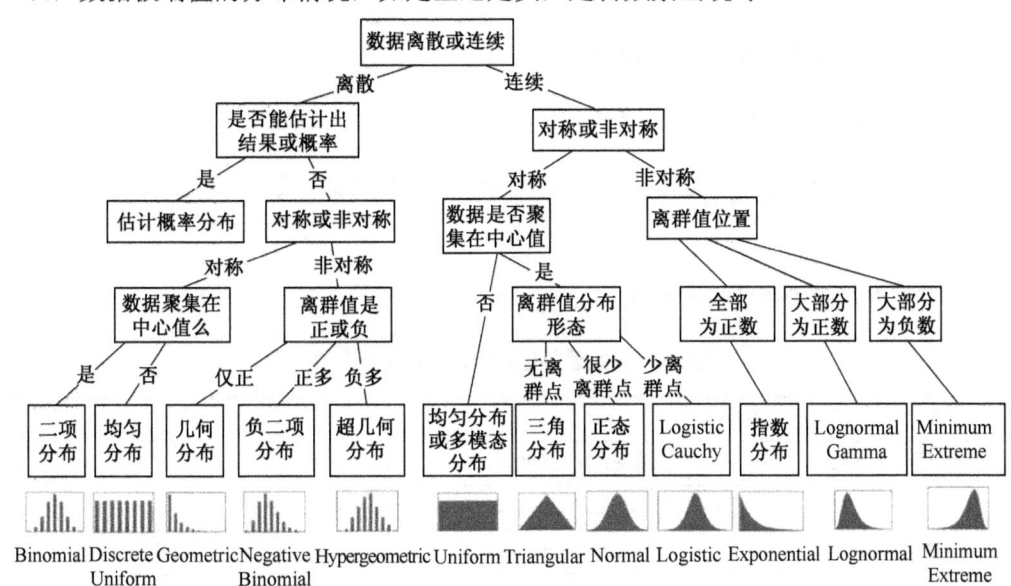

（4）数据极端值的分布情况，如是正还是负，是否频繁出现等。

图 8-5　概率分布判断流程

2. 参数估计

参数估计在抽样及抽样分布的基础上，根据样本统计量估计总体参数。参数估计方法有点估计和区间估计，区间估计是在点估计的基础上，给出总体参数估计的置信区间，从而反映样本统计量与总体参数的接近程度。不同情形下的总体参数估计需要使用不同的分布，单总体和双总体参数估计及其使用的分布如图 8-6 所示。

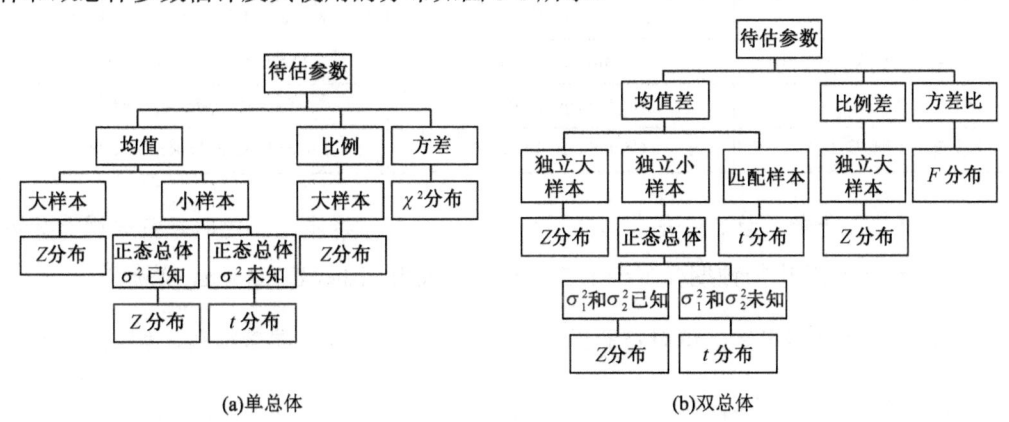

图 8-6　单总体和双总体参数估计及其使用的分布

3. 假设检验

假设检验与参数估计都利用样本对总体进行推断，假设检验对统计量的值提出某种假设，并通过样本信息验证该假设是否成立。假设检验的一般步骤如下：

(1) 给出原假设 H_0 和与之对立的备择假设 H_1。

(2) 设定显著性水平 α，通常取 0.05 或 0.01。

(3) 根据样本数据计算检验统计量。

(4) 看统计量是否落入 α 的拒绝域中，如果是则拒绝 H_0，反之则接受（无充分理由拒绝）H_0。

按变量类型对假设检验进行分类，如表 8-1 所示。

表 8-1 按变量类型对假设检验进行分类

变量类型		统计方法
预测变量（自变量）	结果变量（因变量）	
对照研究（Cross-Sectional 或 Case-Control Studies）		
二值（Binary）	连续（Continuous）	t-Test*
类别（Categorical）	连续	ANOVA*
连续	连续	线性回归
多变量（类别或连续）	连续	多变量线性回归
类别	类别	Chi-Square Test§
二值	二值	Odds Ratio，Mantel-Haenszel OR
多变量（类别或连续）	二值	Logistic 回归
队列研究（Cohort Studies）		
二值	二值	Relative Risk
类别	Time-to-Event	Kaplan-Meier Curve，log-Rank Test
多变量（类别或连续）	Time-to-Event	Cox-Proportional Hazard Model
类别	Continuous-Repeated	Repeated-Measures ANOVA
多变量（类别或连续）	Continuous-Repeated	Mixed Models for Repeated Measures

在表 8-1 中，*表示当结果变量明显不符合正态分布或样本量不足时，宜采用非参数检验；§表示当组合 Cell 中的预期样本少于 5 个时，宜采用 Fisher Exact Test 检验。

根据总体分布是否已知，可以将假设检验分为参数检验和非参数检验，如图 8-7 所示。

4．软件工具

常见的统计软件有 SAS、SPSS、STATA、R 等，在这些统计软件的帮助下，可以快速实现采样数据的描述性统计和推断统计，常用统计软件对比如表 8-2 所示。其中，R 是基于 R 语言进行统计分析及绘图的操作环境，结合了与时俱进的第三方软件包，具有强大的统计分析功能。

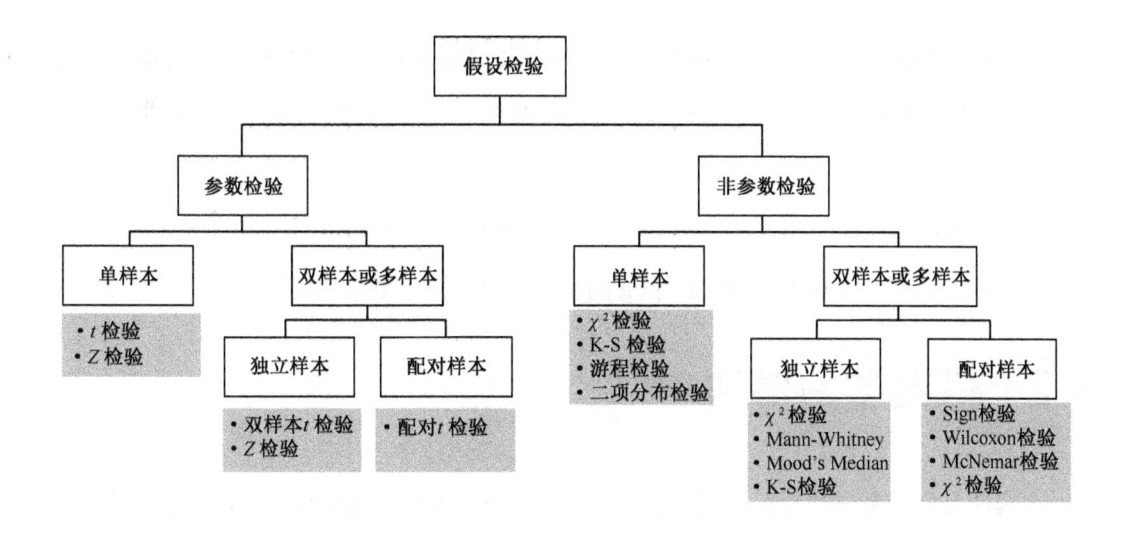

```
                    假设检验
                   /        \
              参数检验      非参数检验
              /    \         /      \
          单样本  双样本或多样本  单样本  双样本或多样本
         ┌────┐   /    \    ┌──────┐   /      \
         │•t检验│ 独立样本 配对样本│•χ²检验│ 独立样本  配对样本
         │•Z检验│ ┌────┐ ┌────┐│•K-S检验│┌──────┐┌──────┐
         └────┘ │•双样本t检验││•配对t检验││•游程检验││•χ²检验 ││•Sign检验│
                │•Z检验    ││        ││•二项分布检验││•Mann-Whitney││•Wilcoxon检验│
                └────────┘└────────┘└──────┘│•Mood's Median││•McNemar检验│
                                            │•K-S检验   ││•χ²检验   │
                                            └──────────┘└──────────┘
```

图 8-7　参数检验和非参数检验

表 8-2　常用统计软件对比

软件	数据管理功能	统计功能	绘图功能	是否开源	使用难度
SAS	强，命令复杂，但可以同时处理多个数据文件；变量数可达上万个	强，可完成大多数统计分析（回归分析、Logistic 回归、生存分析、方差分析、因子分析、多变量分析）	专业且复杂，图像质量好	否	编程操作，使用难度高
SPSS	一般，处理单文件，交互简单	强，与 SAS 类似，优势是方差分析（多种特殊效应的检验）和多变量分析（多元方差分析、因子分析、判别分析等）	具有图形编辑器，操作简单，质量好	否	简单
STATA	较强，比 SAS 弱	非常强，优势是回归分析，如 Logistic 回归（附加 Logistic 回归结果的解释，适用于有序和多元 Logistic 回归）等	绘图简单，功能强大，图像质量好	否	简单
R	强，可利用第三方数据库实现并行处理	非常强，调用第三方数据包进行数据探索、统计分析、建模等	编程操作，定制化程度高，图像质量好	是	编程操作，使用难度比 SAS 和 SPSS 高

（1）在绘图方面，R 语言有强大的基础包，以及扩展包 lattice、ggplot2，可用于实现描述性统计。

（2）概率分布，R 语言 stats 包提供常用分布的概率密度函数、概率分布函数、分位数函数和随机数生成函数，MASS::fitdistr 函数使用特定分布对样本数据进行拟合，density 用于非参数模型的核密度估计。

（3）假设检验：stats 包的 t.test 用于单样本和双样本正态总体均值或方差假设检验；shapiro.test 用于正态分布检验；cor.test 用于相关性检验；chisq.test 用于列联表和拟合优度检验。

（4）方差分析：stats 包中的 aov、ANOVA、MANOVA 用于单因素或多因素方差分析。

（5）线性模型：stats 包中的 lm、glm 用于拟合（广义）线性模型。

8.2 机器学习算法

机器学习算法是自动分析数据、获得规律，并利用规律对未知数据进行预测的算法。可以将机器学习分为有监督学习、无监督学习、半监督学习和增强学习。回归和分类是有监督学习问题，聚类、降维、关联规则是无监督学习问题。本节对机器学习算法进行介绍，包括经典算法和最近发展起来的热度较高的深度学习、Auto-ML 和可解释的机器学习。

8.2.1 回归

回归用于建立连续或离散自变量（输入变量）与连续因变量（输出变量）之间的关系，与函数拟合问题等价。常见的工业应用场景包括：①预测类，如工厂用电负荷预测、发电厂功率预测、备件需求量预测等；②PHM 类，如基于基线回归的故障预警、寿命预测等。按照输入变量个数可将回归分为一元回归和多元回归；按照输入变量和输出变量的关系可以将回归分为线性回归和非线性回归。回归建模包括训练和预测过程，常用的评价指标包括 MSE（Mean Square Error）、R^2（Multiple Coefficient of Determination）等。回归效果评价图包括拟合散点图、残差分布图、Q-Q 图等。右偏的残差分布图及 Q-Q 图如图 8-8 所示。

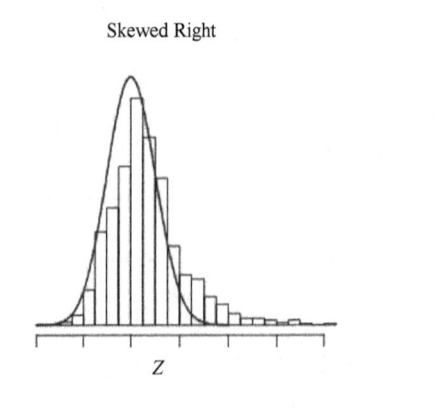

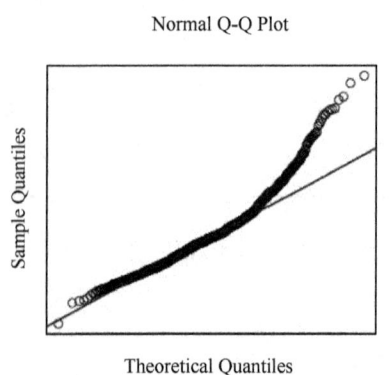

图 8-8 右偏的残差分布图及 Q-Q 图

线性回归：可解释性强，计算速度快。OLS（Ordinary Least Square）是线性回归最常用的算法之一。该算法假设自变量与因变量之间存在线性关系，使用线性超平面拟合数据集，拟合的残差服从均值为0、方差为σ^2的高斯分布。线性回归统计理论成熟，不仅可以实现自变量对因变量影响的显著性检验，还可以给出因变量的区间估计（置信区间或预测区间）[1]。

OLS还假设各自变量非线性相关，在实际使用过程中，如果自变量高度相关会带来多重共线性问题，导致建模结果难以解释、回归系数不稳定（删除一个样本点或一个自变量，会导致回归系数变化很大）。解决高度相关问题的常用方法有计算相关系数并设定阈值进行过滤、VIF（Variance Inflation Factors）、Ridge回归、Lasso回归等。Ridge回归和Lasso回归分别为OLS的损失函数增加L2和L1正则项，用于惩罚波动较大的回归系数，Lasso回归把系数惩罚到0，具备特征选择的功能。Lasso回归与Ridge回归的损失函数和约束条件如图8-9所示。

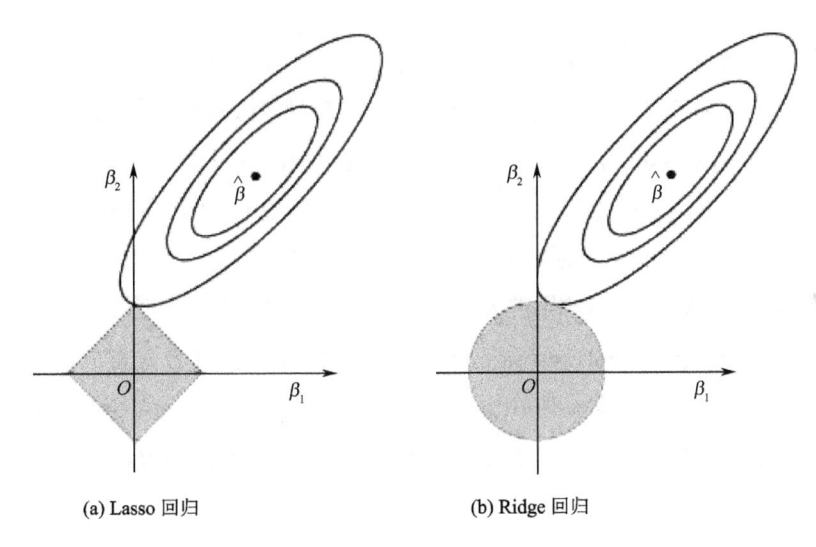

(a) Lasso 回归　　(b) Ridge 回归

图8-9　Lasso回归与Ridge回归的损失函数和约束条件

非线性回归：对模型进行线性基展开，可以使线性模型适用于非线性回归，基函数类型可以是多项式（泰勒展开）、分段样条平滑、三角多项式（傅里叶展开）、Wavelet展开等，这种非线性模型属于参数模型。核平滑模型属于非参数模型，它用基函数对输入样本点附近的样本子集进行拟合，典型的方法有LOESS（Locally Estimated Scatterplot Smoothing）、RBF（Radial Basis Functions）等。KNN（K-Nearest Neighbor）是最简单的核平滑算法，用与输入样本点距离最近的K个样本点的加权均值做近似，如图8-10所示。

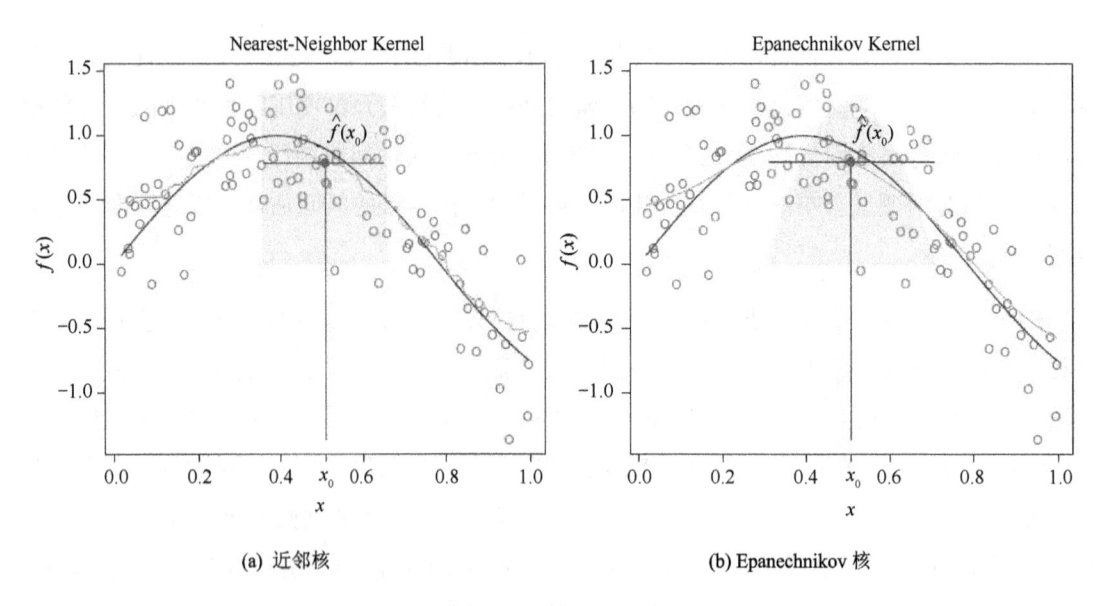

(a) 近邻核　　　　　　　　　　　　(b) Epanechnikov 核

图 8-10　核平滑算法

使用回归决策树也可以实现非线性回归，它将输入空间划分成若干矩形子空间，在子空间内用简单的模型对训练样本进行近似拟合，回归决策树算法及原理如图 8-11 所示。CART（Classification and Regression Trees）是基本的决策树模型，既可以用来做回归（此时为回归决策树模型），又可以用来做分类（此时为分类决策树模型）。回归决策树模型的优点是算法简单、可解释性强。集成学习通过结合多个基学习器的预测能力，提高模型的泛化能力、增强模型的鲁棒性，CART 是最常用的基学习器之一。可以将集成学习分为两类，一类是基于 Bagging 的方法，即基于 Bootstrap Sampling（有放回采样）的并行式集成，典型算法是 RF（Random Forest）；另一类是基于 Boosting 的方法，即针对已训练的基学习器的不足添加新的基学习器的前后关联式集成方法，典型算法有 Adaboost 和 XGBoost。

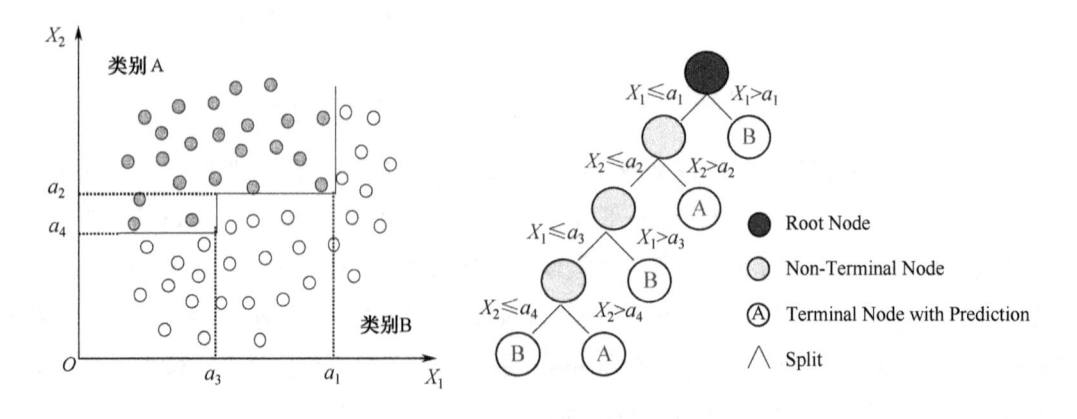

图 8-11　回归决策树算法及原理

NN（Neural Network）是应用广泛的非线性回归方法，其算法原理如图 8-12 所示，它是基于"非线性激活函数的线性组合"的层级模型,激活函数通常取 Sigmoid 函数、tanh 函数等。除了输入层和输出层,层级还包含任意数量的隐含层,这种多层嵌套的网络结构使 NN 具备强大的非线性拟合能力,也增加了网络参数的训练难度,降低了模型的可解释性,是典型的黑箱模型。常见的回归 NN 模型有 MLP(Multilayer Perceptron)和 RNN(Recurrent Neural Network)。

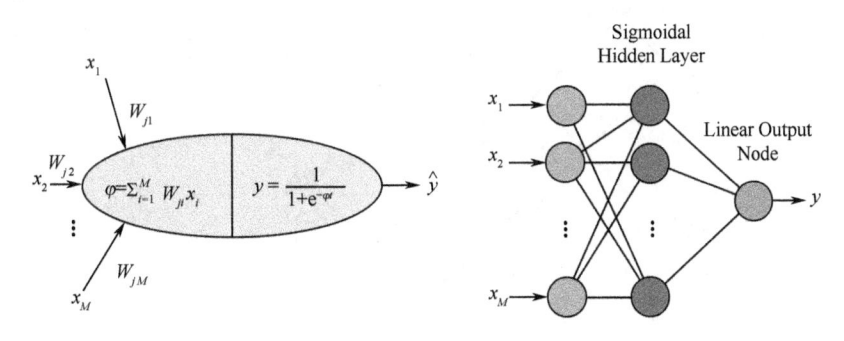

图 8-12 Neural Network 算法原理

8.2.2 分类

分类用于建立连续或离散自变量与取值有限的离散因变量之间的关系,根据因变量的数量,可以分为二分类和多分类问题。常见的工业应用场景有故障检测、故障诊断(故障分类)等。分类建模包括训练和预测过程,常用的分类模型评价指标有准确率、精确率、召回率、F1 值等。多分类评价指标 Macro F1 和 Micro F1 的区别在于,前者是各类 F1 的直接平均,后者还考虑了各类的样本量。分类效果评价图有混淆矩阵、ROC(Receiver Operating Characteristic)、AUC(Area Under Curve)、P-R(Precision-Recall)等。

分类算法有线性算法和非线性算法两种,常见的线性算法有逻辑回归和 LDA(Linear Discriminant Analysis),它们的分类决策边界为直线(或线性超平面);非线性算法有 FDA(Flexible Discriminant Analysis)、KNN、SVM(Support Vector Machine)、Naïve Bayes、MLP、树方法(CART、RF、XGBoost)等。这些方法中有些只适用于二分类,如逻辑回归、SVM(SVM 的原理如图 8-13 所示)等,但可以使用某些方法对其进行推广,从而解决多分类问题,基本思路是"拆解法",最经典的拆解策略有 3 种"One vs. One""One vs. Rest""Many vs. Many",拆解后可以通过投票与分类置信度结合的方法进行最终决策。

样本不均衡是工业故障检测场景中经常出现的问题,严重的不均衡会使分类器预测偏向样本多的类别,从而使简单的模型评价指标(如准确率等)失去意义。解决方法有:欠采样,减少数量较多的样本的样本量,如 KNN 欠采样法等;过采样,增加数量较少样本的样本量,如 SMOTE 方法等;评价指标调整,如在训练模型时对样本点权重进行调整或在设定二分类阈值时考虑类别训练样本的类别比例等。

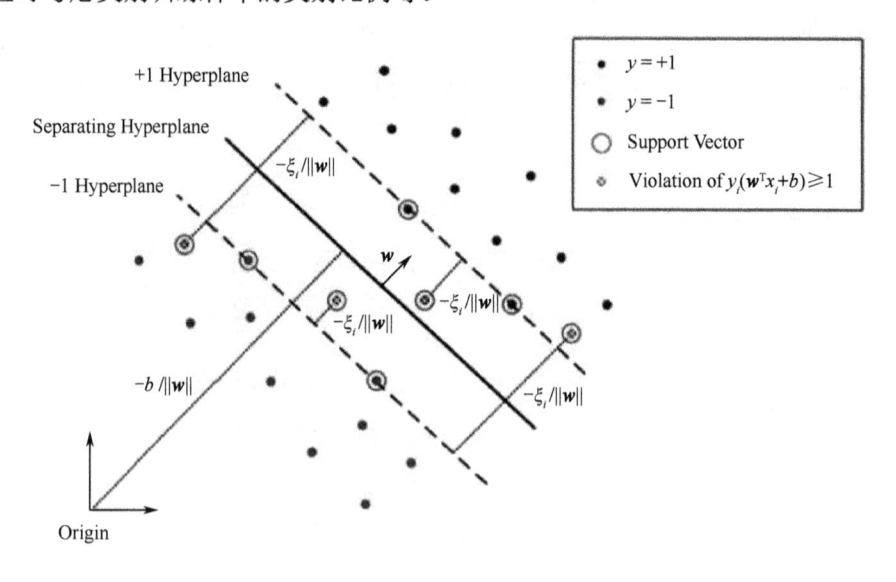

图 8-13 SVM 的原理

8.2.3 聚类

聚类属于无监督学习问题,指基于样本数据的内在规律(如相似度等),将其划分为若干类别的方法。聚类既可以作为探索数据分布的单独过程,也可以作为分类等其他机器学习任务的前序步骤。例如,在工业场景中,通常把工业设备或过程工况聚类成多个子集,再对各子集"分而治之"。基于"类内相似度高,类间相似度低"的思想,将聚类结果的评价指标分为外部指标和内部指标,外部指标对聚类结果和参考类别进行比较,衡量其相似度,包括 Jaccard 系数、FM 指数、Rand 指数等;内部指标评价聚类的效果,与"外部指标仅能将多次聚类结果两两对比"相比,它能够统一对多次聚类结果进行对比,常用指标包括 DB 指数、Dunn 指数等。

距离计算是聚类算法计算样本相似度的核心,距离值越小越相似。常用的有 Minkowski Distance,如图 8-14 所示,对于取值有限的离散变量来说,如果取值是"有序的",可以用 Minkowski Distance 计算,如果取值是"无序的",可以用 VDM(Value Difference Metric)计算。计算指标的选取与场景有关。例如,余弦相似度可以度量时间序列和 One-Hot 词袋序列的距离;汉明距离可以度量等长字符串的相似度;Levenshtein 距离(编辑距离)可以度量任意长度字符串的相似度。

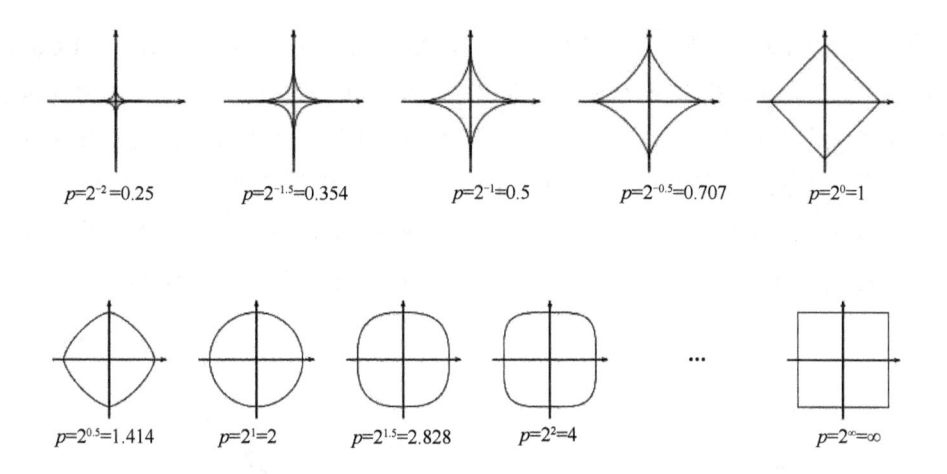

图 8-14 Minkowski Distance

常见的聚类算法有 3 种：基于原型的聚类算法，如 K-Means 算法、GMM（Mixture of Gaussian Models）算法等，GMM 算法如图 8-15(a)所示，GMM 算法采用概率模型表达聚类原型，最终得到每个样本点属于某个类别的概率，这点与 FCM（Fuzzy C-Means）算法相似；基于密度的聚类算法从样本密度的角度考察样本点之间的可连接性，并基于可连接样本点不断扩展聚类簇，该算法能得到任意形状的聚类簇，如 DBSCAN（Density-Based Spatial Clustering of Applications with Noise）算法，如图 8-15(b)所示；层次聚类算法采用"自上向下"的分拆策略或"自下向上"的聚合策略，将样本数据划分为不同层级的树形聚类结构，层次聚类算法可以获得任意类别的聚类结果。

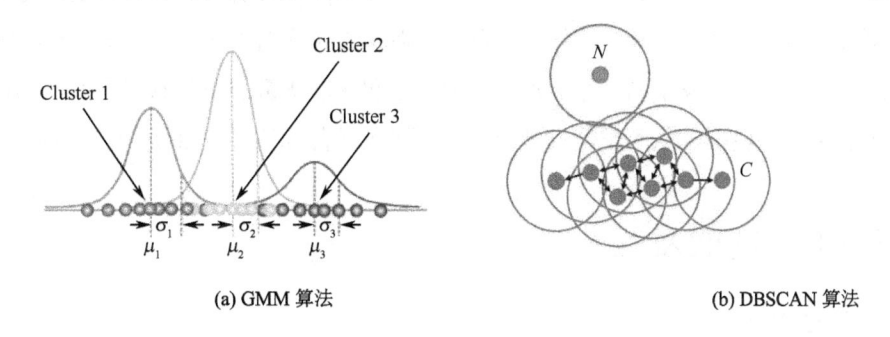

(a) GMM 算法

(b) DBSCAN 算法

图 8-15 GMM 算法和 DBSCAN 算法

8.2.4 降维

工业分析问题的变量众多，变量的高维度不仅导致对训练样本量的要求迅速增加，还会使基于样本间距离构建的模型算法失效，降低模型的计算效率和可解释性。在实际场景中，尽管变量的维度很高，但与学习任务密切相关的可能只是某个低维的 Embedding，在这个低维空间中进行学习显然更容易。

常见的降维方法有两种：①线性降维方法，如主成分分析 PCA（Principal Component Analysis）、独立成分分析 ICA（Independent Component Analysis）等。PCA 将变量重组为不相关因素，如图 8-16 所示；ICA 将变量重组为独立因素。线性降维方法常作为回归和分类的前序步骤。②非线性降维方法，如 Kernal PCA（核技巧非线性化）、ISOMAP（Isometric Mapping）、t-SNE（t-Distributed Stochastic Neighbor Embedding）等，ISOMAP 保证降维后邻近样本的距离不变，t-SNE 保证数据的概率分布不变，t-SNE 主要用于高维数据的低维可视化。

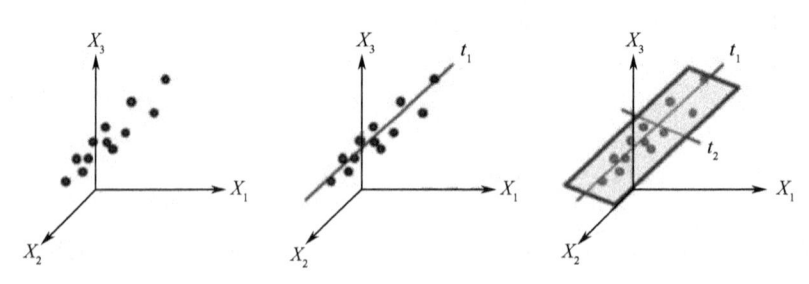

图 8-16　主成分分析

8.2.5　关联规则

关联规则用于从大量数据中挖掘关联性或相关性，从而描述一个事物中某些属性同时出现的规律和模式。关联分析的最终目标是在数据集中找到强关联规则，即拥有较高支持度和置信度的规则。常见的关联规则算法有 Apriori 算法和 FP-growth 算法，后者通过构建 FP-Tree 获得频繁项集，以减少对数据集的访问和读取，提高算法的单机执行效率。在工业场景中，关联规则常用于挖掘生产过程中的高频工况（控制变量和状态变量的强关联组合），还用于挖掘工单文本中的高频共现词，从而发现与故障现象相关的故障原因和需要更换的备件。

8.2.6　近期发展

1. 深度学习

深度学习在传统 MLP（多层感知机）的基础上发展而来，两者的主要区别在于，深度学习网络的神经元更多、各层之间的连接方式更复杂、需要超强的计算能力进行训练、能自动提取特征。深度学习在图像处理、计算机视觉、语音识别、机器翻译、自然语言处理、机器人控制等领域有广泛应用。深度学习网络发展迅速、种类繁多，本节仅对 3 种基础网络和主流框架工具进行简单介绍。

卷积神经网络（CNN）是深度学习网络的一种，在计算机视觉领域的应用非常广泛，它的名字来自组成其隐藏层的种类。CNN 的隐藏层通常包含卷积层、池化层、全连接层,以及归一化层。卷积神经网络的原理如图 8-17 所示。

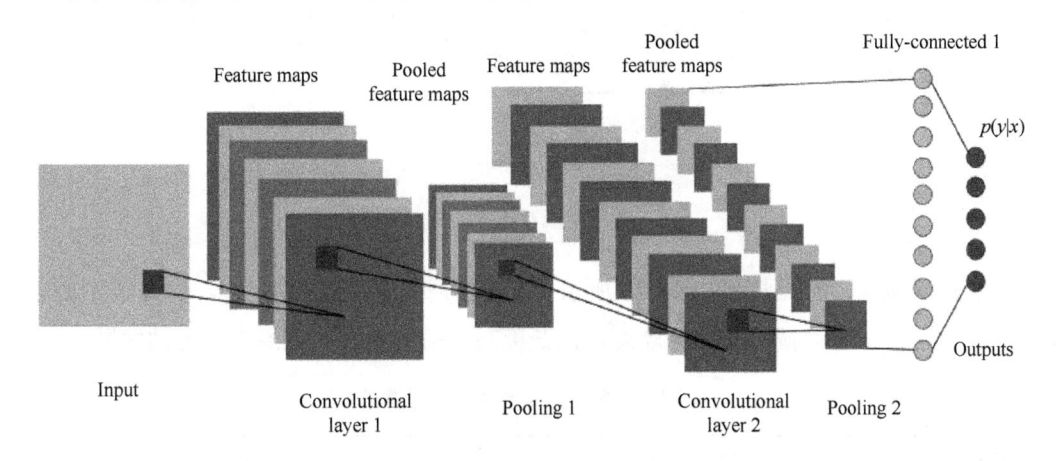

图 8-17 卷积神经网络的原理

循环神经网络(RNN)用于处理输入、输出不定长且存在上下文依赖的序列数据。RNN 的核心思想是将数据按时间轴展开,当前时刻的输出不仅与当前时刻的输入有关,还与上一时刻的输出有关,即隐藏层结点的输入不仅包括输入层的输出,还包括上一时刻隐藏层的输出。长短时记忆网络(LSTM)通过增加门结构实现了信息保留和信息选择功能(遗忘门、输入门、输出门),并通过网络训练决定哪些序列信息应该被遗忘,哪些序列信息应该被保留,从而解决序列的长期依赖问题。循环神经网络的原理如图 8-18 所示。

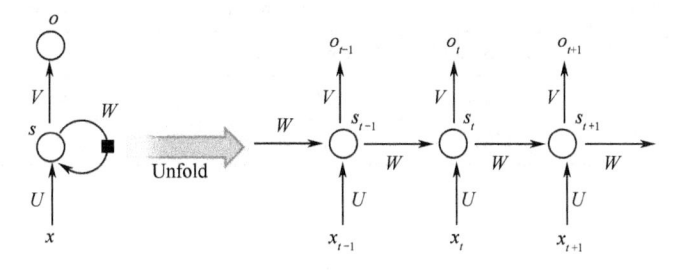

图 8-18 循环神经网络的原理

生成对抗网络(GAN)是一种无监督网络,它由生成网络(G)和判别网络(D)构成,这两个网络可以是各种神经网络(CNN、RNN、自编码器)。以图像生成为例,在训练过程中,生成网络 G 尽量生成真实图像以欺骗判别网络 D,而 D 则尽量把 G 生成的图像与真实图像区分开,G 和 D 构成动态博弈过程。生成对抗网络的原理如图 8-19 所示。GAN 在生成样本的过程中无须显式建立任何数据分布模型就可以生成以假乱真的样本。因此,GAN 在图像、文本、语音等领域都有广泛应用。

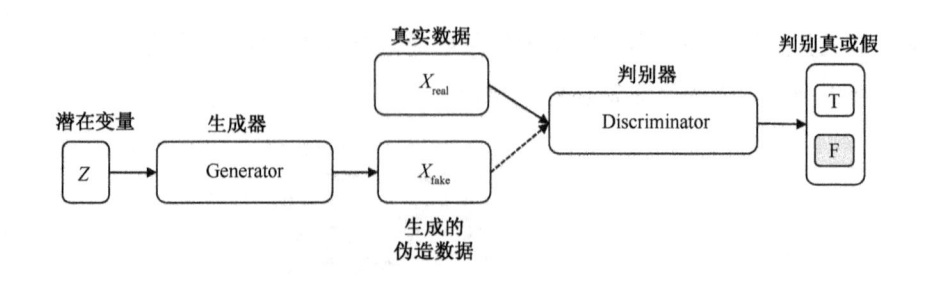

图 8-19 生成对抗网络的原理

主流的深度学习开源框架如表 8-3 所示，深度学习处于蓬勃发展阶段，对框架的选择应综合考虑使用需求和开源社区的活跃度，活跃度高的框架才能跟上深度学习的发展速度。

表 8-3 主流的深度学习开源框架

框架	发布时间	维护组织	底层语言	接口语言	Git Star
TensorFlow	2015 年 9 月	Google	C++、Python	C++、Python、Java 等	124000+
Keras	2015 年 3 月	Google	Python	Python	39600+
Caffe	2013 年 9 月	BVLC	C++	C++、Python、Matlab	27000+
Pytorch	2017 年 1 月	Facebook	C、C++、Python	Python	26000+
Mxnet	2015 年 5 月	DMLC	C++	C++、Python、Julia、R 等	16000+
Cntk	2014 年 7 月	Microsoft	C++	C++、Python、C#、.NET、Java	15900+
Darknet	2013 年 9 月	Joseph Redmon	C	C	12000+
Deeplearning4j	2013 年 9 月	Eclipse	C、C++、Cuda	Java、Scalar 等	10000+
PaddlePaddle	2016 年 8 月	百度	C++、Python	C++、Python	8300+
Chainer	2015 年 4 月	Preferred Networks	Python、Cython	Python	4600+
Theano	2014 年 9 月	Lasagne	C、Python	Python	3600+
Matconvnet	2014 年 2 月	VLFeat	C、Matlab	Matlab	1100+

2. AutoML

AutoML（Automated Machine Learning）使机器学习流程的创建完全自动化，如图 8-20 所示。机器学习流程通常包括数据搜集、特征工程、模型选择、优化算法设计、模型评价等，这些都涉及超参数的自动调节。AutoML 技术使机器学习技术的使用门槛降低，无须依赖机器学习专家。

AutoML 有以下方向：自动数据清理（AutoClean）、自动特征工程（AutoFE）、超参数优化（HPO）、元学习（Meta Learning）、神经网络架构搜索（NAS）。

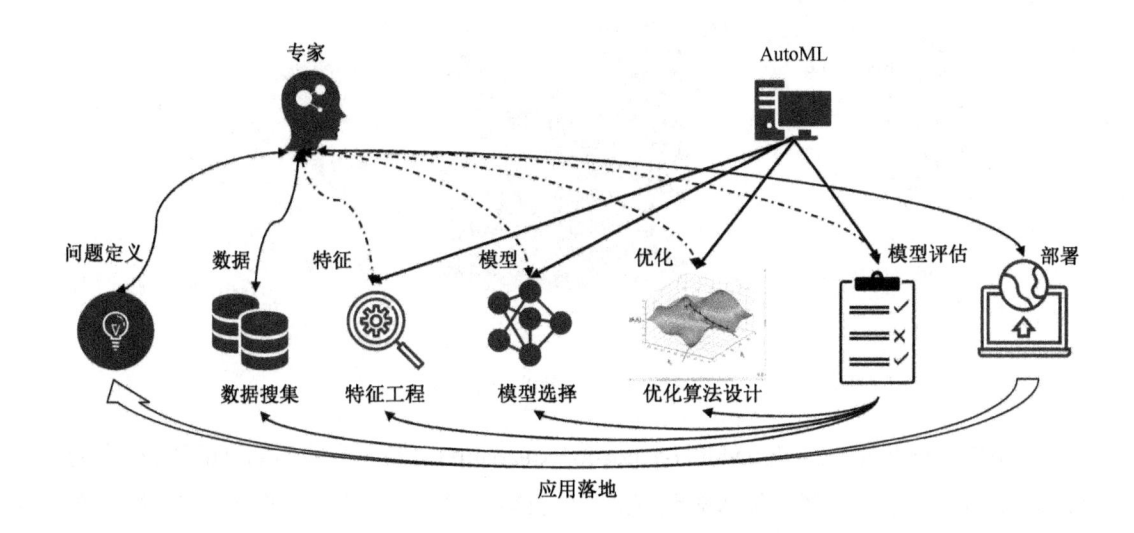

图 8-20　AutoML

3. 可解释的机器学习

模型的可解释性对工业建模来说十分重要，工业建模不仅关心建模过程（如选择哪些数据点或加工哪些特征等），还关心模型的结果（如模型的总体效果，哪些特征对结果的贡献大，以及模型如何针对误判、漏判或典型样本进行决策判断等）。模型的可解释性有助于理解模型的工作机理和错误原因，从而增强人们对模型的信心，了解模型的局限性和改进方向，实现模型与业务流程的融合。

可以从不同维度对模型的可解释性进行分类。

（1）内在可解释和事后可解释：前者利用模型自身的结构特点，如逻辑回归（用回归系数解释重要性）、广义可加模型（模型各组分）、决策树模型（If-Then 规则）等；后者是指，因为模型的可解释性较低，所以只能在训练后进行解释，如神经网络、集成模型等。

（2）模型依赖和模型无关：前者利用模型的特点，如在线性回归中使用系数和 p 值来确定特征的重要性，随机森林通过 OOB（袋外数据）错误率对特征进行重要性排序；后者与事后可解释类似，可用于任何机器学习模型，该方法常常通过分析特征输入及其扰动和输出来确定特征的重要性。

（3）局部可解释和全局可解释：指模型的解释方法是解释单个预测样本点还是解释整个模型的行为。局部可解释试图理解为什么模型为单个实例或为一组实例做出具体决策；全局可解释试图理解模型如何进行预测，以及模型的子集如何影响模型决策，全局可解释示例如图 8-21 所示。

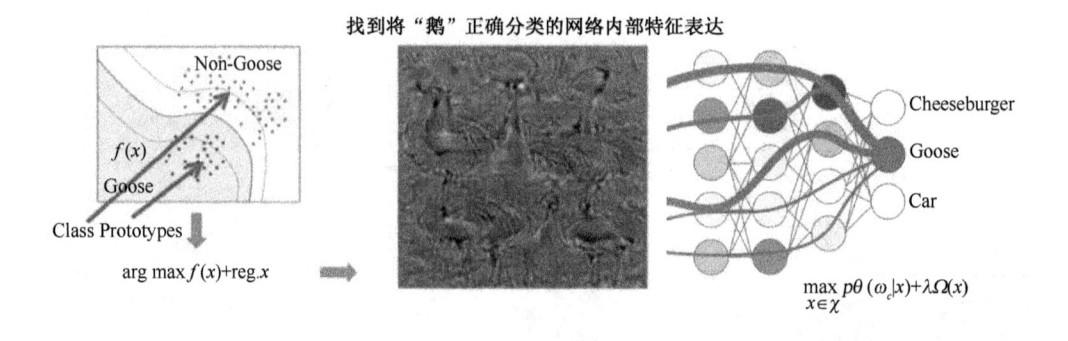

图 8-21　全局可解释示例

LIME（Local Interpretable Model-agnostic Explanations）是典型的局部可解释、模型无关、事后可解释方法。为了了解输入对预测结果的贡献，LIME 在输入值的真实值周围做微小扰动，观察模型的预测行为，并根据扰动后的预测结果与原始预测结果的距离来分配权重，从而得到一个可解释的模型和预测结果。例如，解释输入"我讨厌这部电影"这句话的模型预测结果，将这句话打乱，生成"我讨厌电影""我这部电影""我电影""我讨厌"等作为输入进行预测，评估后发现只有"讨厌"这个词对模型预测最为关键。这种方法在输入不可解释的情况下（如词向量等）依然奏效。

LIME 原理的简化示例如图 8-22 所示。浅色背景表示原始模型的决策函数，显然，模型的决策边界是非线性的。"+"代表被解释的样本点。首先，LIME 在"+"周围（扰动）采样，根据它们到"+"的距离赋予权重；其次，用原始模型预测扰动过的样本点；最后，学习能在"+"附近很好地近似原始模型的线性模型（虚线）。注意，这个解释只在"+"附近成立，对全局无效。

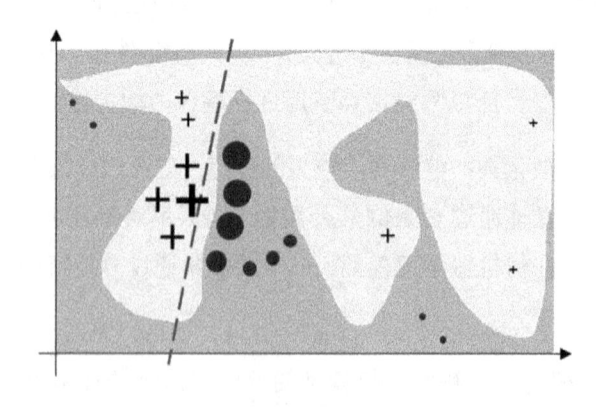

图 8-22　LIME 原理的简化示例

8.2.7 模型评价

我们希望机器学习训练模型不仅对已知数据（训练集）表现良好，对未知数据（测试集）也能表现良好，具有良好的泛化能力。将模型在测试集上的预测称为泛化误差。在机器学习中，泛化能力高低的最直观表现是模型的过拟合（Overfitting）和欠拟合（Underfitting）。过拟合和欠拟合是模型在训练过程中的两种状态，模型训练过程如图 8-23 所示，图中的 Training error 和 Generalization error 分别表示模型对训练集和测试集的预测误差。理想的解决方案是对候选模型的泛化误差进行评估，并选择泛化误差最小的模型。

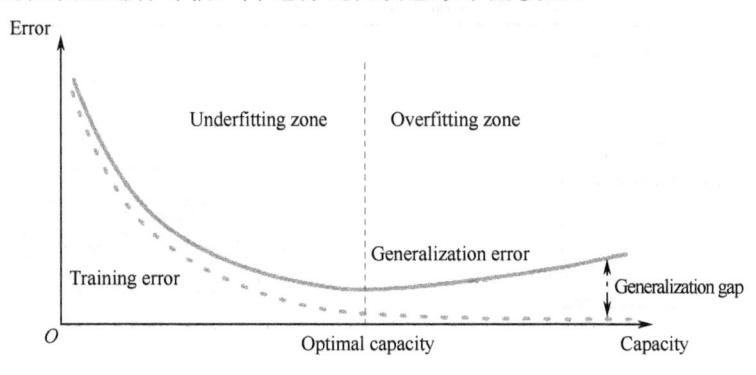

图 8-23 模型训练过程

1. 性能指标

有监督学习和无监督学习的评价指标体系如表 8-4 所示。

表 8-4 有监督学习和无监督学习的评价指标体系

类型	指标
分类（二分类）	混淆矩阵 |	P（预测）	N（预测）
---	---	---
P（实际）	TP（真实 1，预测 1）	FN（真实 1，预测 0）
N（实际）	FP（真实 0，预测 1）	TN（真实 0，预测 0）	 $\text{Accuracy} = \dfrac{\text{TP}+\text{TN}}{\text{TP}+\text{TN}+\text{FP}+\text{FN}}$。 $\text{Precision} = 1-\text{误报率} = \dfrac{\text{TP}}{\text{TP}+\text{FP}}$。 $\text{Sensitivity} = \text{Recall} = 1-\text{漏报率} = \text{TPR}（真阳率）= \dfrac{\text{TP}}{\text{TP}+\text{FN}}$。 $\text{Specificity} = 1-\text{FPR}（假阳率）= \dfrac{\text{TN}}{\text{TN}+\text{FP}}$。 $F_\beta \text{score} = \dfrac{(1+\beta^2) \times \text{Precision} \times \text{Recall}}{\beta^2 \times \text{Precision} + \text{Recall}}$，当 $\beta=1$ 时，为 F_1 score，最大为 1。 ROC 曲线（x 轴为 FPR、y 轴为 TPR），曲线下方的面积为 AUC，越大越好，其值最大为 1。该指标适用于样本不均衡问题，ROC 曲线示意图如图 8-24 所示。 Kappa 指标：多类别的一致性综合评价

续表

类型	指标
回归	MAE（Mean Absolute Error），又称 L1 范数损失。 MSE（Mean Squared Error），又称 L2 范数损失。 RMSE（Root Mean Squared Error）。 R^2（决定系数）反映因变量的全部变异能通过回归关系被自变量解释的比例，为无量纲指标，其值越大越好，最大为 1。 MAPE（Mean Absolute Proportion Error），为无量纲指标
聚类	外部指标包括 Jaccard 系数、FM 指数、Rand 指数等。 内部指标包括，DB 指数、Dunn 指数等

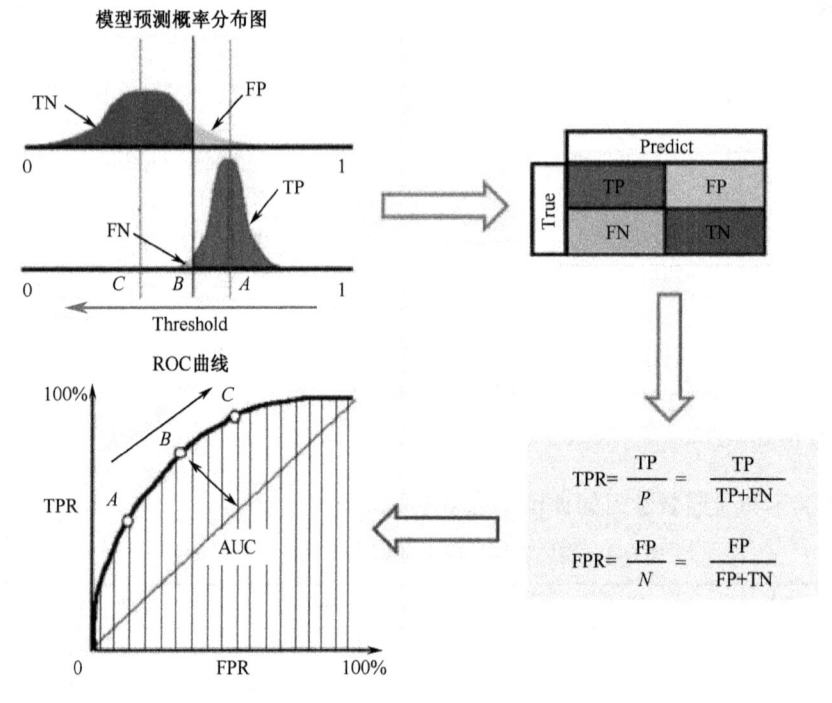

图 8-24　ROC 曲线示意图

2. 正则化方法

直接使用表 8-4 中的评价指标训练模型容易出现过拟合，正则化方法可以很好地解决这一问题，即同时降低经验风险和模型复杂度。可以根据具体策略将正则化方法分为如下 3 类。

1）经验化正则方法

（1）提前终止。在训练过程中，观察泛化误差指标，当其不再增加时，提前结束训练。

（2）模型集成。分别训练多个模型（如不同的网络结构、初始化方法或数据训练集模型等），再将训练结果融合。

（3）深度学习中常用的 Dropout 方法。

2）参数化正则方法

（1）L1 和 L2 正则化方法最常用，Lasso 回归和 Ridge 回归分别采用了这两种方法。

（2）赤池信息准则（Akaike Information Criterion，AIC）和贝叶斯信息准则（Bayesian Information Criterion，BIC）通过加入模型复杂度的惩罚项来避免过拟合。

$$AIC = 2k - 2\ln(L) \tag{8-1}$$

式中，k 为模型参数数量，L 为似然函数，AIC 越小越好。

3）隐式正则化方法

深度学习中的特征增强方法即为隐式正则化方法。

3．评价方法

如何选择泛化误差小的模型？应将模型的训练集与测试集分开（Dropout 方法），用测试集评价泛化误差，并重复训练测试过程，用多次计算的测试指标及其标准差客观评价模型。3 种常用的训练集和测试集划分方法如表 8-5 所示。

表 8-5　3 种常用的训练集和测试集划分方法

Dropout方法	方法图例
k-fold交叉检验法 k的推荐值为10或5 k=1时为留一法	Original Data，CV Group #1、#2、#3（Build Model with / Predict on）
重复采样法（使用20%~25%的数据做检验）	CV Group #1、#2、…、CV Group B（Build Model with / Predict on）
Bootstrap采样	Bootstrap #1、#2、…、Bootstrap B（Build Model with / Predict on）

以 k-fold 交叉检验为例，完整的评估流程如下。

（1）将数据集分为训练集和测试集（仅在最终进行模型评价时使用测试集）。

（2）尝试各种超参数搜索方法，如贝叶斯优化、随机搜索或网格搜索等。在训练集上应用 k-fold 交叉检验得到多个模型及其性能评估结果。

(3) 使用 (2) 中的最优超参数设置模型，使用完整的训练集进行训练。

(4) 使用 (1) 中预留的测试集评估 (3) 中得到的模型。

(5) 在所有数据集（包括训练集和测试集）中拟合模型，得到最终部署模型。

除了 k-fold 交叉检验法，还有一种将数据集分为训练集、校验集、测试集 3 部分的 Three-way Holdout 法，这种方法的计算效率高，适合在数据集较大的情况下使用。

4．非均衡数据处理

在分类问题中，经常会出现类别不均衡的情况，在工业设备故障预警或诊断场景下尤为严重，因为设备一般运行在正常工况下。严重的不均衡会使模型的部分评价结果（如准确率等）失去意义，常见的不均衡问题可以从 3 个角度解决，采样方法如图 8-25 所示。

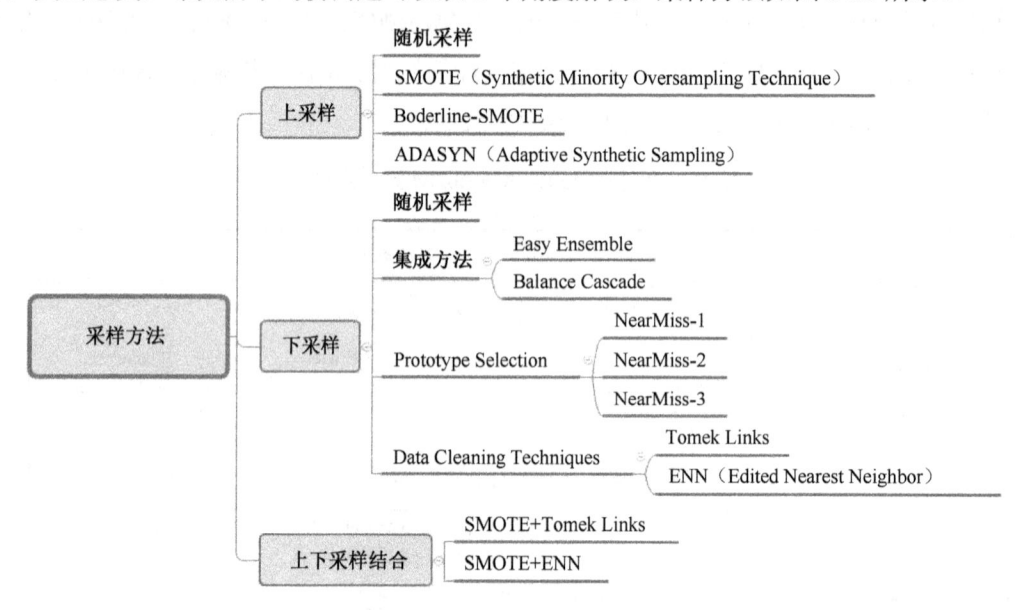

```
采样方法 ── 上采样 ── 随机采样
                    ── SMOTE (Synthetic Minority Oversampling Technique)
                    ── Boderline-SMOTE
                    ── ADASYN (Adaptive Synthetic Sampling)
         ── 下采样 ── 随机采样
                    ── 集成方法 ── Easy Ensemble
                                 ── Balance Cascade
                    ── Prototype Selection ── NearMiss-1
                                           ── NearMiss-2
                                           ── NearMiss-3
                    ── Data Cleaning Techniques ── Tomek Links
                                               ── ENN (Edited Nearest Neighbor)
         ── 上下采样结合 ── SMOTE+Tomek Links
                        ── SMOTE+ENN
```

图 8-25 采样方法

1）数据角度

(1) 获取更多数据样本，减轻不均衡问题。

(2) 上采样、下采样、上下采样结合。

2）评价指标角度

将 Kappa 或 ROC 指标作为模型训练评估指标。

3）算法角度

（1）选择对样本不均衡相对不敏感的算法，如 C4.5、C5.0、CART、Random Forest 等。

（2）通过调整正负样本的惩罚权重来解决样本不均衡问题，然后进行计算和建模。小样本量的权重高，大样本量的权重低。

（3）集成学习，从多数类中随机独立抽取若干子集，将每个子集与少数类数据联合训练，生成多个基分类器，再加权组合成新的分类器。

（4）将任务转化成异常检测问题，使用 One-Class SVM、独立森林等异常检测方法。

8.2.8　不同算法的要求

纵观各类机器学习算法，没有一种普适算法能解决所有问题。在实际应用中，应充分理解需要处理的问题，并通过综合考虑预处理方式、模型可解释性、模型计算时间、模型准确性等来选择算法。通过总结一些常用的有监督机器学习模型在使用时的要求和特点，得到不同算法对样本量、预处理手段、变量选择的要求，如表 8-6 所示。

表 8-6　不同算法对样本量、预处理手段、变量选择的要求

算法	允许记录数小于特征数	预处理	可解释性	自动变量选择	调优参数	对于预测变量噪声稳健性	计算时间
线性回归◎	×	CS, NZV, Corr	√	×	0	×	√
偏最小二乘◎	√	CS	√	○	1	×	√
岭回归◎	×	CS, NZV	√	×	1	×	√
Lasso◎	×	CS, NZV	√	√	1	×	√
逻辑回归※	×	CS, NZV, Corr	√	×	0	×	√
MLP	√	CS, NZV, Corr	×	×	2	×	√
SVM	√	CS	×	×	1～3	×	×
KNN	√	CS, NZV	×	×	1	○	√
最近质心收缩	√	NZV	○	√	1	×	√
决策树	√		○	√	1	×	√
随机森林	√		×	○	0～1	√	×
Adaboost	√		×	√	3	√	√
朴素贝叶斯※	√	NZV	×	×	0～1	○	○

注：◎表示算法仅用于回归问题，※表示算法仅用于分类问题。CS 表示标准化输入，NZV 表示需要去除近零方差输入，Corr 表示对输入的共线性问题敏感。√表示肯定，×表示否定，○表示介于两者之间。

8.3 时序数据挖掘算法

在经典机器学习中，通常假设不同记录是独立同分布的（严格意义上的数据集）。但在一些领域，记录之间存在结构关系（如序列关系、空间关系、网络关系等）。在工业大数据分析中常常出现时序关系，状态监测、测量活动、生产活动的数据都具有明显的时序特征。

时间序列在不同行业中具有不同特性，对应的分析算法也不同，具有不同特性的时间序列对应的分析算法如表 8-7 所示。例如，周期性短序列（如生物发酵周期中的生化指标）有明确的批次、时长、变量，且不同批次序列的时长通常相等，在进行时序再表征和相似度评价时，与长序列相比，周期性短序列的便捷性更强。风速是长序列，没有明确的业务语义能将其自然分割，需要利用算法或启发式规则进行分割。另外，长序列中常常存在多尺度（Multi-scale）效应，需要利用其在不同时间尺度上的变化趋势。

表 8-7 具有不同特性的时间序列对应的分析算法

维度	类别	描述及示例	算法方法需求
长度	长序列	自然环境的传感数据：风速 持续生产的过程数据：长周期化工过程	时序分割。 多尺度（Multi-scale）分解
	周期性短序列	周期性运行设备：往复式设备的力矩或位移 周期性生产：轧制过程数据	时序再表征 时序聚类
形态	周期性或趋势	季节性数据：零配件需求曲线 振动数据：旋转机械的振动	时序模式分解 频域分析算法
	已知模态	单变量的时序模态：心电图 双变量的相位模态：示功图、轴心轨迹	时序再表征 时序相似度匹配
	未知模态	风速	频繁模式挖掘 聚类
	动力学驱动关系	风速—发电功率	ARIMA 或动力学建模
数据质量	数值准确	电流、电压数据	只需进行少量的质量预处理（如线性滤波等）
	零星强噪声	风速测量、工程机械中的压力测量	需要采用非线性滤波（如中值滤波等）或 STL 等半参数化方法
	趋势可信	化工过程中的流量、工程机械中的油位	时序分解 时序再表征

可以将时序数据挖掘算法分为 8 类（可视化为共性特征），如图 8-26 所示。时序分割（Time Series Segmentation）从时间维度将长序列切分为若干子序列，不同子序列对应不同工况类别；时序分解（Time Series Decomposition）按照变化模式，将时间序列分解为若干分量；时序再表征（Time Series Representation）用于进行时间序列简化或特征提取，为时序分类提

供支持；序列模式（Sequential Pattern）主要用于发现长序列中常见的子序列模式或事件间的时序模式关系；异常检测（Anomaly Detection）用于发现时间序列中的点异常、子序列异常或多变量间的模式异常；时序聚类（Time Series Clustering）将若干时间序列（等长或不等长）聚类，为基于时序片段的时序分类和时序预测提供支持。这里的时序分类（Time Series Classification）和时序预测（Time Series Forecasting）与机器学习算法中的分类和回归类似，唯一的问题在于如何融入时序特征。

Time Series Segmentation（时序分割）	Time Series Representation（时序再表征）	Anomaly Detection（异常检测）	Time Series Classification（时序分类）
将长序列切分为若干子序列 • Autoplait（HMM） • HOG-1D	时间序列特征库 • 统计特征 • 时域特征（趋势、形状） • 频域特征 • 多变量序列相似度	用于发现时间序列中的异常 • 点异常 • 子序列异常 • 多变量间的模式异常	将时间序列作为分类变量 • SAX
Time Series Decomposition（时序分解）	**Sequential Pattern（序列模式）**	**Time Series Clustering（时序聚类）**	**Time Series Forecasting（时序预测）**
按照变化模式，将时间序列分解为若干分量 • STL • SSA • EMD • Wavelet	用于发现长序列中的常见子序列模式 • Motif • Sequential pattern	短序列聚类 • Model-free • Model-based • Complexity-based • Prediction-based	对数值的预测 • ETS • ARIMA • Other traditional methods
Visualization（可视化）			

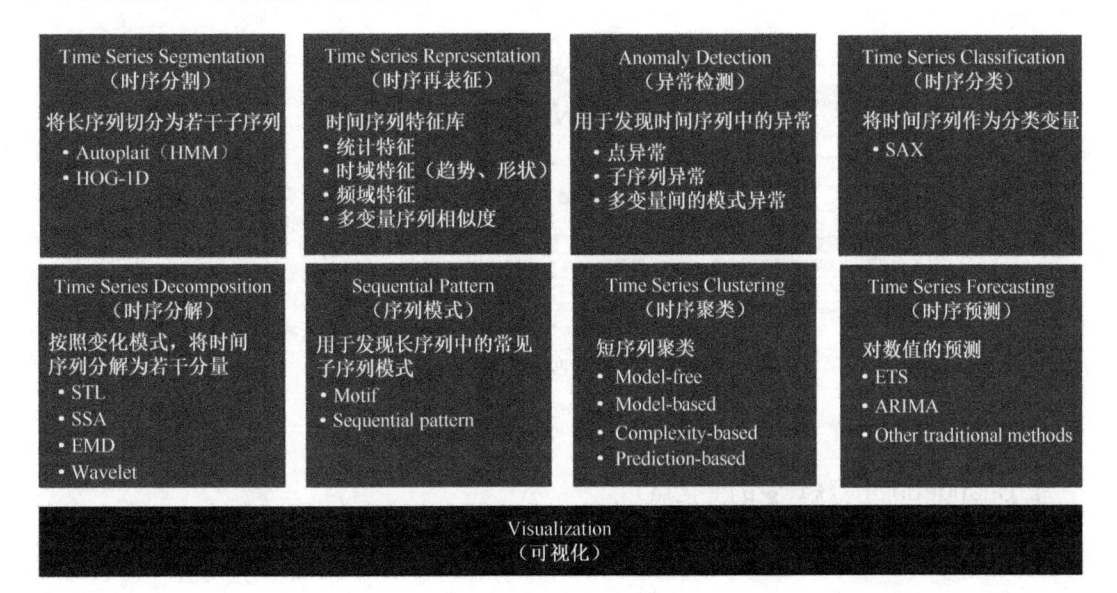

图 8-26　时序数据挖掘算法

8.3.1　时序分割

在不同外部条件（即工况）下，工业设备系统往往有多种运行模式，工业生产也往往会分阶段进行。在不同工况下，数据特点可能明显不同。有的阶段划分存在明确的规则（如设备的运行规律），有的则是自然发生的，我们对其规律没有显式认知。对于第二种情况，我们希望能从数据中找到一定的规律，自动挖掘其阶段变化的分割点。

时序分割对于有监督学习任务来说很重要，在某种程度上与聚类相似，在不同工况下，不同变量间的关系模型差别很大，如果不能很好地进行提前区分，就需要后续的时序分类和时序预测做隐式处理，对算法的稳定性、业务可解释性提出了很大挑战。另外，时序分割也可以达到降维效果，简化后续模型，如可以利用有限状态的 HMM 模型而不是连续状态的状态方程。3 种时序分割示例如图 8-27 所示。

(a) Changepoint

(b) TreeSplit

(c) Autoplait

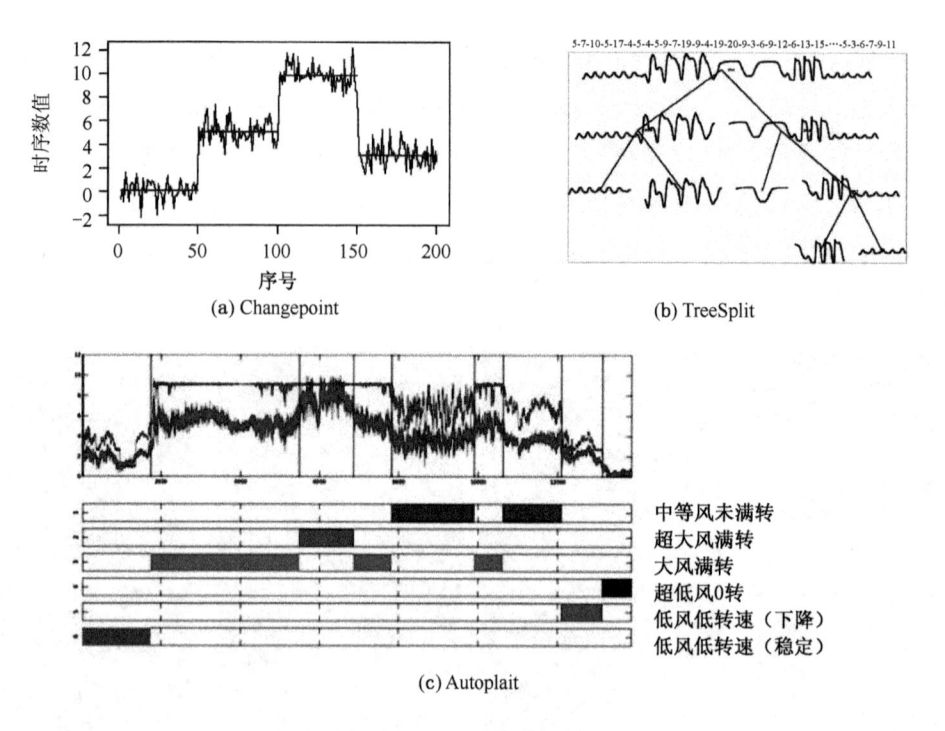

图 8-27　3 种时序分割示例

1. Changepoint（统计量的变化点）

一个最简单的时序分割假设是：时间序列的基础统计量（均值、方差）是分段稳定的。此类算法的重点是寻找统计量的变化点。主要有 3 种算法：AMOC（At Most One Change）、PELT（Pruned Exact Linear Time）、BinSeg（Binary Segmentation）。

AMOC 根据均值或方差的变化进行研判，但其最多只能找到 1 个分割点。AMOC 基于假设检验，原假设（H_0）为无分割点，备择假设（H_1）为有一个分割点。AMOC 构建统计量 $ML(\tau_1) = \log p(y_{1:\tau_1} | \hat{\theta}_1) + \log p(y_{(\tau_1+1):n} | \hat{\theta}_2)$，分割点只在离散位置存在。取遍所有可能的分割位置，得到统计量（对数似然）的极大值为 $\max_{\tau_1} ML(\tau_1)$。检验统计量为 $\lambda = 2\left[\max_{\tau_1} ML(\tau_1) - \log p(y_{1:n} | \hat{\theta})\right]$。检验过程包括选择一个阈值 c，当 $\lambda > c$ 时拒绝原假设，使 $ML(\tau_1)$ 取得极大值的 $\hat{\tau}_1$ 就是找到的分割点位置。c 值的选择可以参考文献[2]。

PELT 是 Killick R、Fearnhead P 和 Eckley IA 等学者于 2012 年在论文 "Optimal Detection of Changepoints with a Linear Computational Cost" 中提出的一种分割点发现算法。基于"分割点数量随数据总量线性增长，而不是集中在某个局部区域"的假设，使用动态规划算法，避免重复计算。这种算法具有线性搜索复杂度。

BinSeg 采用二分分割，先在整体数据中找到一个分割点，然后在分割结果中继续使用 BinSeg，直到找不到新的分割点。

2. TreeSplit

梯度直方图（Histogram of Oriented Gradients，HOG）是图像识别中流行的特征提取方法，具有旋转不变性、位移不变性等良好性质，形状表达能力非常好。单变量时间序列也可以借用此类技术[3]，用梯度直方图将数据符号化，再用树状结构对符号序列进行分割。

采用滑动窗口方式提取每个子窗口的 HOG 特征，并将 HOG 特征聚类，即可将原始的时间序列转化为符号序列，如图 8-28 所示。

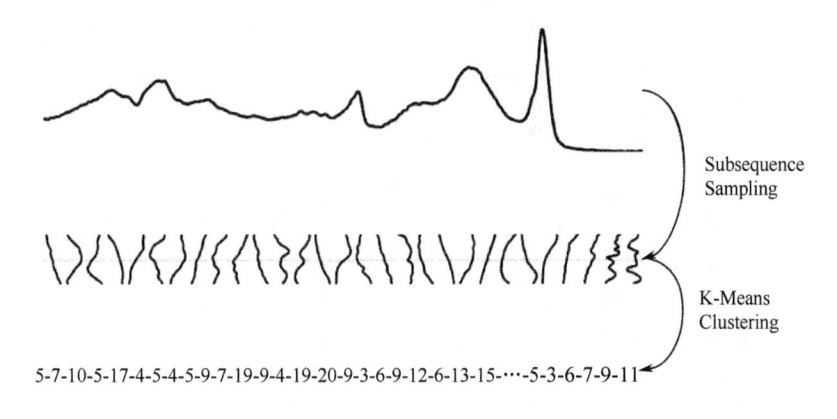

图 8-28　将原始的时间序列转化为符号序列

按照符号序列的纯度切分符号序列，以形成对应的时序分割，如图 8-29 所示。

TreeSplit 算法基于数据直方图的相似性对数据进行分段，其优点在于无统计假设、对参数不太敏感、时间复杂度低、通用性强，适用于连续型和离散型序列。这样的分段也可以较容易地扩展到多变量情况。

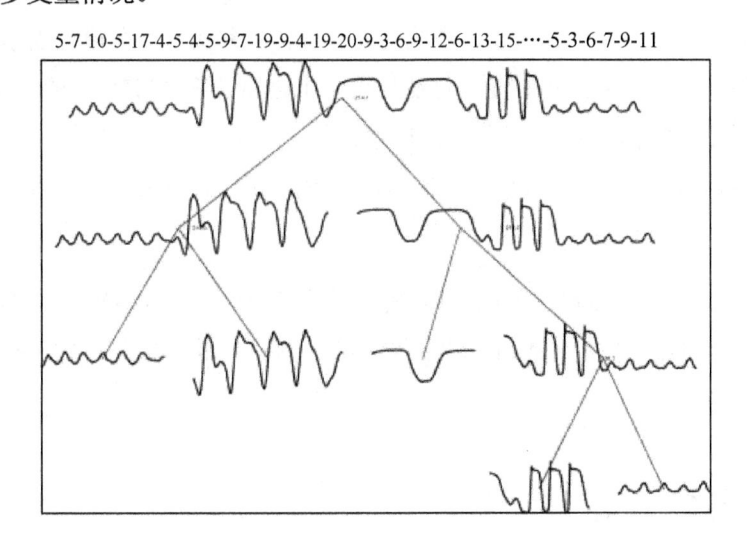

图 8-29　切分符号序列

3. Autoplait

Autoplait 算法[4]使用隐马尔可夫模型（HMM）和最小描述长度准则（MDL）自动决定分割的段数和每段的起始点。

将时间序列描述为多层链模型 MLCM（Multi-Level Chain Model），如图 8-30 所示。在计算时采用 3 层循环，内层循环在给定聚类与模型参数的条件下，找到好的分割点；中层循环在给定聚类的条件下，找到好的模型参数 Θ；外层循环搜寻最佳聚类数，优化目标是似然度与描述复杂度的折中。

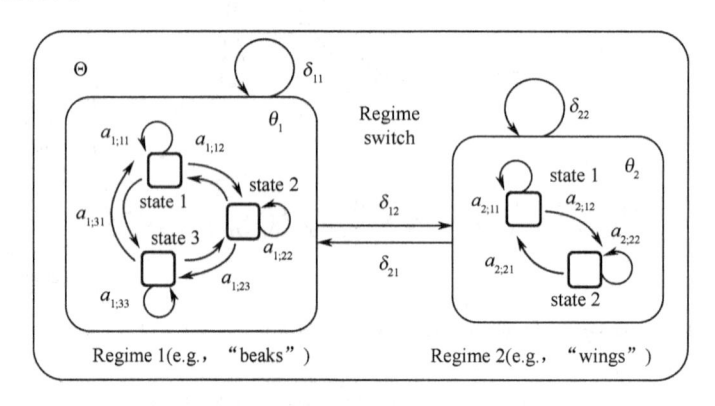

图 8-30　MLCM

Autoplait 的核心思想有两点：多层链模型（MLCM）、模型表示成本和数据压缩。在隐马尔可夫模型（HMM）的基础上，提出了一种多层链模型（MLCM），可以表达多个体系与其过渡之间的时间序列模式。MLCM 扩展了隐马尔可夫模型（HMM），除了常规 HMM 转移概率，还引入了上层状态（超级状态）概念"领域（Regime）"，将隐状态分为多个组，同一领域内的隐状态的关系更加密切，领域之间有整体转移概率。在模型表示成本和数据压缩方面，为了找到合适的细分和制度，算法使用最小描述长度（MDL）的概念。MDL 是基于信息理论的模型选择标准之一，可以用于无损压缩。另外，还定义了一种新的编码方案，以找到能充分表达给定约束 X 的模型，即：①定义成本函数，以估计最优参数集；②提出一种能找到最优解的有效算法。

从原理上讲，使用 Autoplait 算法对多变量时间序列进行自动分割时，不需要设定超参数。但笔者在使用过程中发现，Autoplait 的鲁棒性不好，对原始数据稍做干扰，切分的结果就会发生很大变化。

8.3.2　时序分解

很多物理过程常常呈现多尺度（Multi-scale）效应，在不同时间颗粒度上的规律和驱动因素不同，有些变化只在部分尺度上有所体现。例如，电力领域的负荷预测一般需要分解为趋势项、周期项及残余项。趋势项与宏观经济及市场相关，周期项与日历周期（月、周、天的不同时段）相关，残余项与天气等不稳定波动因素相关，可以用自回归拟合。对三者分别建模，可以得到合适的预测模型。使用不同方法提取去趋势项的时序分解示例如图 8-31 所示。

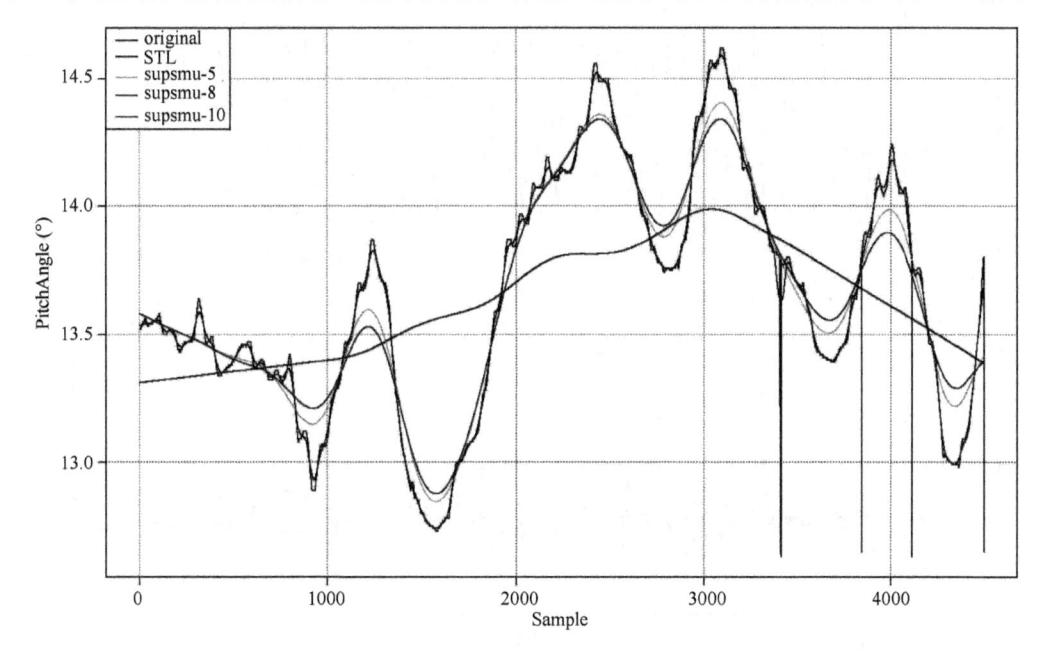

图 8-31　使用不同方法提取去趋势项的时序分解示例

常见的时序分解算法有 STL、奇异谱分析（SSA）、经验模态分解（EMD）、小波变换、SuperSmooth、传统线性滤波等。这里重点介绍前 4 种算法。

1. STL

STL（Seasonal and Trend Decomposition Using LOESS）是 1990 年由密歇根大学的 R. B. Cleveland 教授及 AT&T Bell 实验室的 W. S. Cleveland 等学者提出的一种时序分解方法[5]。将时间序列分解为趋势（Trend）、周期（Seasonal）、非规则（Irregular）3 个成分。STL 如图 8-32 所示，其基于局部加权回归 LOESS，鲁棒性好。

该算法由内循环和外循环组成。内循环包含去趋势、周期子序列平滑、对平滑周期子序列的低通滤波处理等 6 个步骤；外循环的主要作用是引入一个稳健性权重项，以控制数据中异常值的影响，在下一阶段内循环的临近权重中会考虑该项。实际上，趋势分量和季节分量都在内循环中得到。循环结束后，季节项将出现一定程度的毛刺。因为在内循环中，平滑是在每一个截口中进行的，所以在按照时间顺序进行重排后，无法保证相邻时段的平滑。因此，还需要进行季节项的后平滑，后平滑基于局部二次拟合，且不需要在 LOESS 中进行稳健性迭代。

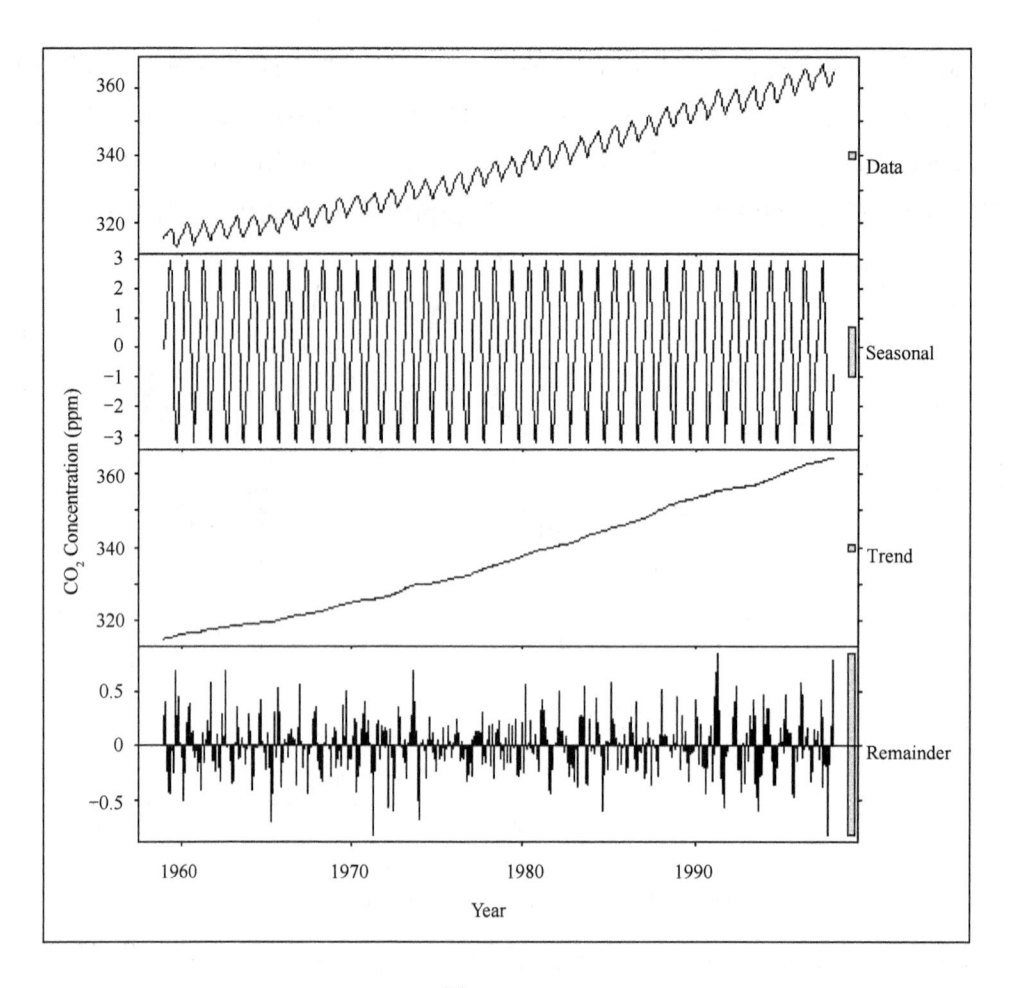

图 8-32 STL

STL 的优点是适用于任何周期的数据（X12ARIMA 周期只能是季度或月份），且可以控制季节性成分随时间的变化率，也可以控制 Trend-cycle 的平滑。因此，与其他算法相比，STL 的鲁棒性更强。STL 的缺点是不能自动处理 Trading day 和 Calendar variation 等外部变量，只有加法模式（但是可以通过 Box-Cox 方法将乘法问题转化为加法问题）。

2. 奇异谱分析（SSA）

奇异谱分析是近年来兴起的一种研究非线性时序数据的方法[6]。它根据观测到的时间序列构造轨迹矩阵，并对轨迹矩阵进行分解、重构，提取代表原时间序列不同成分的信号，如长期趋势信号、周期信号、噪声信号等，从而对时间序列的结构进行分析，并用于进一步预测。

奇异谱分析（SSA）最早由 Colebrook 于 1978 年在海洋学研究中提出并使用。Fracrich 用一维时间序列在延迟相空间中做 EOF 展开，再通过显著性检验确定有意义的特征成分的个数，以估计气候吸引子的维数，是 SSA 在气象学中的最早应用。Hassani 将这种方法引入社会问题研究,并用其预测了美国交通事故的月时序数据。N.Golyandina 给出了奇异谱分析的扩展形式——多通道奇异谱分析算法,且 Hossein Hassani 用其对英镑和美元汇率进行了分析预测,取得了较好的效果。目前,国内应用这一方法研究金融领域问题的文献不多,如徐海云对我国货币供应量进行了分析、吕红用其对上证指数进行了预测等。

奇异谱分析的基本思想是将观测到的一维时序数据 $Y_T=(y_1, y_2, \cdots, y_T)$ 转化为轨迹矩阵

$$X = (x_{ij})_{i,j=1}^{L,K} = \begin{pmatrix} y_1 & y_2 & y_3 & \cdots & y_K \\ y_2 & y_3 & y_4 & \cdots & y_{K+1} \\ \vdots & \vdots & \vdots & & \vdots \\ y_L & y_{L+1} & y_{L+2} & \cdots & y_T \end{pmatrix} \quad (8\text{-}2)$$

式中,L 为选取的窗口长度,$K=T-L+1$,计算 XX^T 并对其进行奇异值分解(SVD),得到其 L 个特征值 $\lambda_1 \geq \lambda_2 \geq \lambda_3 \geq \lambda_4 \geq \cdots \geq \lambda_L \geq 0$ 及相应的特征向量,并将每个特征值所代表的信号进行分析组合,重构新的时间序列。奇异谱分析包括嵌入、SVD、分组、重构 4 个步骤。

3. 经验模态分解(EMD)

经验模态分解(Empirical Mode Decomposition,EMD)是黄锷(N. E. Huang)等学者于 1998 年在美国国家宇航局提出的一种新型自适应信号时频处理方法,适用于对非线性非平稳信号的分析处理。对经过 EMD 处理的信号进行希尔伯特变换,就组成了"希尔伯特—黄变换"(HHT)。

EMD 是一种信号分解方法,与傅里叶变换、小波变换的核心思想一致,都是将信号分解为相互独立的成分的叠加。区别在于,傅里叶变换和小波变换要求有基函数,EMD 却完全抛开了基函数的束缚,仅根据数据自身的时间尺度特征进行信号分解,具有自适应性。由于不需要基函数,EMD 几乎可以用于分解任意类型的信号,在分解非线性、非平稳信号方面具有明显优势。

EMD 的目的是将信号分解为多个本征模函数(IMF)的叠加,如图 8-33 所示。IMF 必须满足以下条件:①在整个时间范围内,函数局部极值点和过零点的数量必须相等,或最多相差一个;②在任意时刻,局部最大值包络(上包络线)和局部最小值包络(下包络线)的平均值必须为零。为什么 IMF 一定要满足这两个条件呢?黄锷等学者研究发现,满足这两个条件的信号都是单组分的,相当于序列的每个点只有一个瞬时频率,无其他频率组分叠加。这为后续的希尔伯特变换铺平了道路,也使得瞬时频率有了意义。值得一提的是,EMD 还有一些细节无法在数学上证明,但是 EMD 已经在工程领域取得了辉煌的成就,是一个在科学界工程领先理论的例子。

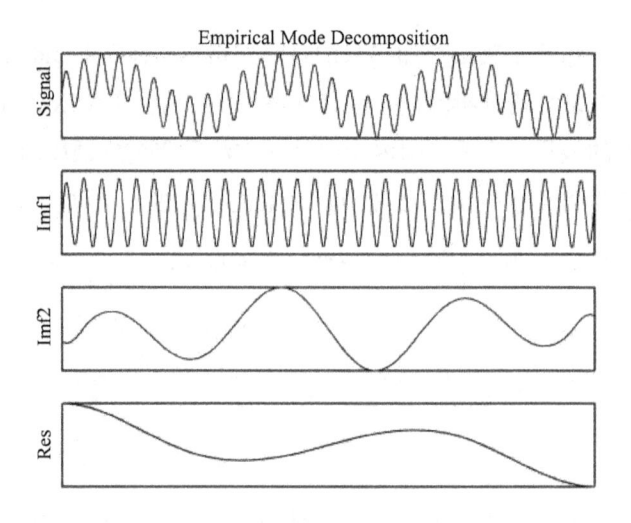

图 8-33 EMD

经验模态分解的基本思想是将一个频率不规则的波转化为多个单一频率的波加余波的形式。原波形=∑ IMFs + 余波。这种方法的本质是通过数据的时间尺度特征获得本征波动模式，并分解数据。可以将这种分解过程形象地称为"筛选（Sifting）"过程。

4. 小波变换

小波变换（Wavelet Transform）指用有限长或快速衰减的母小波（Mother Wavelet）的震荡波形表示信号，通过缩放和平移使该波匹配输入信号。

定义一些需要用到的信号及滤波器，如图 8-34 所示。

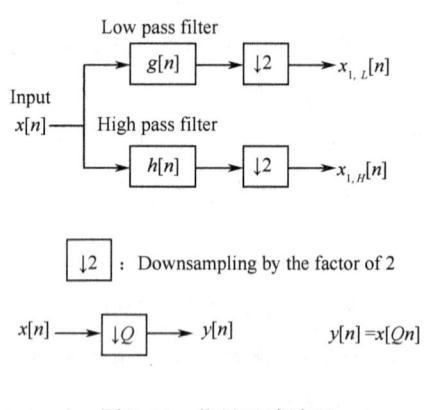

图 8-34 信号及滤波器

$x[n]$：离散输入信号，长度为 N。

$g[n]$：低通滤波器（Low pass filter），可以滤除输入信号的高频部分，输出低频部分。

$h[n]$：高通滤波器（High pass filter），与低通滤波器相反，滤除输入信号的低频部分，输出高频部分。

↓Q：降采样滤波器（Downsampling filter），如果将 $x[n]$ 作为输入，则输出 $y[n]=x[Qn]$。假设 $Q=2$。

在规定以上符号之后，可以利用阶层架构介绍如何对一个离散信号进行离散小波变换，如图 8-35 所示。

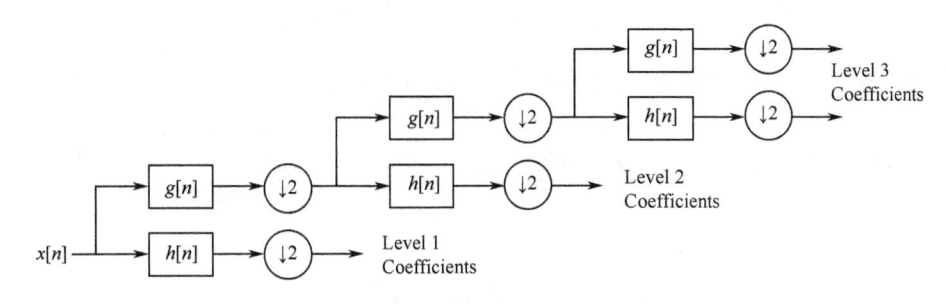

图 8-35 对离散信号进行离散小波变换

架构中的第 α 层为

$$x_{\alpha,L}[n] = \sum_{k=0}^{K-1} x_{\alpha-1,L}[2n-k]g[k] \tag{8-3}$$

$$x_{\alpha,H}[n] = \sum_{k=0}^{K-1} x_{\alpha-1,L}[2n-k]h[k] \tag{8-4}$$

8.3.3 时序再表征

时序数据是高维数据，混杂着噪声和无关紧要的信息，为数据挖掘算法带来了一定的干扰。应对原始的时间序列进行时序再表征和降维。另外，在海量数据时序可视化时（点数远远超过屏幕的像素点，有时甚至超过内存），为保障视觉效果（保留关键信息），也需要采用时序再表征等方法实现"降采样"[7]。

时序再表征可以归纳为 4 类方法，如图 8-36 所示。①基于模型的方法（Model-based）尝试刻画时序数据的规律，用模型和对应的参数表征原始时序数据，一般应用于长序列；②数据个性化方法（Data Dictated）的输出完全由数据确定，通过降低数值精度实现降维；③数据自适应方法（Data Adaptive）的输出大小，需要根据场景确定多个时间序列简化后的对比；④数据非自适应方法（Non-Data Adaptive）不仅有确定的输出大小，还对变换后的输出有明确的对比方法。

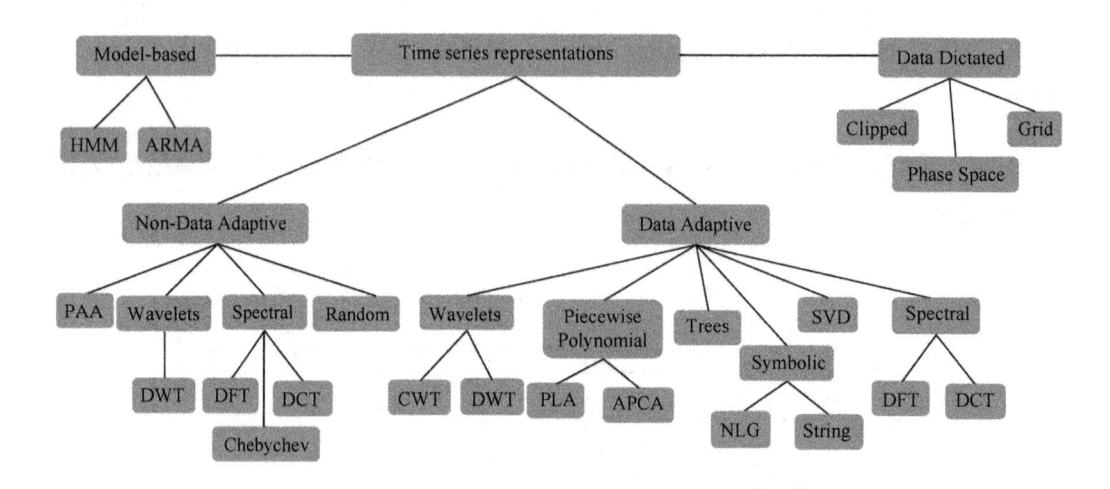

图 8-36　时序再表征的 4 类方法

DFT（离散傅里叶变换）、DWT（离散小波变换）、SVD（奇异值分解）、APCA（Adaptive Piecewise Constant Approximation）、PAA（Piecewise Aggregate Approximation）、PLA（Piecewise Linear Approximation）、SAX（Symbolic Aggregate Approximation）算法的时序再表征示例如图 8-37 所示。

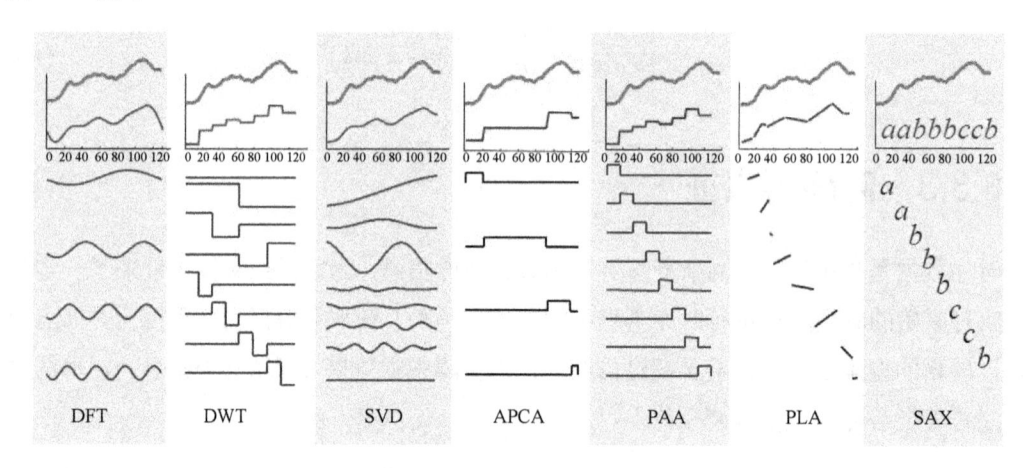

图 8-37　时序再表征示例

PAA 用大小固定的无重叠时间窗内的平均值替代每个点的数值。SAX 在 PAA 的基础上，按照整体分布将数值离散化，则数值转化为符号串。经过 SAX 变换，时序聚类、时序分类更直接，子序列匹配也更简单。SAX 算法过程如图 8-38 所示。

APCA 是 PAA 的扩充，放松了"每段长度固定"的约束，每段长度逐渐增加，每次尝试将当前分段长度上的平均值作为重建值，直到重建误差大于阈值。

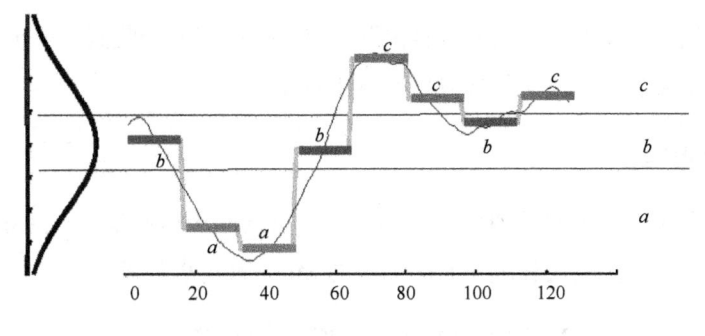

图 8-38 SAX 算法过程

PLA 是自下而上的算法，在初始化时，将相邻两点连接，计算相邻线段合并（首尾两点连成线）的代价（新线段与原来两条线段围成的面积），选择代价最小的进行合并，然后迭代，直到线段数缩减到指定数量。由于其时间窗不固定，在进行时序简化后，需要完成一些特征提取工作才能将其应用到后续的分类工作中。PLA 算法过程如图 8-39 所示。

除此之外，常见的还有 PIP（Perception Important Point）等简化算法。PIP 算法是逐步切分算法，先把首尾两点连成线，将其作为拟合线，识别偏离度（如真实值与拟合线的垂直距离、x 方向或 y 方向的偏差）最大点，以其为切分点将当前线段分为 2 段，并更新变化区域的偏离度列表，在偏离度列表中找到最大偏离度，再次迭代直到线段数增加到指定数量。

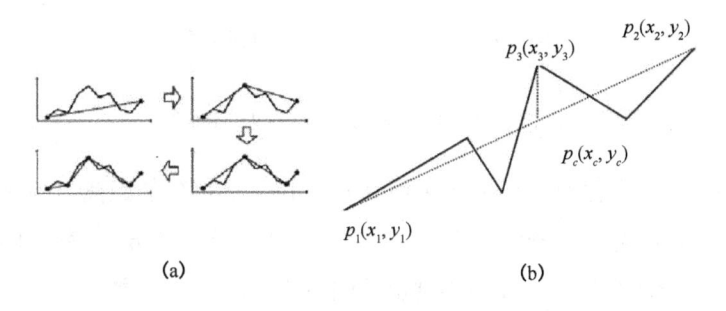

图 8-39 PLA 算法过程

8.3.4 序列模式

序列模式（Sequential Pattern）的主要任务是挖掘时间序列中的频繁模式，即时间序列中经常出现的模式，它代表某现象反复发生。可以将频繁模式分为两类，数值型频繁模式和符号型频繁模式。

数值型频繁模式常用于发现长序列中经常出现的模式，如在一段平稳的数据（有噪声）中不时出现的异常模式。符号型频繁模式常用于分析事件间的时序关系或刻画不同事件的传播规律。一个数值型时间序列经过分段、聚类或再表征后，可以转化为符号型时间序列（不同符号代表不同的短序模态）。在异常事件发生前，往往有多个监测指标出现异常，但可能存在多种异常演化路径，需要从历史时序数据中挖掘。

1. 数值型频繁模式

可以使用 Moen 算法挖掘数值型频繁模式。其不局限于查找固定长度的 Motif（子序列主题），可以指定一个区间，长度在此区间内的 Motif 都可以被找出。

Abdullah Mueen 于 2013 年提出 Moen 算法[8]，该算法巧妙地避免了同一模式（Motif）在不同搜索长度下的重发现（同一段序列，长为 $m+c$ 的 Motif 必然包含长为 m 的 Motif，对同一模式，算法仅给出最长的表达），使用 Moen 算法提取 Motif 如图 8-40 所示。

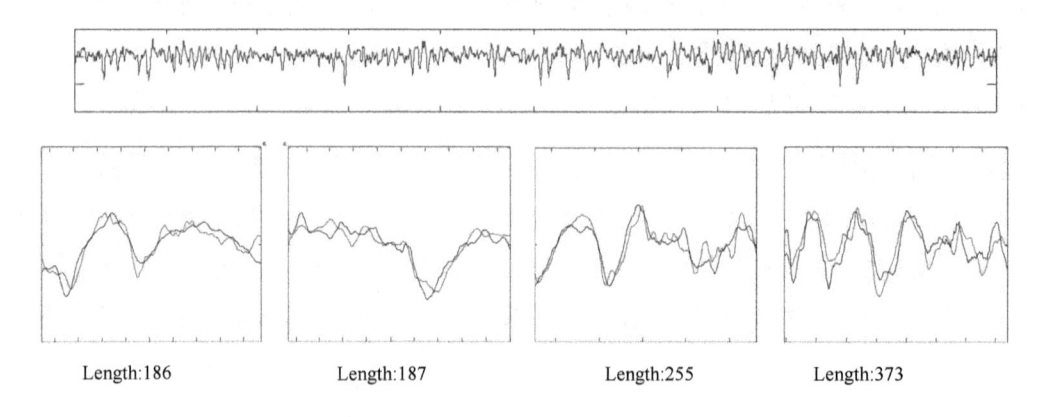

图 8-40　使用 Moen 算法提取 Motif

在 Moen 算法中，子序列间的差异采用 Z 归一化算法得到的距离。因此，Moen 算法提取的 Motif 具有平移和缩放不变性等优点，而且可以找到更多 Motif。Motif 查找既能对找到的重复项进行进一步研究，又能发现不常出现的子序列的潜在异常。

2. 符号型频繁模式

可以根据时间形式将符号型频繁模式分为点序列模式（Time Point Sequential Pattern）和区间序列模式（Time Interval Sequential Pattern）。点序列模式仅有前后、同步两种，如图 8-41 所示；区间序列模式有前后、同步、部分重叠（还可以细分重叠程度）、包含、同时启动、同时结束等。Allen 提出了区间变量的 13 种时序关系[9]，如图 8-42 所示。

常用的点序列模式挖掘算法有 PrefixSpan、SPADE、SPAM、GSP 等[10]，它们的关系如图 8-43 所示。与经典的 Apriori 等关联规则算法相比，其加入了"时间发生先后"的概念，导致复杂度大大增加。

图 8-41 点序列模式

图 8-42 区间变量的 13 种时序关系

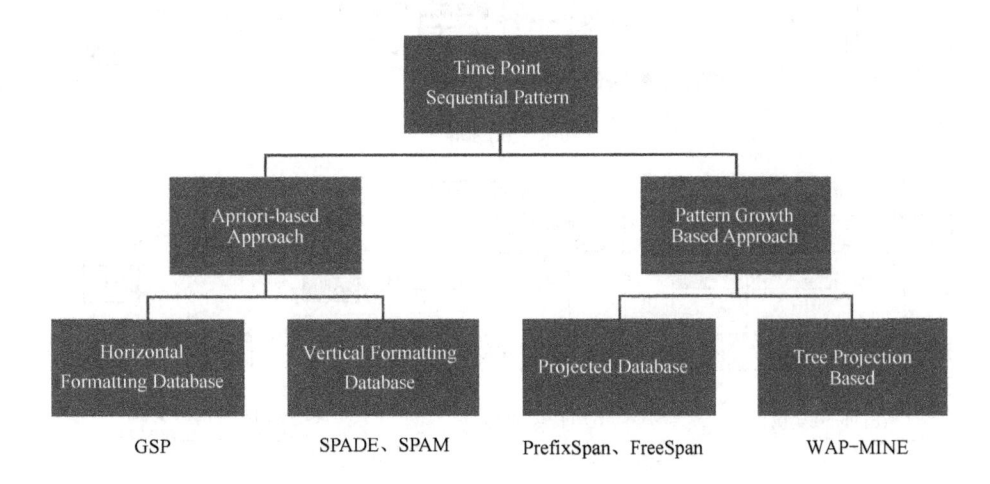

图 8-43 常用点序列模式挖掘算法的关系

GSP 算法是加入了水平列表数据库和哈希树概念的 Apriori 算法，其依然使用连接步、剪枝步完成计算。在初期的 1 个成员、2 个成员的频繁项集搜索方面，SPADE 算法与 GSP

算法完全相同,在 3 个成员及以上的频繁项集计算中,采用下列启发式规则能够大大减少计算量。

(1)假设有成员 P 和成员 A~F,如果成员组合 PA(表示 P 与 A 经常同时出现)、PD 出现在 2 个成员的频繁项集中,则能推导出 PAD 形式的成员组合(表示成员 P、A、D 经常同时出现)。

(2)如果 PB、P→A(表示成员 P 经常出现在成员 A 之前)出现在 2 个成员的频繁项集中,则能推导出 PB→A 形式的成员组合。

(3)如果 P→A、P→F 出现在 2 个成员的频繁项集中,则能推导出 P→AF、P→A→F 或 P→F→A 形式的成员组合。

针对区间序列模式,Fabian[11]提出了 TSKM(Time Series Knowledge Mining)算法,针对多变量时间序列提出了层次化抽象的时序知识表达模式,TSKM 算法如图 8-44 所示。①对一个多变量时间序列进行预处理(如消除异常值、平滑或变换等);②根据业务语义构造视图(Aspect),每个视图由一个或多个变量构成,表征业务语义;③在每个视图上,进行事件分析,构造 Tone,每个 Tone 是一个事件 interval 序列(事件类型及持续时间);④Chord 是多个 Tone 在时间上的组合切片,一个 Chord 表示一段时间内的 Event 组合;⑤在整体 Chord 序列上发现支持度较高的转移关系,构造有向无环图,即 Phrase,Phrase 代表时序变化。

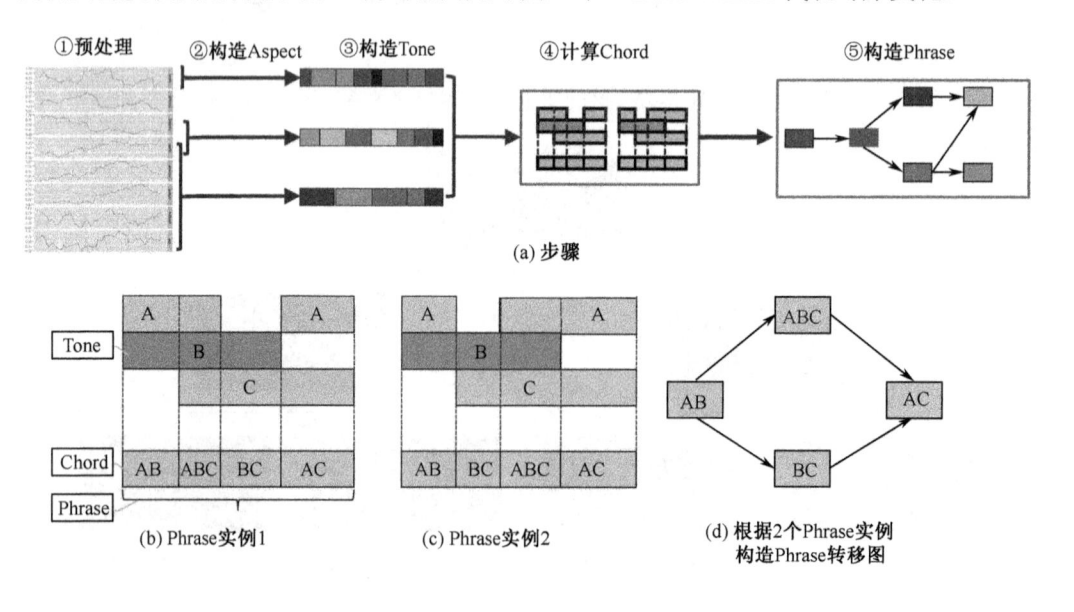

图 8-44 TSKM 算法

8.3.5 异常检测

异常检测有规则驱动、数据驱动两条技术路线，本节仅讨论数据驱动。

对于平稳的时间序列，可以用 ARIMA 拟合正常行为。根据残差的形状得到离群点检测的 5 种类型如图 8-45 所示。加型离群（Additive Outlier，AO）表示单点异常，通常由瞬间脉冲干扰引起；临时变化（Temporary Change，TC）表示短期阶跃衰减行为；水平迁移（Level Shift，LS）表示平均水平变化；季节性水平迁移（Seasonal Level Shift，SLS）表示周期性水平变化；新模式（Innovational Outlier，IO）表示在某时刻出现的有稳定 ARIMA 关系的分量。

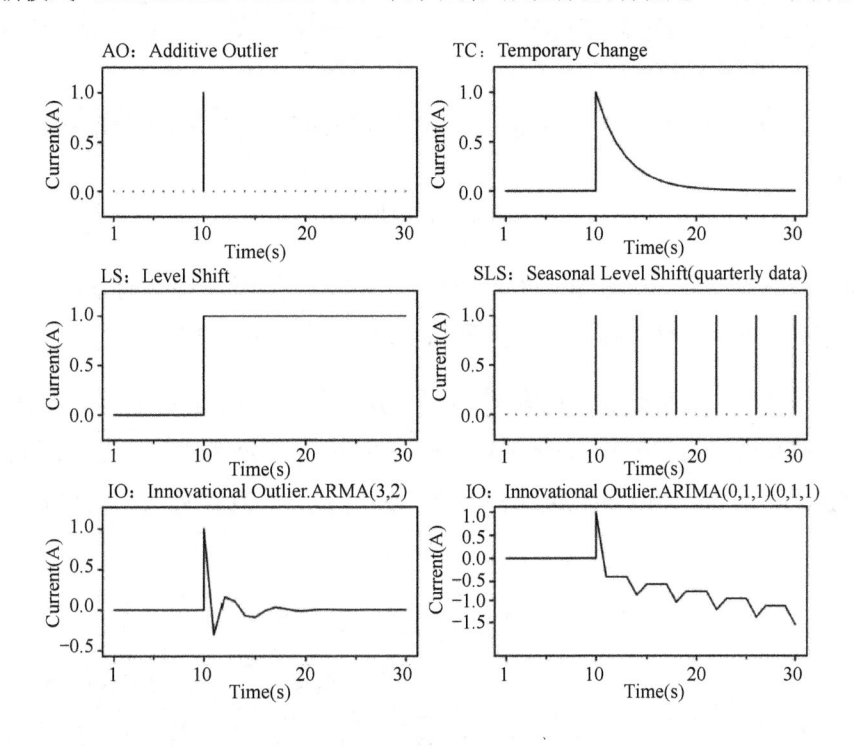

图 8-45 离群点检测的 5 种类型

8.3.6 时序聚类

时序数据的相似性可以反映产生数据的工业特征的相似性。时序聚类将多个时间序列中相似的数据聚在一起，这样就可能将相同工况特征的数据聚在一起，方便进一步分析，如图 8-46 所示。

对于数值型时间序列，短序列聚类一般采用基于形状（Shape）相似度的方式；长序列聚类一般采用基于特征（Feature）或基于模型（Model）的方式；基于压缩指标的方式度量了两个时序连接后的压缩率。

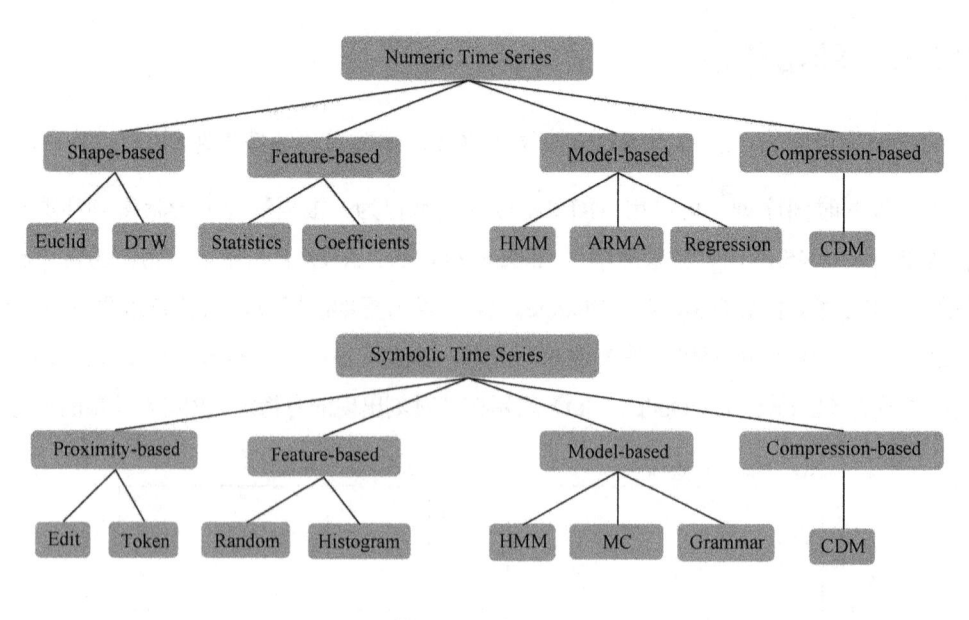

图 8-46 时序聚类

对于符号型时间序列，Proximity 度量了两个序列转换的代价；基于特征或基于模型的方式更适合长序列；基于压缩指标的方式度量了两个时序连接后的压缩率。

无监督学习的相似度指标要以具体业务场景为依据。以数值型时间序列为例，欧氏距离要求时间轴严格相同，而 DTW（Dynamic Time Wrapping）允许时间轴的局部拉伸与压缩，Pearson 相似度则允许在数值上全局同比例缩放。欧氏距离与 DTW 距离的直观解释如图 8-47 所示。

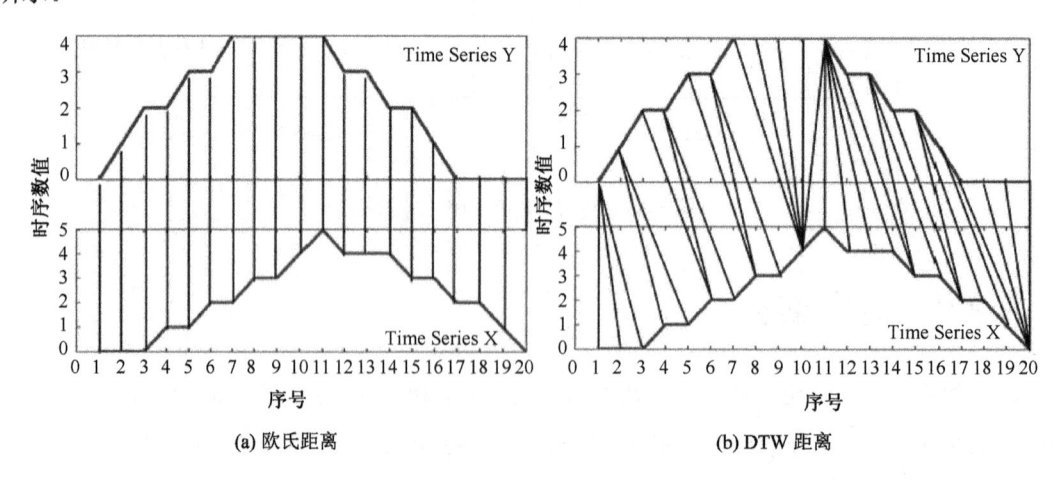

图 8-47 欧氏距离与 DTW 距离的直观解释

R 语言的 TSclust 包提供了 30 多种时序距离函数，如表 8-8 所示。有了多个时序距离（或相似度）矩阵，就可以采用通用的聚类算法进行后续聚类了，如层次聚类、PAM 等。

表 8-8　时序距离函数

类别	子类别	度量方法
Model-free	基于原始数据	欧氏距离、Frechet 距离、DTW 距离
	变化相似度	CORT（一阶差分的相似度）
	相关性	Pearson 相关系数及其变形
	自相关	ACF、PACF
	周期谱（Periodogram）	原始谱、归一化、取 Log、积分
	非参数化谱估计	LLR（Local-Linear Estimation of the Log-Spectral） GLK（Generalized Likelihood Ratio Test） ISD（Integrated Squared Difference Between the Log-Spectra）
	变换	离散小波变换、SAX
Model-based		PIC（欧氏距离）、Maharaj 检验、LPC 倒谱系数
信息复杂度		CID、PDC、CDM、NCD
预测模型		PRED（核函数拟合）

8.3.7　时序分类

时序分类常常用于设备异常类型识别、工况状态识别等场景。根据分类对象，可以分为两种情况：①连续序列的点分类问题，即判断每个点的类型，如基于设备的连续状态监测数据判断设备是否处于正常状态；②短序列分类问题，即判断时间序列的类型。例如，医学中的心电图类型识别（根据心电图序列判断人的健康状态），工业中根据检测数据（如手持仪器的检测数据）判断设备状态、根据批次生产过程数据（如每条钢轨的轧制过程、生物发酵过程）判断产品质量等。

除了转化为回归问题（类型的似然度），还有 3 种处理连续序列点分类问题的思路：①通过滑动窗口提取长序列的特征，形成数据集，将连续序列的点分类问题转化为经典分类问题，即基于滑动窗口进行特征加工，如图 8-48(a)所示；②通过滑动窗口将长序列切分为若干短序列，将连续序列的点分类问题转化为短序列分类问题；③建立刻画时序结构的模型（如 HMM、状态空间、LSTM 等），在时序模型的参数空间或预测结果空间上进行分类，如图 8-48(b)所示。

处理短序列分类问题通常采用时序再表征、聚类或特征提取等方法将原始的时间序列转化为特征向量，再应用通用的分类算法建模。对于短序列来说，形状也可以作为决策树算法的判据，Lexiang Ye 等学者提出了 Shapelet Decision Tree[12]，Shapelet 能够表征某个类别的 Phase-independent 的子序列，也就是说，Shapelet 在序列中的位置不重要，重要的是有没有出现。在具体实现过程中，通常采用 Shapelet Transformation 生成特征向量，并将其作为经典分类算法的输入。根据信息增益对给定的备选 Shapelet 进行排序，将给定的 k 个 Shapelet 与每个样本的距离作为特征向量，采用经典分析算法完成对特征向量的后续处理。

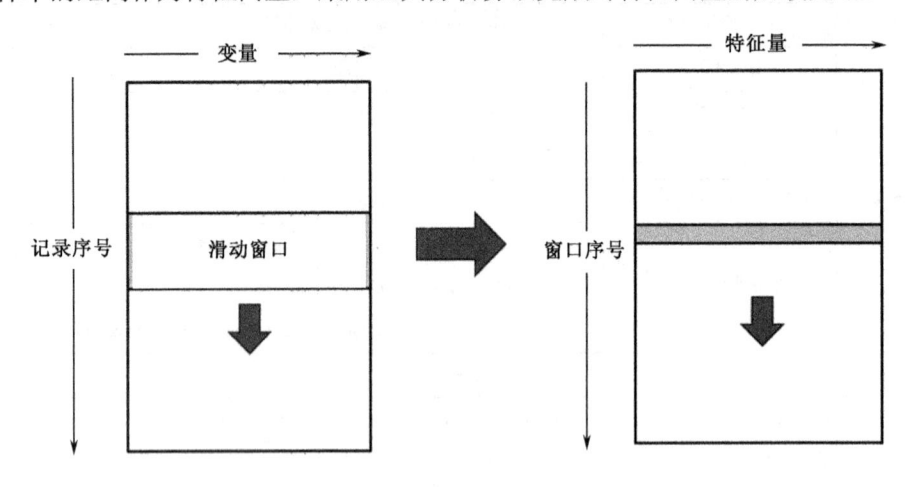

(a) 基于滑动窗口进行特征加工

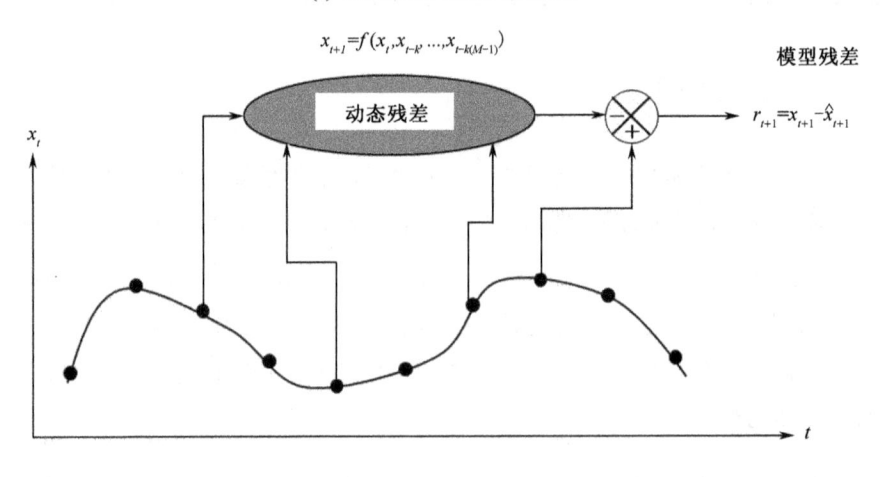

(b) 建立刻画时序结构的模型

图 8-48 连续序列的点分类问题的处理方法

8.3.8 时序预测

处理稳态时间序列的经典方法是采用 ARIMA、状态方程（在线 Kalman 滤波）等。处理符号型时间序列一般采用 HMM 等方法。在此基础上还有一些扩展，如 ARMAX 考虑了外部因素（Exogenous Variable）的影响，处理具有季节等周期性规律的时间序列可以采用加性季节模型或乘性季节模型等。

在考虑多种因素的非线性交互作用时，采用 ARIMA 等解析模型进行处理较为困难。在工程实践中，常利用 ARIMA 了解变量的时序相关阶数，将其加工为特征变量，再利用通用的回归方法建模。为了提高模型的鲁棒性和精度，在数据预处理阶段，通常会结合时序分割、时序分解、时序再表征等方法。

8.3.9 可视化

可视化是提高数据可消费性（Consumability）的有效手段。数据可视化的本质是在像素有限的前提下，根据不同表现形式下的不同数据点（如峰值）的视觉权重，通过数据降采样、表现形式组合等手段优化整体视觉效果。在大数据中，这种需求更加明显，要求"在百万像素的屏幕空间显示数亿条甚至更多记录"。对于时序数据来说，可以从中选择一小部分，利用折线图上的点与连线的视觉效果，使选取的数据的折线图视觉效果与原始数据的可视化结果尽可能接近[13]。Uwe Jugel 等[7]提出了 M4 Aggregation 时序数据采样算法，在考虑可视化图表分辨率限制的情况下，将可视化图表中位于同一水平像素的所有数据点归为一个桶。在每个桶内，选择最大数值点、最小数值点、第一个数值、最后一个数值共 4 个极值点作为采样结果，以保证样本数据覆盖了最大的水平范围与垂直范围，即具有最大的视觉权重。

可视化包括编程式定制、交互式定制两种方式。可以根据语言类型将编程式定制分为函数式编程与声明式编程。可以根据图表元素封装层级将函数式编程分为基础的图形编程接口和包含可视化组件的开发库[13]；声明式编程将可视化作为若干基本元素的组合，Leland Wilkinson 提出了声明式可视化语言 GPL（Graphics Production Language）[14-15]。

在商业智能与行业应用中有不少交互式定制开发环境。在统计分析领域，编程式定制较多[16-17]。例如，R 语言中的 ggplot 将可视化元素抽象为 Data（数据集）、Aesthetics（变量与可视化属性的映射关系、图的位置）、Scale（变量数值显示尺度变换，如对数坐标、变量对应的颜色、透明度分级等）、Geometric Objects（几何形状，如点、线等）、Facets（页面分区、多维数据的子图排列方式）、Statistics（统计量，如平均值、四分位、置信区间等）和 Coordinate Systems（坐标系，如直角坐标、极坐标等）[18-19]。ggplot 与 GPL 的对比如图 8-49 所示。

对于高维数据可视化问题，虽然有不少三维可视化组件，如 R 语言中的 RGL 包、Python 中的 Mayavi 包，但科学计算和统计分析等领域一般采用二维展示（会用颜色等表征高维信息），应用 PCA、t-SNE 等降维手段。

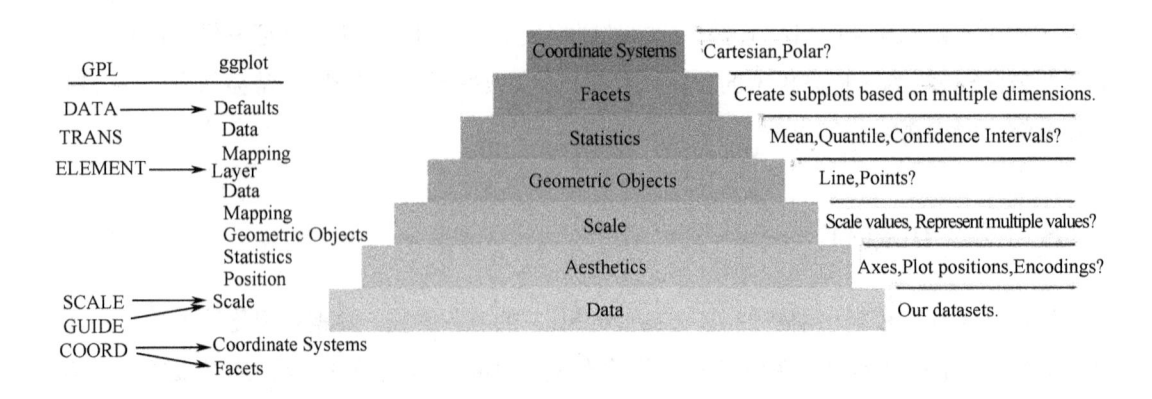

图 8-49　ggplot 与 GPL 的对比

文献[20]介绍了时间、数据、数据—时间关系 3 个维度的时序数据可视化框架，如表 8-9 所示。

表 8-9　时序数据可视化框架

维度	子维度	内容
时间	尺度（Scale）	有序型、离散型、连续型
	范围（Scope）	点、区间（Interval）
	排列（Arrangement）	线性、环（Cyclic）
	视角（Viewpoint）	顺序（Ordered）、分叉（Branching）、多视角
	颗粒度（Periodogram）	无、单颗粒度、多颗粒度
	原子时间（Time primitives）	单点、区间、范围（Span）
	确定性（Determinacy）	确定、不确定
数据	尺度（Scale）	定量、定性
	参考系（Frame of reference）	一般、空间（Spatial）
	数据类别（Kind）	事件型、状态型
	变量数（Number of variables）	单变量、多变量
数据—时间	内含时间（Internal time，时间包含在数据中）	时序、非时序
	外生给定时间（External time）	静态、动态

8.3.10　工具与应用

R 语言、Python 中提供了大量用来支撑上述算法的时序数据挖掘算法包，如表 8-10 所示（未列出基础的统计学习算法包）。

表 8-10 时序数据挖掘算法包

类别	子类别	描述	函数包
Segmentation	统计量变化	根据滑动窗口中的均值、方差统计量判断变化点	R 语言：changepoint 包[21]、strucchange、earlywarnings
	层次切分法	根据 HOG 进行符号化，根据字符纯度进行二次切分	Matlab：decomposeTS
	结构化方程模式 Autoplait	只有正常的数据基于此构建模型，以发现实际运行中的偏离	C 语言
Decomposition	STL	根据滑动窗口中的均值、方差统计量判断变化点	R 语言：stats 中的 stl 函数
	SSA	根据时间序列不同周期子序列协方差矩阵的奇异值分解，发现若干稳定的主要子序列	R 语言：Rssa 包
	EMD	只有正常数据基于此构建模型，以发现实际运行中的偏离	R 语言：EMD 包
	Wavelet	基于小波变换，具有时空局限性	R 语言：WaveletComp、waveslim、wavethresh、wavelets 包
Representation		时间序列的简化和特征提取	R 语言：TSrepr、jmotif、tsmp；Matlab：hctsa
Frequent Pattern	数值型	使用 Motif 算法挖掘	R 语言：jmotif
	符号型：时间点	常见的点序列关系模式（同步、前后）	R 语言：TraMineR
	符号型：时间区间	区间变量的时序关系（Allen 的 13 种时序关系）	
Anomaly Detection		离群值检测算法	R 语言：tsoutliers
Clustering		时序的相似度评价指标，时序聚类可采用经典算法	R 语言：TSclust、dtw
Classification		通过时序特征提取，将时序分类问题转化为经典分类问题	R 语言：tsmp；Python：sktime
Forecasting		除了 ARIMA、状态方程等，与经典回归算法类似	R 语言：forecast、prophet；Python：fbprophet
Visualization		时序数据的可视化展示	R 语言：ggplot2、RGL、Shiny、flexdashboard、fpp2；Phython：plotnine、seaborn；Web：plotly（有与 R 语言和 Python 对应的包）

在实际应用中，常常灵活地交叉使用各种时序算法和经典机器学习算法，没有固定模式。例如，对于存在多尺度（Multi-scale）特征量的时序数据，可以用小波变换等方法提前将多尺度分开，在每个尺度上采用机器学习算法，也可以采用奇异值分解处理多个尺度与算法，共性的做法是尽量将时序问题转化为经典的统计学习问题。Ahmed 和 Nandi[22]对决策树、神经网络、SVM、深度学习等算法在旋转设备中的应用做了详细的调研。

多尺度时序数据挖掘的技术挑战来自以下方面：①跨尺度的特征量；②尺度与工况的交

叉。例如，利用振动信号的趋势进行热不平衡研判，频域特征值（如通频值、工频值、倍频值、分频值、高阶谱等）的提取必须在小尺度（故障呈现的特征频率通常为本体典型振动频率的2倍以上）上进行，频域特征的趋势特征（如开机和关机期间同转速下的频率特征值差异等）在中尺度（如一次开关机过程等）上加工，以周或月为单位观察变化趋势，中间还要注意不同工况的可对比性。如果差异大，则需要在事前进行聚类，或将工况作为特征量加入分类模型，否则，一些显著但缓慢的变化趋势很容易被工况变化等强前提淹没。

在进行长序列建模时，要注意模型应用的时间窗（数据的时间窗、结果应用的时间窗）。通常基于历史数据进行模型训练，为保证数据质量，很容易采用一些长周期预处理手段，在模型应用阶段常常发现所需数据的时间窗过长。

在建模初期，数据分析师往往花大量时间满足长序列切割的精确性，拖慢了分析项目的迭代周期。通用的时序分割、时序再表征算法通常需要长度固定的滑动窗口（算法好处理，应用也方便），但在实际过程中，不同模式的长度不固定。例如，在风电分析中，在不同风速变化模式（如持续升高、持续振荡、先降后升等）下，风机的动力学表征有较大差异，只有将这些不同的基本面刨除，很多异常特征量才可能有显著性。但风速变化模式的长度不固定，用固定滑动窗口很容易把连续模式切分为若干零碎的切片。另外，少量离群点在固定短时间窗下很容易影响整体分割。严谨的数据分析师常常不会满足于标准算法的切分，他们会加入修正措施。虽然在项目部署时需要用到这些修正措施，但是在项目初期，更重要的是快速对特征量的重要性进行全面的"粗"评估，以确定努力的重点。因此，建议先采用标准算法，暂时忽略一些修正措施。

8.4 工业知识图谱

在工业生产过程中会积累大量日志文本，如产品手册、维修工单、工艺流程文件、故障记录等，在这些非结构化数据中蕴含着丰富的专家经验，利用文本分析技术能够实现事件实体和类型提取（故障类型抽取）、事件线索抽取（故障现象、征兆、排查路线、结果分析），通过专家知识的沉淀形成专家知识库。这些沉淀的知识可以指导工业企业的产品研发设计、设备运行检修，甚至营销采购等多个方面。

工业知识图谱是一种重要的知识沉淀工具，它的本质是语义网络，是一种基于图的数据结构，由节点（实体）和边（关系）组成，知识图谱是把所有类型的工业数据连接在一起得到的关系网络，因此具备从"关系"的角度分析问题的能力。与通用领域图谱的知识泛而浅不同，工业应用场景要求图谱的知识专而深，决定了工业知识图谱的构建是一个自上而下的过程——确定应用场景、定义问题、组织相关数据。

8.4.1 知识图谱的构建过程与应用技术

知识图谱的构建过程与应用技术如图 8-50 所示，包括以下主要技术。

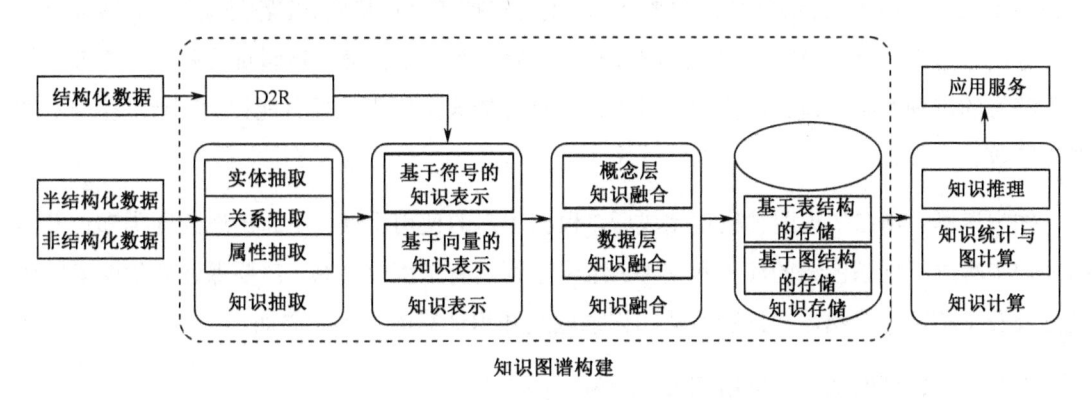

图 8-50 知识图谱的构建过程与应用技术

本体设计：该步骤是传统本体设计要解决的问题。基本目标是将认知领域的基本框架赋予机器，即指定领域的基本概念及概念之间的从属关系；明确领域的基本属性；明确属性的适用概念；明确属性值的类别或范围。此外，领域还有大量约束或规则，如属性是否可以取得多值约束、属性是否互逆等。这些元数据对于消除知识库不一致、提高知识库的质量具有重要意义。

知识抽取：从不同来源、不同结构的数据中获取知识，形成结构化知识并存入知识图谱，常用的知识抽取方法有：专家法、爬虫、机器学习、众包法。自动化知识抽取方法可以提高工业图谱的构建效率，包括规则与监督学习结合，半监督、远程监督等实体抽取、关系抽取和属性抽取方法等。

知识表示：包括基于符号的知识表示和基于向量的知识表示。基于符号的知识表示包括一阶谓词逻辑表示法、产生式规则表示法和语义网表示法，RDF（Resource Description Framework）是最常用的语义网表示法；基于向量的知识表示将 RDF 三元组 <subject, relation, object> 编码为低维分布式向量，典型表示方法为 TransE 模型。

知识融合：分为数据层知识融合与概念层知识融合。数据层知识融合用于完成实体对齐、属性融合、值规范化。实体对齐是识别不同来源的同一实体；属性融合是识别同一属性的不同描述。不同来源的数据通常有不同格式、单位或描述形式，需要将其规范为统一格式。概念层知识融合包括本体对齐、跨语言融合等技术。

知识存储：针对知识图谱的知识表示形式设计底层存储方式，完成各类知识的存储，以支持对大规模图数据的有效管理和计算。知识存储分为基于表结构的存储和基于图结构的存储。关系数据库属于基于表结构的存储，属性图（Property Graph）是广泛应用于图数据库产品中的图模型，如 neo4j 图数据库等。在实际使用时要根据应用场景选择存储方案。

知识计算：包括知识统计与图计算、知识推理两部分。前者基于图论的相关算法实现对知识图谱的基础性查询、统计分析和图计算，主要包括图查询检索、图特征统计、关联分析、时序分析、节点分类、异常检测、预测推理等；后者是基于图谱的逻辑推理算法，主要包括基于符号的推理和基于统计的推理。基于知识推理的典型应用包括智能搜索、智能推荐、智能问答等。

知识运维：指在知识图谱构建完成后，根据用户的使用反馈、不断出现的同类知识及新的知识来源进行知识图谱的演化和完善。运维过程具有工程化体系，需要保证知识图谱的质量可控及逐渐演化，覆盖知识图谱从知识抽取到知识计算的全生命周期。

设备运维领域的知识图谱组织方式示例如图 8-51 所示。

8.4.2 知识图谱实践建议

（1）工业知识图谱对知识的精确性要求高。工业知识图谱是一种领域知识图谱，是基于语义技术的行业知识库。其基于特定行业数据构建，有严格而丰富的数据模式。因此，对该领域知识的深度、知识准确性有较高要求。对质量的要求高意味着在领域知识图谱构建过程中，专家参与的程度相对较深，知识工程师必须与专家密切配合，使用半自动构建的方式提高效率。

（2）工业知识图谱应以始为终，从实用场景出发，将图谱规模缩减到可行范围。以故障工单问答为例，需要先明确图谱构建的目标是支持哪类问题，如故障现象、故障原因和故障备件的关系，某故障的原因、某故障需要更换的备件、更换某备件通常由哪些故障造成的等。接下来，构建运维工单和现场故障手册中包含的故障现象、故障原因和备件 3 类本体概念及关系，再使用自然语言工具从工单手册中抽取相关实体，用 RDF 表示实体形式。

（3）区别对待知识图谱构建冷启动与构建后的热运营。冷启动阶段的特点是缺乏用户行为数据，各类基于用户反馈的机器学习模型很少能在这一阶段发挥效果，需要借助专家经验与知识，以人工方式设定很多参数和规则。在系统运营一段时间后，用户反馈数据日益增加，使基于反馈日志的学习模型构建成为可能，如搜索排序模型、推荐模型等。

图 8-51　设备运维领域的知识图谱组织方式示例

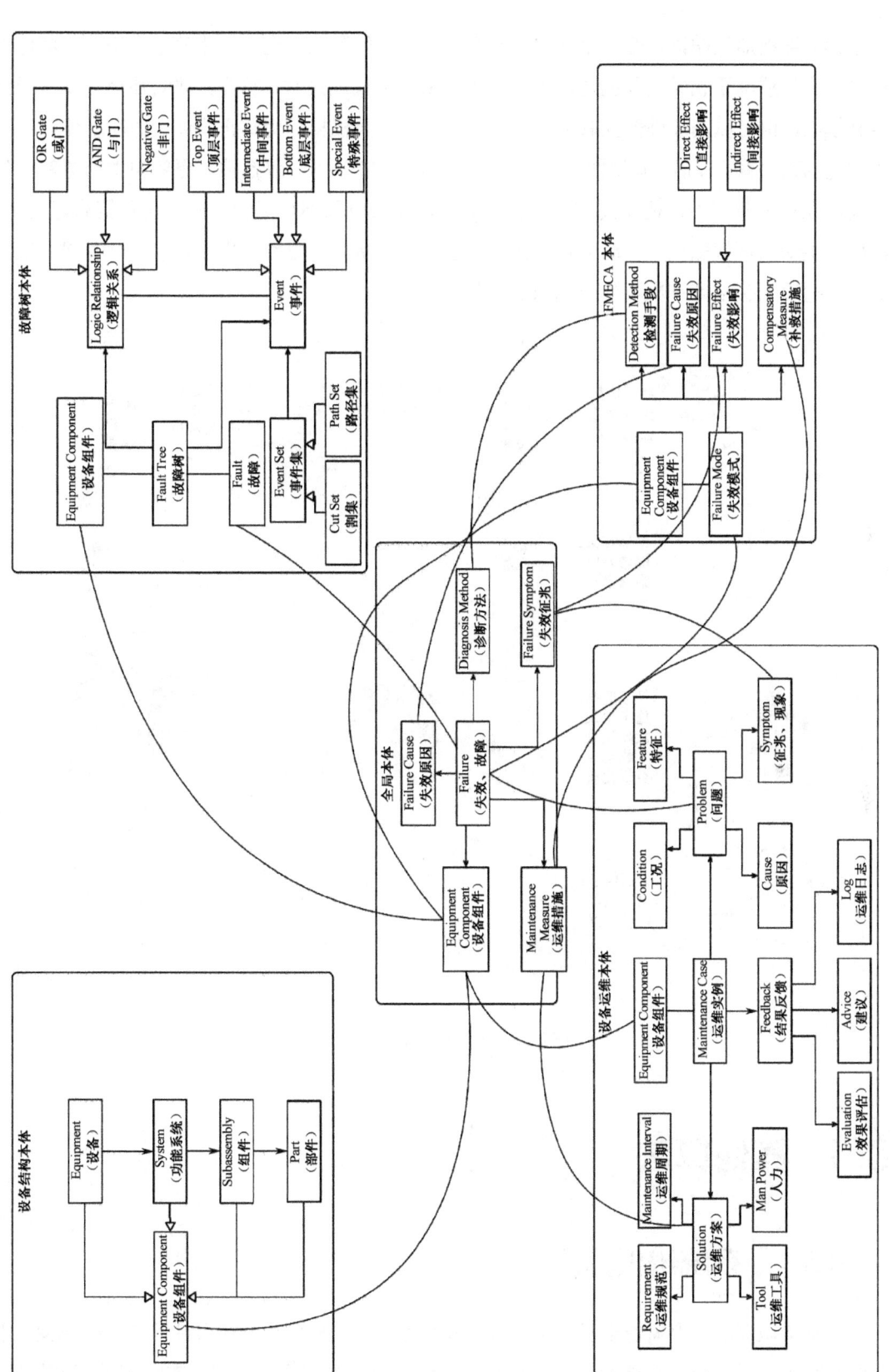

（4）重视知识图谱运维，做好图谱质量控制。原始数据不全、技术改造升级、零部件更换等都会导致基于相关实体构建的图谱知识缺漏、错误或过时。首先，缺漏补全可以基于预定义规则，也可以基于外部互联网文本数据；其次，要根据规则纠正错误，如在本体设计阶段构建约束关系；最后，知识图谱的更新迭代如图8-52所示，包括被动更新和主动更新两种方式，在实际应用中往往将其结合。被动更新往往采取周期性更新策略，这种策略延迟高，适用于更新大规模知识。主动更新往往从需求侧、消费侧、应用侧出发，主动触发相关知识更新，适用于头部或高频实体及知识的更新。

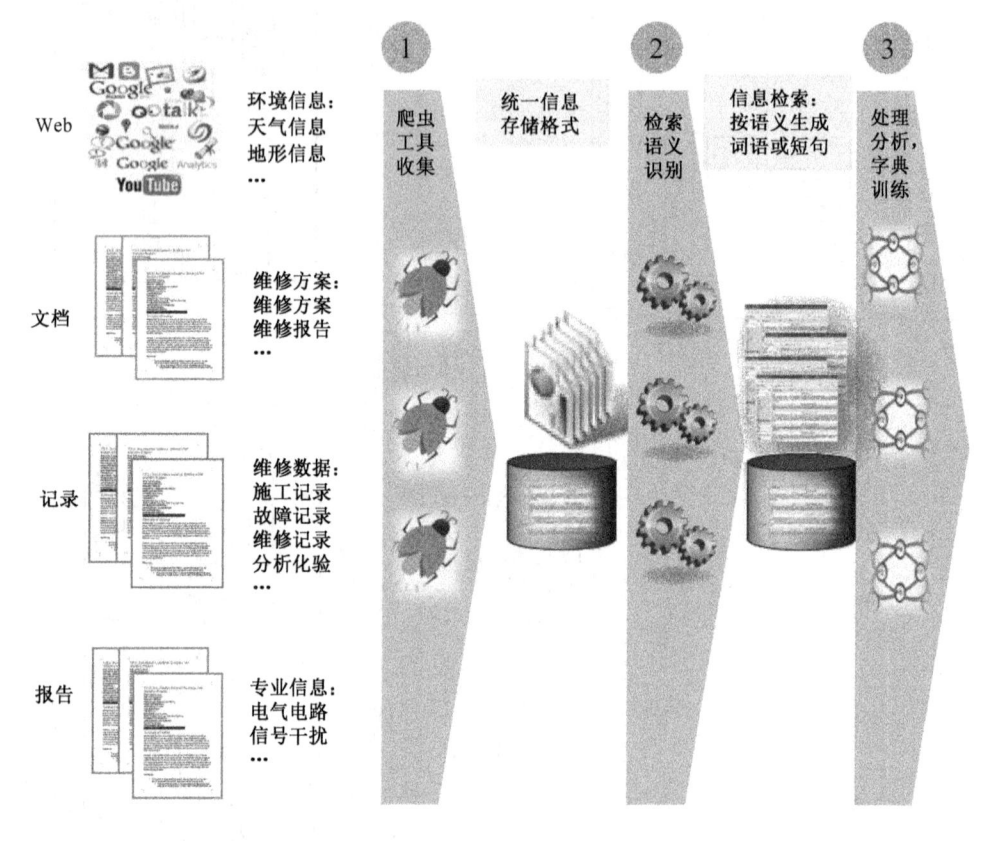

图 8-52　知识图谱的更新迭代

8.5　其他算法

8.5.1　系统辨识算法

系统辨识算法与有监督学习方法类似，都利用输入和输出数据获取过程或系统模型。主要区别在于，系统辨识算法面向控制和优化系统建模，更强调对模型动态响应过程的描述，注重模型的在线动态调整，既可以建立连续时间模型，又可以建立离散时间模型。机器学习中的时间序列模型（如 ARMA 等）与系统辨识研究的动态模型类似，决策树、神经网络等回归模型通过在输入特征中加入高阶差分项，也可以获得类似的动态效果。

与统计学概念相似，将模型分为参数模型和非参数模型。

参数模型是一组方程，包含过程参数，如微分方程或传递函数等，可以用代数表示。

非参数模型描述某输入与对应输出之间的关系，可以用表格或点阵特征曲线表示（如脉冲响应、阶跃响应等），或者用图表示频率响应，隐含系统参数。在理论上，非参数模型需要用无限个参数才能完全描述过程的动态性。常用方法及应用范围如表 8-11 所示。

表 8-11　常用方法及应用范围

方法	类型	模型输入	方法描述	应用范围
特征值法	参数模型，如传递函数	阶跃信号	通过阶跃响应找到延迟、时间常数、阻尼比等模型参数	粗糙模型、控制器整定
傅里叶分析	非参数模型	阶跃或脉冲信号	利用 DFT、FFT 等方法获得非周期信号的频谱	理论推导模型的验证
频域响应	非参数模型	正弦、多频率等测试信号	利用周期信号测试系统的频率响应	理论推导模型的验证、经典（线性）控制器设计
相关分析	非参数模型	随机和伪随机二值信号	通过相关分析得到相关函数或线性脉冲响应	信号关系的确定、延迟的确定
参数估计	参数模型	任意输入激励	利用统计回归获得具有任意阶次和延迟的差分或微分方程	自适应控制器设计、故障检测
迭代优化	参数模型	任意输入激励	利用非线性优化方法求解模型参数，可用于非线性、有约束模型的参数估计	非线性控制器设计、故障检测
Kalman 滤波	参数模型（状态空间模型）	任意输入激励	在线性系统状态空间表示的基础上，根据输出和输入观测数据求系统状态的最优估计	线性系统状态和参数组合估计；扩展 Kalman 滤波，可用于非线性系统的状态估计；测量数据的滤波和平滑处理

8.5.2　运筹优化算法

运筹学主要研究人类对各种资源的合理使用，在满足外界各类约束的情况下，最大化资源效益，达到总体最优的目标。运筹优化算法在工业的主要应用场景包括生产调度、维修计划、库存优化、生产参数优化、生产阶段划分、产品设计等。将这些应用场景描述为待求解的优化模型，优化模型包括目标函数、决策变量、约束条件 3 部分，不同的模型需要选择不同的优化算法进行求解，常见的优化模型分类如表 8-12 所示。

表 8-12 常见的优化模型分类

目标函数和约束条件	决策变量类型		
	全部连续	部分整数、部分连续	全部整数
两者都是线性	线性模型 LP	混合整数线性模型 MILP	整数线性模型 ILP
两者全部或部分是非线性	非线性模型 NLP	混合整数非线性模型 MINLP	整数非线性模型 INLP

优化算法的应用流程如图 8-53 所示，可基本描述如下：建模过程从明确定义的模型描述开始，制定数学程序，建模者将数学程序输入求解器软件（如 Excel 等）并进行求解，再根据原始模型描述将解决方案转化为决策。

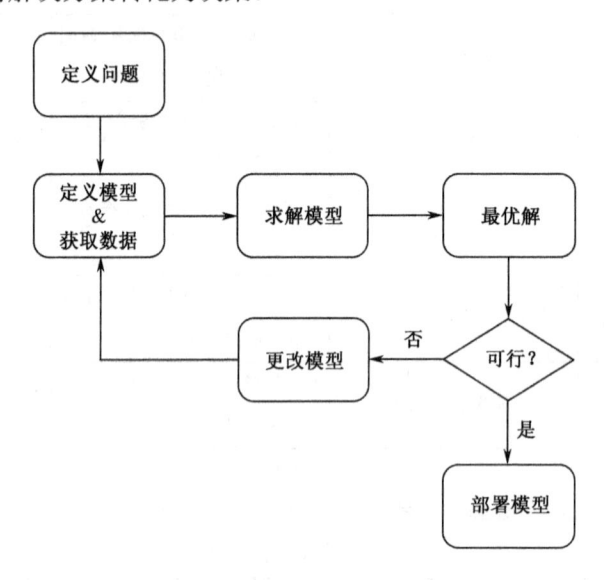

图 8-53 优化算法的应用流程

常用的优化模型求解方法如表 8-13 所示。

表 8-13 常用的优化模型求解方法

方法	详细类别与算法举例
无导数优化方法	选点法，如蒙特卡洛方法、黄金分割法等
	子空间迭代法，如 JFNK 算法等
	智能优化方法，如模拟退火、粒子群、遗传算法等

续表

方法	详细类别与算法举例
一阶导数优化方法	梯度下降法，包括精确步长梯度法，如最速下降法、BB 法等，以及非精确步长梯度法，如 Heavy ball 法、Momentum、Nesterov、Adam 等，用于处理小规模问题
	坐标下降法与随机梯度下降法类似，用于减少在大规模问题中使用梯度法的计算量
	次梯度法，如次梯度投影法等，用于处理次可微函数
	拟牛顿法，如 DFP 法、BFGS 法、L-BFGS 法等，近似 Hessian 矩阵减少计算量，用于处理大规模问题
	共轭梯度法，复杂度只有 $O(n)$，用于处理大规模问题
	椭球法，用于处理拟凸函数问题
	罚函数法与拉格朗日乘子法，将约束条件作为惩罚项或考虑鞍点问题，用于处理约束优化问题
	投影法，如投影梯度法、ADMM、PDHG 等，用于处理不可微函数的约束优化问题
二阶导数优化方法	牛顿法，用于处理 Hessian 矩阵计算量不大的小规模问题
	序列二次规划法（SQP），用于处理约束优化问题
	内点法，用于处理约束优化问题
其他	线性规划方法，如单纯形法、最大流算法与最小割算法等
	量子优化方法，如量子退火、量子半定规划（QSDP）、量子逼近优化算法（QAOA）等
	组合优化方法
	半定规划方法（SDP），与上述算法的结合较多

8.5.3 规则推理算法

Rete 算法是规则引擎常用的前向规则快速匹配算法，通过缓存条件结果和触发关系，避免了相同条件的多次计算（即用空间换时间），提高规则引擎的处理效率。1974 年由 Forgy 提出[23]，如今仍是各规则引擎的常用算法（有局部改进）。

可以将 Rete 算法分为两部分：规则编译和运行时执行。规则编译是根据规则集生成推理网络的过程，充分利用规则条件的结构相似性，运行时执行是将数据送入推理网络进行筛选的过程。

Rete 网络主要包括 Alpha 网络和 Beta 网络。Alpha 网络通过过滤 Working memory，找到符合规则的模式，生成 Alpha memory（符合规则的模式的集合）。Beta 网络中有两种节点：Beta memory 和 Join node。前者主要存储 Join 完成后的集合；后者包含两个输入口，分别输入需要匹配的两个集合，由 Join 节点进行合并并传输给下一个节点。

将需要处理的事实导入 facts 集合。如果 facts 不为空，则选择一个 fact 进行处理，否则停止匹配过程。①选择 Alpha 网络的第一个节点并运行（在建立网络时设定），通过该节点进入 Alpha 网络的下一个节点，直到进入 Alpha memory，否则跳转到下一条判断路径；②将

Alpha memory 的结果导入 Beta memory；③如果不是 Terminal 节点，则检测另一个输入集合中是否存在满足条件的事实，满足则执行 join，进入下一个 Beta memory 并重复执行③；若另一个输入集合中不存在满足条件的事实，则返回②。如果该节点为 Terminal 节点，执行动作并将其添加到 facts 中。

8.5.4 基于遗传算法的特征提取算法

在数据分析中，特征提取通常花费 60%的时间。经典方法依赖数据分析师手工加工特征，提供领域常用的特征变量（特征库）可以在一定程度上加速该过程[24]。在深度学习中，CNN 通过多个层次的卷积操作，抽取在不同时空颗粒度上的特征，在使用 RNN 算法提取序列模式特征时，通过状态和门限函数等机制保证变化的局部性。在深度学习中通过参数共享（Parameter Sharing，假设局部性结构是全局共享的）等稀疏机制防止过拟合[25]。深度学习的自动特征提取非常适用于天然层次结构（如图像、时间序列等），较少关注变量间的交互。在工业应用中，有不少分析问题需要考虑多个变量间的交互，而这些可能的交互方式由先验知识提供。这里采用语法演化的技术路线[26]，通过上下文无关文法树（Context-Free Grammar，CFG）[27]描述可能的组合关系，采用遗传算法进行语法树的推导和演化。

时序特征变量生成框架如图 8-54 所示，衍生特征变量由 CFG 文法树根据演化与选择策略生成。CFG 文法树由基础变量、表达式和操作符 3 部分组成。基础变量为原始变量或由特征库提供的领域特征变量；表达式具有层次性，是基础变量或表达式进行操作符运算的结果；操作符分为 3 类：①针对单个变量的操作符，如 log 等非线性操作符等；②单变量序列特征操作符，如滑动平滑等；③变量间组合操作符，如风机 3 个桨距角的相对误差等。

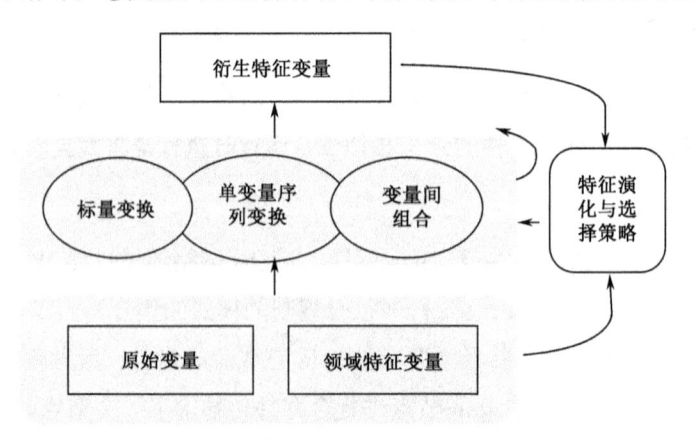

图 8-54 时序特征变量生成框架

以压缩机能耗计算为例，根据领域经验，能耗可能与进出口压力差（绝对值、相对值）、进出口温度差、工作强度（压力与工作时间乘积）等衍生变量密切相关，构建特征文法树如表 8-14 所示。

表 8-14　特征文法树

<feature-var>	::=	<var> | <base-var> | abs(<base-var>) | <pre-op>(<base-var>, k)
<base-var>	::=	<var_P><base-op><var_P> |
		<var_T><base-op><var_T> |
		<var_V><base-op><var_P> |
		lag(<var>, k) |
		<pre-op>(<var>,k)
<pre-op>	::=	sma | sd | meandev
<base-op>	::=	+ | - | ÷ | ×
<var>	::=	<var_V> | <var_T> | <var_P>
<var_V>	::=	Flow | Spd
<var_T>	::=	Temperature_in | Temperature_out | Temperature_env
<var_P>	::=	Pressure_in | Pressure_out
<k>	::=	1 | 2 | 3 | 4 | 5 | 6 | 7

在遗传算法中，文法树的每条推导路径（即衍生特征变量）对应一个基因，其适应度评价和一般的特征选择相同，有 3 种方式：①根据评价指标（如相关性、信息增益、Relief Score 等）直接筛选；②根据学习算法的最终性能进行选择；③由学习算法的内嵌式特征选择机制决定，如 SVM 算法能够惩罚特征复杂度等。

除了上面讨论的变量的智能组合，行业中不同对象的关系及一个对象数据集内的记录的关系也可以用来自动生成特征，共同组成基于元数据的特征自动生成机制。文献[28]讨论了特征生成的连接关系，即 1:1、1:n、n:1、1:{0...n}关系（不能存在 n:m 关系），可以从 UML、ER 等软工形式化模型中提取。记录的关系主要包括集合关系（记录间是独立的）、序（Sequence）关系（需要指定 Sequence 字段）、层次关系（如地理区域等）。通过这些关系，可以自动生成跨对象特征（如 3 个给水回路中平均压力最高的回路的水流量趋势等）或数据结构特征（如对于水流量等时序变量，加工不同时间颗粒度的趋势特征等）。这样可以以半自动化形式将很多结构性先验知识（已在其他领域存在很多年）融入机器学习，提高机器学习的效率。

8.6 本章小结

本章总结了工业大数据分析算法框架，也提供了对应的算法库（R、Python 等），为实践提供了一条快速入门之路。针对重点方法，对应的参考文献可以帮助大家了解对应的详细算法原理。工业大数据分析项目是多种算法的有机融合，需要结合对业务背景的了解，构建稳定有效的分析模型。

参 考 文 献

[1] C. M. Bishop. Pattern Recognition and Machine Learning[M]. Berlin: Springer, 2006.

[2] Marc Lavielle. Using Penalized Contrasts for the Change-Point Problem [J]. Signal Processing, 2005, 85(8): 1501-1510.

[3] Jiaping Zhao, Laurent Itti. Decomposing Time Series with Application to Temporal Segmentation[J]. WACV, 2016:4321-4329.

[4] Yasuko Matsubara, Yasushi Sakuri, Christos Faloutsos. Autoplait: Automatic Mining of Co-evolving Time Sequences[J]. SIGMOD, 2014:193-204.

[5] Cleveland, R. B., Cleveland, W. S., McRae, J. E., & Terpenning, I. J. STL: A Seasonal-Trend Decomposition Procedure Based on LOESS[J]. Journal of Official Statistics, 1990, 6(1):3-33.

[6] Nina Golyandina, Anatoly Zhigljavsky. Singular Spectrum Analysis for Time Series[M]. Berlin: Springer, 2013.

[7] Uwe Jugel, Zbigniew Jerzak, Gregor Hackenbroich, Volker Markl. M4: A Visualization-Oriented Time Series Data Aggregation[C]. Proceedings of the VLDB Endowment. 2014, 7(10):797-808.

[8] Abdullah Mueen, Nikan Chavoshi. Enumeration of Time Series Motifs of All Lengths[J]. Knowledge and Information Systems, 2015,45(1):105-132.

[9] James F. Allen. Maintaining Knowledge About Temporal Intervals[J]. Communications of the ACM, 1983,26(11):832-843.

[10] Manan Parikh, Bharat Chaudhari, Chetna Chand. A Comparative Study of Sequential Pattern Mining Algorithms[J]. International Journal of Application or Innovation in Engineering & Management. 2013, 2(2):103-109.

[11] Fabian Morchen. Time Series Knowledge Mining[M]. Hess-Darmstadt: University of Marburg, 2006.

[12] Lexiang Ye, Eamonn Keogh. Time Series Shapelets: A New Primitive for Data Mining[C]. Proceeding of the 15th ACM SIGKDD, 2009:947-956.

[13] 沈恩亚. 大数据可视化技术及应用[J]. 科技导报. 2020，38(3)：68-83.

[14] Dipanjan (DJ) Sarkar. A Comprehensive Guide to the Grammar of Graphics for Effective Visualization of Multi-dimensional Data[EB/OL]. (2018-09-12) [2019-12-29]. https://towardsdatascience.com/a-comprehensive-guide-to-the-grammar-of-graphics-for-effective-visualization-of-multi-dimensional-1f92b4ed4149.

[15] Leland Wilkinson. The Grammar of Graphics[M]. Berlin: Springer, 2005.

[16] 张杰. R 语言数据可视化之美：专业图表绘制指南[M]. 北京：电子工业出版社，2019.

[17] Yan Holtz.The R Graph Gallery[EB/OL]. (2018-01-01) [2019-12-29]. https://www.r-graph-gallery.com/.

[18] Hadley Wickham. A Layered Grammar of Graphics[J]. Journal of Computational and Graphical Statistics. 2010,19:3-28.

[19] Winston Chang. R 数据可视化手册[M]. 肖楠，邓一硕，魏太云，译. 北京：人民邮电出版社，2014.

[20] Wolfgang Aigner, Silvia Miksch, Heidrun Schumann, Christian Tominski. Visualization of Time-Oriented Data[M]. Berlin: Springer, 2011.

[21] Rebecca Killick, Idris A. Eckley. Changepoint: An R Package for Changepoint Analysis[J]. Journal of Statistical Software. 2014, 58(3):1-19.

[22] Hosameldin Ahmed, Asoke K. Nandi. Condition Monitoring with Vibration Signals: Compressive Sampling and Learning Algorithms for Rotating Machines[M]. New Jersey: John Wiley & Sons Ltd, 2020.

[23] Charles L. Forgy. Rete: A Fast Algorithm for the Many Pattern/Many Object Pattern Match Problem[J]. Artifical Intelligence, 1982, 19(1):17-37.

[24] Ingo Mierswa and Katharina Morik. Automatic Feature Extraction for Classifying Audio Data[J]. Machine Learning. 2005, 58(2-3):127-149.

[25] Ian Goodfellow, Yoshua Bengio, Aaron Courville. Deep Learning [M]. Cambridge: MIT Press, 2017.

[26] Anthony Mihirana De Silva, Philip H. W. Leong. Grammar-Based Feature Generation for Time-Series Prediction[M]. Berlin: Springer, 2015.

[27] 吕映芝，张素琴，蒋维杜. 编译原理[M]. 北京：清华大学出版社，1998.

[28] Chun hua Tian, Wen ting Mo, Yu Wang, et al. Product Pre-release Sales Forecasting[J]. IBM Journal of Research and Development 58(5/6), 2014.

第 9 章　工业大数据平台技术

"You can have data without information, but you cannot have information without data."
——Daniel Keys Moran

工业大数据平台是支撑大数据分析与应用的基础。工业大数据平台的特点由工业大数据的数据负荷特性、分析和应用的特点共同决定。从大数据分析的角度来看，建模时需要"全局信息"与应用时仅需"局部信息"形成了鲜明对比。工业大数据具有数据"丰富"与信息"贫瘠"、分析工具丰富与通用算法平台不足、分析模型大量存在且参差不齐等特点。从数据应用的角度来看，"流"与"批"的计算模式同时存在。从数据负荷的角度来看，数据传输一直是数据链路上的瓶颈环节。上述特点决定了工业大数据平台不能只是一个灵活扩展、成本可控的大数据存储系统，还应是以业务主题为中心的数据服务提供者、支持知识沉淀和快速迭代的分析支撑平台、消除技能壁垒的协同应用平台。

9.1　工业大数据对平台的需求

工业大数据在数据负载、数据分析、数据应用方面具有一定的特点，使得工业大数据平台与一般的大数据平台不同，工业大数据对平台的需求如图 9-1 所示。

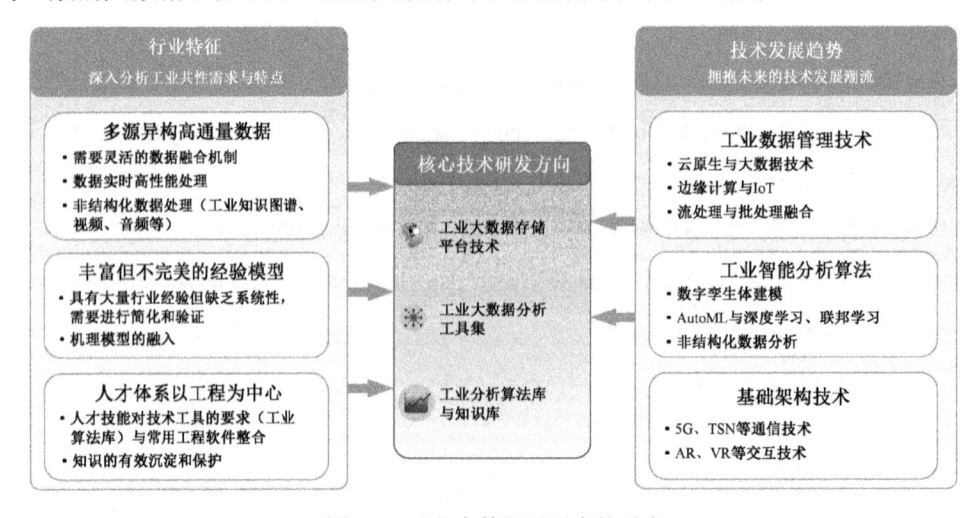

图 9-1　工业大数据对平台的需求

9.1.1 数据负载特性

工业大数据的数据源具有多样性及多模态、高通量等特性,工业大数据的应用需要按照业务主题(如以设备为中心等)进行强关联。因此,需要面向工业大数据分析场景重新定义时序数据、非结构化数据和关系数据的负载特性和规格需求,研发既满足高速、海量工业数据存取需求,又支持历史数据并行化分析的异构数据存储技术。

时序数据需要解决的问题:面向工业大数据分析场景,时序数据存储技术需要支持全量数据并行计算和多维度分析建模,为数据分析师服务。开源社区的时序数据库(如InfluxDB、OpenTSDB等)主要面向监控类应用场景为应用开发人员提供编程接口,难以支撑数据分析师分析大量乃至全量数据的需求。

非结构化数据需要解决的问题:需要研发面向工业大数据分析场景的对象管理技术,既支持小文件的存储,又支持批量并行化分析和高速读取。开源社区和云服务厂商提供的非结构化数据存储技术(OpenStack Swift等)不能完全满足工业大数据分析需求,主要原因在于,这些技术面向的应用场景是对象的随机存取,对工业大数据批量分析场景的支持不足。以OpenStack Swift对接MapReduce[1]为例,因为移动对象操作的本质都是全量复制,所以并行计算效率极低。

关系数据需要解决的问题:面向工业大数据分析场景,工业大数据存储组件需要支持关系数据与时序数据、非结构化数据的关联读取和处理。工业领域的关系数据来自研发、生产、服务等阶段。在融合分析场景下,关系数据通常作为时序数据、非结构化数据的有效补充和参考。当前,商业化和开源关系数据引擎通常只针对单一关系数据源管理进行设计,缺乏对多源异构数据一体化管理的支持。

作为基础存储引擎,工业大数据存储组件需要存储海量工业数据,以支撑分析应用。因此,应满足以下性能需求:①支持TB级别的数据分析服务,可扩展到PB级别;②支持100个节点以上的分布式管理架构;③支持7×24小时连续运行,年可用率达到99%。

支持多源异构数据的一体化管理:工业大数据有"数据来源和种类众多,各类数据存在时空关联"的特点。在处理实际工业问题时,常常需要关联一种或多种其他类型的数据并进行处理,以得到契合业务需求的结果。例如,在风电领域,只有结合故障文件发生时段的时序数据,才能训练得到故障预警算法。因此,支持多源异构数据的一体化管理是工业数据分析执行引擎面临的技术挑战。

9.1.2　数据分析的特点

工业领域的数据分析以强机理为前提，需要将分析模型与专业领域模型充分融合。从长远来看，工业大数据分析需要依赖领域专家。在人才体系方面，工业企业以领域专家为中心，缺乏内部的大数据技术专家，需要平台从领域模型的支撑、数据访问的支撑、知识库、算法库等角度填补分割；在分析算法方面，工业大数据有明确的"并行化"业务字段（如按设备、月份并行等），通常不需要更细粒度（如记录层面等）的并行化。与其他领域相比，工业领域具有独有的知识体系，可以用来解决领域内的实际问题。例如，工艺专家基于经验解决复杂问题（如钢铁企业的控制参数优化、面板企业的异常溯源、风电企业的对风角优化等）；数据分析师基于R、Python、Matlab等分析工具，结合数据生产知识解决实际业务问题。

结合工业大数据的特点和特有的知识体系，工业数据分析执行引擎面临以下技术挑战。

1. 在可接受的时间内处理海量数据，挖掘数据价值

在当前工业知识体系下，工艺专家或数据分析师在面对工业问题时，需要根据经验做出判断或开发在数据集上运行的算法，从而得到问题的解决方法。

在面对海量数据时，工艺专家无法仅根据经验进行处理，不是因为存在人工处理的准确性问题，而是因为数据量过大，根本无法进行人工处理。例如，面板企业的异常溯源、基于异物检测机器输出的异物数据、人工判断异物发生位置等。由于机器坐标误差和肉眼鉴别误差等，准确率和效率都非常低。

面对海量数据，由于单机物理资源的限制，数据分析师常用的R、Python、Matlab算法无法在有效时间内得到输出。例如，风电领域的偏航角优化算法，经某企业测算，一万台风机半年的数据需要一年才能处理结束并形成输出，这对于企业来说是不可接受的。因此，如何在可接受的时间内处理海量数据、挖掘数据价值是工业数据分析执行引擎需要解决的问题。

2. 屏蔽大数据技术，赋能数据分析师

在工业企业中，企业工艺专家或数据分析师积累了许多经验知识和算法知识，以解决其遇到的实际问题（如钢铁企业的控制参数优化、面板企业的异常溯源、风电企业的对风角优化等）。但其积累的知识主要为工艺知识和常用的R、Python、Matlab知识等，他们对大数据技术[2]并不了解。

然而，要解决海量数据带来的技术挑战，必须借助大数据技术。因此，屏蔽大数据技术，使数据分析师能够使用他们惯用的R、Python、Matlab等工具编写大数据分析算法，并使工业数据分析执行引擎与大数据技术结合，将数据分析师开发的R、Python、Matlab算法运行在海量数据上,是工业数据分析执行引擎面临的挑战。

在计算模式上,工业领域的科学计算非常复杂,数据分析模型的训练则比较简单,迭代式 MapReduce 或 AllReduce 通信拓扑、参数服务器采用计算和数据并行的模式,基本可以满足需求[3-5]。

3. 模型研发工具

数据分析领域的专业知识主要集中在数据分析师在大数据平台上进行数据探索和分析的阶段,面临的主要挑战如下。

数据准备:工业大数据存储在多源异构的数据存储引擎中,包括时序、对象、关系等数据类型。由于数据采集、接入和存储等工作通常由数据工程师而非数据分析师完成,因此,在数据准备阶段,数据分析师面临的挑战是不了解数据的表结构,缺乏面向底层数据服务接口的开发编程技能。平台在数据准备阶段需要提供可视化算子,帮助数据分析师完成面向业务逻辑的数据准备工作。

模型探索:模型探索过程通常分为多个步骤,从数据准备、模型搭建到模型训练、模型测试和模型评价,要求提供可视化建模和编辑功能。分析模型需要运行在工业数据分析执行引擎上,如果数据分析师直接基于执行引擎接口开发模型,会增加模型开发的工作量和复杂度。提供可视化建模和编辑功能,能够屏蔽底层执行引擎内容,加快模型开发。

面向工业大数据分析编排的可视化建模组件旨在降低数据分析师准备数据的难度,为其屏蔽底层大数据技术细节,缩短分析模型开发的全生命周期,满足工业大数据分析对可视化拖拽式建模、分析流程编排和分析标准化模块的需求,支持图形化分析建模,支持建模过程可视化操作,数据源、脚本、算法、输出可通过拖、拉、拽的方式组合编排。

在工业大数据分析领域,针对多源数据分析的技术主要包括统计分析算法、深度学习算法、回归算法、分类算法、聚类算法、关联规则等。分析师可以使用不同算法对不同数据源进行独立分析,并通过基于多个分析结果的统计决策或人工辅助决策实现多源融合分析,也可以实现分析方法的融合,如通过非结构化文本数据语义融合构建具有制造语义的知识图谱,完成其他类型数据的实体和语义标注,通过图模型从语义标注中发现跨领域本体的关联性,可以用于识别和发现与工业时序数据中时间序列片段对应的文本数据(维修报告)中的故障信息,实现对时间序列的分类决策。

4. 算法库

工业大数据分析通常需要融合统计学习算法和领域机理模型,但统计学习算法和领域机理模型通常属于不同的技术门类,严重制约了工业 App 生态的发展。

建立大数据分析算法库的目的如下。

(1)降低统计学习算法和领域机理模型的技术门槛与壁垒。通过丰富的通用分析算法库，支持更多"公民数据分析师"（对算法有初步理解，很多工程技术人员属于此类）参与统计分析建模。专业算法库降低了专业数据分析师将算法应用于工程领域的门槛。

(2)将数据分析师从繁重的重复工作中解放，提高工作效率，聚焦业务场景痛点，方便、快捷地创建工业智能应用，加快工业App开发。

9.1.3 数据应用的需求

工业领域的数据应用特点为：训练模型需要大量数据，而模型的应用则需要实时性[6]，是典型的"云+端"需求。

1. 尽快识别工业生产中的复杂事件并响应

随着工业数字化、智能化的推进，线上持续不断地产生大量生产关联数据，如传感器数据、检测数据等。这些数据从不同维度描述了当前生产状态。生产数据波动预示着工业生产中复杂事件的发生，如锅炉系统输出蒸汽压力降低可能由供水不足或供热不足引起。因此，如何在持续产生的相互关联的数据流中识别复杂事件并响应，尽可能避免不良事件的发生或降低不良事件的影响，是工业数据分析执行引擎需要解决的问题。

随着生产规模的扩大和物联网的发展，工业企业的生产数据量出现了爆发式增长。如何将不懂大数据技术的工艺专家和数据分析师的经验知识或算法知识应用到海量数据中，继续挖掘数据价值，在工业生产数据流中识别复杂事件并尽快响应，成为工业数据分析执行引擎面临的技术挑战。另外，执行引擎还应该具备分布式、可扩展性、高可用性等特点，以有效管理执行引擎依赖的计算资源，降低工业企业运用执行引擎的成本。

2. 知识库

工业是一个具有强机理、高知识密度的技术领域，工业大数据分析通常隐性或显性地利用大量知识（如问题定义、数据筛选、特征加工、模型调优等）。在很多情况下，工业大数据分析模型及其结果本身也是一种宝贵的知识，可以支撑后续分析和开发工作。

知识库的用户包括数据分析师、工业App开发者和业务用户等。行业知识对工业大数据分析的支撑作用如图9-2所示。

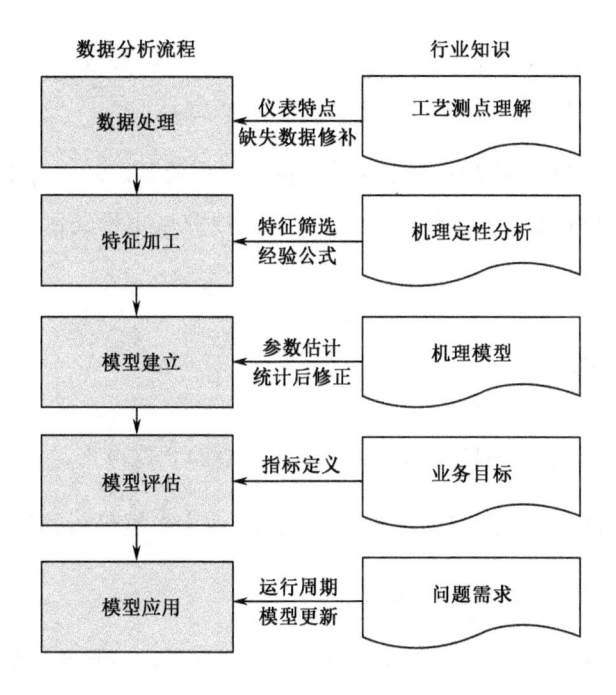

```
数据分析流程              行业知识

 ┌─────────┐   仪表特点      ┌─────────┐
 │ 数据处理 │◄───────────────│工艺测点理解│
 └────┬────┘   缺失数据修补   └─────────┘
      │
 ┌────▼────┐   特征筛选      ┌─────────┐
 │ 特征加工 │◄───────────────│机理定性分析│
 └────┬────┘   经验公式       └─────────┘
      │
 ┌────▼────┐   参数估计      ┌─────────┐
 │ 模型建立 │◄───────────────│ 机理模型 │
 └────┬────┘   统计后修正     └─────────┘
      │
 ┌────▼────┐   指标定义      ┌─────────┐
 │ 模型评估 │◄───────────────│ 业务目标 │
 └────┬────┘                 └─────────┘
      │
 ┌────▼────┐   运行周期      ┌─────────┐
 │ 模型应用 │◄───────────────│ 问题需求 │
 └─────────┘   模型更新       └─────────┘
```

图 9-2　行业知识对工业大数据分析的支撑作用

9.2 工业大数据平台架构

9.2.1 功能架构

工业大数据平台需要支撑海量工业数据存储和工业大数据分析，提供可视化建模组件以加快构建模型、保障数据和资产安全，以及提供数据可视化能力。基本的功能组件包括大数据存储组件、计算引擎组件、可视化建模组件、安全组件和数据可视化组件。

大数据存储组件基于海量数据组织技术、一致性保证技术和一体化元数据管理技术，支持多源异构数据一体化存储和查询，支持水平扩展和 99% 的可用率，能解决工业大数据的存储需求。

计算引擎组件采用 MapReduce、Spark、Flink 等主流并行计算框架、分组识别和匹配技术、非侵入式封装技术等，支持在并行框架上运行 R、Python、Matlab 算法，高效处理海量数据，提供工业数据分析执行引擎。

可视化建模组件利用可视化数据源算子等系统算子和可视化拖拽式建模工具，提供拖拽式模型构建体验，减小数据准备难度，加快构建模型。

安全组件通过单点登录、访问控制、数据隔离、日志审计等技术，提供一体化的用户认证、权限控制和安全保护体系，保障工业数据和资产安全。

数据可视化集成组件库、模型库、GIS 等可视化展示资源，采用三维表现等技术，提供数据可视化工具，支持可视化组态展示，支持工业时序数据趋势变化展示和分析结果展示，支持报表构建和 BI 分析。

9.2.2 关键技术

为了有效支撑工业大数据分析，工业大数据平台需要实现以下关键技术。

1. 多源异构数据的高效安全存储与查询，提高工业大数据分析的易用性

1）面向分析优化的工业大数据存储技术

面向分析优化的工业大数据存储技术要满足高速、海量、多源异构数据的一体化存储需求，并支持一体化查询和并行化分析。主要任务包括：①通过基于分布式文件系统和 MPP 架构的多源异构数据一体化管理技术，实现工业时序数据、非结构化数据、文件数据和关系数据的存储管理，支持并行化分析和水平扩展，可用率达到 99%；②利用一体化元数据管理系统，支持多源异构数据的一体化查询。

2）面向工业大数据分析的执行引擎技术

面向工业大数据分析的执行引擎技术要支持海量数据的并行处理，支持多源异构数据一体化分析和复杂事件识别与响应。主要包括：①基于 MapReduce、Spark 等主流并行计算框架和非侵入封装技术，开发面向工业大数据分析的并行执行引擎，支持 R、Python、Matlab 算法脚本并行处理海量数据；②通过分组识别和匹配算法，帮助执行引擎满足多源异构数据一体化分析需求；③利用基于 Flink 的复杂事件处理技术，保证执行引擎可以处理多个关联的实时数据流，解决工业生产中复杂事件识别与响应的挑战。

3）面向工业大数据分析编排的可视化建模技术

面向工业大数据分析编排的可视化建模技术旨在降低数据分析师准备数据的难度，缩短模型开发的全生命周期。主要包括：①基于可视化数据源算子屏蔽底层实现，降低数据准备难度；②适配可视化拖拽式建模工具与底层引擎，提高建模效率。

4）工业大数据安全技术

工业大数据蕴含工业生产的详细情况及运行规律，承载了大量市场、用户、供应链等信息，是工业企业的核心机密和工业互联网的核心要素。主要包括：①在分析工具运行时，通过工业大数据分析工具在数据存储层建立统一的安全管理技术，在认证鉴权、权限管理、数据资源管理、计算资源管理、安全审计、日志管理等方面建立完备的体系，实现对数据的细粒度全生命周期安全管控；②使用文件级别的高级加密技术进行加密，防止黑客攻击等非正常手段导致的知识泄露。

5）面向工业大数据分析的数据可视化技术

面向工业时序数据分析需求，支持可视化组态展示能力和工业时序数据的趋势变化。面向经营类工业大数据分析需求，支持商业智能（BI）分析。主要包括：①可视化组态展示，即以组态的方式支持海量异构数据的可视化应用构建；②工业时序数据分析结果展示；③工业时序数据的趋势变化展示；④通过简单的操作实现贯穿研发、制造、服务等环节的报表的构建；⑤面向经营类工业大数据分析需求，支持 BI 分析工具。

2. 工业大数据分析算法库与知识库

1）工业大数据分析算法库

工业大数据分析通常需要融合统计学习算法与领域机理模型，为了降低同时具备两种技术的门槛和提高数据分析师的工作效率，需要构建具备完善管理功能的分析算法库。主要包括：①建立以回归、分类、聚类、特征工程、模型评价等为主要内容的通用统计学习算法库，以及以时序算法、振动分析、图像和视频分析、运筹优化等为主要内容的工业算法库；②建立具备注册、查询、更新、移除、版本控制等功能的算法库管理机制；③建立对算法进行频度统计、关联分析的功能模块。

2）知识库与搜索工具

工业大数据分析通常需要利用大量知识，不同载体的知识有不同的管理方式，面对复杂、多元的知识，需要有能够处理主要知识的知识库，包括：①行业规则库，用于沉淀行业规则与专家知识，并利用这些规则与知识进行推理；②自然语言处理算法库，用于文档类知识，以实现文本分类、聚类、情感分析、摘要提取、关键词提取等功能；③知识图谱技术，用于处理上下文文本关系，以实现语义搜索、问答系统、工单搜索等功能；④文档检索功能，用于对文档进行实时搜索与分析；⑤分析模型库，用于沉淀模型和结果，方便支撑后续的分析和开发。

9.3 数据接入

系统数据采集和接入的整体目标为持续接入和集成各种工业数据，包括 SCADA 运行数据、业务系统数据和物联网设备数据，数据类型包括结构化数据、半结构化数据和非结构化数据。

数据采集组件进行数据源协议的适配和数据读取。支持 SCADA 系统 OPC-UA 和 OPC-DA 协议、物联网 MQTT 协议，以及标准 JDBC 数据源的适配。支持通过插件开发和扩充新的数据源协议。

数据的实时接入将分布式持久化消息队列（如 Kafka 等）作为数据总线进行设计，通过消息队列的持久化存储和冗余容错能力，为时序数据采集的事务处理一致性提供消息队列层面的保障。消息队列的持久化存储能够为接入的消息提供缓冲和故障回放并重新进行处理。另外，消息队列通过副本为数据分片提供冗余，单个节点发生故障时不影响消息的存储和消费。

系统采用流处理框架（如 Flink、Storm 等）进行数据的实时接入、协议转换和格式校验。流处理框架提供并行计算能力，在大量计算请求到达的情况下，能够水平扩展处理吞吐量。同时，结合时序数据存储不丢不重的消息语义，提供事务处理一致性保证。

针对数据库集成，平台基于 ETL 工具开发数据集成组件，通过配置 ETL 计算规则进行数据库持续集成。

数据接入是系统的数字化基础，包括协议适配服务、数据接入网关、时序数据消息队列、数据 ETL 服务（关系数据）、格式服务、数据归档服务、流计算服务 7 部分。

9.3.1 时序数据接入

首先注册需要接入的时序数据的元数据，在注册元数据后，即可接入时序数据，用于后续的查询和分析。根据用户的使用场景，提供时序数据的实时接入和定时批量接入方式。

实时接入指像流水线一样连续不断地将时序数据存入大数据存储模块。例如，环境监测传感器或设备传感器每时每刻都会产生监测数据，需要将这些数据存储下来，以进行后续处理。

定时批量接入指按照指定间隔，从指定位置按批接入预先准备好的时序数据。这种接入方式主要用于接入用户定期从前置系统中准备的一段时间内的时序数据。用户在使用时同样需要根据批量接入的接口和指定位置，定期将准备好的数据上传到该路径，平台会根据用户的配置，定期将数据接入平台。

时序数据接入集成了 MapReduce 和 Spark 并行计算框架，以提供高效灵活的接入，能保证两点：①数据的高可靠性，只要数据进入平台，就能保证将其不丢不重地接入集群；②接入路径的故障恢复，在系统出现故障时，接入路径能恢复数据，保证不丢不重。

支持 MQTT 协议的数据接入，系统采用基于分布式 MQTT 消息服务器 EMQ（Elastic MQTT Broker）架构。EMQ 是基于 OTP 平台开发的开源物联网 MQTT 消息服务器。OTP 是出色的软实时（Soft-Realtime）、低延迟（Low-Latency）、分布式（Distributed）语言平台，适用于实现轻量的（Lightweight）、发布订阅模式（PubSub）的 MQTT 物联网消息协议服务器系统。

系统的接入服务也提供接入统计服务，帮助用户掌握数据的实时接入量，如各时段接入的数据总量，以及成功落入系统的数据量和异常数据量，具体信息可以在系统操作台上查看。

9.3.2 非结构化数据接入

针对不同使用者的需求，为非结构化数据提供了 3 种方便的接入功能。

（1）使用管理控制台界面上传，这种方式的优点是使用简单，缺点是无法上传大量文件。

（2）使用 RESTful API 程序上传，这种方式的优点是对网页应用开发友好，适用于上传中等数量文件。

（3）使用 Java SDK 程序上传，这种方式的优点是可以上传大量文件。

（4）用户在使用过程中，可以根据应用场景灵活选择上传方式。

9.3.3 时序数据消息队列

时序数据消息队列将分布式持久化消息队列作为数据总线进行设计，在满足高吞吐量的前提下，实现系统的水平扩展。

时序数据消息队列支持数据处理管道从中消费数据，并与数据接入网关结合，实现实时接入时序数据至时序数据仓库、实时接入时序数据至时序数据库、数据接入量统计等功能。

9.3.4 数据 ETL 服务

针对将已有信息化系统作为关系数据的主要接入来源的情况，数据 ETL 服务将数据同步作为关系数据接入形式，能够有效应对不同信息系统带来的接口异构问题（满足要求）。

ETL 工具使用了突破性元数据驱动方法，以提供强大的"提取、转换和加载"功能，并支持大量的输入和输出格式，包括文本文件、数据表及商业和免费的数据库引擎。

9.4 数据管理

大数据存储模块可以使用主流和成熟技术进行系统架构的设计与开发。例如，分布式文件存储使用 HDFS，并行计算框架[3]使用 MapReduce 和 Spark，分布式流处理框架使用 Storm 和 Flink，弹性流计算服务支持 Spark、Java 等，标准化服务接口支持 MapReduce、Spark、Storm 定制化程序。

9.4.1 数据治理管理

时序数据通过实时和批量两种方式接入，对象数据提供批量接入套件，业务数据提供 ETL 工具。时序数据（如设备传感器秒级生成的指标数据等）在接入过程中应进行去重、格式校验和统计量审计等数据治理操作，在源头确保接入数据的质量。此外，还应提供设备自动注册和更新功能，自动应对设备及传感器发生的变化（如增加新的传感器等），无须更新数据接入程序。

对接收数据进行画像，了解数据的基本情况，对出现的数据质量问题进行评估，并提供质量修复方案。缩短用户的数据预处理时间，加快数据分析过程。

利用优化的数据实时处理引擎，对接入的多源数据流进行低延迟实时处理，使用户能够在第一时间获取机器数据传递的关键信息。在设备运行状态实时分析等领域，通常需要对采集到的关键指标数据及时进行运算，根据运算结果对超过预警线的情况及时报警。实时数据处理引擎通过接收实时数据接口发送的实时数据，根据预先定义的数据规则进行实时数据计算，对计算结果违反预警规则的数据进行报警。

数据治理管理能够支持海量数据存储，针对机器数据的时序和数据隔离等特性，提供高压缩比、高吞吐量的存储能力，降低数据存储成本。

9.4.2 时序数据库（TSDB）

时序数据库是一种支持工业实时监测和近线数据交互式查询的时序数据管理服务。

面向工业实时监测等时序数据查询场景，时序数据库不仅支持从写入到查询的端到端毫秒级延迟，还支持服务的高可用，单点故障并不影响整体服务的可用性。时序数据库（TSDB）的功能架构如图 9-3 所示。

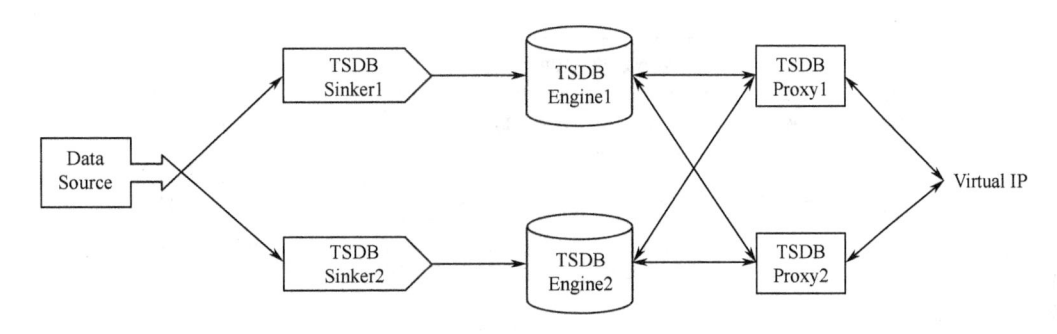

图 9-3 时序数据库（TSDB）的功能架构

从图 9-3 中可以看出，时序数据库包含以下功能组件。

TSDB Sinker：负责从数据源消费数据并写入 Engine，如 Kafka 消费数据的 Sinker。

TSDB Engine：负责存储时序数据并提供查询服务；提供抽样、插值等多种计算方式；支持多种聚合函数。

TSDB Proxy：负责按照一定的规则转发查询请求到指定 Engine，并将 Engine 的查询结果返回用户。

Virtual IP：作为多个 Proxy 服务的浮动 IP，提供 Proxy 服务的 HA 能力。

Engine 左边为数据接入流图，Engine 右边为数据查询流图。需要说明的是，Engine 和 Proxy 在同一时间只有一个处于服务状态（但都处于启动状态）。

9.4.3 时序数据仓库（TSDW）

时序数据仓库（TSDW）服务具有性能高、成本低、稳定可靠等特点，是支持工业中海量时序数据管理与分析场景研发的数据仓库服务。

面向工业大数据分析场景，时序数据存储技术不仅要支持存储和管理海量时序数据，还要支持全量数据并行计算、维度分析建模，以为数据分析师提供服务。开源社区的时序数据库（如 InfluxDB、OpenTSDB 等）主要面向监控类应用场景，为应用开发人员提供编程接口，难以支撑数据分析师分析大量乃至全量数据的需求。

时序数据仓库基于文件合并服务、文件索引服务和分区服务等技术提供海量时序数据存储、管理和高效查询功能。并行化数据消费接口和类 SQL 数据抽取接口保证时序数据仓库能支持全量数据并行计算、多维度分析建模，从而支撑海量时序数据分析任务。时序数据仓库（TSDW）的功能架构如图 9-4 所示。

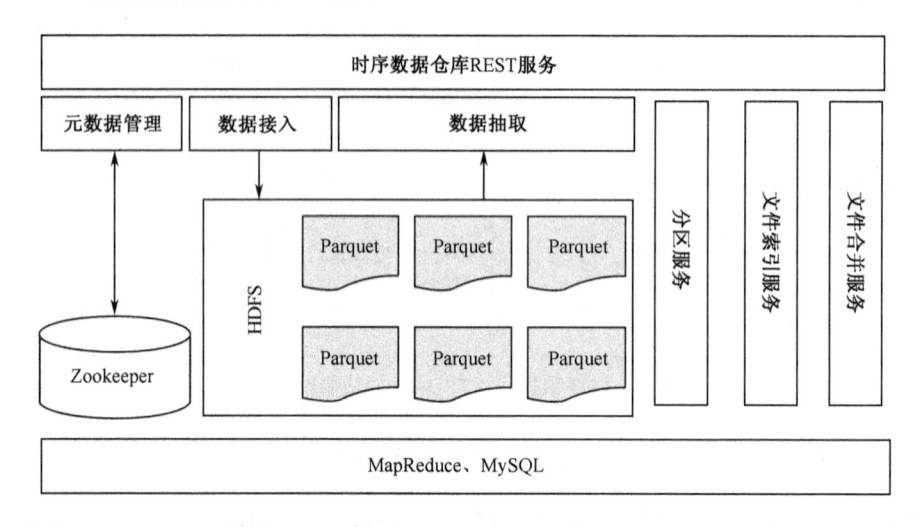

图 9-4 时序数据仓库（TSDW）的功能架构

从图 9-4 中可以看出，时序数据仓库包含以下功能组件。

（1）时序数据仓库 REST 服务：面向用户提供 REST 接口，支持时序表的管理及时序数据的批量导入和抽取。

（2）元数据管理：管理用户提交的时序表的表结构定义，将数据存储在 Zookeeper 内。

（3）数据接入：对外支持批量和实时两种接入方式，将数据清洗去重后写入 HDFS。以 Parquet 格式保存数据文件。

（4）数据抽取：基于 SparkSQL 等引擎，根据用户给出的筛选条件读取数据。

（5）分区服务、文件索引服务、文件合并服务：组织数据文件、优化数据存储和抽取。

上述服务的实现还依赖 MapReduce 并行计算框架和 MySQL 存储。时序数据存储提供的功能有：①创建时序表，用户将时序表定义发送到时序数据仓库 REST 服务，由元数据管理校验格式的正确性，并存储在 Zookeeper 中；②数据接入，用户调用时序数据仓库的批量导入接口，或通过 SDK 将数据发送到数据接入缓冲区，数据接入模块将数据清洗去重（实现为 MapReduce 任务）后写入 HDFS；③数据抽取，用户将查询条件发送到时序数据仓库 REST

服务的数据抽取接口，运行 SparkSQL，筛选满足条件的数据后返回用户或存储到 HDFS 文件中。

9.4.4 对象数据存储服务（OBJ）

对象数据存储服务是一种能够建模、存储和管理海量非结构化数据的分布式存储服务，广泛应用于工业大数据分析中的大规模非结构化数据分析场景。

在工业场景中，不仅有时序数据、关系数据等结构化数据的存储需求，还有故障文件、监控巡检视频、图像、音频、文本等非结构化数据的存储需求。大数据存储模块需要能支持上亿非结构化数据的存储，并支持批量并行化分析和高速读取。虽然开源社区和云服务厂商提供的非结构化数据存储技术支持海量非结构化数据的存储，但是它们并不能完全满足工业大数据分析需求，原因在于，这些技术面向的应用场景是对象的随机存取，对工业大数据批量分析场景的支持不足。

对象数据存储服务基于对象合并算法实现海量非结构化数据的存储，基于底层分布式存储系统对高吞吐多备份的支持保证对高可用场景和批量分析场景的支持。对象数据存储服务的功能架构如图 9-5 所示。

从图 9-5 中可以看出，对象数据存储服务的架构分为 3 层。

底层为数据存储层：该层负责最终的数据存储，因为对象类型管理数据量较少、对事务的要求较高，所以存储在 MySQL 中。对象元数据即对象的描述属性，与对象文件一一对应，数据量较多。对象数据存储服务提供多种对象元数据存储引擎，如 MySQL、ElasticSearch（ES）和 MongoDB 等，应针对不同用户和场景的特点选择合适的存储方式。对象文件管理根据文件特点选择存储方式，如 HDFS、HBase 等。对象数据存储服务还支持用户将文件保存在外部系统，仅维护对象的元数据，方便从多维度查询数据。

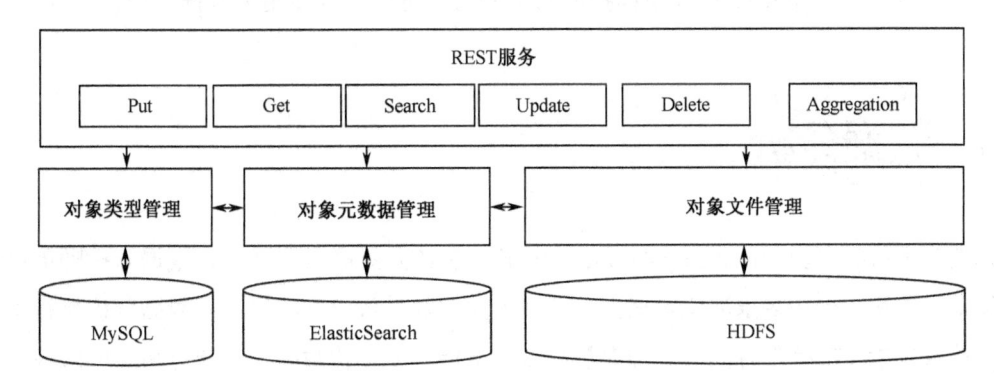

图 9-5 对象数据存储服务的功能架构

中间层为服务逻辑层：对象类型管理支持用户定义新的对象类型；对象元数据管理实现用户对对象数据的各项操作；对象文件管理控制文件的物理存储逻辑，对于数据存储在 HDFS 中的情况，需要将小文件合并为大文件，以减轻 Name node 的内存压力。

顶层为用户接口层：用户可以通过访问 REST 服务的接口来存取和查询对象。这些接口涵盖了用户的日常操作。

9.4.5 数据查询服务

数据查询服务是大数据存储模块对外提供的一项重要服务，为用户提供统一接口，方便用户查看大数据平台中的各类数据，提供时序数据查询、非结构化数据查询、结构化数据查询等功能。与直接使用 Hadoop、ES、InfluxDB 等开源技术搭建大数据平台相比，工业大数据存储模块产品的先进性表现在以下方面。

1）时序数据分布式读写优化

时序数据存储和管理，前期通过 MapReduce 将数据组织为列式存储并更新索引，后期进行合并重组（Compaction），在接入时，将面向写优化逐步重组为面向读优化。在重组的过程中，有效压缩了索引和小文件，使得系统 7×24 小时持续接入数据且吞吐量不下降。对于时序数据，大数据存储模块针对时间维度和标签组维度进行了索引优化，与开源 Hive、SparkSQL、Impala 等的分区机制相比，它能提供文件级细粒度的索引，提高查询性能并节省集群计算和 I/O 资源。

2）缓存优化

为了满足时序数据的实时性和吞吐量需求，在开源平台上定制分区、索引、文件组织等，并与缓存等组件配合，共同服务以满足功能和易用性需求，开发标准的 REST 数据查询接口并提供给工业用户，使具备 Java 编程技能的工业用户可以顺利使用大数据平台。

9.5 数据分析

弹性分析服务（Elastic Analytics Framework，EAF）能够自动并行化数据分析师提供的算法脚本，使其运行在多源海量数据上，挖掘更大的数据价值，解决工业数据分析执行引擎面临的技术挑战（在有限时间内处理海量数据、支持多源异构数据一体化分析、屏蔽底层技术）。弹性分析服务架构如图 9-6 所示。

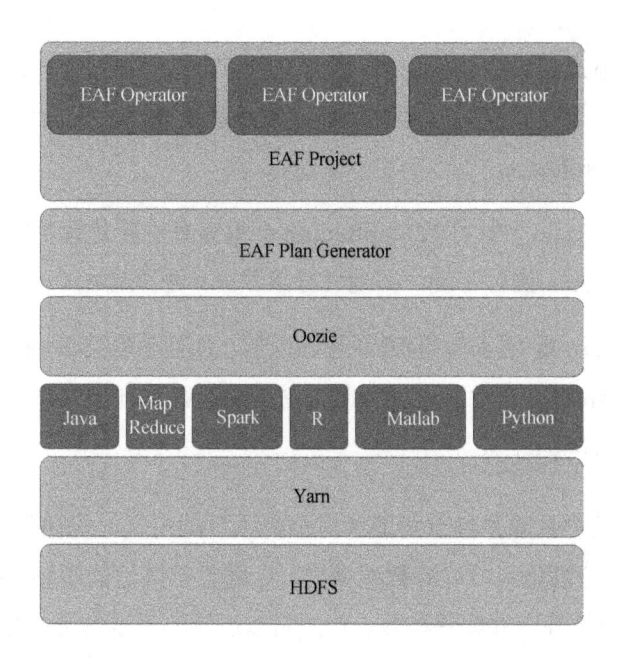

图 9-6 弹性分析服务架构

EAF Operator：弹性分析服务中的算子。算子是弹性分析服务中最小的任务颗粒度，能够完成一个独立的计算步骤。数据分析师可以定义算子需要完成的任务，并基于算子构建分析项目。

EAF Project：弹性分析服务中的项目。项目是数据分析师基于算子构建的分析工作流。数据分析师构建分析工作流，指定输入数据源和输出位置，并设置各算子的并行化分组。

EAF Plan Generator：弹性分析服务的计划生成器。计划生成器会根据工作流进行合法性检查，填充系统参数，转化算子形成执行计划。基于规则优化工作流形成物理计划，并提交到 Oozie 上执行。EAF Plan Generator 的工作流程如图 9-7 所示。

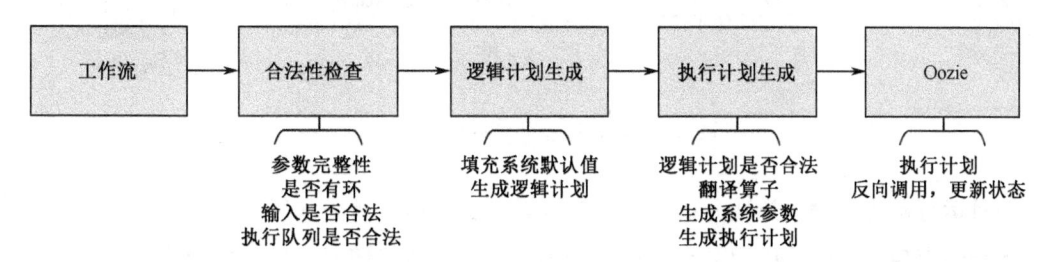

图 9-7 EAF Plan Generator 的工作流程

Oozie：Hadoop 生态的工作流调度引擎。能够将一组 MapReduce Job 串在一起调度执行，并由判断逻辑在任务之间进行控制。弹性分析服务基于 Oozie，调度执行基于逻辑计划生成 MapReduce Job。Workflow、Coordinator、Bundle 是 Oozie 中最主要的技术理念。Workflow

是由任务节点和控制节点组成的任务流程。所有任务节点以 DAG 模式部署运行。Coordinator 构建在 Workflow 上，可以设置定时触发运行或条件触发运行。Bundle 构建在 Coordinator 上，可以管理多个 Coordinator。

程序执行环境：在 Oozie 中执行的 MapReduce 会根据算子配置调用底层 Java、MapReduce、Spark、R、Matlab、Python 执行环境，并处理分组数据，形成输出。

Yarn 和 HDFS：Yarn 是 Hadoop 的资源管理框架，HDFS 是 Hadoop 的分布式文件系统。弹性分析服务基于 Yarn 进行资源管理和分配，基于 HDFS 管理中间结果和最终结果。

弹性分析服务提供下列功能。

分析项目管理：用户按照弹性分析服务对分析项目的定义，构建算子并组成分析项目。可以在项目中定义多个数据源（可以跨数据类型），上传自己编写的 Java、MapReduce、Spark、R、Matlab、Python 分析程序并配置参数。用户可以删除不需要的分析项目或将自己的项目分享给其他用户，还可以编辑修改已有项目的配置。

分析项目执行：用户可以将定义好的项目运行在弹性分析服务上。弹性分析服务的工作流程如图 9-8 所示，其对数据源进行分组匹配，封装 R、Matlab、Python 算子后，在各分组上并行化运行用户配置的分析程序，并将结果收集到 HDFS 上。

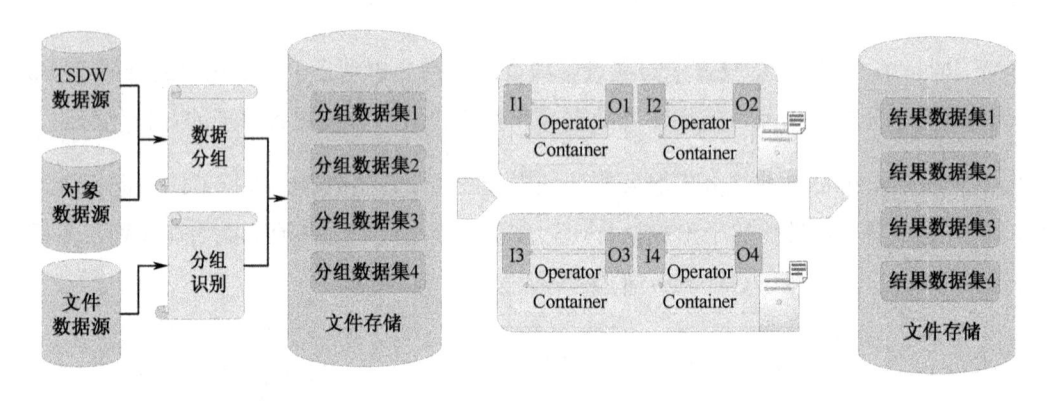

图 9-8　弹性分析服务的工作流程

项目运行历史管理：弹性分析服务支持查看项目的运行历史和每次运行的概要信息。在项目运行结束后，弹性分析服务会收集数据集各分组的执行情况，包括成功分组个数、警告分组个数和失败分组个数。对于失败分组，可以直接查看失败错误信息，并下载错误数据集分组。

9.5.1 应用方式

弹性分析服务的应用方式如图 9-9 所示。

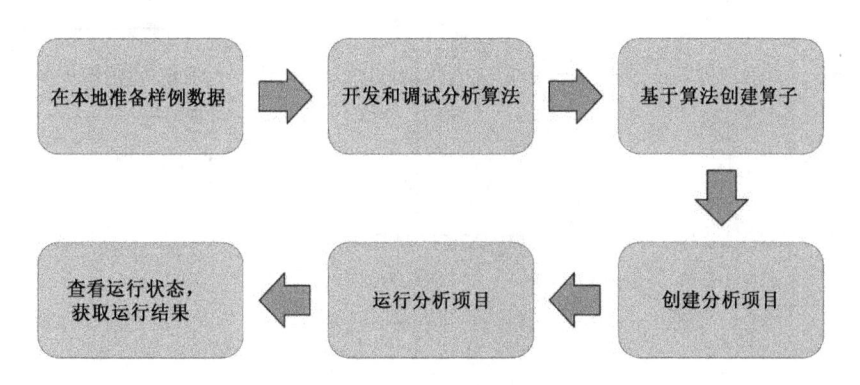

图 9-9 弹性分析服务的应用方式

用户根据目标，在本地准备一份样例数据；基于样例数据开发和调试分析算法；在算法调试成功后，基于算法创建算子；基于数据源算子、算法算子、输出管理算子创建并运行分析项目；查看运行状态，获取运行结果。

9.5.2 关键技术：分组识别和匹配技术

EAF 基于分组识别和匹配技术解决多源异构数据一体化分析挑战。

MapReduce 和 Flink 并行计算框架带来了并行化数据处理能力，解决了海量数据带来的技术挑战。但如何识别输入数据的分组并支持跨数据类型的数据关联分析，依然是工业数据分析执行引擎需要解决的问题。

在弹性分析服务中采用以下算法自动识别数据集支持的分组内容，弹性分析服务分组识别和匹配流程如图 9-10 所示。

（1）扫描 HDFS 上的待分析数据集目录。

（2）判断数据集目录中是否只包含文件。如果是且上层数据集目录中已有分组被识别，则输出已识别的分组维度，并结束识别；如果是且上层数据集目录中没有分组被识别，则表示当前数据集不支持分组。如果不是，则进入下一步。

（3）判断数据集目录中是否只包含目录。如果是则进入下一步，否则当前目录中既有目录又有文件，说明当前数据集不支持分组。

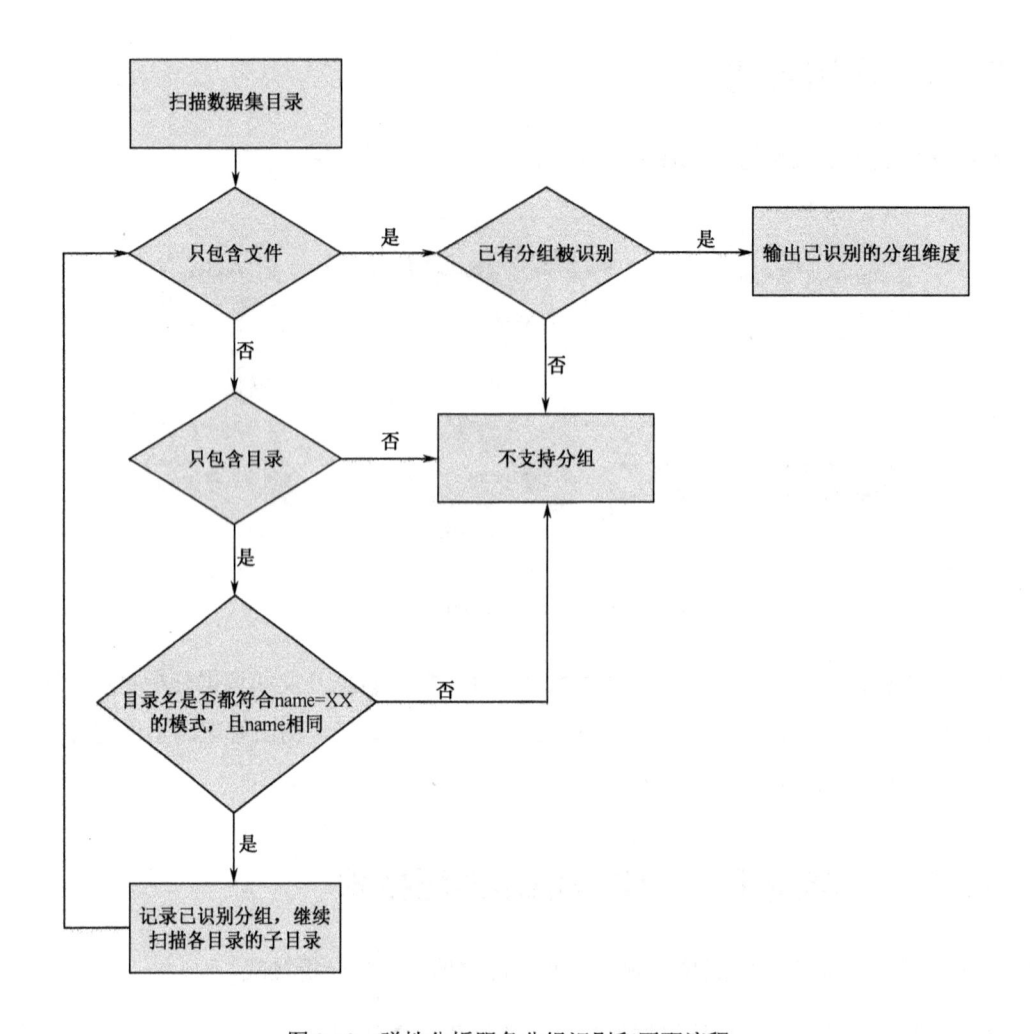

图 9-10 弹性分析服务分组识别和匹配流程

（4）在数据集目录只包含目录的情况下，检查目录名是否都符合 name=XX 的模式，即要求所有目录名都以某个相同的字符串（分组键）开头，再通过等号连接不同的字符串，将其作为分组键的值。如果数据集目录中的目录名都符合这种模式，说明当前目录层次支持分组，分组键是 name，进入下一步。

（5）记录当前已识别分组，扫描各目录的子目录，并对所有目录的子目录重复执行第（2）步到第（4）步。

需要说明的是，算法中的"是"表示所有同层次的目录，而非局限在父目录下。分组逻辑限制示例如图 9-11 所示，左侧数据集支持 Year 和 WTID 二维分组，右侧数据集只支持 Year 一维分组：

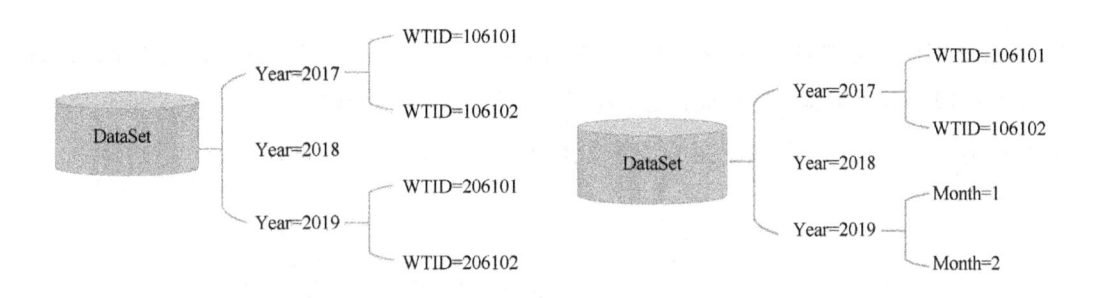

图 9-11　分组逻辑限制示例

采用以下方法支持跨数据类型的数据关联分析。

（1）计算各数据集分组值的并集。

（2）遍历并集中的分组值，如果各数据集中有相同的分组值，则将对应各数据集的同一分组组成输入数据集的分组。

（3）在输入数据集的各分组上启动 Map 子任务进行处理。

跨数据类型的数据关联分析数据集分组示例如图 9-12 所示。

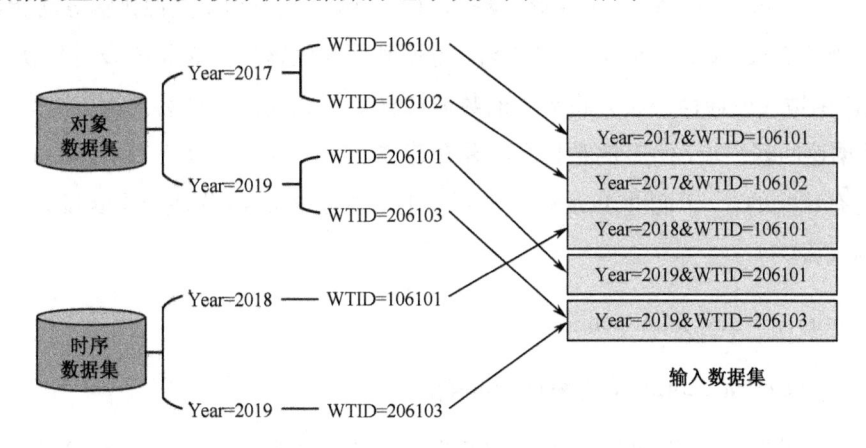

图 9-12　跨数据类型的数据关联分析数据集分组示例

9.5.3　关键技术：非侵入式封装技术

EAF 基于非侵入式封装技术解决了对数据分析师屏蔽底层大数据技术的挑战。

利用 MapReduce、Flink 并行框架与分组识别和匹配技术，解决海量数据及跨数据类型的数据关联分析问题后，如何保持大数据技术对数据分析师的透明，是工业数据分析执行引擎需要解决的现实问题。

鉴于 R、Python、Matlab 的执行环境都提供了 Socket 接口，以供外部系统使用，执行引擎拟将 Java 程序作为 R、Python、Matlab 程序的触发程序，先在本地准备好 R、Python、Matlab 程序需要处理的分组数据，然后通过 Socket 程序调用程序的标准接口，得到结束通知后，再收集程序输出和日志。非侵入式封装逻辑如图 9-13 所示。

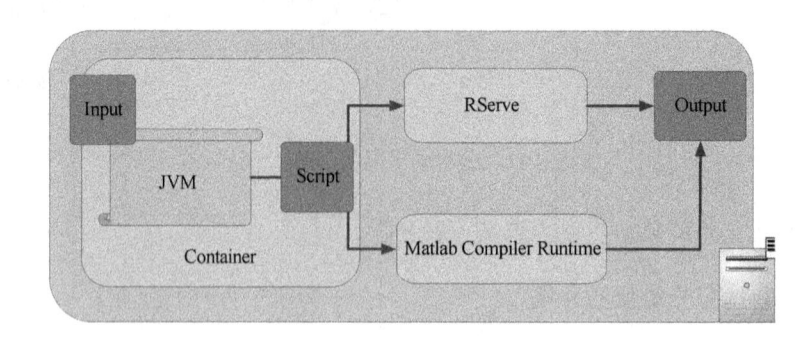

图 9-13　非侵入式封装逻辑

以 R 语言为例，RServe 是 R 语言常用的 Client-Server 框架工具包[7]，用于实现基于 TCP/IP 的 Client-Server 交互，2002 年发布了第一版。在 RServe 中，每个连接（Connection）都有独立的工作空间（Workspace）和工作目录，支持远程连接、安全认证、文件传输等功能。RServe 工具包也实现了 Java、C++、PHP 等客户端，方便其他编程语言与 R 语言友好转换。可以通过 SDK 接口函数（或通信协议）将需要的数据加载到 R 语言，按照客户端指令进行相应计算，并将结果返回客户端，所有的数据和对象在连接期间一直处于保持（Persistent）状态（在连接期间是有状态的）。下面的 Java 代码演示了调用本地 RServe 生成一个长度为 10 的正态分布数组的过程。

RConnection c = **new** RConnection();

double d[] = c.eval("rnorm(10)").**asDoubles**();

基于非侵入式封装技术，数据分析师只需关注具体工业问题和编写的 R、Python、Matlab 算法。在完成非侵入式封装后，数据分析师的算法可以被 MapReduce 并行框架的 Map 子任务调用，处理对应的输入数据集分组，再由 Reduce 子任务收集结果并输出。

9.6　本章小结

工业大数据平台的核心价值主要体现在解决工业企业在 DT 建设中的资源配置效率和生产组织效率问题。工业大数据的价值主要来自数据和算法。数据是原料，反映和记录工业运行状态和信息。算法利用工业领域的机理和经验及数学和计算机领域的统计和机器学习方法使工业知识显性化、数字化。数据和算法的有机组合沉淀为解决具体问题的模型。工业大数据平台是效率工具,主要解决数据供给、算法研发和模型应用在常态化积累、专业化迭代和规模化应用方面的效率问题。

1. 提高数据供给效率

工业大数据平台的数据模型可以提高数据供给效率。数据模型是承载业务需求和数据标准、规范的元数据集合,向下规约数据,向上承接应用。工业领域的数据模型设计需要将业务模型和技术模型有机结合。第一,要实现解耦,保证业务层面的灵活性和技术层面的高效性;第二,要实现一体化,保证数据分析应用可以通过数据模型多维度关联访问数据,屏蔽底层存储模型。例如,钢轨生产运营优化需要建立以物料(钢坯)为中心、以生产流程(轧制线)为轴的数据模型;风力发电机设备运维则需要建立以风力发电机为中心,整合研发设计、生产制造、后运维全生命周期的数据模型。利用关系模型或 KV 模型等可以保证业务层面的灵活性,利用时序的元组模型可以保证技术层面的高效性。数据模型成为数据的操作系统,将平台上的多源异构数据与数据库、对象存储等具体存储形式解耦。数据模型的建立能够使数据管理工作有着力点,是数据质量的保障。在数据模型设计的基础上,结合业务需求和行业标准规范对数据进行治理,能够为算法研发和业务分析工作提供更方便的数据访问方式和更准确的数据,使算法得出更准确的结果。

工业大数据平台的计算存储能力整合可以提高数据供给效率。作为效率工具,平台在计算引擎上集成了业界最主流、最先进的生产力工具,包括消息队列、分布式计算框架、流计算框架等。更重要的是,利用可视化界面、SQL 标准等技术统一了计算任务提交入口,降低了计算任务提交门槛。从数据分析的角度来看,数据分析师可以在平台上以低成本获得需要的数据。甚至在获取数据的过程中进行基于并行化的预处理,以减少在算法研发阶段的数据预处理工作量。同时,经过数据分析师标注和加工的数据集反过来丰富了平台上的数据,这些数据可以被重复利用,以促进更大范围的协同。

工业大数据平台的协同可以提高数据供给效率。平台从工作内容上将数据工程师和数据分析师的工作解耦,数据工程师专注于数据的汇聚和治理,数据分析师专注于算法模型的研发。同时,双方的工作互相促进,数据分析师提出的数据需求有助于数据源、数据模型和数据治理策略的完善,数据工程师对数据模型与质量的洞察又能帮助数据分析师正确认识平台上的数据资产。

2. 提高算法研发效率

工业大数据平台的一体化算法研发环境可以提高算法研发效率。工业领域算法研发有深度结合机理等先验知识、利用通信等专业领域算法、基于设备型号或生产批次进行批处理等特征。工业大数据平台是提高工业算法研发效率的工具。

算法研发是一个积累的过程。平台需要提供工业领域常用的专业算法库，以加快特征提取加工等算法研发过程。机器产生的振动数据需要信号处理领域的专业算法进行加工，如傅里叶变换、小波变换等。传感器产生的时序数据需要时序分析算法进行识别、切割、比对、趋势判断和预测。

算法研发是一个资源密集型任务。当数据分析师使用个人计算机或工作站进行开发时，会面临高质量数据难以获取、数据过时、算力有限等瓶颈。在基于样本数据完成算法编写并在同一型号的设备或生产批次上进行训练或验证时，需要在短时间内获取大量数据和计算资源，以进行批量处理。统一的平台提供了按需分配、丰富多样的基础设施，使得数据分析师可以在平台上持续获取最新的高质量数据、方便地获取足够算力和异构的基础设施、高效地进行并行化建模。

算法研发是一项团队运动。当数据分析师使用个人计算机或工作站进行开发时，还会遇到依赖多、语言版本不统一、代码缺乏管理等一系列问题，导致算法的生产率极低。统一的平台提供一体化算法协同研发环境和完善的研发管理环境，使数据分析师可以利用统一维护的研发环境进行协同研发、有效管理代码、持续集成。同时，新算法的积累和迭代能够不断丰富平台能力，繁荣研发生态。

3. 提高模型应用效率

工业大数据平台的模型库使用 API 服务提高业务应用消费模型的效率，利用工业大数据平台提高模型应用效率的示意图如图 9-14 所示。更快落地的数据科学有利于业务工作，也有利于保持数据科学的生命力。工业大数据分析模型的开发是探索型任务，但是最终要服务于业务。在业务应用中嵌入分析模型的结果需要持续试错和迭代。我国工业企业普遍缺乏 IT 开发能力和应用快速上线的基础设施。工业大数据平台的模型库与 API 服务将模型从应用中解耦，支持模型灵活对接应用，持续集成部署，包括模型的服务化发布、上线下线、灰度发布、A/B 测试、API 管理等。在尽量不更改应用的前提下进行模型的持续更新迭代。在云+端架构中，云侧平台完成模型的开发、训练与下发，端侧平台完成模型的运行，云与端无缝对接，能够大大提高模型的应用效率。

工业大数据平台是效率工具，承载工业领域的数据、算法与模型，基于先进的 IT 和 DT 技术，对外提供协同的平台与标准化服务。平台的建设规划需要按照实际业务的需要循序渐进。一方面要控制投入、减小风险；另一方面要在实践中锻炼队伍，促进平台建设良性发展，最终利用工业大数据平台实现 DT 建设过程中资源配置和生产组织的高效，使企业的 DT 建设成为各方受益的正和游戏。

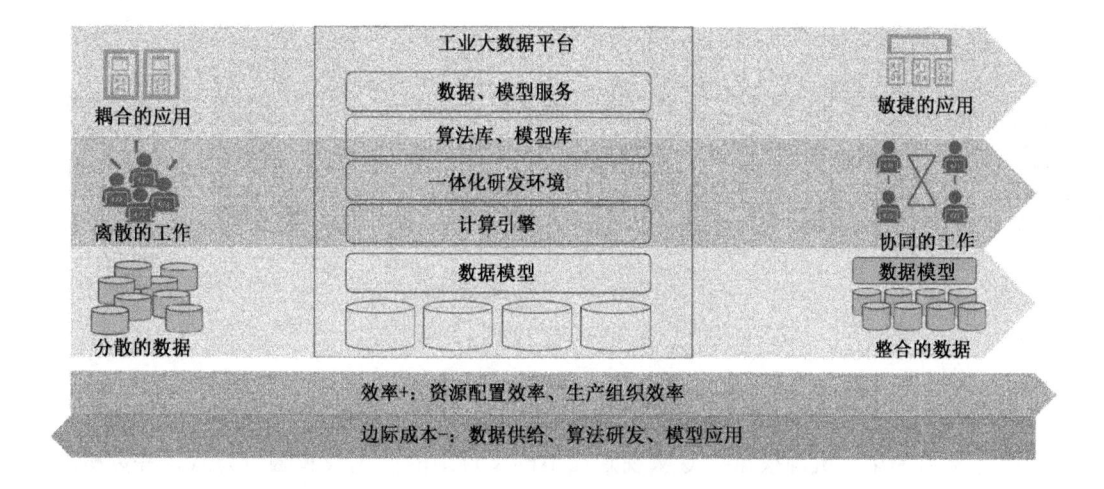

图 9-14 利用工业大数据平台提高模型应用效率的示意图

参 考 文 献

[1] Tom White. Hadoop 权威指南：大数据的存储与分析（第 4 版）[M]. 王海, 华东, 刘喻, 吕粤海, 译. 北京：清华大学出版社, 2017.

[2] Mahmoud Parsian. 数据算法：Hadoop/Spark 大数据处理技巧[M]. 苏金国, 杨健康, 译. 北京：中国电力出版社, 2016.

[3] George Coulouris, Jean Dollimore, Tim Kindberg, Gordon Blair. 分布式系统：概念与设计（第 5 版）[M]. 金蓓弘, 马应龙, 译. 北京：机械工业出版社, 2013.

[4] 刘铁岩, 陈薇, 王太峰, 高飞. 分布式机器学习：算法、理论与实践[M]. 北京：机械工业出版社, 2018.

[5] 张俊林. 大数据日知录：架构与算法[M]. 北京：电子工业出版社, 2014.

[6] Martin Kleppmann. 数据密集型应用系统设计[M]. 赵军平, 吕云松, 耿煜, 李三平, 译. 北京：中国电力出版社, 2018.

[7] Simon Urbanek. A Fast Way to Provide R Functionality to Applications[C]. Proceedings of the 3rd International Workshop on Distributed Statistical Computing, 2003.

第 10 章 工业大数据分析案例

本章通过 6 个工业大数据分析案例，展示 PHM、PQM、PEM 在实际项目中的应用，详细剖析统计学习模型、机理模型、专家规则在不同项目中的优先级和融合方式，并分析算法挑战和业务应用的考虑因素，以加深读者对工业大数据分析方法的理解。

10.1 风电大数据分析

"Everything by Design." ——Alan Lapidus

工业大数据分析问题是规划出来的。以风电大数据分析为例，只有将数据分析技术放在风电技术和经营过程的闭环中，才有可能发现价值创造点；只有在理解设备运行机理、环境信息、经营过程等上下文的基础上，"数据分析让机器说话"才不是纸上谈兵。

10.1.1 概述

1. 业务背景

风电是可再生能源最主要的利用方式，近年来，在一系列政策的引导下，中国风电市场蓬勃发展，在风电制造、风场建设、风场运营、能源互联网等关键技术领域也有长足进步。对于风电产业来说，即将推行的竞价上网、新装容量放缓与供应市场竞争加剧、生态保护要求不断提高等，成为所有企业必须解决的问题。在未来的竞争中，最大的考验就是风电产业的全面创新提质增效能力。

对于整机制造商来说，存在提高发电效率、确保装备可靠性、优化成本结构、打造全优产业链等业务与技术问题。需要基于对现场风力发电机组的全面洞察实现设计仿真对比，通过设计优化降低设计成本、实现智能控制、提高风电场发电收益；要将现场问题解决经验和对风力发电机组机理的系统认识沉淀为数据分析模型，实现现场质量问题的高效诊断、准确预警、寿命评估,并提出自动化解决方案,提高机组全生命周期的可靠性并降低运维成本。

风力发电技术涉及气动、结构、材料、力学、电力电子、控制等多个学科领域。具体技术可查阅文献[1]及国际电工委员会规范 IEC 61400 系列标准。

2. 数据基础

在从风电场前期开发、风电场建设到发电资产性能管理的过程中,可以按数据的增长速度对风电场数据进行分类。

1)基础数据

基础数据包括机组配置信息、设计参数、仿真数据、地理信息等。风电场设计和建设完成后,基础数据一般不再改变和增长,是评估风力发电机组运行状态的核心。数据分析模型通过现场机组运行数据分析结果与设计参数及仿真数据的对比实现设计验证及诊断预警等目标。

2)业务数据:缓慢增长数据

典型的缓慢增长数据有风力发电机组在风电场运行过程中经历部件失效、维护、更换时产生的失效样本数据、维护记录、部件更换记录等。失效样本数据是失效特征的研究对象,基于失效特征建立的诊断预警模型可迁移至大数据集进行大规模验证,并实现诊断预警模型在大数据集、失效样本数据中的迭代及应用。维护记录、部件更换记录是寿命估计、运维决策的判断依据。

3)状态监测数据:快速增长数据

与缓慢增长数据不同,SCADA 系统数据、状态和故障记录文件、传感器(CMS、摄像头、测风塔)数据、整场功率控制指令、气象数据等会在风力发电机组的日常运行中持续或经常生成。这种快速增长的数据具有典型的大数据特征:①数据量大且数据量具有持续增长趋势。以 SCADA 系统数据为例,单台风力发电机组每秒会增加 500 个数据点,接入了上百个风电场的总部级大数据平台每天接入多达数百亿个数据点;②多样性,除了 SCADA 系统数据等结构化数据,还有大量现场回传的音频、图像、视频等非结构化数据;③价值与数据量不成正比,当数据量增加时,数据中有意义的信息往往并未以相应比例增长。例如,机组在某具体风况条件下长时间运行时,运行数据持续生成但数据中体现的信息往往无更新。

风力发电机组数据的积累及数据分析技术的持续发展为风电大数据分析提供了支撑。与其他工业行业数据类似,风力发电机组数据也存在数据质量、数据整合等问题,这些问题影响风电大数据分析的效率、数据分析模型的质量及应用效果。

3. 风电大数据分析的价值体现

典型的风电场有"单机—场端—云端"3层结构。风力发电机组通过配置的传感器实现对所处环境、自身状态及行为的感知，主控程序可进一步对环境、状态及行为进行判断与评估，实现自调节、自控制及自保护。为保证风电场运行效率和收益，应在风电场层级实现所有机组的数据汇集及协同分析、协同决策，风电大数据分析的价值体现如图10-1所示。

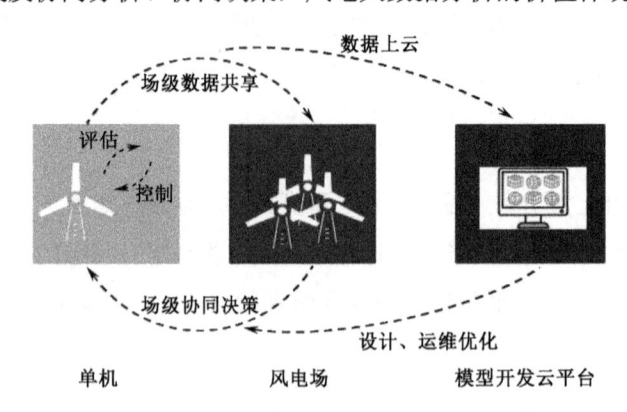

图 10-1 风电大数据分析的价值体现

风电大数据平台底层组件包括数据采集工具、分布式文件系统、实时数据在线处理引擎、内存计算引擎，可支撑实时数据在线处理、交互式多租户数据探索、接口访问等。各类风电场数据经大数据平台底层组件实现信息融合及入库管理。

基于大数据平台底层组件建立风电大数据分析模型开发的软件平台，可为风电大数据分析模型的开发、管理和运行提供环境。数据分析模型可以孵化风电场健康体检、故障诊断、健康预警等健康管理相关服务，也可以支撑单机、场级的控制优化，并提供满足用户个性化需求的服务，如工单系统、报告中心、资产可视化管理等。

风电大数据分析技术正在重构已有的风电业务流程和价值链，覆盖风电场从设计、建设到状态监测、故障诊断及运营维护的全流程，全方位降低风电场的建设成本、提高发电监测效率和整体运维效率。

4. 风电大数据分析的核心技术

信息技术（Information Technology，IT）与运营技术（Operation Technology，OT）的碰撞融合能产生巨大价值。风电大数据分析的核心技术也体现在风电技术与大数据技术的碰撞融合方面。

1）信息融合

信息融合是风电大数据分析的基础，需以终为始地建立传感器体系、信息记录体系及设计仿真基础数据库,以支撑认知、控制、决策等层面的应用。

风电大数据具有多样化、协议繁杂等特点,需基于对业务的深入理解,梳理满足分析要求的变量词典、解析办法、入库管理办法,以保证数据管理的及时性、准确性、有效性,为后续快速有效地分析数据奠定基础。

2)建立数据分析模型

在大数据环境下,传统的分析方法已无法满足大规模数据集处理需求。因此,应基于模型开发云平台的分布式存储和并行处理机制,建立大数据环境下的数据分析模型,从海量数据中提取有用信息,为智能机组的设计、优化和运维提供支持。

综合考虑质量成本、停机时间及发电量损失等因素,确定健康评估模型的建立和实施优先级。

需根据业务问题完成模型需求分析,并选择基于机理模型驱动、数据驱动或两者结合的方法完成建模。

在支撑风力发电机组设计优化方面,通过大数据分析模型实现对单机现场工况与设计的偏差、仿真与现场表现的偏差、控制器的现场适应能力、部件及子系统设计与现场偏差等机型级总体把握及单个机位点与子系统的细节把握,支撑单机智能化水平的提高。

可以将支撑风力发电机组运维优化的模型分为基础性健康评估模型、综合性健康评估模型、应用性健康评估模型。

基础性健康评估模型包括:①状态识别,从机组设计特性出发,建立风电设备整机状态识别模型,用于识别机组的常规运行参数;②模态识别,综合采用时域、频域分析手段进行整机模态识别,为风电设备异常定位和故障诊断提供支撑;③载荷识别,对受地形、气候条件等因素影响的载荷相关状态进行评估,为整机寿命或相关部件寿命预测奠定基础。

综合性健康评估模型包括:①健康状态评估,基于对大部件、整机运行数据的基础性健康评估完成对风力发电机组健康状态的评估;②寿命预测,基于基础性健康评估完成整机寿命或相关部件的疲劳寿命估计预测。

应用性健康评估模型:①运维决策,基于基础性、综合性健康评估结果完成对现场运维的输出;②运维策略,结合风电场资产、气象、人员条件及运维决策,优化运维策略。

在模型的建立、验证和使用过程中,考虑到物理环境和分析对象的动态变化,需建立模型有效性和可靠性的持续反馈机制;提供模型的版本管理功能,监测模型的运行效果,及时发现和甄别模型失效情况,触发模型的重训练和再评估机制,对失效模型进行迭代更新。

3)模型应用

根据风电场"单机—场端—云端"3 层结构,实现模型在不同层面以不同形式的转换、移植、配合,实现单机智能控制、场端协同决策、云端全局及历史的洞察,并形成智能运维决策,最终实现不同层面的协同分析、协同监控、协同保护、协同控制。

10.1.2 实例一:运行边界探索用于设计优化

1. 业务问题

风力发电机组进入满发阶段后由变桨系统调整桨距角,使转速维持在额定转速,并通过扭矩控制将输出功率维持在额定功率。受变桨回路响应、湍流、满发功率控制模式(恒扭矩方式或恒功率方式)等的影响,机组在满发阶段的实际输出功率存在一定程度的波动。这种波动影响变流器功率器件的成本,决定整机及变流器子系统的运行策略及安全保护机制。

2. 机组满发条件运行边界探索

本业务问题要求从整个机型的角度把握机组满发条件下的实际输出功率波动情况,是典型的风力发电机组运行边界探索问题,基于运行边界探索结果可以优化设计、提高产品竞争力、降低产品造价和度电成本。

以某风力发电机组为例,SCADA 系统数据回传至总部级风电大数据平台的机组有千余台,海量数据能够反映普遍规律。可以建立数据分析模型,分析数据,获得统计特征。运行边界探索的大数据分析方法如图 10-2 所示。具体步骤如下。

(1)清洗及预处理:对大数据平台中的原始 SCADA 系统数据进行清洗和预处理,以获取有效的并网状态数据。

(2)定义并提取目标工况:本业务问题仅考察满发工况下的机组表现,因此,需要采用时间序列切割及模式识别方法获取满发数据片段。

(3)提取目标工况特征:明确从各满发数据片段中提取的机组运行特征,主要包括影响满发功率波动的湍流等特征值、衡量功率波动的特征值(如片段中功率的最大值、最小值、标准差等)。

(4)建模及云端分析:基于建模需求建立数据分析模型,并在大数据平台上运行。

(5)生成分析结果:将本机型各机组分析时间内各满发片段的分析结果存入数据库。

(6)统计及可视化:基于对大数据分析结果的统计及可视化展示,形成对本机型满发工况下实际输出功率波动情况的洞察，如明确不同湍流条件下的具体功率波动情况等。

漏斗图内容（自上而下）：
- 原始数据 — 获取有效的并网状态数据
- 清洗及预处理 — 采用时间序列切割及模式识别方法获取满发数据片段
- 定义并提取目标工况 — 计算各满发数据片段的平均风速、湍流、功率特征值等
- 提取目标工况特征 — 建立数据分析模型，并在大数据平台上运行
- 建模及云端分析 — 将各满发片段的分析结果存入数据库
- 生成分析结果 — 分析结果的统计及可视化展示
- 统计及可视化

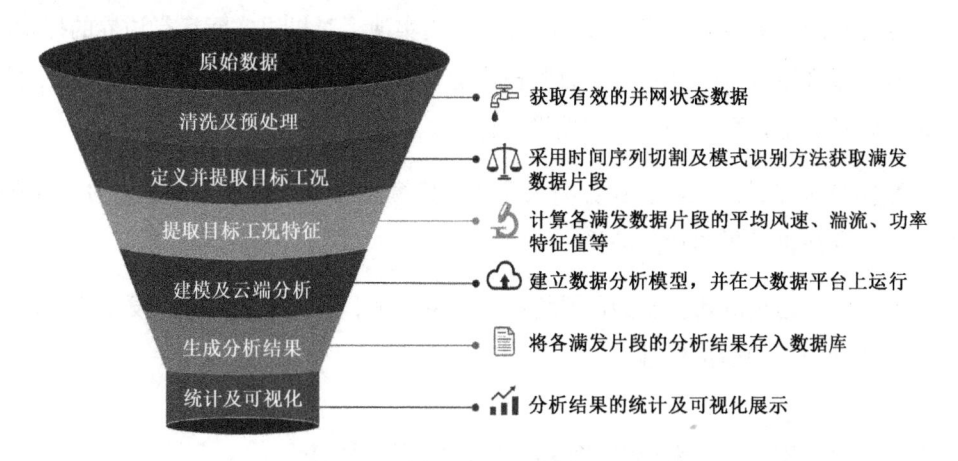

图 10-2　运行边界探索的大数据分析方法

某大数据分析结果中包含超过一百万条满发片段的特征值，提取其中的湍流及功率特征值并进行统计展示，得到大数据分析结果如图 10-3 所示。图中横坐标为湍流，纵坐标为功率，3 条曲线分别为各湍流下的功率最大值、平均值、最小值。通过大数据分析手段量化了不同风况条件下的实际输出功率波动范围，为前述业务问题的解决提供了数据支撑。

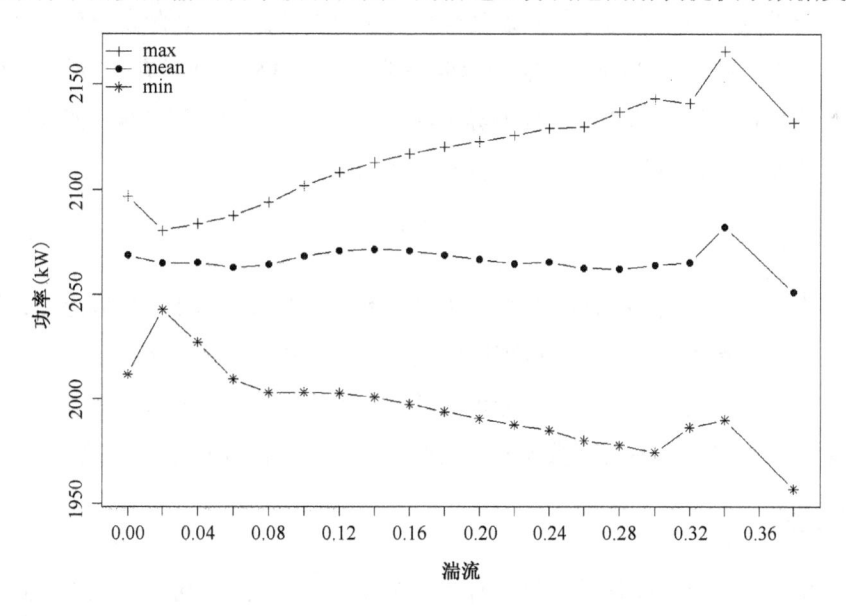

图 10-3　大数据分析结果

3. 结论

（1）在本例中，如果没有大数据分析手段，从机理角度只能明确满发功率波动的影响因素及与影响因素的大概关系；从设计仿真角度只能明确仿真模型在设计工况下的功率波动水

平。由于机组在现场实际运行时的风况、工况与设计时差异极大，这些认识、仿真结果无法满足机组实际运行边界的探索需求。大数据分析手段实现了对机组实际运行边界的探索，实现了设计仿真阶段数字世界与产业化运行阶段物理世界的闭环映射及闭环验证。基于运行边界探索结果及闭环验证，可以进一步实现设计优化、故障预警。

（2）大数据分析需要深入结合业务需求开展，建模前要注重数据分析模型的业务支撑，得到模型结果后要注重结果的业务解释。

（3）大数据分析是绚丽和朴素的，要将提供解决方案、解决业务问题、发挥业务价值作为大数据分析成功与否的衡量标准。

10.1.3　实例二：机器学习用于运维优化

1. 业务问题

风力发电机组变桨系统通过调节叶片的桨距角来改变气流对桨叶的攻角，进而调整风轮捕获的气动转矩，在额定风速以上的风况下，实现恒转速运行，在安全停机过程中，变桨系统起到了气动刹车的作用。叶片与变桨电机之间有齿形带、减速器等传动机构。齿形带断裂对风机运行安全的威胁较大，齿形带断裂常常会引起较大的振动，实际发电效率远远低于理论发电功率。当前，PLC 主要根据机舱加速度等进行紧急停机，通常有 10 秒左右的滞后。需通过海量历史数据挖掘齿形带断裂前的异常特征，实现齿形带断裂预警（或缩短故障检测时间），通过正常的主动停机，减少不可控异常的出现次数。

2. 技术思路

基于十多个风场的历史 SCADA 数据（采集频率约为 7 秒，122 项检测指标）对齿形带断裂事故进行研究。首先，基于风机机理完成数据清洗；其次，从变桨系统及齿形带劣化可能引起整机状态变化的角度探索特征变量的显著性；再次，建立并检验预警模型，给出技术可行性的评估建议；最后，进行大数据平台层面、单机层面的模型部署尝试。

3. 数据清洗

数据清洗的目标包括：①删除个别指标为 NA 或指标全为 0（可能由控制电路的启停造成）的记录，移除停机状态记录；②根据需要消除其他类型故障记录。

清洗的对象是一个风场的多台风机，输入是各风机合并后的 csv 文件。在数据清洗过程中，移除两两桨距角差异超过 80 度的记录。除了齿形带断裂，这种现象还可能由单个变桨控制系统重启导致（控制电路重启造成 3 个桨距角的大差异如图 10-4 所示，2013 年 8 月 9

日 21:45:40，对第 1 个变桨控制电路进行了人工重启，然后依次对第 2 个和第 3 个进行了重启）。

	wman_tm	wrot_ptangval_bl1	wrot_ptangval_bl2	wrot_ptangval_bl3
10266	2013/8/9 星期五 21:45:17	87.510	87.680	87.680
10267	2013/8/9 星期五 21:45:25	87.510	87.680	87.680
10268	2013/8/9 星期五 21:45:32	87.510	87.680	87.680
10269	2013/8/9 星期五 21:45:40	0.000	87.680	87.680
10270	2013/8/9 星期五 21:45:47	0.000	87.680	87.680
10271	2013/8/9 星期五 21:45:55	0.000	87.680	87.680
10272	2013/8/9 星期五 21:46:02	0.000	87.680	87.680
10273	2013/8/9 星期五 21:46:10	0.000	87.680	87.680
10274	2013/8/9 星期五 21:46:17	0.000	87.680	87.680
10275	2013/8/9 星期五 21:46:25	0.000	87.680	87.680
10276	2013/8/9 星期五 21:46:32	0.000	87.680	87.680
10277	2013/8/9 星期五 21:46:40	0.000	87.680	87.680
10278	2013/8/9 星期五 21:46:47	0.000	87.680	87.680
10279	2013/8/9 星期五 21:46:55	0.000	0.000	87.680
10280	2013/8/9 星期五 21:47:02	0.000	0.000	87.680
10281	2013/8/9 星期五 21:47:10	0.000	0.000	87.680
10282	2013/8/9 星期五 21:47:17	0.000	0.000	87.680
10283	2013/8/9 星期五 21:47:25	0.000	0.000	87.680
10284	2013/8/9 星期五 21:47:32	0.000	0.000	87.680
10285	2013/8/9 星期五 21:47:40	0.000	0.000	0.000
10286	2013/8/9 星期五 21:47:47	0.000	0.000	0.000
10287	2013/8/9 星期五 21:47:55	0.000	0.000	0.000
10288	2013/8/9 星期五 21:48:02	0.000	0.000	0.000

图 10-4　控制电路重启造成 3 个桨距角的大差异

在消除其他故障后，统计齿形带断裂故障的起始时间、结束时间和时长。如果故障时间小于 1000 秒（约 15 分钟）则不过滤。过滤记录从故障开始到结束前的 360 秒（因为记录中的故障标志位通常在排除若干分钟后才恢复为正常状态）。

4．特征提取

根据失效机理可知，齿形带在断裂前，可能会在以下 8 个方面有所体现。

（1）3 个叶片的桨距角或角速度不一致，可以尝试采用 Pearson 相关度、余弦相似度、差异度绝对值等特征量进行分析。

（2）振动幅度和频域特征（倒谱分析、周期谱）。

（3）变桨电机的温度差分析。

（4）Ng5 的充电电流特征分析。

（5）实际桨距角与理论桨距角的差异。

（6）实际功率与理论功率的差异。

（7）瞬态过程（启停或大的变桨）特征。

（8）断裂前 20ms 的异常特征识别。

叶片层面的特征是 3 个叶片独立或两两对比的结果，风机层面的特征为综合结果。目前的预警模型是风机层面的，因此，在数据挖掘中，仅利用风机层面的特征和原始特征，叶片层面的特征仅便于对现象进行理解和探索。按点预警模型的特征变量如表 10-1 所示。

表 10-1 按点预警模型的特征变量

类别	特征变量	含义
叶片层面	Angle_df_12 Angle_df_13 Angle_df_23	桨距角差
	Speed_df_12 Speed_df_13 Speed_df_23	变桨速度差
	Angle_Cosine_12 Angle_Cosine_13 Angle_Cosine_23	桨距角的余弦相似度
风机层面	Angle_df	3 个桨距角与平均值差值的最大值
	Angle_df_rel	Angle_df/平均桨距角
	Angle_Cosine	3 个桨距角余弦相似度的最小值
	spd_mean	3 个变桨速度（7s 数据计算）的平均值
	speed_df	3 个变桨速度与平均值差值的最大值
	vane_speed_mean	3 个变桨速度（原始数据）的平均值
	vane_speed_df	3 个变桨速度与平均值差值的最大值
	vane_speed_df_rel	vane_speed_df/平均变桨速度
	wrot_ptmotortmp_df	3 个 wrot_ptmotortmp 的最大值与最小值的差
	wrot_ptturnontmp_df	3 个 wrot_ptturnontmp 的最大值与最小值的差
	wrot_ptpwsupdclow_df	3 个 wrot_ptpwsupdclow 的最大值与最小值的差
	wtur_tmexflt_acttmval	故障时间
	wtur_tmok_acttmval	系统正常时间
	wnac_exltmp_instmag_f	环境温度
	power_ratio	实际功率与理论功率的比例
	accx_kurtosi	横轴加速度的峭度
	accy_kurtosi	纵轴加速度的峭度

以表征 3 个叶片相似度的特征值探索为例，分别加工桨距角、变桨速度的余弦相似度及 Pearson 相似度，分析失效数据样本的 ANOVA 显著度。桨距角、变桨速度的相似度特征探

索如表 10-2 所示,从表中可以看出,桨距角的余弦相似度指标最显著,可以作为预警模式的特征变量。

表 10-2 桨距角、变桨速度的相似度特征探索

特征与相似度		正常期		过渡期		ANOVA 显著度
Feature	Similarty-Method	mean	sd	mean	sd	
Angle	Cosine	0.999	0.002	0.999	0.005	0.14
		0.999	0.003	0.999	0.007	0.13
		0.999	0.003	0.999	0.006	0.12
	Pearson	0.988	0.123	0.983	0.129	0.58
		0.988	0.113	0.990	0.035	0.49
		0.990	0.099	0.983	0.130	0.48
Speed	Cosine	0.993	0.061	0.989	0.029	0.30
		0.994	0.029	0.989	0.013	0.41
		0.989	0.101	0.980	0.127	0.86
	Pearson	0.993	0.062	0.989	0.029	0.30
		0.994	0.029	0.989	0.013	0.41
		0.989	0.101	0.980	0.127	0.86

5. 建模:按点预警模型

根据回归模型建立预警模型,并根据距离齿形带断裂的时间,采用 Sigmoid 函数生成各点的风险值。齿形带断裂时刻的风险值为 1,随着时间(物理时间或变桨系统的总工作时间)的推移逐渐下降。距离断裂 7 天左右时的风险值为 0.5。采用分类模式评估模型的预测精度,认为小于 0.25 不会 Failure,大于 0.75 会 Failure,风险值在[0.25, 0.75]内不参与评价,可以用准确率、召回率、误报率进行综合评价。

在算法上,我们尝试过神经网络、MARS、SVM、Bagging、Boosting、随机森林、PPR、GAM 等算法。各算法的精度相近,但不同算法的计算复杂度差别很大,SVM、Bagging、Boosting、随机森林等算法的计算量非常大(通常需要 5~8 小时)。另外,从"可解释性"的角度来看,决策树、MARS 等模型的业务意义比较容易理解,故目前采用决策树模型。使用决策树构造函数得到决策树并进行可视化输出,决策树示例如图 10-5 所示。

在决策树中,除了叶子节点,每个节点上都有 3 个信息:①分支条件,每个分支条件是特征变量与常值的逻辑表达式;②当前样本集目标值的平均值;③样本数量。以图 10-5 的顶级节点为例,分支条件为 Angle_cosine<1,其左分支代表表达式为 TRUE,右分支代表表达式为 FALSE(即当 Angle_cosine 的数值接近 1 时)。当前样本量 n 是 1337293,平均风险

值是 0.24。在第 2 层，满足左分支条件的样本量是 924347，平均风险是 0.13。决策树算法根据一定的纯度指标选择特征变量和分割点，直到样本量降到阈值以下或增加较少。

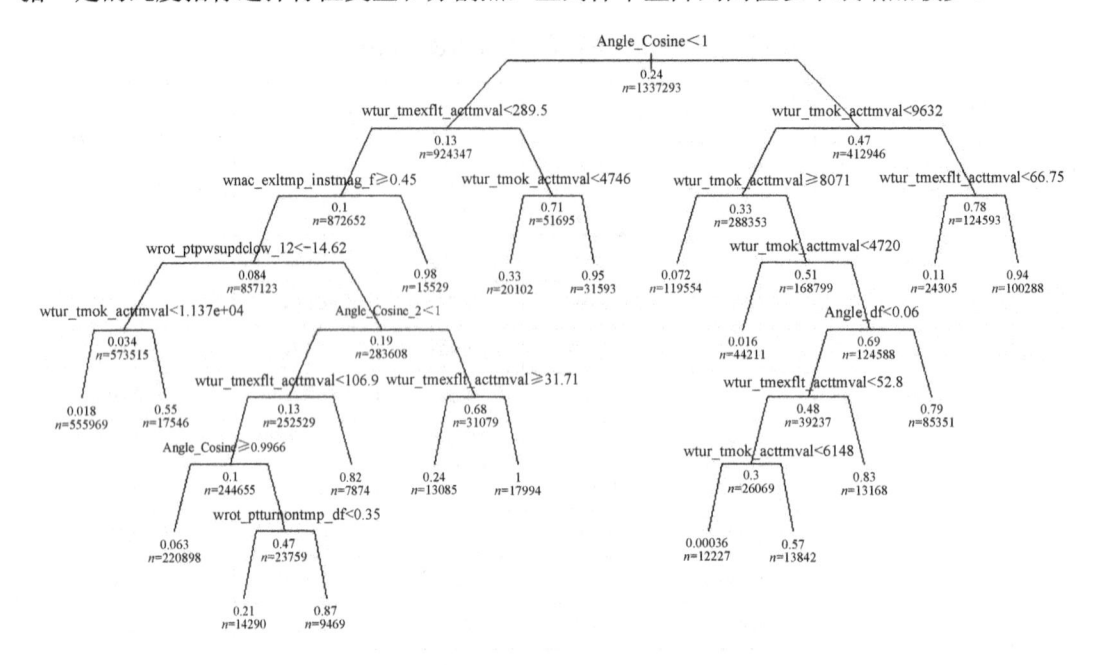

图 10-5　决策树示例

6. 建模：基于变桨过程切片的预警模型

齿形带断裂预警的前提假设：齿形带快断裂时，在变桨过程中的指标上应该有所体现（如桨距角不一致、加速度增大等），并且可能在特定时刻（如启停瞬间等）和变桨形态上（如大的启桨、收桨，或 0 度附近的小变桨等）有显著体现。为此，需要识别连续的变桨过程，即进行变桨过程切片。

变桨过程切片的基本逻辑为，根据一定间隔，把有连续变桨动作的时间聚在一起。但在处理中，需要解决几个实际问题：①切片长度过短如何处理？目前的处理逻辑是忽略，但如果中间包括大变桨过程（快的收桨过程只需要十几秒），则需要保留；②在长变桨过程中如何处理大变桨？如果不把启桨、收桨与小变桨分开，启桨、收桨中的很多特征将被大量小变桨点淹没，因此，需要将包含大变桨的长变桨分开，但小心不要过分碎片化；③在变桨过程中，零星的无变桨点如何处理？一个合理的方法是将其合并到长变桨过程中。变桨过程切片逻辑如图 10-6 所示。

根据 DTW 距离，可以将变桨过程总结为 5 种形态，如图 10-7 所示，这 5 种形态表征了不同变桨过程。

1. 变浆过程的划分
- 变浆速度不为0的连续时间段：间隔大于70s则视为2个变浆过程
- 特短过程的滤除，仅保留长度大于10个采样点或桨距角变化超过40度的过程

⇓

2. 超长过程切割
- 针对对象：长度大于125个采样点且最大桨距角大于40度的过程
- 将其切割为若干个变浆过程

① 大变浆片段的识别
- 最大桨距角大于40度的连续片段：序号间隔大于5将被视为2个片段
- 标记每个片段的起止时间（大变浆片段、平稳片段）

② 大变浆片段的扩展与融合
- 前后扩展：到小于长变浆过程的平均角度为止
- 紧邻大变浆片段间隔不大于3，将两者合并

③ 超短片段的处理
- 针对对象：长度小于10个采样点的片段
- 处理逻辑：如果前邻片段长度大于等于20个采样点，则从前邻片段尾部将当前片段长度补到10个采样点；否则，尝试从后邻片段补或保留目前长度不变

⇓

3. 后处理
- Event ID编码的连续性（同一风机内）
- 变浆过程中零星无变浆点，将被并入当前变浆过程

图 10-6　变浆过程切片逻辑

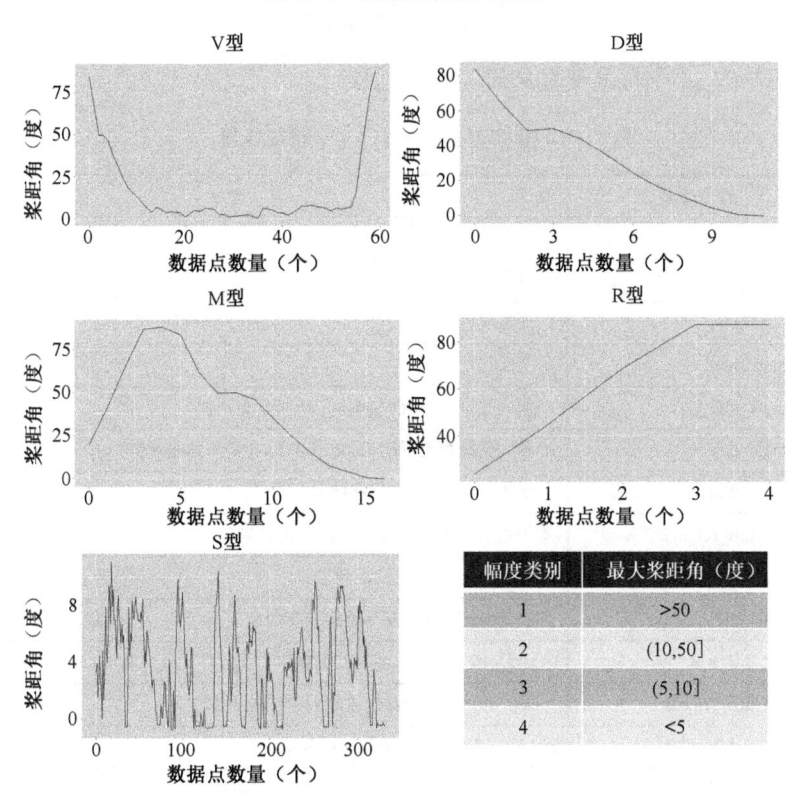

幅度类别	最大桨距角（度）
1	>50
2	(10,50]
3	(5,10]
4	<5

图 10-7　变浆过程的 5 种形态

对不同的变桨过程进行特征提取，如图 10-8 所示。

桨距角变化过程
横轴：时间表序号刻度（开始为0，每个记录增加1）
纵轴：3个桨距角

桨距角差异性变化过程，即（桨距角-3个桨距角的平均值）

桨距角相对差异性变化过程，即（桨距角-3个桨距角的平均值）×变桨方向（增大为1，减小为-1）

变桨速度差异性变化过程，即（变桨速度-3个变桨速度的平均值）

变桨速度相对差异性变化过程，即（变桨速度-3个变桨速度的平均值）×变桨方向

桨距角与桨距角相对差异的相位图

桨距角相对差异与变桨速度的相位图

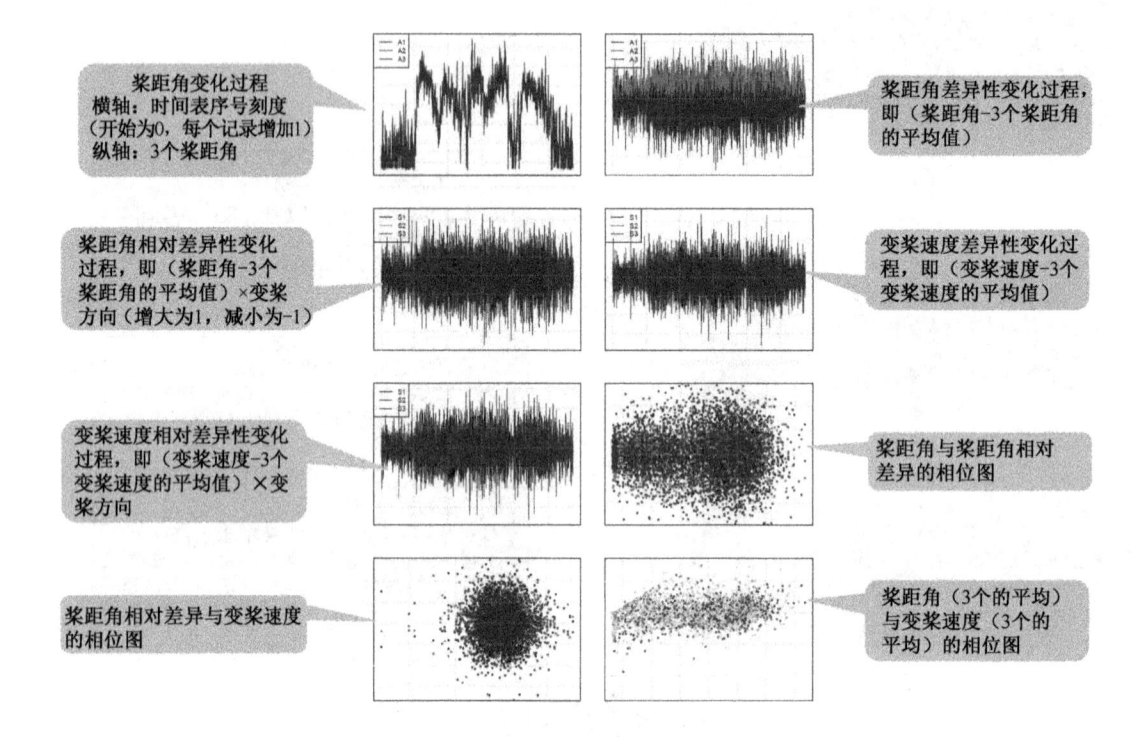

桨距角（3个的平均）与变桨速度（3个的平均）的相位图

图 10-8　变桨过程的特征提取

变桨过程切片的 14 个特征变量如表 10-3 所示。

表 10-3　变桨过程切片的 14 个特征变量

类别	特征变量	含义
Primitive	m	变桨切片长度
	angle_max	最大桨距角
	eventType	变桨幅度级别
	eventTrend	变桨过程形态
localD	angle_diff_l	最大桨距角附近的 angle_diff（桨距角差）
	angle_diff_rel_l	最大桨距角附近的 angle_diff_rel（桨距角相对差）
aveD	spd_diff_ave	平均 spd_diff（变桨速度差）
	spd_diff_rel_ave	平均 spd_diff_rel（变桨速度相对差）
	angle_diff_ave	平均 angle_diff（桨距角差）
	angle_diff_rel_ave	平均 angle_diff_rel（桨距角相对差）
zcrsD	spd_diff_zcr	spd_diff（变桨速度差）过零率
	spd_diff_rel_zcr	spd_diff_rel（变桨速度相对差）过零率
	angle_diff_zcr	angle_diff（桨距角差）过零率
	angle_diff_rel_zcr	angle_diff_rel（桨距角相对差）过零率

若整个记录的长度为 M，spd_diff、spd_diff_rel、angle_diff、angle_diff_rel 均为 M 行 3 列的数据框。spd_diff 为 3 个变桨速度与平均值的差；在 spd_diff 的基础上考虑变桨方向，spd_diff_rel 大于 0 表示领先于平均变桨过程，小于 0 表示落后于平均变桨过程（即为正时，该叶片的变桨速度大于 3 个叶片的平均速度；为负时，该叶片的变桨速度小于 3 个叶片的平均速度）。angle_diff、angle_diff_rel 的逻辑与 spd_diff、spd_diff_rel 类似。

对于 spd_diff、spd_diff_rel、angle_diff、angle_diff_rel 4 个原始指标来说（每个时间点的数值），需要加工切片层面的特征，在特征加工函数中实现特定的变桨切片。从 3 个维度加工特征：①最大桨距角附近的平均值（local），目前仅对 angle_diff、angle_diff_rel 进行加工；②整个切片的平均值（ave）；③整个切片的过零率（zcr）。zcr（zero-crossing rate）是时间序列变化比率，计算信号从正变成负或从负变正的次数占整个样本的比例或频度，zcr 在语音识别中应用广泛。这里采用 zcr 是基于如下假设：预断裂的齿形带波动性较强，造成对应的桨距角、变桨速度有时领先于其他叶片，有时落后于其他叶片，指标过零率偏高。

7. 建模：综合预警模型

综合预警模型的目标是综合按点预警特征和变桨切片特征，进一步提高预警精度。切片算法是针对历史数据的离线分析，如果进行在线分析（如在 PLC 上实现等），则需要缓存大量数据来判断切片过程，不仅实时性差，还对存储有很高要求。因此，需要进行一定的简化，仅缓存 30 个点（可以配置）进行滑动窗口切片的特征加工。在 30 个点中，如果有 10 个及以上点的变桨速度为 0，则将该点定义为未变桨点（将记录从训练数据中移除，不计算其风险值或维持前一时刻的风险值）。

模型在不同机组中的测试结果如图 10-9 所示，横轴为时间，单位为小时，0 表示实际断裂时间（位于底部的 GW150005、GW150012、GW150033 共 3 台未发生断裂的机组，在画图时假设断裂时间为 10 年后），纵轴为断裂风险系数（取值从 0 到 1，0 表示无风险）。可见预测模型对 GW150013、GW150019、GW150023、GW150026、GW150029 的断裂风险指示性较强，可以提前 90 小时报警。对从来没有发生过断裂的 3 台机组来说，本模型预测的风险值较小。

8. 结论

（1）本业务问题的难度较大，主要原因在于齿形带并未直接配备传感器。本业务问题是 2017 年工业大数据创新竞赛的题目。本节重点以案例的形式阐述了机器学习方法用于运维优化的建模过程。

（2）了解业务背景、进行系统梳理并指导、启发特征提取是机器学习建模的关键。

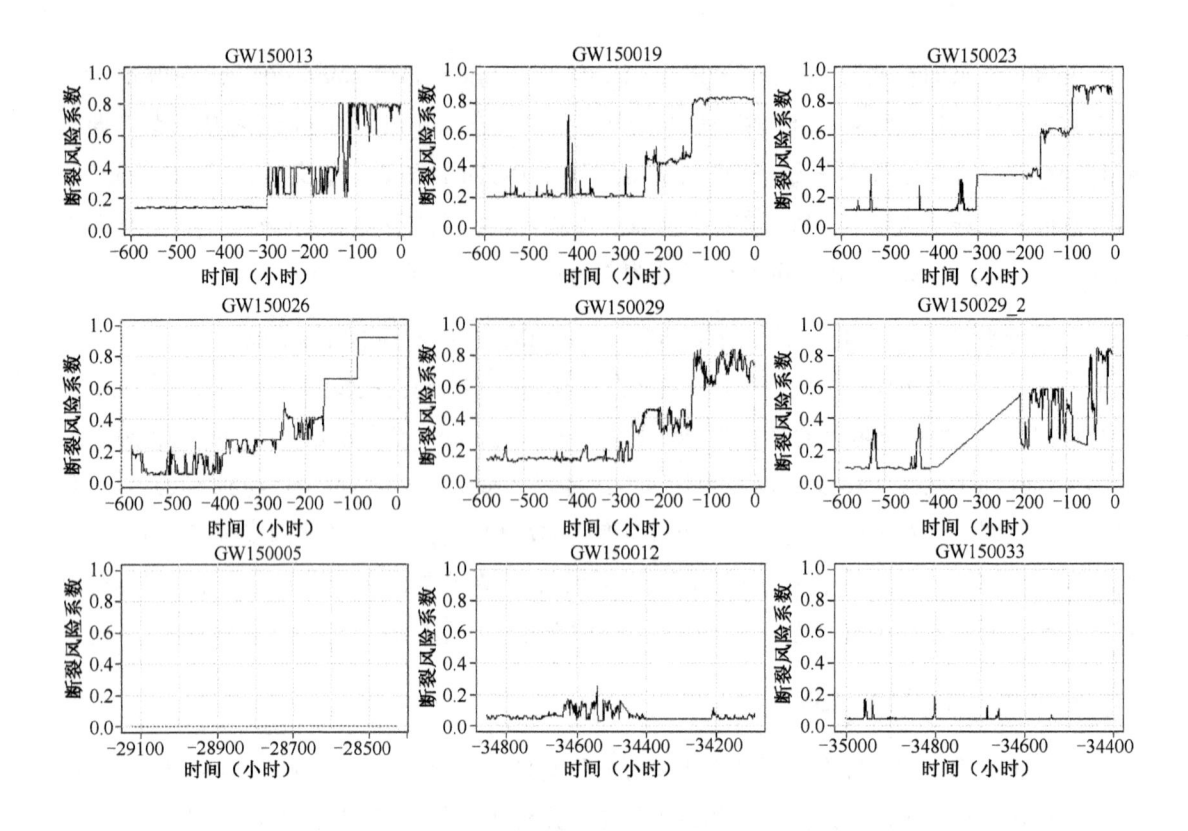

图 10-9　模型在不同机组中的测试结果

10.1.4　实例三：风电机理与机器学习的深度融合

1. 业务问题

影响风力发电机组运行状态的环境因素有风速、风向、气温、结冰、地形、海拔、海浪、电网条件等。机组运行状态主要有机舱加速度、功率、扭矩、转速、桨距角、变桨速度等。同机型的不同机组在不同环境下运行时，机组状态存在差异，但这种差异可能是被允许的。与汽车的行驶类似，在平整的高速公路上行驶与在崎岖的山路上行驶时的路况条件不同，汽车的振动水平、乘坐人的感受也不同，但汽车本身并未发生性能劣化。因此，如何实现在复杂环境下对机组状态的监控及在机组性能发生劣化时及时预警是风电产业面临的难题。

2. 问题分析

以风速为例，从风力发电机组设计仿真的角度来看，在不同风速、湍流下，机组的机舱加速度、功率等状态变量的特征值存在差异。如 10.1.2 节中实例一所述，湍流越大，功率波动越大。

在利用风力发电机组载荷仿真模型进行仿真时，模型的输入可以是风速或湍流，模型的输出为包括机舱加速度、功率等多种变量的时间序列仿真结果片段及相应的特征值。

一种可行的方法是先建立数字模型，再建立数据分析模型，分析实际数据，将实际数据分析结果与相同风况下的数字模型结果进行对比，以实现机组的状态监测。基于数字模型与数据分析模型实现状态监测的思路如图 10-10 所示。

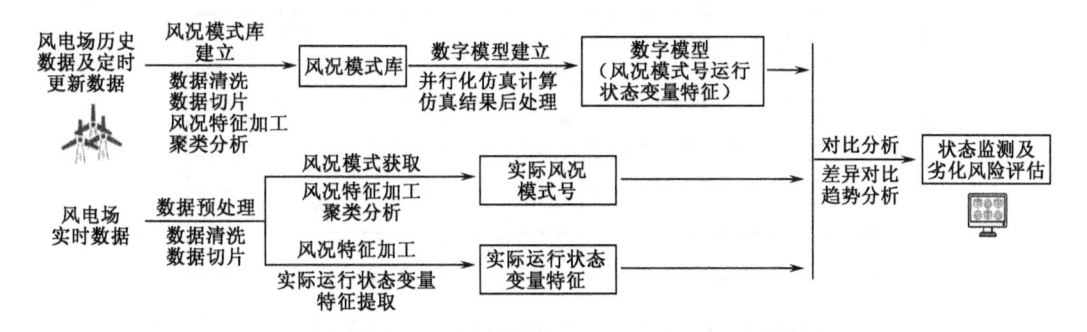

图 10-10　基于数字模型与数据分析模型实现状态监测的思路

3. 建立数字模型

在大量现场实际数据中提取风况特征并利用机器学习方法完成实际风况条件分类，形成风况模式库；针对不同风况下的风速和湍流进行载荷仿真；提取不同风况下仿真结果的机舱加速度、功率等状态变量特征值，形成数字模型。

以某区域多现场一年的数据为例，切割数十万数据片段并提取各片段的平均风速 mean_wspd 及湍流 turbulence。采用最大期望 EM 无监督聚类方法形成 9 种风况模式库，聚类结果如图 10-11 所示。

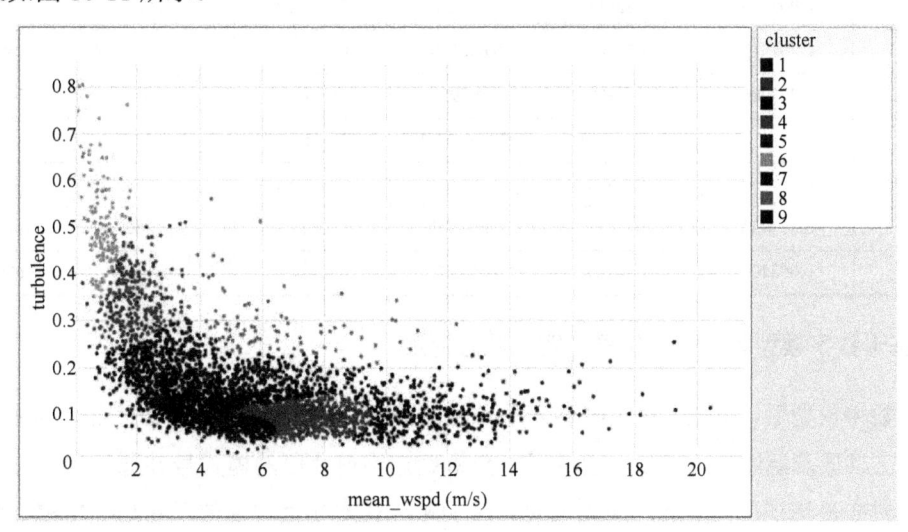

图 10-11　聚类结果

计算各模式的平均风速和平均湍流，如表 10-4 所示。

表 10-4　各模式的平均风速和平均湍流

cluster	wind_speed_ave (m/s)	turbulence_ave
1	3.9	0.1119
2	1.9	0.344
3	6.1	0.1634
4	7.4	0.09373
5	5.4	0.07409
6	0.9	0.5147
7	2.8	0.1943
8	6.3	0.2927
9	11.5	0.1008

基于各模式的平均风速和平均湍流完成载荷仿真输入条件的设定并完成仿真。提取各模式仿真结果状态变量特征值形成设计基准数据库，包括前后方向机舱加速度标准差（accx dex）、前后方向机舱加速度最大值（accx absmax）、左右方向机舱加速度标准差（accy dev）、左右方向机舱加速度最大值（accy absmax）、功率标准差（power dev）、功率平均值（power ave），各类别的统计量如表 10-5 所示。

表 10-5　各类别的统计量

cluster	accx dev (g)	accx absmax(g)	accy dev(g)	accy absmax(g)	power dev(kw)	power ave(kw)
1	0.006053	0.023781	0.003207	0.009202	21.8	86.1
2	0.008527	0.032844	0.001542	0.005559	6.7	21.9
3	0.007535	0.032918	0.00326	0.011828	127.8	370
4	0.005513	0.025301	0.002556	0.013482	1124	634.473
5	0.003985	0.015809	0.001959	0.00836	28.9	240.54
6	（切入风速附近载荷较小，暂不进行载荷仿真）					
7	0.006339	0.019492	0.001343	0.004688	12.8689	24.4318
8	0.012023	0.045463	0.004822	0.02235	241.385	446.262
9	0.008506	0.034496	0.005538	0.022004	89.1	1483.5

4. 基于数字模型和数据分析模型实现状态监测

建立数字模型后，首先，对实时存入的单台机组数据进行清洗并完成对当前风速片段的切割，加工风速及湍流值；其次，通过聚类分析确定当前片段的模式号并通过模式号查询数字模型状态变量特征值；最后，计算当前片段的实际状态变量特征值，并与数字模型状态变量特征值进行对比，基于对比差异的大小和趋势实现状态监测。

在本模型的应用过程中，某现场发生过一次叶片失效，模型及时检测出伴随叶片劣化的状态异常，基于数字模型与数据分析模型的状态监测如图 10-12 所示。图 10-12(a)为风速及其各片段特征值经过聚类得到的模式，图 10-12(b)为衡量机组稳定性的前后方向机舱加速度变量及实际加速度特征值与数字模型加速度特征值的对比倍数。可以看出，在叶片发生严重劣化时，基于数字模型与数据分析模型的状态监测指标（对比倍数）显著增加，风险迅速增大。

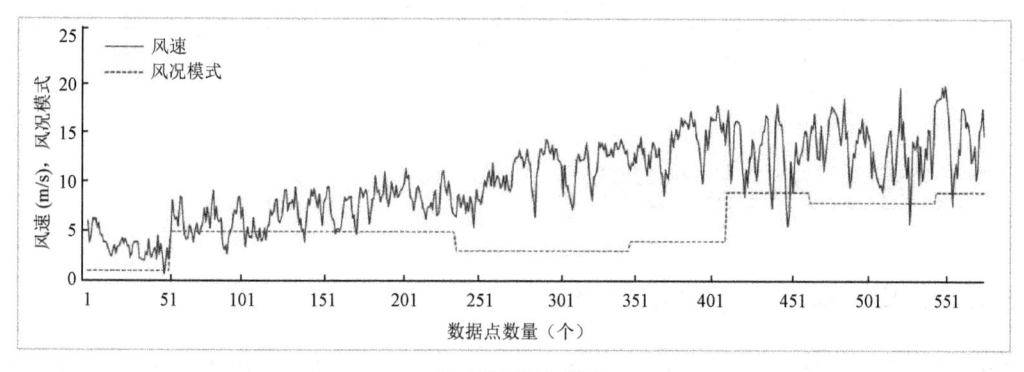

(a) 风速及风况模式

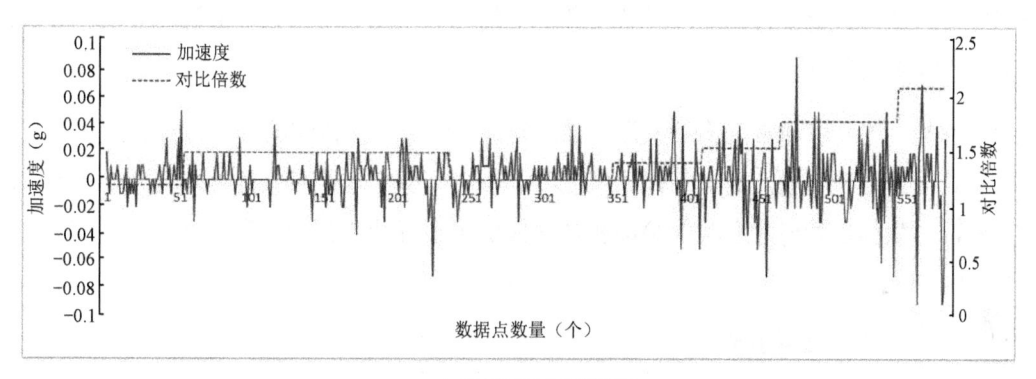

(b) 加速度及状态监测指标

图 10-12 基于数字模型与数据分析模型的状态监测

5. 结论

（1）风力发电机组的数字孪生体是"单机、场级风机控制系统、模型开发云平台、载荷仿真平台"的有机结合。本节的实例是典型数字孪生体的风力发电机组诊断预警服务应用案例。实例中所述模型可进一步训练完善并实现对场级风机控制系统和单机的部署。

（2）应努力使统计方法、机器学习成为风电大数据分析建模过程中可灵活使用的武器，模型可以在不同环节应用不同方法。

10.1.5 小结

本节介绍了大数据分析在风电领域设计优化、故障预警和状态监测中的应用。实例一运用大数据分析手段进行运行边界探索，基于机组运行数据的统计分析对仿真设计进行了闭环验证；实例二使用数据驱动方法对齿形带断裂故障进行预警，在本例中，机组可实现 90 小时提前预警；实例三提出了数据驱动与载荷仿真模型结合的分析方法，实现了风力发电机组状态监测，能及时发现叶片劣化的状态异常。本节通过 3 个实例充分证明了大数据分析对风电领域数字化设计与运维的推动作用，并针对不同的应用场景灵活运用机理模型、统计方法和机器学习的综合手段实现预期目标。

10.2 透平设备智能运维

"经验模型与机器学习有机融合，相得益彰。"

机器学习需要大量数据的支撑，而很多工业设备的历史故障样本往往不足，导致很难通过数据驱动的故障分析获得能产生显著业务价值的可靠模型；没有业务价值的驱动，业务也没有动力收集更多数据。

幸运的是，工业中通常沉淀了大量运维经验，这些经验以传统的师徒传授方式传承。若能将其形式化为经验模型，则在某种程度上可以解决"小样本"下机器学习的"冷启动"问题。另外，大数据也为专家经验的验证和精化提供了很好的工具和手段。

10.2.1 业务问题

1. 业务背景

透平机（Turbine 的音译）是使流体介质中蕴含的能量与机械能相互转换的机器。除了压缩机，汽轮机、涡轮机、烟气轮机、膨胀机也是透平机。透平机的工质可以是气体（如汽轮机等），也可以是液体（如水轮机等）。

本节主要讨论透平风机。风机是依靠输入的机械能提高气体压力并排送气体的从动的流体机械（实现气体压缩或输送），在广义上也包括把气体能量转化为机械能的设备（如 TRT 机组等）。按照工作原理（透平式、容积式）、用途（如通风机、鼓风机、风力发电机等）、工作压力（压缩机的工作压力较高，鼓风机次之，通风、引风机较低）、气流方向（轴流式、离心式、混流式、横流式）等可以将风机划分为不同类型。

透平风机结构复杂，装配间隙小，安装精度高（安装精度影响平衡性和整机性能），拆装难度大、耗时长，运维较难。一旦出现偶发故障，将对生产造成较大影响。因此，透平设备的远程智能运维一直是重要问题。

2. 透平设备远程运维的技术挑战与需求

透平风机的远程运维存在两大技术挑战。

（1）信息维度不全：主要采集振动量，缺少工艺量，缺少历史信息。

透平设备是非常有代表性的工业单元设备，设备制造商只能获取部分信息，无法实现"全息"监测；前面介绍的风力发电机组是"成套生产设备"，设备制造商可以获取的信息的维度几乎与业主相同，这样风力发电机的远程运维从数据基础上就优于透平风机。但大多数工业设备都属于"单元设备"，多个单元设备耦合贯通构成了复杂的生产系统。

任何设备故障的发生和发展都不是孤立的。设备的工艺量（如阀门开度、介质流量和轴瓦温度等）常常包含许多丰富的信息，振动量也在很大程度上受工况的影响。多数风机设备在接入远程系统时，在成本、商业等因素的影响下，**往往只接入振动量及轴位移等与振动相关的信息**，设备的一些关键工艺量常常未被纳入远程监控平台。

解决该问题的思路为：①在横向维度，补全工艺量信息，通过商务等手段，逐步将与故障相关的机组工艺系统信息接入远程系统，使设备状态信息完整。该方法需要分析不同行业的工艺差别。②在纵向维度，关联设备维修等历史信息，将维修工单、部件更换记录、历史报警和故障信息等纳入，形成设备全生命周期档案。

（2）诊断结果不稳定：对同一过程，不同人在不同场合的判断结果存在较大差异。

很多远程监控平台提供了很好的振动分析工具，可以为诊断提供决策支持。但诊断主要由人工完成，不同人在不同场合的判断结果可能不同。缺乏判断标准，好的经验也难以传承。

一种直接的解决方法是沉淀故障诊断经验，通过形式化和自动化，以产品的形式将经验沉淀下来。这种专家系统的方式在其他行业中也有很多应用，但在现实中，专家经验不完备，需要软件系统提供一定的演化能力，而不是静态的专家规则引擎，应对当前规则不断进行评价，以促进专家经验的精化。

3. 大数据在透平设备智能运维中的作用

针对以上技术挑战，大数据可以在以下方面发挥一定的作用。

1）基于大数据的设备全生命周期档案：为故障诊断提供全维信息

针对挑战信息维度不全的问题，大数据技术主要从纵向维度入手，将设备履历、维修工单、部件更换记录、历史报警和故障信息等纳入，形成设备全生命周期档案。横向维度（补全工艺量信息）的工作也很重要，一方面要依靠商务模式；另一方面要利用纵向维度的初期成果，鼓励和推动横向维度的工作。

2）诊断规则知识库系统：实现诊断经验可积累

作为高速旋转设备，透平设备诊断使用振动分析、温度分析等手段，存在大量既有工作和类似工作。如果能有效总结这些知识和经验，形成自动执行的模型，将在一定程度上保障诊断结果的一致性与传承性。

10.2.2 故障预警知识库

透平设备故障预警的技术挑战很大，存在信息维度不全、正样本数量少（特别是严重故障）、工况动态变化、透平机组的定制化强等问题。使得数据驱动方法很难落地，需要将专家经验与数据统计有机融合。

1. 故障预警元语

一种故障（如转子不平衡等）通常伴随若干征兆（如工频值随转速增大而突然增大等）。因此，需要综合多个征兆进行故障类型研判，故障研判示例如图10-13所示。图中的征兆主要是振动特征量（如工频值等）的异常变化模式，振动特征量由原始振动监测量计算得到。

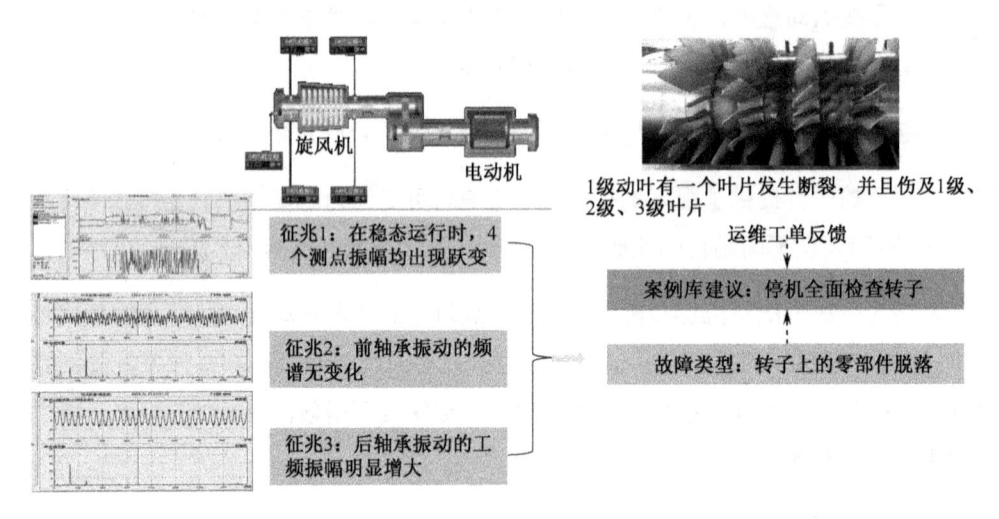

图 10-13 故障研判示例

透平设备的3类术语如表10-6所示。

表 10-6 透平设备的 3 类术语

术语	示例
故障类型及失效模式（16类）	动平衡不良、叶片断裂或脱落、转子热弯曲等
征兆（200多项）	0.5 倍频幅值为工频值的 10%~30% 转速稳定时工频能量稳定

续表

术语	示例
征兆（200多项）	高速和低速下的通频值之比较小 工频值随转速增大而增大
特征量（20多个）	2倍频幅值 过去5s内通频值的平均值

2. 经验知识的形式化

除了业务专家总结的内容，也可以通过对运维工单、故障案例等资料的分析[2]获取元语变量内容。后者实现了半自动化，能够基于专业词库，利用自动分词技术进行关键词提取和领域语法结构（如指标的变化等）匹配，将关键词及所在语句自动提取出来，进行人工精准校核。关键词提取示例如图 10-14 所示。

> 空压机进气侧204A测点的0.3X（即0.3倍频）能量在2秒内迅速从10μm左右上升至130μm，远远超过了工频能量，进气侧另一侧点204B低频部分的0.3X能量也从5μm左右迅速增至50μm，跳机原因是204A测点低频能量引起强烈振动。排气侧两测点该低频成分也成为主要振动激励成分，分别达到40μm与20μm，观察进气侧原始轴心轨迹，主要能量已变为分频能量，能量水平已达到波动时刻的20多倍，轨迹形态趋于椭圆状扩散。观察进气侧204A测点短时时频图，低频成分能量幅值相对稳定，无周期性波动现象。
> 结合以上特征分析，空压机进气侧可能存在因外界扰动结合轴承松动、轴瓦间隙不当造成的油膜突然失稳，引起机组跳机。

图 10-14 关键词提取示例

特征量的加工算子涉及振动分析等算法，在开源社区和产品平台中都有不少积累。很多征兆需要通过共性的时序模式研判，如基本稳定、缓慢上升、非常相似等，故障模式如图 10-15 所示。这些算子可以基于时序分析算法库定制开发，我们在项目中也积累了不少类似的研判代码。但自然语言征兆描述非常模糊，以"缓慢上升"为例，虽然有基于 LOESS、Robust Linear Regression 等算法构建的若干研判方法，但具体方法的选择、合理阈值的设置等都需要通过在样本数据上进行统计分析和交叉验证得到。

在故障类型或失效模式的研判算法设计方面，采用了业务专家规则主导的方式，使用若干征兆的显著性加权计算故障发生概率。对于大量正常样本来说，应使用 One-Class Classification（OCC）方式学习异常预警模型。对于有一定正样本量的故障类型来说，也尝试使用机器学习方法，与在 PHM 2009 齿轮箱健康评估与故障分类[3]和第三届工业大数据创新竞赛转子部件脱落故障预测[4]中使用的方法有很多相似之处。

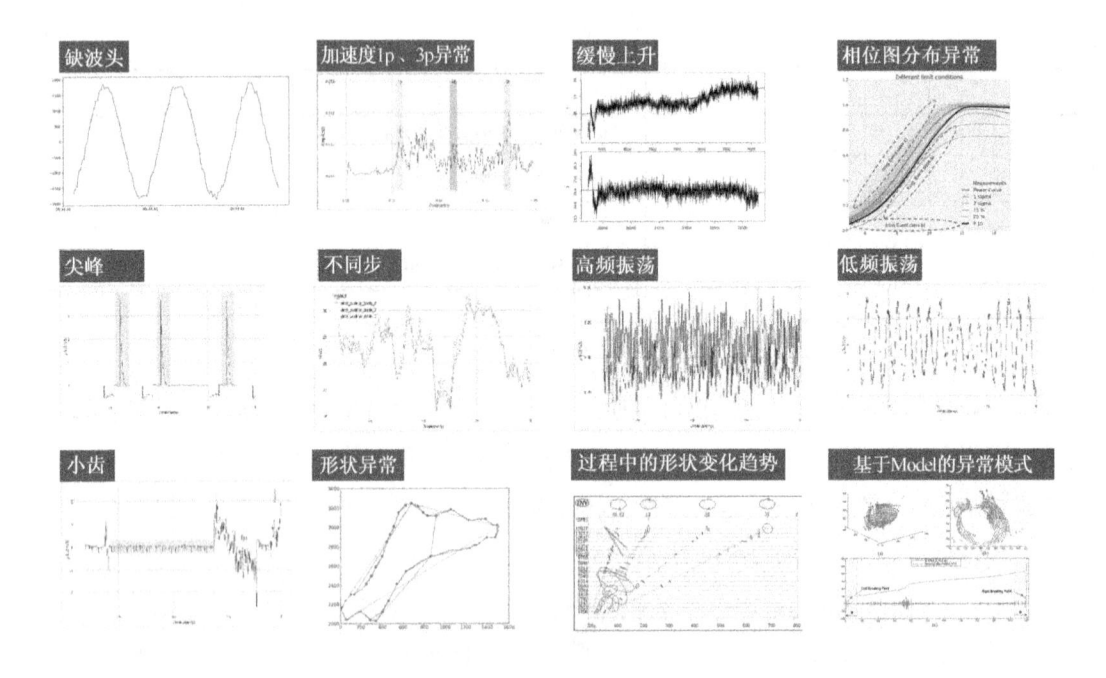

图 10-15 故障模式

3. 分析模型的部署

在分析模型的部署方面，采用云+端工作模式。透平设备的振动监测量为 8000Hz 的高频数据，全量数据传输负荷大，有时还具有业主信息安全要求，监测信息很难及时全量返回中心端。当前，透平设备的远程监控系统已经实现了属地端的振动频谱分析，可以将关键特征量实时返回中心端，供分析模型实时计算使用。中心端也定期利用历史原始测量量（定期回传部分）和频谱特征量更新故障类型研判模型。

10.2.3 小结

本节对如何将经验模型（工业领域分析算子、专家经验）与统计学习结合进行了讨论。在进行智能运维大数据规划时，应从更宽的业务视角思考远程运维，从行业生态和业务可持续发展的角度思考远程运维的业务模式。也许设备运维只是一个入口，企业更大的利益在大修和设备回收方面，甚至在专业的节能服务方面。另外，大数据和信息化只是技术支撑，更重要的是要从业务维度进行审视和布局，打造业务闭环，形成基于大数据分析预知维修决策与数字化远程交互支持的设备健康维护服务。利用现场海量设备运行数据及产品设计、加工数据库支持。远程智能运维平台可向用户提供基于预知维修决策与数字化远程交互支持的设备健康维护服务，通过远程机组运行状态数据分析，对机组健康运行状态进行综合评价和量化分级，并结合数字化电子维修手册与专家数字化交互式可视系统，形成决策方案即时闭环信息链条，将方案修正与调整时间压缩至最少，为维修保养方案提供准确的选择依据和有效的指导，避免保养简单化、维修扩大化。

10.3 气化炉参数优化

"有时候，'唯象'的机器学习比机理模型的可操作性更强。"

虽然机理模型有较高的精度和较强的可解释性，但是在实际生产过程中，由于对复杂过程认识的缺乏、成本生产效率的限制及技术手段的限制，往往无法满足建立机理模型的苛刻条件。

然而，现场积累了大量历史数据，这些数据中蕴含不同操作人员在多种历史工况下的操作经验与知识，为通过机器学习对历史工况及操作进行"唯象"刻画奠定了基础。

10.3.1 业务问题

化工行业是我国煤炭消费结构中的消费大户，年均煤炭消费量占煤炭消费总量的 11.5% 左右[4]。煤气化装置的主要作用是为后续工段提供生产原料，是整套装置的能量转换核心。煤气化是对煤炭进行化学加工的重要过程，指在一定条件下，将原煤与氧化剂混合，进行复杂的物理、化学反应，生成以 CO 和 H_2 为有效成分的合成气的过程。以干粉煤为原料的气化技术和以水煤浆为原料的气化技术是气流床煤气化的两大主流技术。与干粉煤气化技术相比，水煤浆加压气化技术更加成熟可靠，其煤种适应范围广、工艺灵活、合成气质量高、连续升压容易、气化压力大、投资较少且易于大型化。因此，水煤浆加压气化技术成为国内技术引进、研究、应用和自主化科技攻关的主流。德士古（Texaco）水煤浆气化炉是气流床气化的典型装置，如图 10-16 所示。目前国内约有 60 台德士古水煤浆气化炉在建或运行。

我国气化技术起步较晚，且多年来业内的主要精力集中在新工艺和新设备的开发及旧装置的改造与产能扩大方面，导致我国的煤气化技术总体落后于西方，在改善运行状况、提高运行效率、降低能耗等方面还有许多工作要完成。目前在运行的装置普遍存在能耗高、效率低的问题，对气化装置进行提质增效势在必行。

本业务问题的主要目的是：基于气化炉 DCS 数据，对气化炉的运行工况进行优化。德士古气化系统的"有效气产率"是最重要的工况评判指标，也是德士古气化系统最重要的经济运行指标。有效气产率是指单位质量的煤经气化炉反应后生成的有效气体（CO 和 H_2）的产量。在正常生产过程中，当水煤浆的品质一定时，气化系统的有效气产率由进料流量（包括水煤浆流量、氧气流量)、进料压力(包括水煤浆压力、氧气压力)和反应条件(包括气化炉炉膛温度、炉膛压力和水煤浆燃烧状况)共同决定。炉膛温度由氧煤比控制,氧煤比增加则气化温度升高,合成气中 CO 和 H_2 的含量增加,CO_2 和 CH_4 的含量减少,碳转化率升高,但水煤浆气化操作指标中的比氧耗增加,冷煤气效率下降。炉膛压力由后续工段调节,并通常保持恒定。水煤浆燃烧状况主要受中心管氧气流量影响。中心管氧气通过影响水煤浆的雾化效果来影响气化炉燃烧室的火焰情况和水煤浆燃烧程度。因此,气化炉运行工况的优化主要通过调节主管氧气流量、中心管氧气流量、水煤浆流量实现。

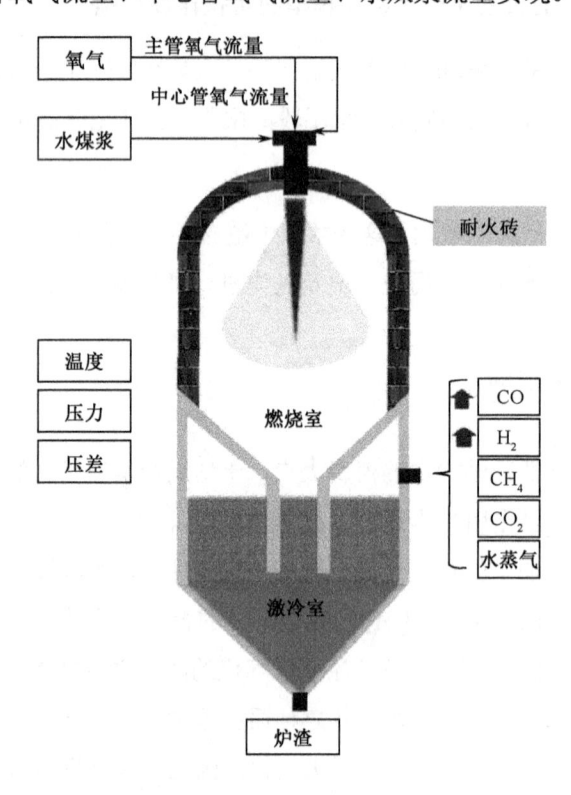

图 10-16 德士古水煤浆气化炉

10.3.2 气化装置建模面临的技术挑战

气化装置系统优化分析的前提是对系统进行建模。建模的方法有很多,在实际生产过程中,可以根据不同的用途和目的建立不同的模型。在煤化工这种流程工业的生产过程中,精准的模型在方案的选择与确定、控制算法的设计、生产装置的设计与优化、生产装置的故障诊断、化工过程系统的模拟仿真中具有重要作用。

传统模型以机理模型为主。机理模型是通过分析过程的内在机理,应用物料平衡、能量守恒等物理定律及化学反应平衡、化学动力学(即传统化工过程中研究的传热、传质、传动和反应工程）等建立过程模型的方法[5]。

机理模型是对实际过程的直接数学描述，是对过程本质的反映，该模型的精度高、外推泛化能力强、应用范围广，且可在实验前得到（在流程或设备尚未建成或无法进行实验时，就可以建立机理模型了），但只能用于较简单过程。对于复杂的实际生产过程来说，机理模型有很大的局限性[6]。以德士古水煤浆气化炉建模过程为例（如图 10-17 所示），其在实际建模过程中往往面临以下挑战。

组分模型
- 常规组分（H_2O、O_2、H_2、CO、CH_4）、非常规组分（灰分）
- 固体颗粒分布
- 工业分析、元素分析

物性方法
- 全局物性：PKS-BM、PR-BM
- 焓模型和密度模型：燃烧热、标准生成热、热容

$$P = \frac{RT}{v-b} - \frac{a(T)}{V(V+B)}$$

$$a(T) = a_c \cdot a(T_r) = 0.42748 \frac{R^2 T_c^2}{p_c} \cdot \alpha(T_r)$$

$$b = 0.08664 \frac{RT_c}{p_c}$$

$$\alpha(T_r)^{0.5} = 1 + F(1 - T_r^{0.5})$$

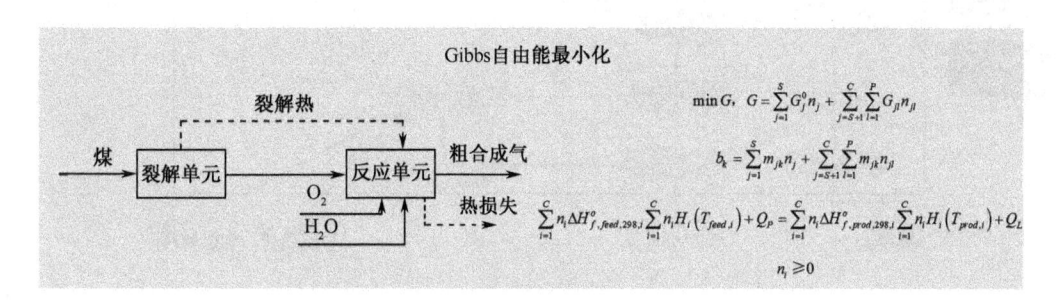

Gibbs 自由能最小化

$$\min G, \ G = \sum_{j=1}^{S} G_j^0 n_j + \sum_{j=S+1}^{C} \sum_{l=1}^{P} G_{jl} n_{jl}$$

$$b_k = \sum_{j=1}^{S} m_{jk} n_j + \sum_{j=S+1}^{C} \sum_{l=1}^{P} m_{jk} n_{jl}$$

$$\sum_{i=1}^{C} n_i \Delta H_{f,298,i}^{\circ} \sum_{i=1}^{C} n_i H_i (T_{feed,i}) + Q_P = \sum_{i=1}^{C} n_i \Delta H_{f,298,i}^{\circ} \sum_{i=1}^{C} n_i H_i (T_{prod,i}) + Q_L$$

$$n_i \geq 0$$

煤 → 裂解单元 → 反应单元 → 粗合成气
（裂解热、O_2、H_2O、热损失）

图 10-17　德士古水煤浆气化炉建模过程

（1）对复杂过程缺乏足够的理论认识，无法对过程的机理做出正确描述。在实际建模过程中，如果前提假设太多，会导致模型过于复杂，为了降低建模的复杂度，我们经常做出看似合理的假设与简化，但往往会造成与实际情况的差距越来越大，导致建模失去意义。

（2）在生产过程中，出于对成本和效率的考虑，信息采集受限。在企业的生产过程中，对成本和效率的控制是必要的，因此会对工艺流程进行必要的简化，但是这样的简化必然会带来信息的缺失。例如，在煤气化过程中，煤炭是生产原料，其成品品质是影响气化产出效率的重要因素，影响气化炉建模的关键因素如图 10-18 所示。在实际生产过程中，出于对成本和效率的考虑，往往不会进行煤炭的元素分析，只进行简化煤炭分析，导致在生产过程中往往无法获取实际品质数据。

（3）受技术手段的限制，无法采集或量化关键因子数据。该问题是工业大数据分析中的常见问题，尤其在复杂工业过程中。关键因素的数据采集有几种情况，第 1 种是实时可观测量，如中心管氧气流量、水煤浆流量、系统压力等，多为控制量或输出量；第 2 种是批次或部分可测量，如炉膛温度，由于气化反应温度高，炉膛温度只在气化炉开车后的两周内可测；

第3种为不可观测量，如耐火砖寿命、反应速率、气化率等。数据是建模的基础，当数据难以获取时，建模也变得困难重重。

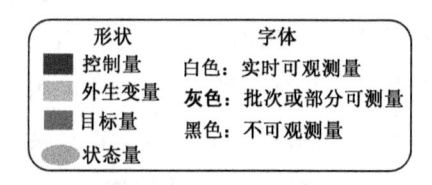

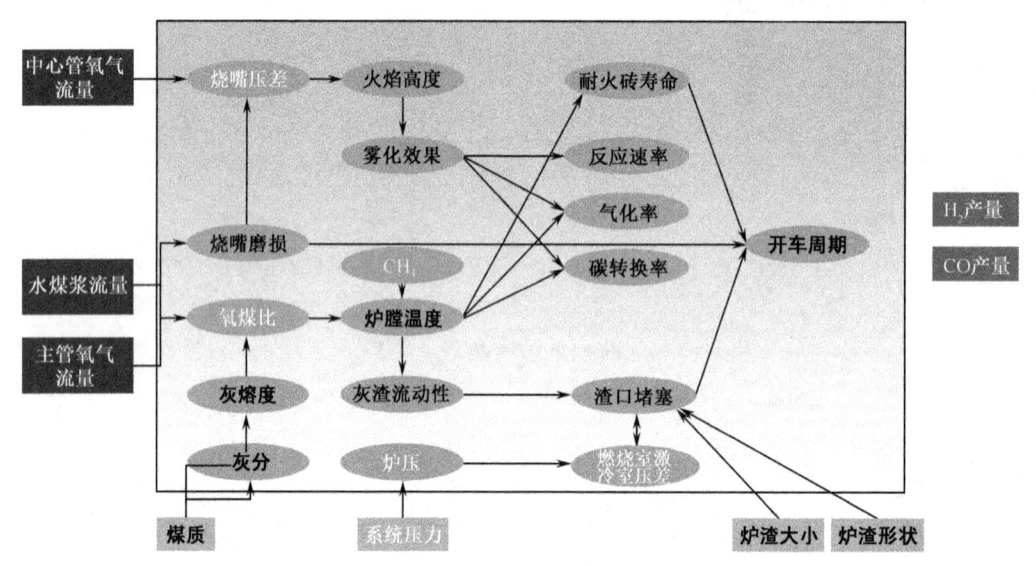

图 10-18　影响气化炉建模的关键因素

10.3.3　基于多模态学习的气化炉操作参数优化技术

德士古气化系统具有时变性、非线性、不确定性，且发生的化学反应机理复杂，无法通过机理模型准确地计算不同生产条件下的氧气流量、中心管氧气流量、激冷水流量的最优控制值。系统操作人员往往根据操作经验对当前的生产条件进行判断，并对控制参数进行调节。不同操作人员的操作水平不同，往往难以对各种生产条件做出准确判断并准确调节控制参数。因此，气化炉运行工况往往达不到最优，气化系统的有效气产率也经常发生波动。幸运的是，数据可以对复杂工况和各种操作进行记录。因此，可以通过机器学习方法对数据进行刻画和学习。下面提出基于历史数据多模态学习的气化炉操作参数优化方案，如图10-19所示。

具体过程为：①对气化炉的历史运行工况进行划分，采用时序切割算法对历史稳态过程进行切割，对煤质和工况进行聚类分析，并分析有效气体产物的聚类结果，将其作为对气化炉历史工况的刻画；②基于气化产物、控制量、状态量的聚类结果进行多模态学习，找到不同工况下的最优控制结果和动态控制策略；③出于对安全运行的考虑，对炉膛温度进行软测量。

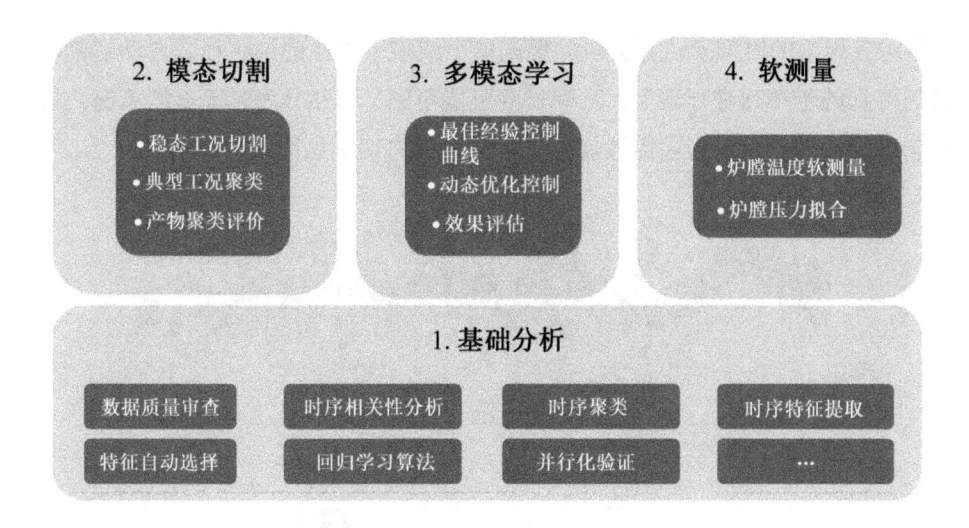

```
┌─────────────────┐  ┌─────────────────┐  ┌─────────────────┐
│  2. 模态切割    │  │  3. 多模态学习  │  │   4. 软测量     │
│ • 稳态工况切割  │  │ • 最佳经验控制  │  │ • 炉膛温度软测量│
│ • 典型工况聚类  │  │   曲线          │  │ • 炉膛压力拟合  │
│ • 产物聚类评价  │  │ • 动态优化控制  │  │                 │
│                 │  │ • 效果评估      │  │                 │
└─────────────────┘  └─────────────────┘  └─────────────────┘

┌──────────────────────── 1. 基础分析 ────────────────────────┐
│  数据质量审查    时序相关性分析    时序聚类    时序特征提取 │
│  特征自动选择    回归学习算法      并行化验证       …       │
└─────────────────────────────────────────────────────────────┘
```

图 10-19　气化炉操作参数优化方案

1. 基础分析

基于 3 类数据进行分析：DCS 数据、手动分析数据、原辅材料成品报表数据。数据情况如表 10-7 所示。

表 10-7　数据情况

数据	频率	指标项
DCS 数据	1 条/分钟	52 项监测指标
水煤浆分析数据	2 条/天	磨煤机水煤浆的 15 项分析指标
合成气分析数据	2 条/天	气化炉合成气的 19 项分析指标
气化煤（煤质）	1 条/批	19 项煤质检验指标
气化水煤浆（煤质）	1 条/天	11 项磨煤机水煤浆检验指标

通过探索性数据分析与数据预处理，从几个维度进行分析，分析维度如表 10-8 所示。

表 10-8　分析维度

气化产物	控制量	状态量	煤质特征量
CH_4 含量			
H_2 含量	负荷	烧嘴压差	灰熔点
CO 含量	主管氧气流量	燃烧室激冷室压差	灰分
湿气量	中心管氧气流量		浓度
目标量			

2. 模态切割

煤气化过程是一个连续的动态过程，数据挖掘应该充分考虑过程中的时序关系和时序模式，而不是对各孤立的时间点进行分析。根据单个或多个指标的形状模态自动切割，根据相似度对切割得到的子序列进行聚类（时间长度可能不同），并分为若干典型工况，将类似工况放在一起进行分析，以得到通用性规律，多序列模态切割如图10-20所示。

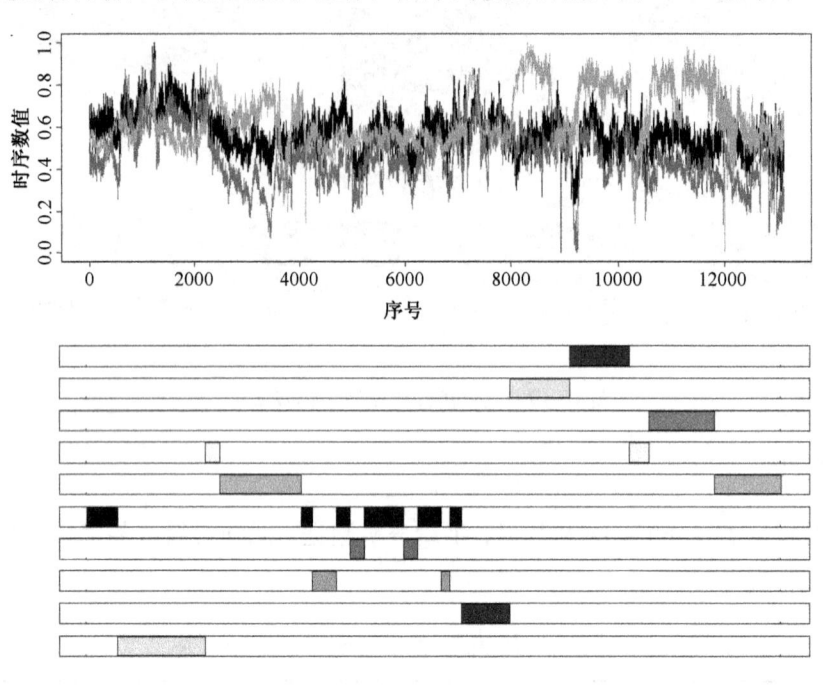

图 10-20　多序列模态切割

为了使模型的可解释性更强并使系统解耦，分别对具有不同性质的量采用多序列切割方法进行稳态工况序列切割。首先采用时序切割算法分别对气化产物、控制量、状态量进行切割。切割结果如表10-9所示。

表 10-9　切割结果

变量类型	切片数量（个）	切片长度
气化产物	2115	60～754 分钟，中位数为 133 分钟
控制量	2224	60～897 分钟，中位数为 127 分钟
状态量	2172	60～1051 分钟，中位数为 124 分钟

通过时序切割算法得到工况片段，再对每个工况进行业务上的描述，通过时序聚类算法实现，将煤质、气化产物、控制量、状态量分别聚类成8、9、9、7类，聚类结果分布如图10-21所示。

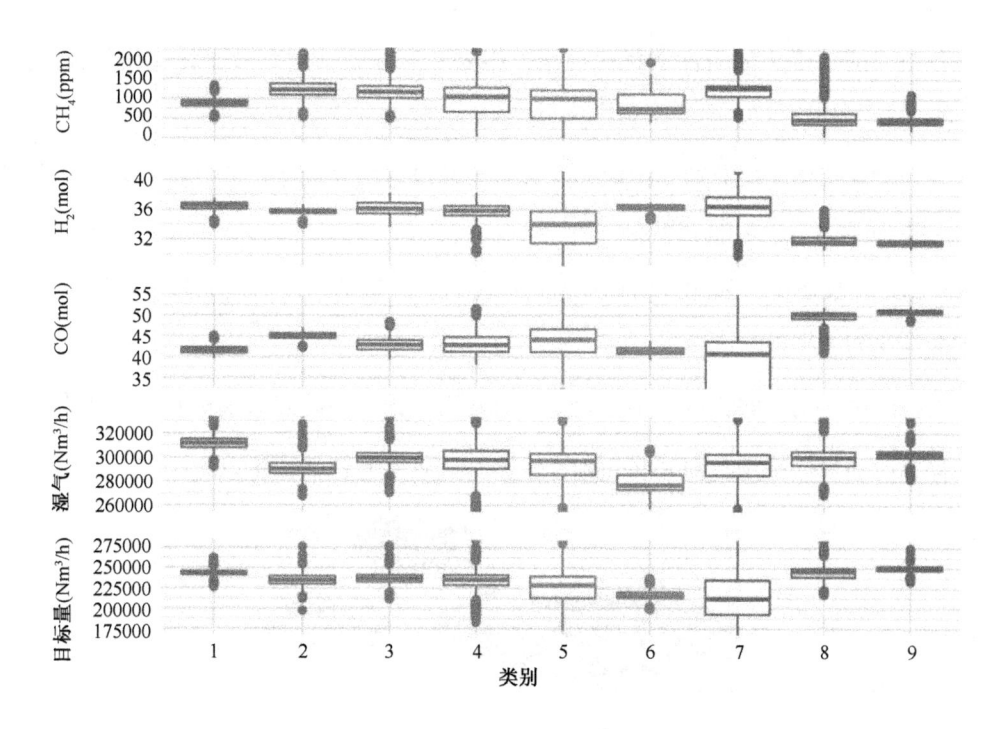

图 10-21 聚类结果分布

对聚类结果进行业务解释。众所周知，聚类结果本身没有太多意义，因此，需要与业务专家一同分析聚类结果，尤其是气化产物的聚类结果（因为它是业务的优化目标）。根据现场经验和机理，确定了 3 条气化产物的分类评价准则。

（1）在同种煤质下，有效气体产率高。

（2）有效气体产率、H_2 含量、CO 含量趋于稳定且在合理范围内。

（3）CH_4 含量趋于稳定表示炉内反应稳定，炉膛温度合适。

气化产物的评价结果如表 10-10 所示。

表 10-10 气化产物的评价结果

档次	类别	描述
优	类别 1	目标量高，有效气体含量趋于稳定，CH_4 含量趋于稳定
良	类别 2 和类别 3	目标量较高，有效气体含量趋于稳定，CH_4 含量趋于稳定
中	类别 4	目标量较高，有效气体含量趋于稳定，CH_4 含量趋于不稳定
差	类别 5 和类别 6	目标量较低，有效气体含量趋于不稳定，CH_4 含量趋于不稳定
极差	类别 7	目标量低，有效气体含量趋于不稳定，CH_4 含量趋于不稳定

3. 多模态学习

基于模态切割，可以得到气化炉的运行状况，下一步需要基于当前工况对参数进行优化。

在优化前，应该确定如何评估优化结果。根据专家经验制定有效气体优化目标，如图 10-22 所示。

（1）因为最优气化产物类别 1 出现的次数较少且没有明显规律，所以将气化产物类别 2 和类别 3（良）的工况作为最佳经验曲线。

（2）根据不同煤质下的最佳经验曲线，可以将气化产物的水平提高到最佳类别水平，即类别 2 和类别 3 的平均水平。

（3）气化产物类别 7 的含量极不稳定，需要人为干预，不参与效果提升预估计算。

（4）停车前的气化产物类别 8 和类别 9 不参与效果提升预估计算。

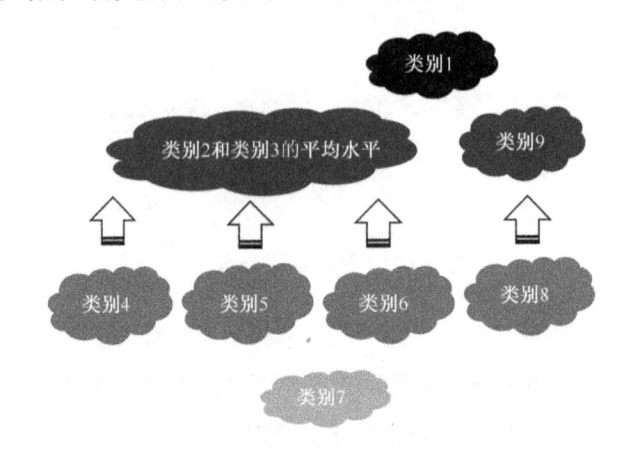

图 10-22　有效气体优化目标

1）历史最佳经验控制曲线

在前面的工作的基础上，开展优化算法实现工作。需要寻找最佳控制曲线，即分析在同种煤质和某种气化状态下，采用什么样的控制曲线能够得到良好的输出。采用 Apriori 优化算法可以得到最佳经验控制曲线。部分最佳经验控制曲线如表 10-11 所示。

表 10-11　部分最佳经验控制曲线

煤质	控制量	状态量	气化产物	概率
类别 1	类别 1	类别 3	类别 3	0.712
类别 1	类别 1	类别 4	类别 3	1.000
类别 1	类别 3	类别 3	类别 3	0.811
类别 1	类别 5	类别 2	类别 2	0.720

2）动态优化控制

仅获取静态最佳经验控制曲线是不够的，因为气化过程是一个动态的连续过程，关注的重点是如何在较差的状况下进行动态调优,根据气化炉的状态、煤质进行动态优化控制,使气化过程产出水平为良及以上。气化产物状态转移图如图 10-23 所示。

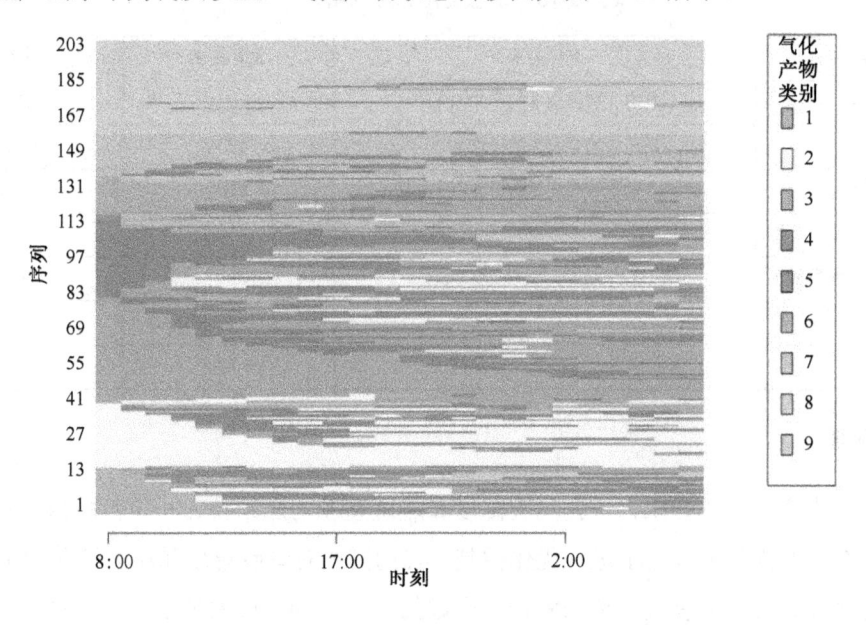

图 10-23 气化产物状态转移图

基于时序的互相关分析,从控制参数调节到输出发生明显变化的滞后期约为 30 分钟。为保证稳定性,且考虑到时间序列分段至少为 60 分钟,这里选择 60 分钟后的控制效果。将动态优化控制转化为 Apriori 算法问题,将当前煤质、控制量、状态量、气化产物、新的控制量(写为"控制量-N")作为左条件,将 60 分钟后的状态量(写为"状态量-N")、气化产物(写为"气化产物-N")作为右条件,优化结果如表 10-12 所示。

表 10-12 优化结果

煤质	控制量	状态量	气化产物	控制量-N	状态量-N	气化产物-N	置信度(%)
类别 1	类别 1	类别 1	类别 4	类别 2	类别 2	类别 2	95.1
类别 1	类别 3	类别 1	类别 4	类别 2	类别 2	类别 2	90.1
类别 1	类别 5	类别 2	类别 3	类别 3	类别 3	类别 3	85.6
类别 1	类别 8	类别 4	类别 3	类别 3	类别 3	类别 3	89.1

以表 10-12 中的第 1 行为例,可以解释为:当前煤质类别为 1、控制量类别为 1、状态量类别为 1、气化产物类别为 4(较差),可以将控制量类别调整为 2,60 分钟后状态量类别将变为 2、气化产物类别变为 2(优良),置信度为 95.1%。

3)效果评估

基于历史数据,得到动态优化算法的结果如表 10-13 所示。可以看出,基于动态优化控制气化炉的有效气体产量预计可以提高1.38%。

表10-13 动态优化算法的结果

类别	目标类别	预计提高	占比
类别4	类别2和类别3的平均水平	1%	21%
类别5	类别2和类别3的平均水平	4.5%	6.5%
类别6	类别2和类别3的平均水平	8.8%	9.5%
类别8和类别9			22%
类别1、类别2和类别3			40%
类别7			0.7%
总提高量		1.38%	

4. 软测量

根据工艺生产安全的要求，气化反应温度和燃烧室压力应维持在一定范围内。然而，气化过程是一个高时滞过程，为了进行优化控制，我们需要对炉膛温度和压力等关键工艺的安全量进行全面监控，才能有效避免频繁切换引起的生产波动。与大多数工业场景类似，在煤气化过程中也存在大量无法用传感器直接检测的关键变量。目前，解决此类问题的方法主要有两种[7]：①间接质量指标控制法，使用该方法需要做一些限制和假设，在实用过程中存在较大的局限性且精度较低；②采用专用的在线分析仪器直接测量所需参数，该方法的设备投资大且保养复杂，精度和实时性有待提高，难以满足实际优化需求。因此，采用软测量技术[8]对气化过程中的关键参数进行监控，这里以炉膛温度的软测量为例。

在生产过程中，德士古水煤浆气化炉的炉膛温度高达1300℃~1400℃，在生产过程中，炉膛温度是控制气化和维持系统安全的重要参数。目前，主要使用热电偶对炉膛温度进行监测。由于热电偶在高温下会经历气流冲刷和熔渣腐蚀，寿命最多只有两周且往往由热电偶放置位置不合适导致温度测量不准。因此，在工业现场常常通过气化产物中甲烷的含量来估计炉膛温度。但这种估计方法在很大程度上受甲烷分析结果的影响，估计值不是很理想。针对这一情况，基于34个温度相关变量（如表10-14所示）建立炉膛温度软测量回归模型，得到炉膛温度的软测量结果如图10-24所示。

表10-14 34个温度相关变量

序号	监测点位	指标	备注
1	AI1302B/AI1/PV.CV	水煤气 CH_4 含量	
2	AI1303B3/AI1/PV.CV	水煤气 CO_2 含量	
3	FFI1315B/ALM1/PV.CV	氧煤比实测值	

续表

序号	监测点位	指标	备注
4	FFI1316B/ALM1/PV.CV	中心管氧气含量	
5	FI1312B1/AI1/PV.CV	高压水煤浆泵出口流量	
6	FI1313B1/AI1/PV.CV	氧气主管流量	
7	FI1316B/AI1/PV.CV	工艺烧嘴中心管氧气	
8	FI1316B/ALM1/PV.CV	工艺烧嘴中心管氧气	
9		26个表面温度	很重要

最终,模型的软测量精度(MAPE)达到0.81%。

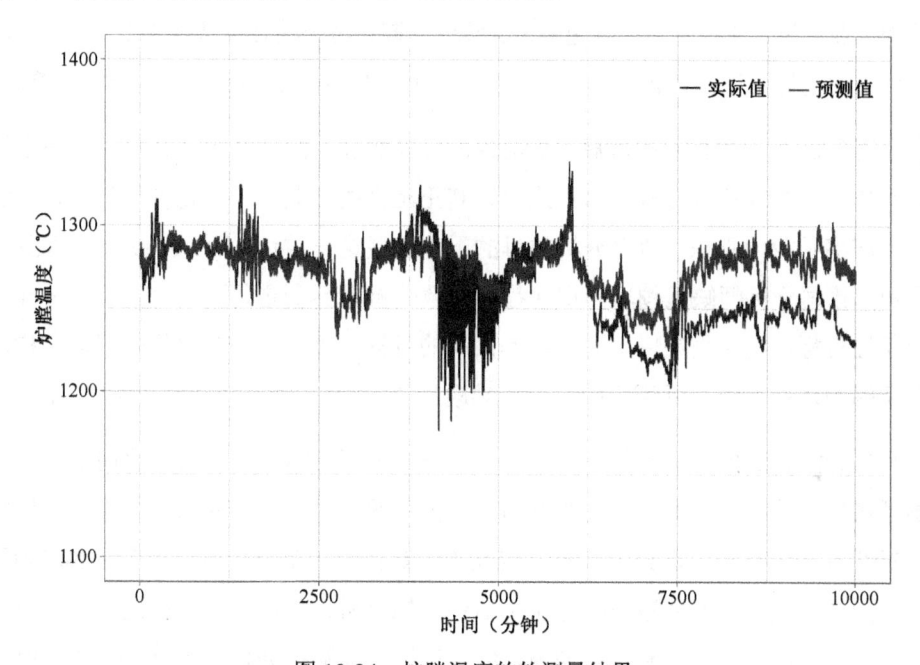

图 10-24 炉膛温度的软测量结果

10.3.4 小结

本节以德士古水煤浆气化炉操作参数优化为例介绍了复杂工业过程的建模优化问题。因为德士古气化系统具有时变性、非线性、不确定性,且发生的化学反应机理复杂,无法直接建立机理模型,所以根据现场实际情况,采用基于历史数据的多模态学习方法对气化炉控制参数进行优化,并根据工艺生产安全要求,采用软测量方法监控关键指标。在实际应用过程中,对数据分析模型的应用还需谨慎,应注意其隐含前提,原因在于:①气化炉的很多工况数据无法体现和刻画,如气化炉的本体结构在使用过程中是不断变化的,炉膛耐火砖随使用时间的增加会越烧越薄,炉膛空间变大,气化反应的固有控制属性会发生变化,但这些没有在数据中体现。另外,无法对反应气化炉运行状况的很多重要参数(如结渣、炉壁挂渣等)

进行采集和量化。②工业对可靠性的确定性要求和机器学习模型的概率性本质的矛盾，要求数学模型需要经过大量的实验才能应用到实际生产过程中。

对于一个工业大数据分析应用的完整落地来说，建立分析或优化模型只是其中的一小部分工作，在整个落地过程中会面临一系列挑战，这里列举几点。

（1）分析结果验证难、周期长、项目价值评估困难。在前面的数据情况介绍中，可以看到，数据中有部分纸质数据，这种情况在工业领域内普遍存在。工业企业"两化"水平参差不齐、整体较差，许多工厂的数据都以手工记录为主，不具备分析基础。而数据纪录较好的工厂，因为没有数据分析落地经验，所以也没有相应的规范流程，分析结果验证流程冗长。对于复杂流程工业来说，流程长、影响因素多、验证周期长（一次开车持续3个月），中间还可能出现各种影响优化结果的问题（如非正常停车等），导致分析结果的验证难上加难。

（2）数据分析人员对业务不理解。数据分析可以增进人们对业务的认识，是获取新知识的手段，不是用来挖掘领域内既有常识或验证其正确性的工具。以气化过程为例，煤质决定有效气体的产率是业内常识，数据分析的目的不是挖掘这一常识，而是寻找不同煤质下的最优控制参数。数据分析师缺乏领域知识往往会导致分析目标制定得不恰当。要么是没有业务价值的常识性目标；要么是难以实现或成本太高的目标。哪怕只是简单修改机械结构，在分析上也是无解的，更不要说领域内的"百年难题"了。

（3）业务专家对数据分析不信任。业务专家是最了解实际业务的人，他们掌握了大量行业知识与领域经验。同时，由于工业背景和知识体系的差异，专家最信任的是机理模型，即要求模型对业务有明确的机理刻画并具有较强的可解释性。而分析模型大多是黑箱模型，可解释性和可控性较差，导致多数业务专家不信任数据分析模型的结果。因此，在大数据分析项目的建设过程中，一定要与专家多沟通，将专家经验与数据分析有机结合，才能保证分析项目的落地。

10.4 磨煤机堵磨预警

"动力学方程模型与统计学习模型殊途同归。"

动力学方程模型、统计学习模型是两种描述物理过程的模型。动力学方程模型的推演能力强，不依赖大量观测数据，但建模时通常需要做大量合理的假设与简化，其精度也依赖于模型关键参数的准确度（高精度的测量或辨识）；而统计学习模型可以根据近期数据不断进行学习，自适应能力较强，但统计学习模型依赖训练集的代表性与完备性，因素间的隐性函数关系不支持大范围外推。

在很多复杂的工业过程中,两者面临的挑战是相同的,包括概念认识的模糊性、因素关系的不确定性、观测量的不完美性等。通常需要将两者结合,尽可能地刻画物理过程。本节以磨煤机堵磨预警课题中的一个子课题(磨煤机正常电流的估算)为例,展示两者的异同。

10.4.1 业务问题

磨煤机是燃煤电厂的重要设备,它将原煤研磨成煤粉,将煤粉作为锅炉燃烧的原料,磨煤机结构如图 10-25 所示。

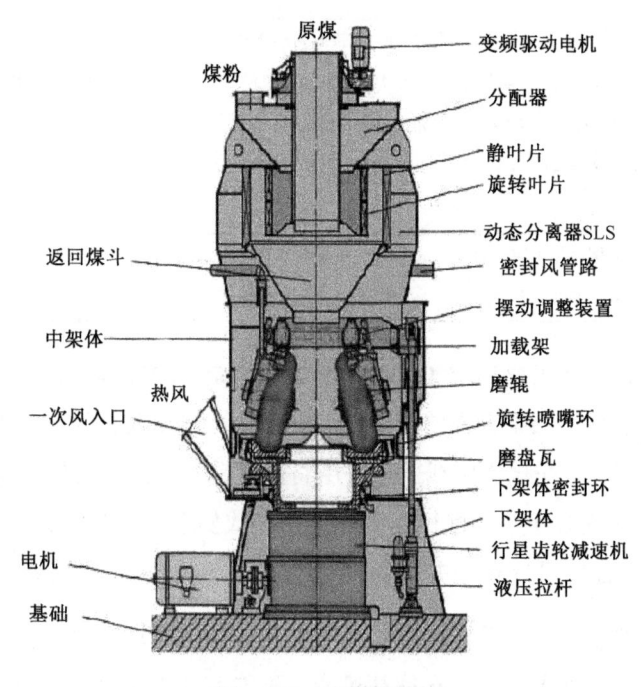

图 10-25 磨煤机结构

按照转速,可以大致将磨煤机分为 3 类:低速磨煤机(15~25r/min)、中速磨煤机(25~100r/min)和高速磨煤机(425~1000r/min)。下面对中速碗式磨煤机进行分析。其工作原理为:给煤机通过传送带将原煤运送至落煤管入口,原煤通过落煤管进入磨煤机的磨辊与磨盘之间,原煤受到磨辊与磨盘之间的压紧力的作用,并在压紧力的作用下被碾磨成煤粉;分别调节冷一次风和热一次风的阀门,混合成一定温度的一次风,一次风通过风环进入磨煤机后会对磨煤机中的原煤和煤粉进行干燥,并将干燥的煤粉带到粗粉分离器中进行分离,合格的煤粉被一次风带入锅炉炉膛中进行燃烧,不合格的煤粉在重力的作用下进入磨煤机的碾磨区再次进行碾磨。一个锅炉通常有多台磨煤机提供煤粉,这些磨煤机共用一条一次风管道。

堵磨是制粉系统常见的异常工况,轻则导致电耗增加、石子煤排量增大,重则导致设备非计划停机、零部件损坏。防止或减少堵磨发生，对设备节能减排和安全稳定运行具有重要意义。然而，中速磨制粉系统具有强耦合、大惯性、非线性等特点，堵磨通常是一个非常缓慢的过程，这样的异常工况很难通过简单的阈值报警等及时准确地发现。

堵磨预警课题的目标：通过对 DCS 监测量（给煤量，一次风量、风温、风压，冷、热风门开度，出口粉温，进出口压差，电机电流等）的综合分析，对堵磨风险做出准确判断，以便及时采取处置措施，消除堵磨带来的次生影响。数据情况如表 10-15 所示。

表 10-15 数据情况

数据类型	描述
P&ID 图	工艺连接关系、仪表安装点位
DCS 数据	24 台磨煤机（4 个锅炉，每个锅炉连接 6 台磨煤机） 11 个点位数据：给煤量，一次风量、风温、风压，冷、热风门开度，出口粉温，进出口压差，电机电流，密封机与一次风压差，液压油站加载压力 数据采样周期：10s 时长：1 个月
疑似堵磨案例数据	6 个案例：每个案例有 3 天的数据，与正常数据没有交集 人工标记的发生时间

根据业务经验，在负荷工况稳定（体现为给煤量稳定）的前提下，电流、风量等关键参数应该稳定在一定范围内。如果存在堵磨，则关键参数会出现某些异常趋势（如电流缓慢上升、压差变大等）。因此，在技术路线上，采用将异常趋势检测与正常工况下变量的统计分布结合的方式，对多变量时间序列进行趋势性异常模式提取。另外，计算给定工况下，电流、压差等关键参数的预期分布，并通过实际值的偏离程度计算堵磨指数。

在预期分布计算方面，一种直接的方式是单变量统计分布，但由于忽略了变量变化惯性等动力学特性，单变量统计得到的分布往往过宽，不能有效表征风险。因此，需要采用多变量回归建模或动力学建模方式，建立更精准的预期分布，为了更好地阐述动力学和统计学的关系，本节仅讨论动力学模型。

10.4.2 磨煤机的动力学模型

1. 概念模型

可以将中速磨煤机的因果回路图分成两部分：磨煤机出力因果回路图和热量关系因果回路图，如图 3-18 所示。

难以对中速磨煤机的出口煤量进行在线检测，传统的控制策略认为出口煤量近似等于入口煤量。但由于煤粉的制备过程存在高延迟，动态调节过程中的出口煤量不等于入口煤量。因此，在异常识别中，无论是机理模型还是统计学习模型，都应充分考虑制粉系统的动力学特性，以精确地估计每一时刻的状态。

同时，应对不同测点数据的可信度有合理认识。

（1）可以认为电流测量数据非常可靠，只需关注少量的噪声和数据缺失。

（2）一次风量和风温的测量结果可能存在偏差：一次风量采用热扩散技术或压差测量技术进行测量，测量精度与测量装置的安装位置、风道结构（如果风道直管太短可能造成风道温度场、风速流场动态变化）等有很大关系[9]。

（3）冷、热风门开度与一次风量和风温的关系具有不确定性：通常多台磨煤机共用一条管道，因此，一台磨煤机的一次风量受所有磨煤机冷、热风门开度的共同影响（也受管道结构的影响）。

这些问题大多在探索数据时发现，通过向业务专家讨教或查阅资料进行确认。例如，数据集中部分测点的时序曲线如图 10-26 所示，在图中的第 23000～25000 条数据记录中，热风

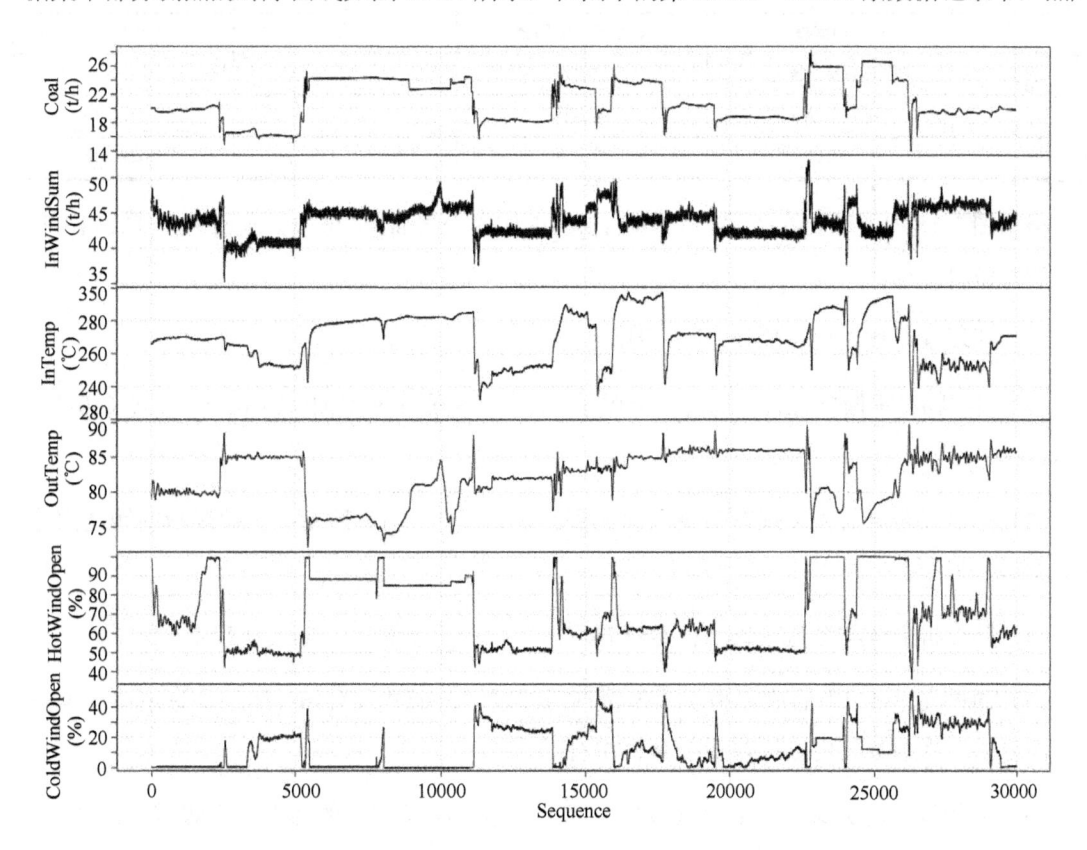

图 10-26 数据集中部分测点的时序曲线

开度很大,但一次风量较少。在1个月的数据探索中,我们可以用PELT(Pruned Exact Linear Time)算法(在R语言的changepoint算法包中有实现)对进煤量进行时序分割,选取其中连续工作时间较长的一段(37000个样本点,4天左右)作为研究的基础数据集。

2. 磨煤机的基础动力学方程

下面讨论与磨煤机相关的出力和热量关系因果模型(与冷、热风管道的热力学模型类似)。符号定义如表10-16所示。

表10-16 符号定义

符号	含义	角色	量纲	英文名称
C_i	进煤量	输入量	t/h	Coal
Q_i	一次风量	输入量	t/h	InWindSum
T_i	一次风温度	输入量	℃	InTemp
P_i	入口压力	输入量	kPa	InPressure
Q_p	新增煤粉量	中间临时变量	t/h	
M_p	内存煤粉量	状态量	t	
M_c	内存原煤量	状态量	t	
T_o	出口温度	状态量、输出量	℃	OutTemp
Q_o	出口煤粉量	输出量	t/h	
I_m	磨煤机电流	输出量	A	Current
P_d	压差	输出量	kPa	PressDiff

根据图3-18中的动力学关系,对文献[10]的工作做少量简化,形成如式(10-1)到式(10-7)所示的常微分方程。

(1) 新增煤粉量与内存原煤量成正比,如式(10-1)所示。

(2) 根据物料平衡原理,得到内存原煤量、内存煤粉量的变化如式(10-2)和式(10-3)所示。

(3) 出口煤粉量与内存煤粉量及压差成正比,如式(10-4)所示,出口煤粉的输送部分造成了压力损失。

(4) 磨煤机电流与磨盘惯性、内存煤粉量、内存原煤量有关,如式(10-5)所示。

(5) 通过文献[11]中的流体力学原理得到压差逻辑,如式(10-6)所示,进出口压差是一次风量的二次函数与内存原煤量的线性组合。

(6) 由能量平衡关系得到式(10-7),式中包括一次风带入的热量、原煤带入的热量、研磨过程产生的热量(用电流表征)、煤粉带走的热量等。这里与文献[10]有两点差异:①为降低建模复杂度,这里忽略了原煤水分蒸发带走的热量;②去除了出口温度惯性(缺乏明确的物理意义），添加了一个用来表示磨煤机与环境能量交换的项 k_{10}，我们做过的数值实验也证明该方法的效果比出口温度惯性项的效果略好。

$$Q_p = k_1 M_c \tag{10-1}$$

$$M_c = C_i - Q_p \tag{10-2}$$

$$M_p = Q_p - Q_o \tag{10-3}$$

$$Q_o = k_2 P_d M_p \tag{10-4}$$

$$I_m = k_3 + k_4 M_c + k_5 M_p \tag{10-5}$$

$$P_d = k_{11} M_c + k_{12}(T_i + 273)Q_i^2 + k_{13} \tag{10-6}$$

$$T_o = k_{14} \cdot \frac{(k_6 T_i + k_7)Q_i + k_8 C_i + k_9 I_m + k_{10} - T_o Q_o}{M_c + M_p} \tag{10-7}$$

在上述方程中有 14 个待拟合的参数，在初期探索数据集中有 5000 条记录（约 14 个小时），数据量充足。为了支持动态参数拟合，在初期探索数据集中选择负荷波动较大的区间。将训练后的模型拿到另外的 37000 点序列上（约 4 天）进行测试。

在进行模型参数初始化时，假设系统处于稳态，且 $Q_p = Q_o = C_i$。根据磨煤机的规格参数，对 M_c、M_p 进行初步估计

$$k_1 = \frac{C_i}{M_c} \tag{10-8}$$

$$k_2 = \frac{C_i}{P_d M_p} \tag{10-9}$$

根据 k_2 的估算值，令

$$M_p = \frac{C_i}{k_2 \cdot P_d} \tag{10-10}$$

用线性回归算法对式（10-5）、式（10-6）和式（10-7）中的静态方程参数进行估算。

基于这些初始值和输入、输出，用 R 语言的 FME 算法包进行系统参数辨识。基本模型的拟合结果如图 10-27 所示。对电流的拟合基本符合趋势，但压差和出口温度的拟合度很差。

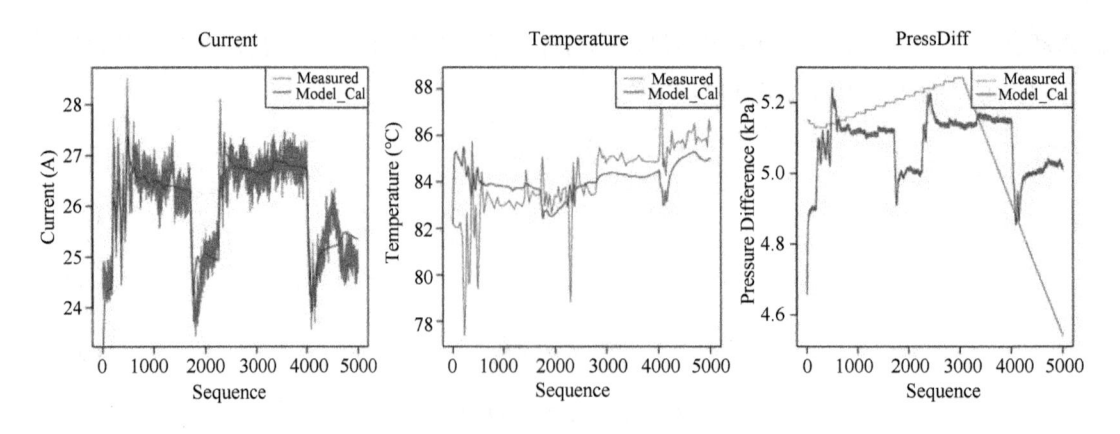

图 10-27 基本模型的拟合效果

3. 入口和出口压差方程的改进

从图 10-27 中可以看出，实际压差呈折线形，与式（10-6）的机理假设不一致。暂时搁置机理，利用纯统计的方法探索入口压差与 4 个输入变量及 3 个输出变量的一次函数和二次函数关系。

出口压力与入口压力的相关性最强，用一次变量线性拟合就能获得很好的结果

$$P_d = k_{11} + k_{12}P_i \tag{10-11}$$

用式（10-11）替代基础模型中的式（10-6），改进模型的拟合结果如图 10-28 所示。

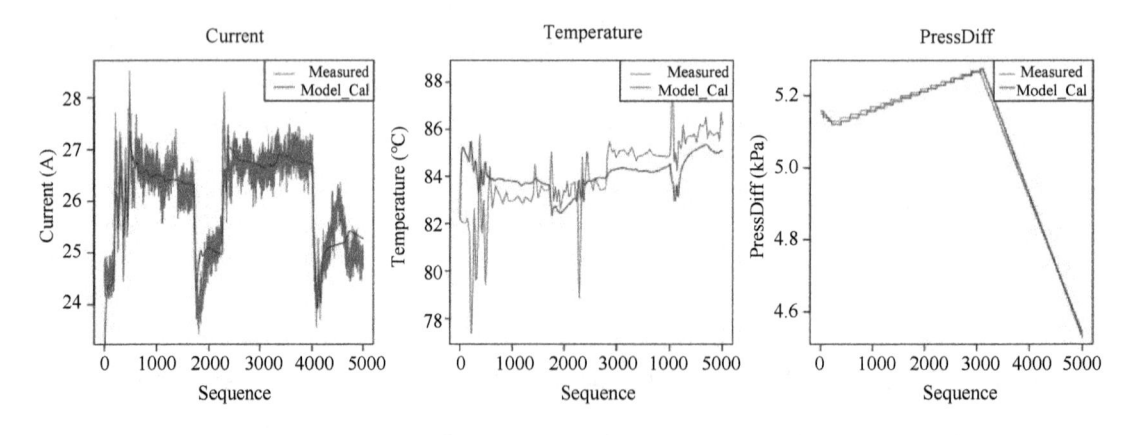

图 10-28 改进模型的拟合效果

将此模型应用到 37000 点的测试序列上，验证结果如图 10-29 所示。可以看出，出口压力仍能保持不错的拟合度，表明模型没有过拟合，此规律具有一定的适用性。

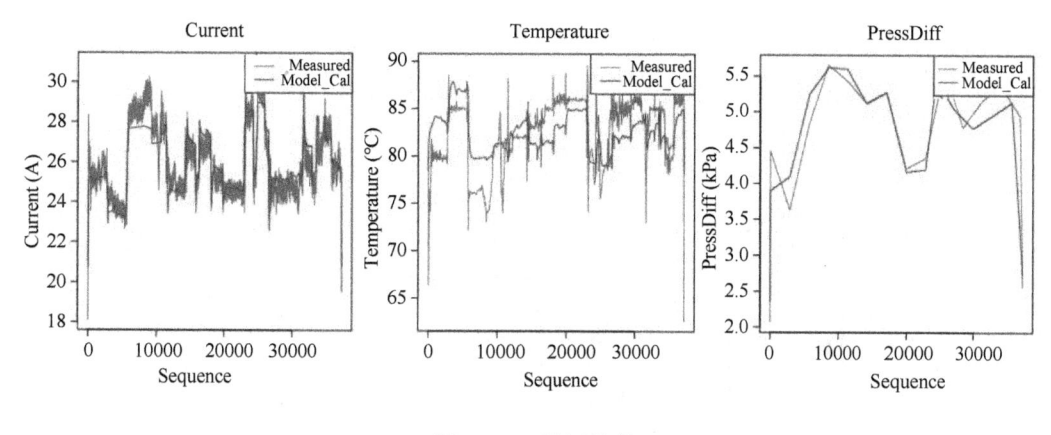

图 10-29 验证结果

4. 出口温度方程的改进

从图 10-29 中可以看出，出口温度的拟合度仍然较差。我们尝试采用很多状态方程的表达方式，效果均不理想。在利用统计学习模型时，为了探明各变量的关系，在特征量上不计划引入近期出口温度实测值。温度变化通常比较缓慢，1 分钟前的出口温度与当前时刻的出口温度具有较强的相关性，但这样会导致模型放弃其他可能显著的变量。

在 4 个原始输入量中，进煤量与出口温度的相关系数最大。用线性回归、MARS（Multivariate Adaptive Regression Splines）等算法拟合进煤量 C_i 与出口温度 T_o 的关系，效果差不多。出口温度及拟合曲线如图 10-30 所示，图中的曲线 Coal_Fit 为线性回归的预测结果，可以看出，在第 10000~20000 条记录区间内的拟合效果尤其差，与前部和后部有明显差别。因此，怀疑还有其他变量在起作用。对中部区间的数据进行单独探索，发现在此区间，与 T_o 相关度最高的是 P_i。这种关系在全局上不显著，除了因为数据样本占比少，还可能因为其影响是非线性的。因此，在全局上用 CART 算法拟合 T_o 与 P_i、C_i 的关系，如图 10-30 中的曲线 Coal_InPress_Fit 所示，可以看出，引入 P_i 后对基本趋势的拟合效果较好。

决策树模型如图 10-31 所示，可以得到：风压大小决定了热空气与煤粉的接触时长。在进煤量相等的前提下，风压越大，接触时间越短，出口煤粉的温度越低。当然，也存在反例分支（Coal<24t/h、InPress<5.4kPa）。

分别尝试 PPR（Project Pursuit Regression）、MARS、SVR、LOESS 等算法，发现 PPR 算法的拟合度最好，SVR 和 LOESS 的拟合度较差。用 PPR 算法拟合得到出口温度的等高线图如图 10-32 所示，出口温度与进煤量、入口压力之间存在复杂的非线性关系，这也从某种程度上解释了如果不引入具有分区效果的非线性函数，出口温度很难取得好的拟合效果。因此，对于出口温度这样的复杂变量，推荐采用统计学习模型，而不是机理模型。

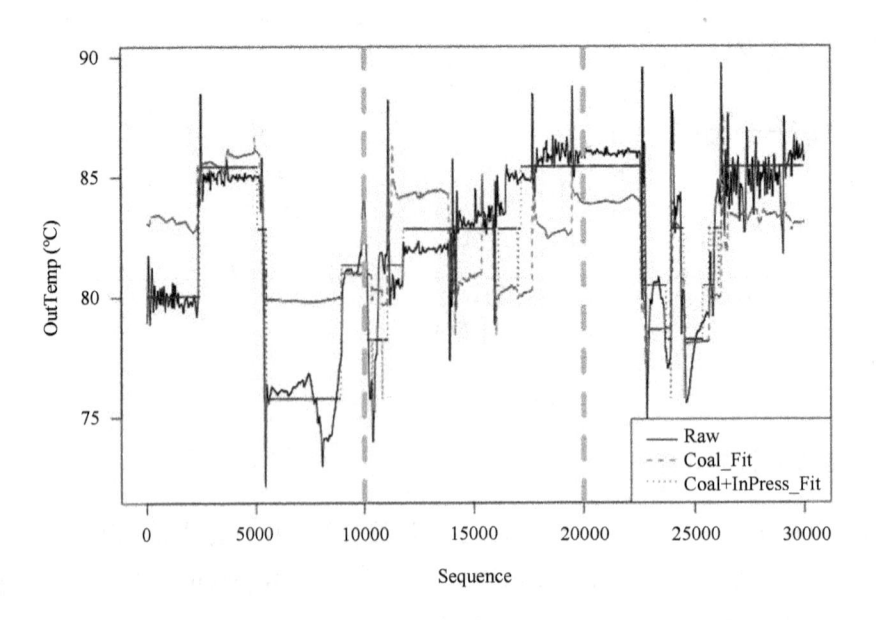

图 10-30 出口温度及拟合曲线

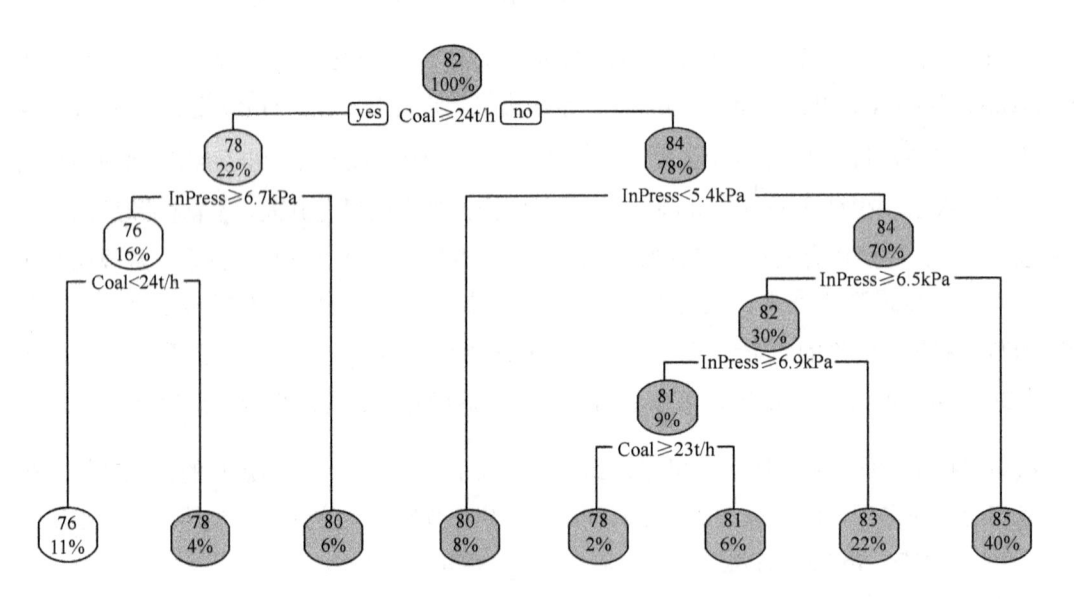

(a) 将进煤量、入口压力作为特征

图 10-31 决策树模型

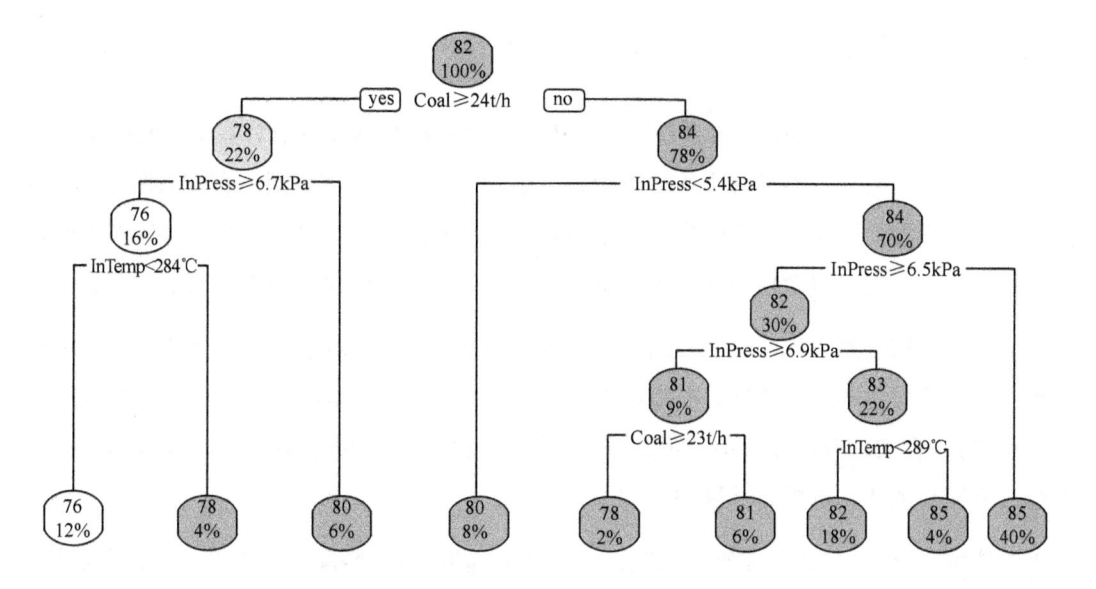

(b) 将进煤量、入口压力、入口温度作为特征

图 10-31　决策树模型（续）

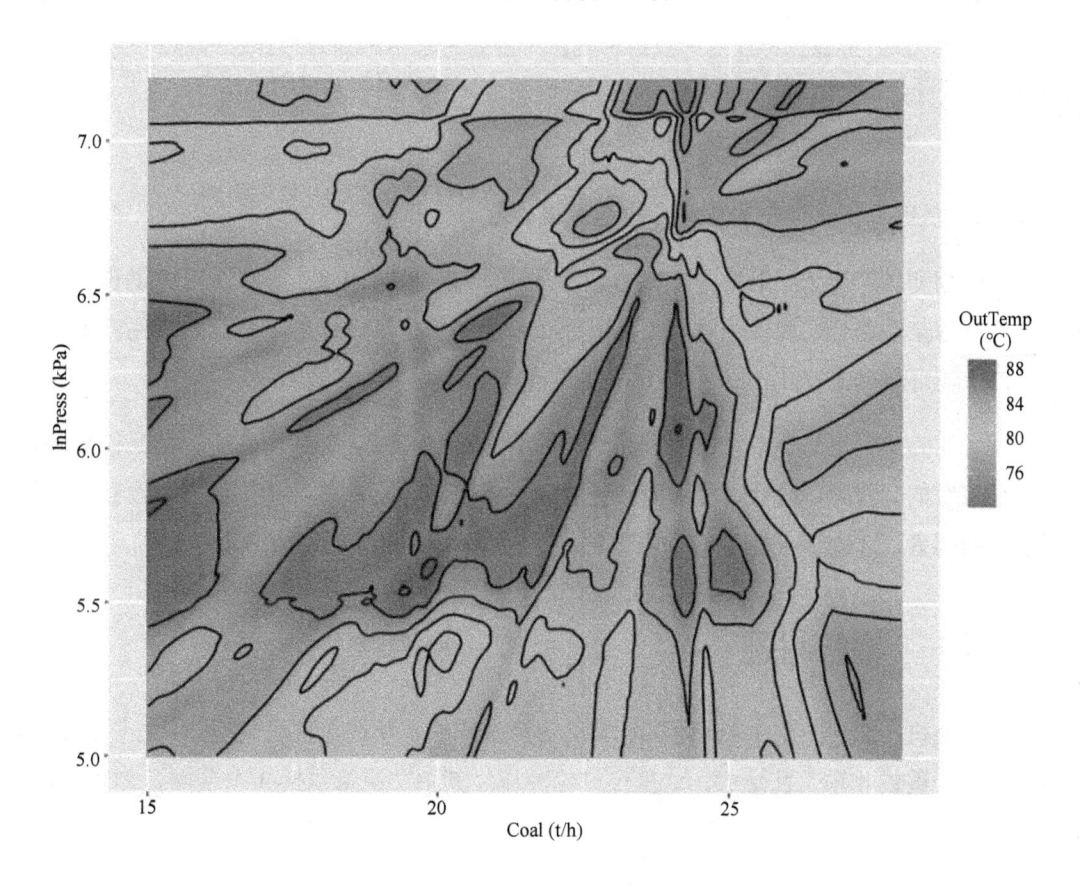

图 10-32　出口温度的等高线图

10.4.3 小结

在物理过程的描述方面，无论是统计学习模型还是机理模型都基于对基本要素的正确认识。在很多工业场景中，不存在刚体动力学、电磁学等高精度机理模型，有些与图 3-18 中的概念动力学模型类似（清楚关键要素及它们之间的正向或反向关系）。大数据提供了很好的假设检验基础，它将概念模型转化为明确的函数关系，并不断优化模型参数和结构。

在静态方程和动态方程的选择方面，主要看系统变化程度。对于缓慢变化的过程，用静态方程有时也能取得不错的效果。在磨煤机模型中，为了探索机理，刻意避免将近期观测值作为特征变量。在实际分析项目中，如果目标不是探索机理，而是进行异常检测或预测趋势，可以引入近期观测值，以提高精度和可靠性。

本节选择在冷、热风门开度等控制输入给定的前提下，研究磨煤机的电流、内存原煤量、内存煤粉量、出口温度、压差等变量之间的关系，绕过了解磨煤机控制逻辑的需要。很多工业系统实现了闭环控制，在工业系统建模中，除了本体的动力学，还应该考虑控制逻辑的作用。

10.5 冲压排产优化

"动态性是运筹优化存在的前提，也是挑战。"

生产计划和排产属于工业生产的核心业务场景。在 MES、ERP 等系统对关键资源、需求等信息进行全面整合之前，也存在不少基于 Excel 的手工生产计划工具。随着生产节奏加快和外部市场环境动态变化，这样的工具越来越难以满足业务需求。

及时、准确地采集与整合主要数据是运筹优化成立的前提。但在现实中，信息的完备性永远只是相对的。因此，运筹优化模型还需要给业务决策留足够的自由度处理"没有在数据中反映"的因素，才能保证模型的可操作性。

10.5.1 业务问题

在汽车整机厂，各工艺的协同优化是实现均衡生产的重要技术手段。整机厂生产由冲压、焊装、涂装、整装 4 项工艺组成。这里仅讨论冲压，其生产决策包括 3 个层面，如表 10-17 所示。

表 10-17　生产决策的 3 个层面

	时间颗粒度	主要业务决策	业务目标
产能分析	月、季度、年	能否满足公司的整体生产计划（是否需要基地间协同、开设新线、外协、调整生产班次）库存成本概算	支持公司的整体战略 降低库存资金占用
排产计划	天	生产批次（件、量）、批次排序	满足焊装生产需求和售后需求 减少库存资金占用
在线调整	实时	出现异常（如冲压机故障等）后，是否需要调整？如何调整（换线、焊装线停线等待）	将意外情况对生产的影响降到最小

目前，计划员使用 Excel 完成以上工作，基于经验参数或少量统计进行平均量估算与排产，缺乏精准参数支撑。同时，由于问题具有动态性（需求动态性、设备状态动态性）和复杂性（产品型号多、加工能力不同），很难实现系统层面的优化决策。当前决策逻辑如表 10-18 所示。

表 10-18　当前决策逻辑

	当前决策逻辑	业务挑战	技术需求
产能分析	在 Excel 中填写小时效率、工作时间、模具组数，根据年度预测计划和月度生产计划，填写月生产量、每个车型的需求量及出勤天数，根据公式计算各线体的日生产量、负荷、生产时间	经验参数（小时效率等）缺乏数据支撑 没有考虑细时间颗粒度（天、小时）的制约关系	统计分析：获取真实的生产效率、需求波动性等参数 离散事件仿真：支持 What-If 的场景对比分析
排产计划	根据焊装生产计划、售后需求等信息，安排未来 5 日的生产计划	很难找到库存与生产批次的最佳平衡点	自动获取数据 运筹优化
在线调整	根据人工经验进行调整	受时效性的影响，人工调整容易出现不满足需求的情况	自动调整引擎

10.5.2　冲压排产计划

排产计划的整体目标有两点：①业务决策优先，由业务专家（计划员、生产主管）完全掌控，自动化排产、科学辅助；②友好性，尽量考虑现实生产中的各种业务场景和因素。因此，要在定义问题时考虑全面，在技术实现上保证扩展性。

1. 问题定义

排产的业务需求如表 10-19 所示。

表 10-19 排产的业务需求

业务用户	目标用户：冲压车间生产主管、计划员 相关部门：生产企业，根据销售订单发布月计划、周计划 生产企业驻厂计划员，发布整场的日计划（5日滚动，1日精准） 焊装车间计划员，焊装的日计划（5日滚动，1日精准）
业务场景	正常场景：每天中午之前发布未来5日的生产计划 生产调试：新产品、新模具试生产 提前生产：为保证节假日或一些特定时期的生产和售后需求，提前生产
业务目标	满足需求：避免缺货 减少库存积压：平衡生产批次规模效益、库存积压成本 工作负荷平衡（加工量、加班时长）
输入 （业务数据）	焊装车间的日计划：来自 MES 售后加工需求：一般按周发布（ERP） 紧急订单：临时，在 OA 系统中 冲压件库存：来自 MES 的 WMS 模块
输出 （日排产计划）	冲压件的日生产量 作业计划：不同品种的生产批次（每个批次的量）、机台分配、生产时间（或顺序）

可以结合经验在早期业务访谈中确定资源约束，如表 10-20 所示。

表 10-20 资源约束

类别	细项	描述
冲压机的可用性	保养计划	一周前通常可以确定
	模具—冲压机—冲压件的对应关系	软件配置内容（可随时人工更新）
	临时故障、异常	人工输入
冲压加工时间	冲压效率	根据历史数据得到平均加工时长
	最小批次量	人工配置
	换模时间、换线时间	历史数据统计
班组时间	白班、夜班工作时段	软件配置内容（可随时人工更新）
	节假日安排	人工输入
工装的可用性	空工装数量	仅作为参考

基于上述分析，得到冲压排产计划的数据逻辑关系如图 10-33 所示。

2. 技术路线

为了支持业务人员灵活考虑各种现实场景（甚至没有在常规数据中直接体现），在设计应用软件时，应该对业务干预措施进行系统设计，如表 10-21 所示。

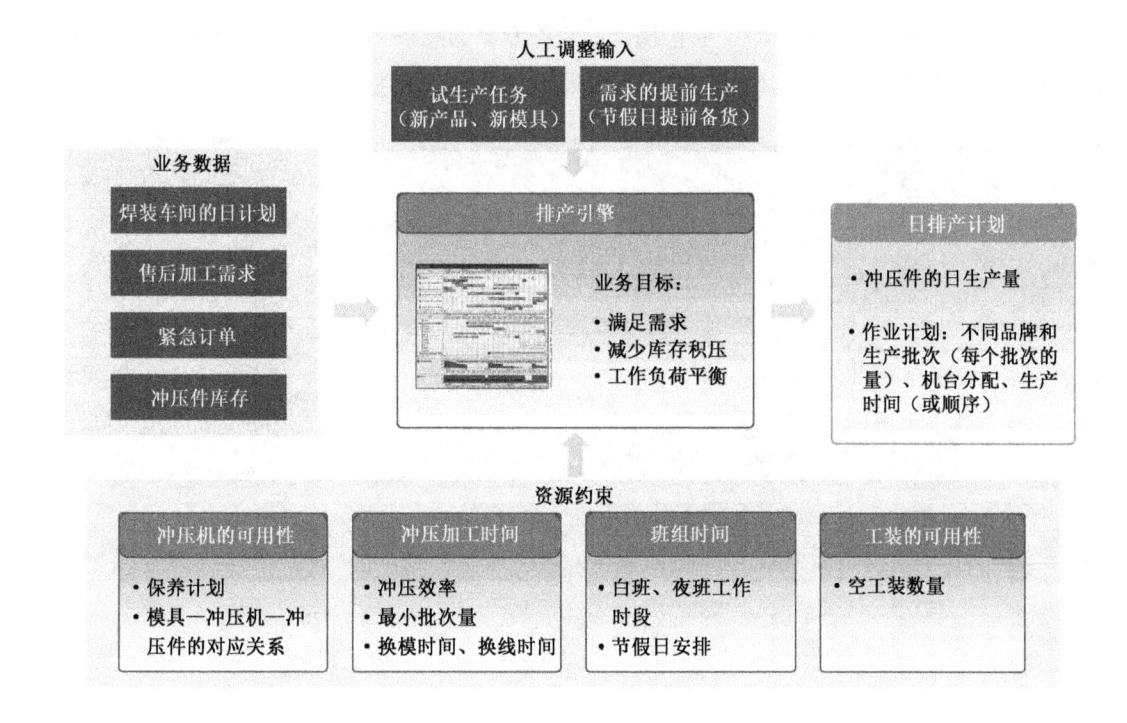

图 10-33　冲压排产计划的数据逻辑关系

表 10-21　业务干预措施

业务干预点	解决的业务场景	干预措施
需求量	提前生产（如节假日安排等） 必须满足一些紧急需求	直接修改日生产量计划，作业计划引擎将按修改后的日生产量进行排产
冲压机的可用性、能力	冲压机异常停线 冲压机增加、移除 冲压机能力修改	修改冲压机的可用性、冲压机—模具映射关系等参数
班组安排	班组安排变动（一天 2 班或 3 班）	修改配置参数表
优化目标选择	淡季和旺季的优化目标不同	有若干套预设的优化目标模板，用户可以灵活设置各子目标的权重
作业计划结果的下发机制	所有	将作业计划下发模式设置为"人工审核下发"（不是自动下发），将计算得到的作业计划进行人工调整审核并下发

排产引擎的功能架构如图 10-34 所示，尽量保证各模块的弱耦合。自动化排产引擎会给出冲压件日生产量的建议值（考虑焊装计划需求、售后订单交期等因素），各型号的日生产量引擎（考虑节假日调产、未来需求的提前备货等）支持人工修改，作业计划引擎可以根据人工置顶的日生产量进行计算；对于交期无法满足的订单、需求，自动化排产引擎会给出业

务专家提醒；作业计划引擎自动生成初稿，以业务专家的终稿为准；自动化排产引擎会对当前作业计划的可行性、资源瓶颈、工作负荷平衡性等指标做出提示。

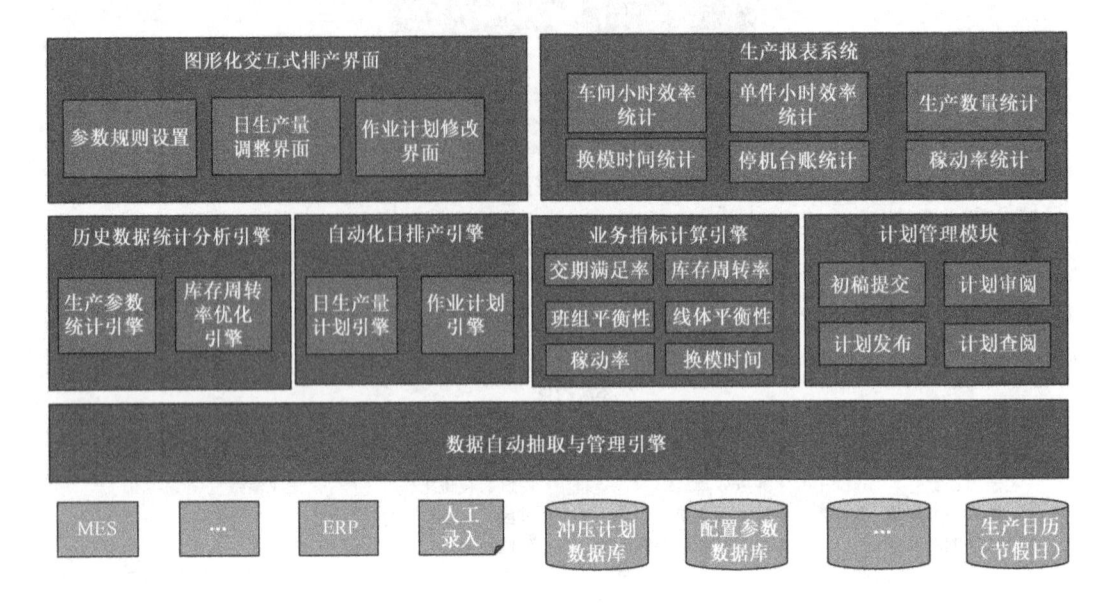

图 10-34　排产引擎的功能架构

分析优化模型主要包括两类。

（1）数据统计与挖掘模型：①根据历史生产数据，分析不同冲压件的加工时长等核心生产参数；②分析不同冲压件的最佳周转周期：通过历史需求量的序列模式挖掘，精准分析不同类型冲压件的需求波动，得到最佳备货周期。

（2）数学规划模型：冲压日计划优化属于典型的 RCPS（Resource-Constrained Project Scheduling）问题，RCPS 有两种常见的建模方式：混合整数规划（MIP）、约束规划（Constraint Programming，CP）。约束规划可以用与业务语言类似的方式描述任务项的时序关系和资源利用约束，在商业软件中有很好的建模支持（如 ILOG CP 产品）。MIP 需要建模人员使用一些技巧，模型的业务可读性没有 CP 好，但可以求得最优解。因为本问题规模可控，且约束形式简单，所以这里采用 MIP 模型，后台采用 CBC[12]混合整数规划求解引擎进行求解。

10.5.3　小结

很多业务上的优化问题都不是单纯的数学规划问题，而是对业务场景、业务流程、研判逻辑等要素的整体描述。好的问题定义是解决方案成功的基础。本节以汽车行业的冲压计划为例，展示了如何在业务场景中定义一个运筹优化问题，并实现为业务运作的一环。当然，求解效率在某些问题中可能是瓶颈，通过启发式专家规则或相似案例挖掘快速生成可行解是常用的技术手段，在很多运筹优化算法分析资料中都有介绍，这里不再讨论。

10.6 轨道车辆悬挂系统故障诊断

"数据只是物理世界的缩影。"

任何监测都是有成本的，都是物理过程的镜像。监测数据很多时候并不能完整反映物理世界，数据样本集也很难反映所有场景，这时就要融合机理模型的基础分析，为数据分析指明方向。只有这样，数据分析模型才能更加定量化、精细化。以 2017 年国际 PHM Data Challenge 的"轨道车辆悬挂系统故障诊断"题目为例，介绍竞赛的思路和算法[13]。

10.6.1 业务问题

随着城市轨道交通的快速发展，地铁等轨道交通工具成为人们出行的主要方式，轨道车辆系统的安全性与可靠性受到越来越多的关注。车辆悬挂系统支撑车辆的车体与转向架，具有缓冲车辆颠簸、引导车辆行驶、保持运行舒适性等作用，是轨道车辆的重要组成部分，也是车辆的高频故障部件之一。车辆悬挂系统的早期故障检测和诊断对于车辆的安全行驶来说具有重要意义。

（1）提高车辆行驶的安全性：地铁公司的实际维修经验表明，在车辆投入运行 1~2 年后，悬挂系的弹簧与阻尼器会出现严重的性能衰减，某些弹簧甚至在行驶过程中发生断裂，危及行车安全。因此，必须对悬挂系统进行故障监控与更换维修，以保障车辆安全行驶。

（2）制定基于状态的维修策略成为可能：悬挂系统部件的实时监测使制定基于状态的维修策略成为可能，即打破现有车辆系统及其部件的事后检修和定期保养运维方式，在悬挂系统部件性能劣化的早期给出预警，实现设备的按需检修保养。

轨道车辆悬挂系统如图 10-35 所示，悬挂系统由空气弹簧、普通弹簧、阻尼器等大量弹性元件和阻尼元件构成，通常分为两级，位于车体和转向架之间的部分为二系（Secondary Suspension），位于转向架和轮对之间的部分为一系（Primary Suspension）。在车辆行驶过程中，由于轨道不平，在悬挂系统的各部件上会产生相应的作用力，从而在车体及前后转向架上表现出沉浮、点头、侧滚等各自由度上的振动。悬挂系统的弹簧和阻尼具有减震作用：弹簧产生的作用力与弹簧长度的变化量成正比，力的方向与弹簧长度的变化方向相反；阻尼器产生的作用力与阻尼器内活塞运动的速度成正比，力的方向与活塞的运动方向相反。悬挂系统故障具体体现在减震部件的性能衰减甚至失效方面，如弹簧断裂、阻尼器泄漏等。

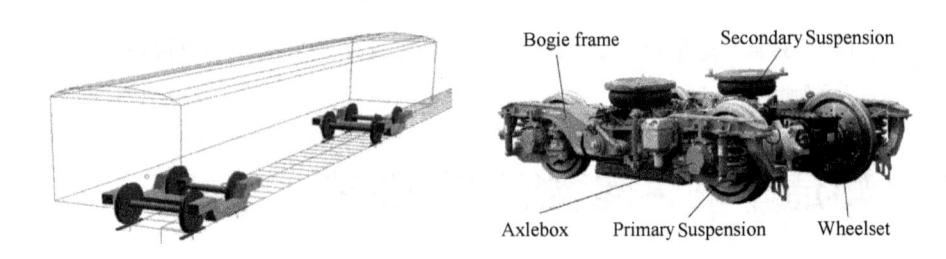

图 10-35 轨道车辆悬挂系统

10.6.2 问题描述

轨道车辆悬挂系统的原理及传感器布置如图 10-36 所示,系统由车体(Car Body)、前转向架(Leading Bogie)、后转向架(Trailing Bogie)、4 组轮对(Wheelset,从前到后依次记为 1r、1l、2r、2l、3r、3l、4r、4l)、一系和二系减震组件组成;一系组件用于连接转向架和轮对,前转向架和后转向架各有 4 对(共 8 对),每组组件由 1 个螺旋弹簧(czp)和 1 个阻尼器(dzp)组成;二系组件用于连接车体和转向架,前后转向架各有 1 组(共 2 组),每组组件由 1 个空气弹簧(dzs)和 2 个阻尼器(czs)组成。车体装有 18 个加速度传感器。

(1)az_il,az_ir:轮对垂直加速度传感器($i = 1,2,3,4$),每个轮子装有 1 个。

(2)azp_il,azp_ir:转向架垂直加速度传感器(前转向架:$i = 1,2$;后转向架:$i = 3,4$)。

(3)azs_i,azs_i:车体垂直加速度传感器(前转向架:$i = 1$;后转向架:$i = 2$)。

本题的目标是使用正常车辆运行数据建立模型,并将其应用于未知健康状态车辆的运行数据监测。第一,判断车辆是否有故障;第二,如果有故障,则定位故障,即确定是一系还是二系组件故障,是弹簧故障还是阻尼故障(最多同时有两个部件故障)。

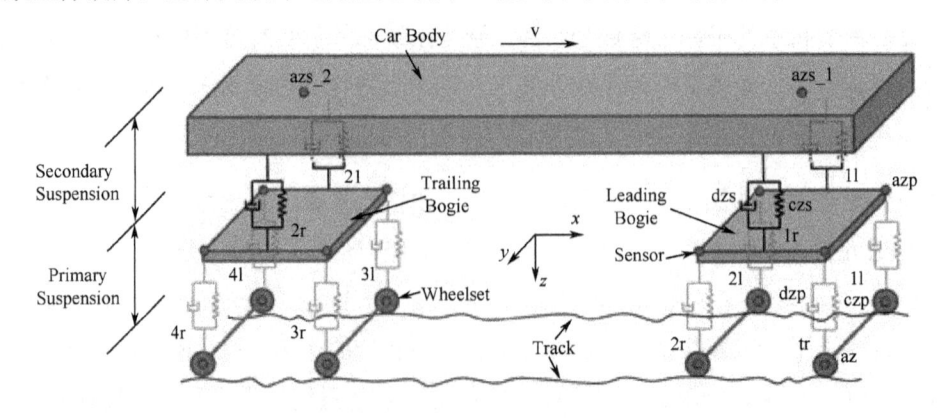

图 10-36 轨道车辆悬挂系统的原理及传感器布置

本题给出了 600 组实验数据,其中,200 组健康车辆的实验数据用于训练,其余实验数据用于测试和评估。实验数据如表 10-22 所示。每组实验数据在不同车速、不同负载（Payload 连续变化）和不同轨道（T1、T2、T3）的组合下测得，600 组实验数据的车速和负载组合如图 10-37 所示。实验车辆以一定速度跑过轨道，同时测得 18 条振动时间序列，将每条序列变换为 5 条等长的频域序列后给参赛者，从表 10-22 中可以看出测试集的频域序列长度都是 50，但不同轨道上的训练序列不同（与轨道长度有关）。最终的训练数据是 200 组 388×90 或 216×90 的矩阵，测试和评估数据都是 200 组 50×90 的矩阵。

表 10-22 实验数据

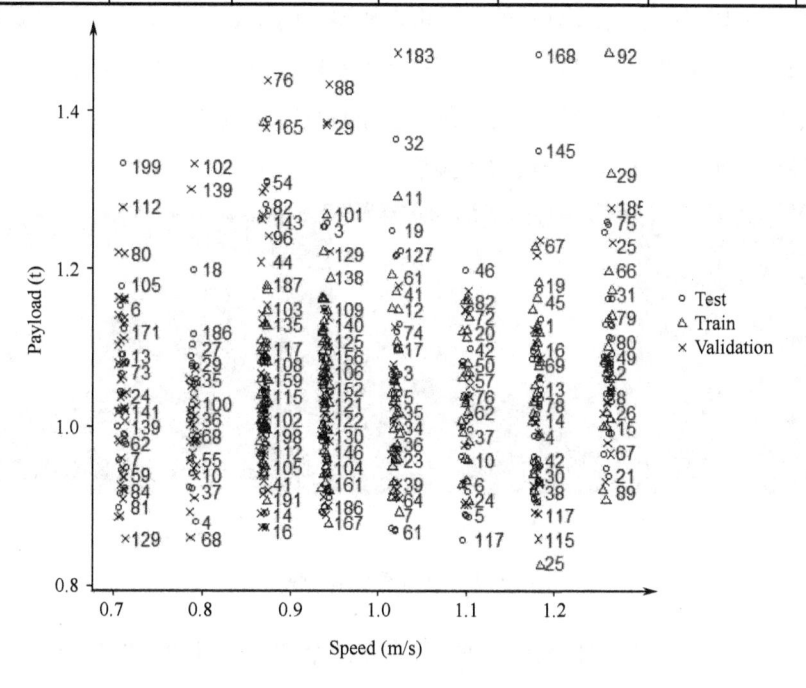

数据集	实验数据（组）			频域序列长度		
	T1	T2	T3	T1	T2	T3
训练集（Train）	100	100	0	388	216	NA
测试集（Test）	106	94	0	50	50	NA
评估集（Validation）	56	63	81	50	50	50

图 10-37 600 组实验数据的车速和负载组合

10.6.3 技术挑战

通过 10.6.2 节对问题的描述和分析可知，本业务问题的挑战如下。

（1）训练数据中无故障样例，是典型的异常检测问题。这类问题在工业场景中很常见，故障或正常样本量比例严重不均衡，甚至无故障样例。因此，无法通过有监督机器学习算法解决，只能通过数据学习设备运行的正常模式，常用算法包括：SPC、PCA、One-Class SVM、Isolated Forest 等。

（2）可用的数据信息不全，只能部分刻画设备的运行状态。首先，训练数据并非原始传感器的时序数据，而是经过频域变换的数据，具体的频域特征加工方法也未给出，仅知道是数据 5 个频段的振动幅值；其次，只给出车辆的运行工况信息，如车速、负荷和轨道，车辆的质量、尺寸、弹簧刚度、阻尼系数等参数并未给出。因此，无法基于现有数据计算和辨识车辆运行的动力学模型，也无法进行车辆运行的动力学仿真，基于机理模型或状态空间模型的故障检测难以实施。

（3）测试集和评估集对模型泛化能力的要求较高。由图 10-37 可知，测试集和评估集使用的实验车速 0.7 和 0.8 未出现在训练集中；由表 10-22 可知，评估集中的轨道 T3 未出现在训练集中。这意味着从训练集得到的模型应适用于不同的车速乃至不同的轨道。

（4）轨道不平顺干扰。轨道不平顺是影响车辆振动的主要外生变量，不平顺的原因可能是轨道表面起皱、早期凹痕、晚期剥落等，轨道不平顺现象如图 10-38 所示。即使其他工况完全相同，不同轨道的振动信号也不同。利用悬挂系统减震机理和结构特点，设计适用于不同轨道的故障检测定位算法是一个很大的挑战。

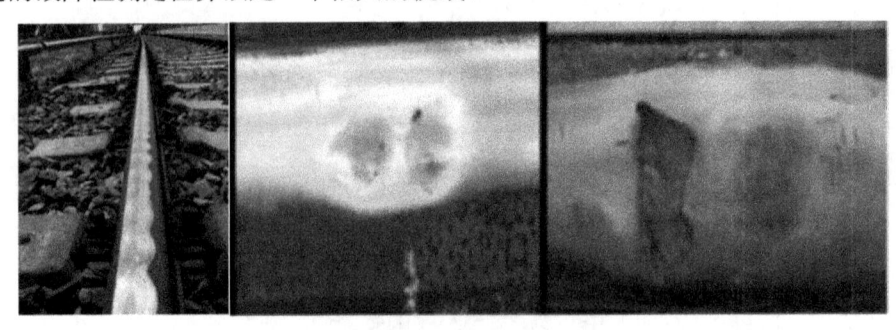

起皱　　　　　　　　早期凹痕　　　　　　　　晚期剥落

图 10-38　轨道不平顺现象

（5）一个组件与多个传感器测点关联，且存在两个部件同时损坏的情况。受车辆固有机械连接的约束，一个组件的损坏会波及与之关联的多个传感器。例如，一系前转向架的一个组件损坏会直接影响前转向架上的 4 个传感器，也会影响与之相连的车体的两个传感器。如果同时存在两个故障部件，则会为故障定位带来极大挑战。

（6）需要对弹簧和阻尼故障进行区分。由于没有给出原始时序数据，只能使用 5 个频段的频域序列（仅知道 5 个频段的排布顺序）对弹簧和阻尼故障进行区分。在无法建立准确机理模型的情况下，只能通过定性的机理分析进行判别。

综上所述，必须依靠无监督异常检测方法建立模型，并且由于受到数据加工规则和车辆详细参数未知的限制，无法建立严格的动力学仿真模型进行故障检测，需要采用以数据驱动为主、以动力学仿真分析为辅的方式设计解题算法。

10.6.4 算法实现

车辆悬挂系统故障诊断的主要研究方法有机理模型驱动和数据驱动两类。

（1）模型驱动通常将系统辨识算法与车辆动力学模型结合，用实测数据估计模型参数，再根据实测数据与模型结果的相似程度检测悬挂系统故障[13-16]。然而，车辆悬挂系统在垂向与横向上耦合、悬挂系统部件具有非线性、车体为柔性结构等动力学特性导致难以获得准确的数学模型，限制了基于模型的故障诊断方法的应用。

（2）数据驱动通过多元统计分析技术（如主成分分析 PCA、独立成分分析 ICA、规范变量分析 CVA 等），针对过程变量的历史数据，利用多元投影方法将多变量样本空间分解为低维的主成分投影子空间和残差子空间，分别在这两个空间内构造能够反映空间变化的统计量，并将其用于故障监控[17]。还可以利用车辆在运行过程中各自由度上的振动关系进行故障检测[18-19]，将车辆的动力学特性与数据结合，作为悬挂系统故障检测的特征加工方法。

根据 10.6.3 节的分析，本节采用以数据驱动为主、以动力学模型为辅的方式设计故障诊断算法，车辆悬挂系统故障诊断流程如图 10-39 所示，在流程中，机理模型具有重要作用。

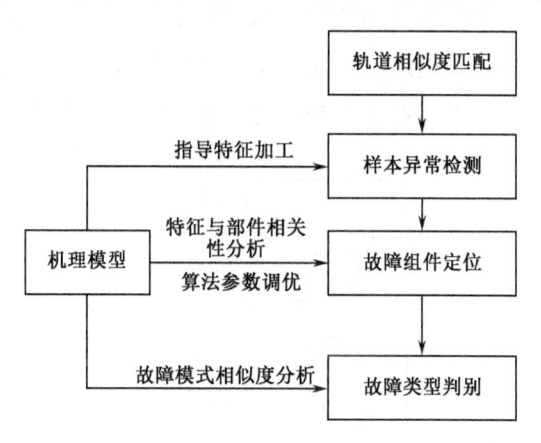

图 10-39 车辆悬挂系统故障诊断流程

（1）轨道相似度匹配。该步骤用于削弱轨道不平顺对故障检测效果的影响，对于故障状态未知的情况，先使用位于轮对层的传感器（az_ir，az_il）数据，在训练数据中进行模式匹配，找到与之最相似的数据段，即找到最相似的训练实验轨道段。在表 10-22 中，T1、T2 轨道的训练集序列长度是 388 和 216，测试集和评估集都是 50，可以用较短的测试评估序列在较长的训练数据序列中匹配相似的轨道和轨道段。

（2）机理模型。尽管给出的车辆悬挂系统参数有限，但为了更深入地理解系统特性，进行后续的特征加工和故障类型判别，需要建立简化的机理模型。模型将前后两个转向架简化为一个，并且只考虑车体和转向架垂直方向的运动自由度，忽略点头和侧翻等自由度，得到简化的二自由度车辆悬挂系统机理模型如图10-40所示。通过系统动力学建模可以得到一系和二系的传递函数$G_p(s)$和$G_s(s)$，分别如式（10-12）和式（10-13）所示。有了传递函数，就可以分析当负载m_s变化、弹簧和阻尼失效时，系统的动力学特性变化了。

$$G_p(s) = \frac{X_p(s)}{W(s)} = \frac{C_p s + K_p}{m_p s^2 + [C_p + C_s(1-\Delta)]s + [K_p + K_s(1-\Delta)]} \quad (10\text{-}12)$$

$$G_s(s) = \frac{X_s(s)}{X_p(s)} = \frac{C_s s + K_s}{m_s s^2 + C_s s + K_s} \quad (10\text{-}13)$$

$$\Delta = \frac{C_s s + K_s}{m_s s^2 + C_s s + K_s} \quad (10\text{-}14)$$

式中，m_s和m_p为车体和转向架的质量，C_p和K_p为一系减震组件的弹簧和阻尼，C_s和K_s为二系减震组件的弹簧和阻尼，X_s、X_p和$W(s)$为车体、转向架和车轮的垂向位移。

（3）样本异常检测。基本思想是基于不同工况下车辆悬挂系统减震效果的相似性和悬挂系统结构的对称性设计特征，使用统计方法对特征的变化范围进行建模，若样本点超出故障检测阈值，则判定为异常。故障特征类别如表10-23所示，包括原始测点、减震比和对称比3类，共42个特征，这些特征是通过对悬挂系统进行动力学分析得到的。悬挂系统的作用是减震，减震组件故障一定会影响减震效果和对称位置传感器信号振动幅度的相对关系。

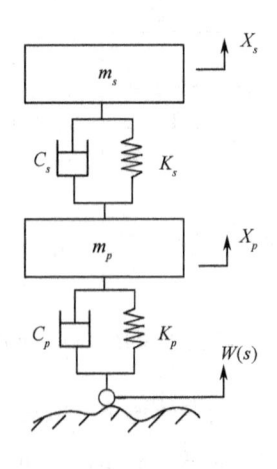

图10-40 简化的二自由度车辆悬挂系统机理模型

表 10-23 故障特征类别

特征类别	特征说明	特征异常的相关组件
原始测点	10 个。例如，azs_1 对应位于车体前侧的传感器	与传感器距离最近的下层组件。例如，当 azs_1 的传感器数据异常时，可能损坏的组件是 zs_1r 和 zs_1l，即位于车体和前转向架之间的两个组件
减震比（上下比）	16 个。例如，azs_1/azp_1r，即车体前侧传感器与前转向架右前侧传感器的数据比值，因为组件具有减震效果，上层传感器的振动幅度总是小于下层传感器的振动幅度，所以该比值小于 1	位于两个传感器之间的组件。例如，当 azs_1/azp_1r 异常时，异常组件可能是 zs_1r
对称比（前后比）	16 个。例如，azs_1/azs_2，即车体前侧传感器与车体后侧传感器的数据比值，由于是同层传感器进行比较，该比值近似为 1；azp_1r/azp_3r，即转向架前侧传感器与后转向架右前侧传感器的数据比值，该比值近似为 1	与传感器相关的所有组件：当 azs_1/azs_2 异常时，异常组件可能是 zs_1r、zs_1l、zs_2r、zs_2l，即二系的所有组件；当 azp_1r/azp_3r 异常时，异常组件可能是 zp_1r 和 zp_3r，即一系两个转向架的右前侧组件

（4）故障组件定位。样本异常检测给出 42 个特征中的异常特征，故障组件定位则根据车辆的结构特点，分析得到与异常特征相关的组件，即表 10-23 中的"特征异常的相关组件"。由于组件与组件、组件与测点之间是机械连接的，因此，一个组件的故障往往会引起多个特征异常。可以使用投票的方法确定故障，得票最高的 1~2 个组件为最终定位结果。具体投票算法可以参考文献[13]，需要指出，算法的参数调优也需要借助机理模型完成。

（5）故障类型判别。该步骤用于定性分析弹簧和阻尼失效对系统动力学特性的影响，以区分具体的故障部件。弹簧和阻尼的失效可以简化为一系和二系传递函数中刚度和阻尼的变化，如二系空气弹簧老化表现为弹簧刚度变大，阻尼漏液表现为阻尼系数变小，通过式（10-12）和式（10-13）可以得到一系和二系弹簧刚度与阻尼系数变化的频域幅值响应分别如图 10-41 和图 10-42 所示。

可以看出，一系阻尼系数变化仅影响振动幅值，而一系弹簧刚度变化显著影响系统的固有频率。二系响应与一系类似，结合实际数据可以得到：二系弹簧失效主要影响低频段振动幅值，二系阻尼则影响高频段振动幅值。

上面介绍了车辆悬挂系统的故障诊断和定位算法的流程和简要原理，算法的详细内容请参考文献[13]，该算法在 2017 年国际 PHM Data Challenge 中获得冠军，故障检测的准确率达到 82%，故障定位的灵敏度达到 52%。

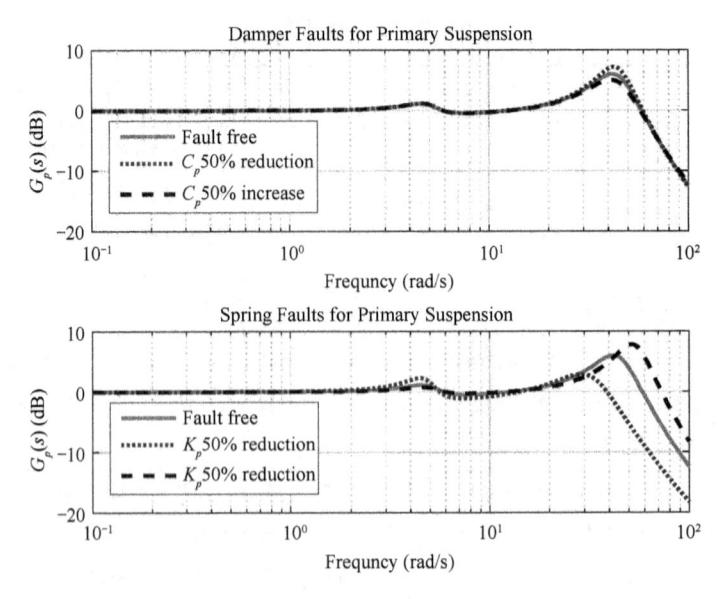

图 10-41 一系弹簧刚度与阻尼系数变化的频域幅值响应

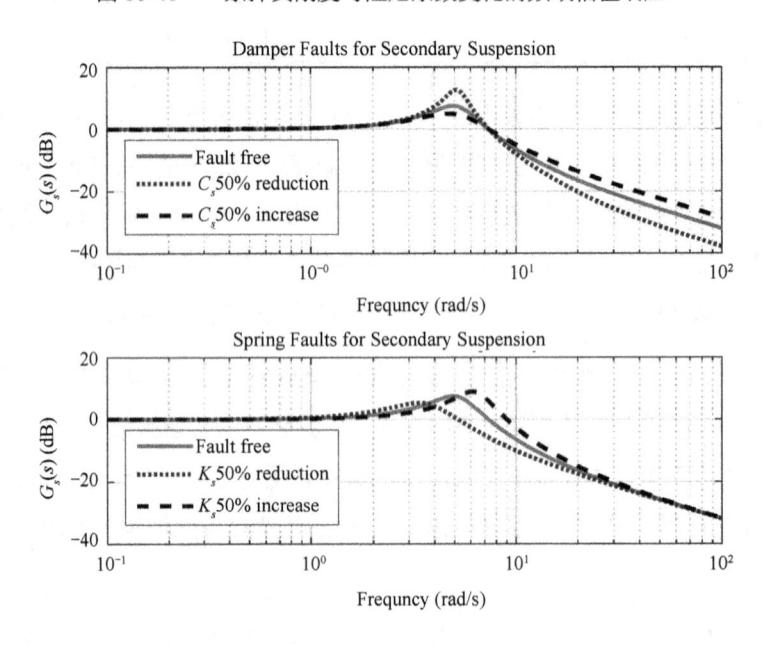

图 10-42 二系弹簧刚度与阻尼系数变化的频域幅值响应

10.6.5 小结

本节以 2017 年国际 PHM Data Challenge 题目为例，讨论了轨道车辆悬挂系统的异常诊断和定位方法。主要挑战是要在不同轨道、运行速度和负载下，利用变换后的频域数据，加工用于检测故障的有效特征；在传感器数据高度关联的情况下，定位问题组件；在无法建立精确机理模型的情况下，研究弹簧和阻尼的失效特性。

本节介绍的建模方案表面上以数据驱动为主，但机理模型却支撑了算法的所有主要环节。首先，在特征加工过程中，减震比、对称比特征借鉴了传递函数的表达方式和车辆前后对称的结构特点；其次，故障组件定位需要详细分析一系或二系减震组件的失效主要由哪些传感器表征；最后，通过简化的动力学仿真定性分类了弹簧和阻尼故障。可见，在工业大数据分析中，需要充分融合机理模型驱动和数据驱动方法，机理模型驱动能够显著降低数据维度，在模型驱动的特征加工的辅助下，可以显著提高数据驱动的准确度。

10.7 本章小结

本章的 6 个案例涵盖了 PHM、PQM 和 PEM 等分析主题，跨越了能源电力、煤化工、轨道交通、汽车制造、装备制造等行业领域。10.1 节的风电大数据分析相对全面，从风力发电机组设计到运行维护，既有数据驱动方法，又有数据驱动与机理模型驱动结合的方法；10.2 节的透平设备智能运维描述了专家规则模型在工业大数据分析中的应用，讨论了数据驱动方法如何持续提升专家规则模型的完备性和精确性；10.3 节的气化炉参数优化解释了很多机理模型驱动不能应用于日常操作的原因，而数据驱动能够在历史数据的多模态生产工况中挖掘近优控制策略；10.4 节的磨煤机堵磨预警阐述了数据的不完备（即很多重要过程参数并没有反映在数据中）是各种技术方法的共同挑战，通常需要动力学模型、统计学习模型等多种模型的有机融合；10.5 节的冲压排产优化案例展示了运筹优化问题在实际生产中进行定义和技术路线设计的方法；10.6 节的轨道车辆悬挂系统故障诊断在建模过程中以数据驱动为主，但从关键特征加工到故障组件定位策略，再到弹簧和阻尼故障分类诊断，都有机理模型的参与。

从本章的案例可以看出，在工业大数据分析中，业务和机理是贯穿始终的，不仅体现在课题定义过程中（如 PHM 的 CRAB 方法、PEM 的 CAPE 方法，PQM 的 SOFT 方法等），还体现在数据分析技术路线的设计和分析模型的选择上。统计学习模型、机理模型、经验模型都是实现分析目标的方法，不存在绝对优劣之分。在数据充分的条件下，对于无法建立机理模型的复杂工业过程，可以采用经验模型和统计学习模型；对于有成熟机理模型的问题，应采用机理模型和统计学习模型，机理模型可以降低探索复杂度和减少数据需求量，统计学习模型可以有效补充和刻画被机理模型"理想假设"忽略的一些要素或过程。

工程方法和工具是技术大规模应用的必经之路，涌现了工业工程、控制工程、软件工程等交叉学科，规范了算法模型的应用过程，形成了合理的专业分工和有效的资源配置。数据分析算法的大规模应用也需要一些类似的方法，期望本书的论述能为"数据分析工程"的推进提供一些粗浅的参考。

参 考 文 献

[1] Tony Burton. 风能技术[M]. 武鑫, 译. 北京：科学出版社, 2007.

[2] 瞿雷, 金颖, 侯新军, 等. 某轴流压缩机振动突变故障的远程诊断与处理[J]. 风机技术, 2014, 56(3):79-83, 92.

[3] Fangji Wu, Jay Lee. Information Reconstruction Method for Improved Clustering and Diagnosis of Generic Gearbox Signals[J]. International Journal of Prognostics and Health Management, 2011, 2(1):1-9.

[4] 工业大数据产业创新平台[EB/OL]. (2019-05-01) [2019-12-29]. http://www.industrial-bigdata.com.

[5] 李志坚. "我国资源型化工产业发展分析报告会"特别报导（一）：煤资源与煤气化技术的选择[J]. 化学工业, 2008, 26(4):1-6.

[6] Richalet J, et al. Model Predictive Heuristic Control: Applications to Industrial Processes[J]. Automatica, 1978, 14(5): 413-428.

[7] 潘立登. 先进控制与在线优化技术及其应用[M]. 北京：机械工业出版社, 2009.

[8] 徐敏, 俞金寿. 软测量技术[J]. 石油化工自动化, 1998(2):5-7, 23, 3.

[9] 苑召雄. 基于系统动力学的电站磨煤机建模与控制[D]. 北京：华北电力大学, 2017.

[10] 陈献春, 林旭, 陈宇, 等. 大型燃煤机组中速磨煤机入口一次风量测量探析[J]. 电力与电工, 2011, 31(1):11-14.

[11] 焦健. 中速磨制粉系统建模及其非线性预测控制方法研究[D]. 东南大学硕士论文, 2016.

[12] Coin-or Branch and Cut[EB/OL]. (2019-12-01) [2019-12-29]. https://github.com/coin-or/Cbc.

[13] Chuang Li, Jiayang Liu, Chunhua Tian, et al. Similarity-based Approach in Vehicle Suspension System in Fault Detection[J]. Proceeding of Annual Conference of the Prognostic & Health Management Society, 2017:592-601.

[14] V. Kadirkamanathan, P. Li, M. H. Jaward, and S. G. Fabri. Particle Filtering-based Fault Detection in Non-linear Stochastic Systems[J/OL]. International Journal of Systems Science, 2002, 33(4):259-265. https://doi.org/10.1080 /00207720110102566.

[15] S. Bruni, J. Vinolas, M. Berg, O. Polach & S. Stichel. Modelling of Suspension Components in a Rail Vehicle Dynamics Context[J]. Vehicle System Dynamics, 2011, 49:1021-1072.

[16] S. Iwnicki. Manchester Benchmark for Rail Vehicle Simulation[J]. Vehicle System Dynamics, 1998, 30: 295-313.

[17] S. Iwnicki. Handbook of Railway Vehicle Dynamics[M]. Oxfordshire: Taylor and Francis, 2006.

[18] X. K. Wei, L. M. Jia, H. Liu. A Comparative Study on Fault Detection Methods of Rail Vehicle Suspension Systems Based on Acceleration Measurements[J]. Vehicle System Dynamics, 2013, 51:700-720.

[19] T. X. Wei, X. J. Ding. A Model-less Technique for the Fault Detection of Rail Vehicle Suspensions[J]. Vehicle System Dynamics, 2008, 46:277-287.

[20] T. X. Mei, X. J. Ding. Condition Monitoring of Rail Vehicle Suspensions Based on Changes in System Dynamic Interactions[J]. Vehicle System Dynamics, 2009, 47:1167-1181.

反侵权盗版声明

电子工业出版社依法对本作品享有专有出版权。任何未经权利人书面许可，复制、销售或通过信息网络传播本作品的行为；歪曲、篡改、剽窃本作品的行为，均违反《中华人民共和国著作权法》，其行为人应承担相应的民事责任和行政责任，构成犯罪的，将被依法追究刑事责任。

为了维护市场秩序，保护权利人的合法权益，我社将依法查处和打击侵权盗版的单位和个人。欢迎社会各界人士积极举报侵权盗版行为，本社将奖励举报有功人员，并保证举报人的信息不被泄露。

举报电话：（010）88254396；（010）88258888
传　　真：（010）88254397
E-mail：　dbqq@phei.com.cn
通信地址：北京市万寿路 173 信箱
　　　　　电子工业出版社总编办公室
邮　　编：100036